犯罪人论

L'UOMO DELINQUENTE

CESARE LOMBROSO

〔意〕切萨雷·龙勃罗梭 著 黄风 译

北京大学出版社
PEKING UNIVERSITY PRESS

图书在版编目(CIP)数据

犯罪人论/(意)切萨雷·龙勃罗梭(Lombroso,C.)著;黄风译.—北京:北京大学出版社,2011.11
ISBN 978-7-301-19628-1

Ⅰ.①犯… Ⅱ.①切… ②黄… Ⅲ.①犯罪学-研究 Ⅳ.①D917

中国版本图书馆CIP数据核字(2011)第209714号

书　　名	犯罪人论 FANZUI REN LUN
著作责任者	〔意〕切萨雷·龙勃罗梭　著　黄　风　译
责任编辑	曾　健　侯春杰
标准书号	ISBN 978-7-301-19628-1
出版发行	北京大学出版社
地　　址	北京市海淀区成府路205号　100871
网　　址	http://www.pup.cn　http://www.yandayuanzhao.com
电子邮箱	编辑部 yandayuanzhao@pup.cn　总编室 zpup@pup.cn
新浪微博	@北京大学出版社　@北大出版社燕大元照法律图书
电　　话	邮购部 010-62752015　发行部 010-62750672 编辑部 010-62117788
印　刷　者	河北博文科技印务有限公司
经　销　者	新华书店
	730毫米×1020毫米　16开本　19.75印张　365千字 2011年11月第1版　2024年9月第10次印刷
定　　价	59.00元

未经许可,不得以任何方式复制或抄袭本书之部分或全部内容。
版权所有,侵权必究
举报电话:010-62752024　电子邮箱:fd@pup.cn
图书如有印装质量问题,请与出版部联系,电话:010-62756370

新 版 说 明

龙勃罗梭《犯罪人论》的中译本是我在11年前完成的,当时由中国法制出版社出版。承蒙读者厚爱,这个译本被多次加印。至2010年,与中国法制出版社签订的出版合同有效期届满。随后,北京大学出版社捷足先登,与我达成出版龙勃罗梭著作新译本的协议。

译稿在交付北京大学出版社之前,我根据意大利文原著对译文重新进行了校订。同时,我从龙勃罗梭的原著中又挑选出一些关于犯罪人面目特征、文身图案等实证研究资料的插图,并从在意大利出版的其他书籍中找到龙勃罗梭青年、中年和老年时期的几幅珍贵照片。相信这些资料会进一步增强这本书的可读性。

感谢我的老同学和老朋友吴宗宪教授的鼎力支持,修改并充实了曾为先前译本撰写的序言,将其扩充为现在的长文——《再论龙勃罗梭及其犯罪学研究》。宗宪教授应该说是在当今中国坐西方犯罪学史研究第一把交椅之人,他的这部洋洋四五万字的长文实乃中国读者阅读此书的最佳指引。

感谢北京大学出版社的蒋浩先生和曾健先生,我之所以最终选择与北京大学出版社合作出版这个新版本,主要是因为我赞赏和钦佩二位的学术品位、专业经验和工作执着。

黄风

2011年10月29日

于北京师范大学

Catalog 目　录

再论龙勃罗梭及其犯罪学研究（代序）—吴宗宪 /001

引言 /002

Chapter 1

第一章
对101个意大利犯罪人头骨的研究 /004

Chapter 2

第二章
对1 279名意大利罪犯的人体测量和相貌分析 /016

Chapter 3

第三章
犯罪人的文身 /040

Chapter 4

第四章
犯罪人的感觉 /054

Chapter 5

第五章
犯罪人的自杀 /**060**

Chapter 6

第六章
犯罪人的爱与情 /**066**

Chapter 7

第七章
因情感和冲动而犯罪的
人(不可抗拒的力量?) /**078**

Chapter 8

第八章
纯正累犯和非纯正累犯　犯罪人的道德 /**088**

Chapter 9

第九章
犯罪人的宗教 /**102**

Chapter 10

第十章
犯罪人的智力和文化 / 106

Chapter 11

第十一章
暗语 / 120

Chapter 12

第十二章
犯罪人的笔迹 / 126

Chapter 13

第十三章
犯罪人的文学 / 130

Chapter 14

第十四章
犯罪的病因：气候、种族、文化、
饮食、遗传、年龄 / 146

第十五章
原因分析 精神病和犯罪的异同 /186

第十六章
结伙犯罪 /202

第十七章
犯罪的返祖现象 刑罚 /226

第十八章
对犯罪的防治 /234

译后记 /275

再论龙勃罗梭及其犯罪学研究(代序)

吴宗宪[①]

2000年5月,当黄风教授翻译的意大利著名犯罪学家切萨雷·龙勃罗梭的《犯罪人论》一书即将出版之际,应他邀请,我为该书写了一篇代序,介绍龙勃罗梭、他的犯罪学研究及其在中国的影响等情况,题目为《龙勃罗梭及其犯罪学研究》。[②] 现在,在该书将由北京大学出版社再版之际,应黄风教授之邀,再次为之写序,因文中包含了一些新的内容,故名为《再论龙勃罗梭及其犯罪学研究》。

一、从头衔看龙勃罗梭的历史地位

切萨雷·龙勃罗梭(Cesare Lombroso,1835—1909)是意大利精神病学家、犯罪学家、实证主义犯罪学学派的创始人和主要代表人物。在汉语文献中,他的姓"Lombroso"又译为"隆布罗索"、[③]"龙布罗梭"、[④]"龙勃罗索"、[⑤]"朗布洛梭"[⑥]以及早期的"伦勃罗梭"、"朗伯罗梭"等;他的名"Cesare"又译为"切撒雷"。[⑦]

对于龙勃罗梭,人们给了多种不同的学术方面的头衔,这些头衔在一定程度上反映了龙勃罗梭在犯罪学历史中的地位。大体而言,这些头衔可以分为四类:

(1) 许多犯罪学家把龙勃罗梭与犯罪学的创立联系起来,称他为"犯罪学之

[①] 吴宗宪,法学博士,曾任中国政法大学犯罪心理学教研室讲师、司法部预防犯罪研究所监狱学研究室主任、研究员,现任北京师范大学刑事法律科学研究院教授、博士生导师、犯罪与矫正研究所所长、社区矫正研究中心主任。
[②] 〔意〕切萨雷·龙勃罗梭:《犯罪人论》,黄风译,中国法制出版社2000年版,第1—41页。
[③] 参见《简明不列颠百科全书》(中文版,第5卷),中国大百科全书出版社1986年版,第374页。
[④] 参见马克昌主编:《近代西方刑法学说史略》,中国检察出版社2004年版,第163页;许春金:《犯罪学》,台北三民书局2000年版,第17页;林山田、林东茂:《犯罪学》,台北三民书局1990年版,第26页;曹立群、任昕主编:《犯罪学》,中国人民大学出版社2008年版,第5页。
[⑤] 参见王牧:《犯罪学》,吉林大学出版社1992年版,第77页。
[⑥] 参见周治平:《犯罪学概论》,台北三民书局1967年版,第3页。
[⑦] 参见江山河:《犯罪学理论》,上海格致出版社2008年版,第221页。不过,该书在正文中论述时,使用的译名则是"切萨雷"(第36页)。

父"(father of criminology)。①②③

（2）一些犯罪学家把龙勃罗梭与犯罪学的重要发展阶段联系起来，称他为"现代犯罪学之父"(father of modern④ criminology)。⑤

（3）有的犯罪学家强调龙勃罗梭犯罪学研究的内容方面的特色，称他为"生物实证主义学派的创建之父"(the founding father of the biological positivist school)。⑥

（4）有的犯罪学家把龙勃罗梭与其所在的地域联系起来，强调龙勃罗梭对于所在地区犯罪学发展的贡献，因而称他为"意大利学派之父"(father of the Italian School)。⑦

在这些头衔中，笔者感到最为贴切的头衔，可能是"现代犯罪学之父"。因为这个头衔表明，一方面，龙勃罗梭对犯罪学的发展起了极其重要的作用，将犯罪学研究推进到特定的历史阶段；另一方面，龙勃罗梭对于犯罪学的贡献，是在较晚的时期做出的，促进了现代犯罪学的诞生和迅速发展。因此，把龙勃罗梭看成现代犯罪学的创始人，是比较恰当的。⑧

一些犯罪学家把龙勃罗梭称为"犯罪学之父"，这个头衔虽然表明了对龙勃罗梭在犯罪学方面的巨大贡献的肯定，但是，并不十分恰当，因为龙勃罗梭的同胞和前辈切萨雷·博尼萨纳·贝卡里亚(Cesare Bonesana Beccaria, 1738—1794)对于犯罪学的早期发展，做出了巨大的贡献，他和英国学者杰里米·边沁(Jeremy Bentham, 1748—1832)等人一起创立了古典犯罪学学派。有些学者把贝卡里亚称为"犯罪学之父"(father of criminology)⑨，这可能是更为恰当的。

---

① Gresham M. Sykes, *Criminology* (New York: Harcourt Brace Jovanovich Inc., 1978), p. 12.
② Frank E. Hagan, *Introduction to criminology: Theories, Methods, and Criminal Behavior*, 4th ed. (Chicago: Nelson-Hall Publishers, 1998), p. 115.
③ Larry J. Siegel, *Criminology: Theories, Patterns, and Typologies*, 8th ed. (Belmont, CA: Wadsworth, 2004), p. 7.
④ "modern"这个词既包含"近代的"意思，也包含"现代的"意思；"近代"、"现代"之分似乎是中国历史研究中使用的特有分类。过去翻译为"近代的"，是以中国的框架衡量西方的内容，似乎不妥。
⑤ Stephen Schafer, *Theories in Criminology: Past and Present Philosophies of the Crime Problem* (New York: Random House, 1969), p. 123.
⑥ Ian Taylor, Paul Walton & Jack Young, *The New Criminology: For a Social Theory of Deviance* (London: Rutledge & Kegan Paul., 1973), p. 41.
⑦ Hermann Mannheim (ed.), *Pioneers in Criminology*, 2nd ed. (Montclair, NJ: Patterson Smith, 1972), p. 241.
⑧ 参见吴宗宪：《西方犯罪学史》（第二版），第一卷，中国人民公安大学出版社2010年版，第28—31页。
⑨ Dennis C. Benamati, Phyllis A. Schultze, Adam C. Bouloukos & Graeme R. Newman, *Criminal Justice Information: How to Find It, How to Use It* (Phoenix, Arizona: The Oryx Press, 1988), p. 2.

龙勃罗梭不仅自己对犯罪学有精深的研究,而且创立了一个重要的犯罪学学派。对于这个学派的名称,人们有不同的称呼。例如,美国现代犯罪学家伦纳德·萨维茨(Leonard Savitz,1926—2002)在谈到龙勃罗梭时指出:"他是一个思想和研究学派的创始人,对这个学派有不同的称呼——意大利学派(Italian school)、人类学学派(anthropological school)、现代学派(modern school),但最广泛使用的称呼是实证主义学派(positivist school,*la Scuola Positiva*)。"①

龙勃罗梭是意大利学派的创始人和最主要的代表人物,还有的学者把龙勃罗梭和该学派的另外两位代表人物菲利(Enrico Ferri,1856—1929)、加罗法洛(Baron Raffaele Garofalo,1852—1934)并称为"犯罪学三圣"(holy three of criminology)。②

二、个人生平与主要著作

从龙勃罗梭的生平来看,他的一生是辛勤研究、锐意探索的一生。了解他的生平、研究和思想的发展轨迹,对以后的犯罪学家而言,有重要的借鉴价值。

龙勃罗梭于1835年11月6日生于意大利维罗纳的一个犹太人家庭,在5个孩子中排行第二。先后在帕维亚大学(1852—1854)、维也纳大学(1855—1856)读书。龙勃罗梭早期对病理学的兴趣就是在维也纳大学时产生的,这种兴趣逐渐发展成为持久的对精神病学的职业性研究,使龙勃罗梭有可能对脑解剖学和脑生理学进行深入研究。1858年,龙勃罗梭从帕维亚大学获得医学学位,这时他对呆小病和糙皮病产生浓厚兴趣,这是两种流行于意大利北部地区达两个世纪之久的地方病。1859年,他发表了关于呆小病的初步研究,这项研究作为博士论文,使龙勃罗梭在同年获得了热那亚大学的外科学学位。同年,意大利和奥地利之间发生战争,龙勃罗梭入伍,担任军医,直到1863年。在战争结束后,龙勃罗梭开始对3 000名士兵进行系统的观察和测量,试图用测量方法分析和表达他在意大利不同地区的居民中已经注意到的身体差异。在此期间,他也对文身,特别是对他觉得品质很差的士兵身上的淫秽标记作了观察。文身后来成为龙勃罗梭识别犯罪人的特征之一。

在军队驻帕维亚的和平时期,他有机会从事临床精神病学研究。他得到允许,可以对圣尤菲米娅医院的精神病人作临床研究。1862年,龙勃罗梭在当军医的同时,又兼任了帕维亚大学精神病学及病理学讲师,获得了讲授自己学说的机会,他在该大学作了一系列精神病学与人类学方面的演讲,并于1863年出版了《精神疾

---

① Leonard Savitz, "Introduction to the reprint edition," in Gina Lombroso-Ferrero, *Criminal Man: According to the Classification of Cesare Lombroso* (Montclair, NJ: Patterson Smith, 1972), pp. vi-vii.

② Stephen Schafer, *Theories in Criminology: Past and Present Philosophies of the Crime Problem* (New York: Random House, 1969), p. 123.

病临床教程导论》一书,第一次系统论述了他所研究过的糙皮病、天才、犯罪与精神错乱的关系。1863 年,龙勃罗梭辞去军医职务,但是讲师的薪金又很少,因此,他不得不靠翻译外国著作补贴生活费用。

1864 年,龙勃罗梭被任命为帕维亚大学精神病学教授。他当教授后发表的第一篇论文是《天才与精神错乱》,这篇论文当年就被扩充为同名著作——《天才与精神错乱》出版,得到很多好评,到 1894 年已出第六版,并被译成多国文字出版。这部著作也是龙勃罗梭的代表著作《犯罪人论》的先驱,它的续篇《天才与退化》于 1897 年出版。从 1863 年起,龙勃罗梭也兼管帕维亚医学院中的精神病人,这使他有机会用人类学方法观察和测量精神病人和在精神病院中关押的犯罪人,对他们进行比较研究,特别注意研究犯罪人的头盖骨和相貌。

1869 年,34 岁的龙勃罗梭与 22 岁的犹太姑娘亚历山德里娅(Alexandria)结婚,婚后生有两个女儿波拉(Paola)和吉娜(Gina)。这两个女儿及她们的丈夫都对龙勃罗梭的研究给予了帮助,并且对龙勃罗梭产生了重要影响,他们将新颖的世界观带给了他们的父亲。大女儿波拉与医生马里奥·克拉拉(Mario Carrara)结婚,小女儿吉娜与历史学家古格列莫·费雷罗(Guglielmo Ferrero,1871—1943)结婚。

随着研究的发展,龙勃罗梭产生了建立精神病人与犯罪人的人类学学说的想法。恰在这时,他得到一个极好的实践机会,于 1870 年被任命为佩萨罗(Pesaro)地方的精神病院院长。当地有一个很大的监狱,为龙勃罗梭研究犯罪人提供了可能,他便用一年时间在监狱中精心研究,搜集了许多有关犯罪人的人类学资料。1871 年,龙勃罗梭在解剖一个犯人时发现,这个犯人的头盖骨上有在某种低等动物脑部才有的形态特征——中央枕骨窝(median occipital fossa)①,于是,他在 1872 年发表题为《对 400 名威尼斯犯罪人的人体测量》的论文,提出了一种关于犯罪人生来就具有犯罪本能的假说。同年,加罗法洛和菲利也发表了有关犯罪行为的这方面的论文,因此,有的人把 1872 年看成是犯罪人类学产生的年代。

1876 年,龙勃罗梭接受了都灵大学任命他为法医学和公共卫生学教授的职位,后来又担任都灵大学的精神病学和临床精神病学教授(1896)、犯罪人类学教授(1906)。1876 年,龙勃罗梭在米兰出版了代表著作——《犯罪人:人类学、法理学和精神病学的思考》,简称为《犯罪人论》(*L'Uomo delinquente*),由于所收集到的资料较少,这本书仅是一个 252 页的小册子。在都灵,有一个很大的拘留未决犯的监狱,龙勃罗梭兼任这个监狱的狱医,因此,他每年精心在监狱中研究 200 个左右的犯罪人,不断发表关于犯罪人研究的论著:1877 年发表《尸体法医学》;1878 年在都灵出版

---

① "*median occipital fossa*" 又译为"枕骨中窝"、"中央缓头窝"。

《犯罪人论》第二版①,篇幅增至 740 页,这本书为龙勃罗梭在意大利之外赢得了声誉。

1880 年是一个比较重要的年代,在菲利和加罗法洛的协助下,龙勃罗梭创办了《精神病学,犯罪人类学和刑罚学档案》,作为宣传犯罪人类学领域的思想学说的阵地。1881 年,龙勃罗梭发表《自杀及犯罪中的恋爱》;1885 年出版《犯罪人论》第三版;1888 年出版《监狱笔记》;1889 年《犯罪人论》第四版出版,篇幅扩充为两卷;1890 年与拉司奇(Rodolfo Laschi)合著《法律及犯罪人类学中的政治犯罪与革命》;1893 年发表《精神病及犯罪人类学最近的发现及其适用》,同年又与其女婿古格列莫·费雷罗合著《女性犯罪人;卖淫者及普通妇女》;②1896 年出版《犯罪人论》第五版的第一卷(序言 35 页,正文 650 页)和第二卷(576 页);1897 年出版《犯罪人论》第五版的第三卷(正文 677 页,另外有附录 102 个图表)。

三卷本的《犯罪人论》第五版,是集中体现龙勃罗梭犯罪人理论的集大成的著作。该书第一卷是对植物、动物、野蛮人和儿童中的犯罪的隔代遗传根源的调查。这是对生来犯罪、癫痫病人的生理特征,对现代颅相学,对与各类犯罪有关的异常现象,对脊柱、骨盆、肢体和观相学进行详尽研究的结果。所提供的数据,是以龙勃罗梭及其同事对七千多名犯罪人进行检查的结果为基础的。书中论述了犯罪人和癫痫病人的脑回和大脑皮层组织结构中肉眼可见的异常现象,论述了犯罪人的许多生理退化特征和心理特征。最后,分别论述了不同类型的犯罪人——癫痫犯罪人和悖德狂犯罪人,政治犯罪人和激情犯罪人,醉酒犯罪人,癔症犯罪人和精神紊乱犯罪人,并且互相加以比较。第二卷讨论了癫痫病人及其肌肉疲劳测定情况、癫痫病人的心理、笔迹和视觉异常。此外,还补充了对激情犯罪人、精神病人的一些研究。第三卷论述了犯罪的原因、矫治和预防。

1899 年,龙勃罗梭《犯罪人论》第五版的第三卷被译成法文在巴黎出版,书名为《犯罪,原因与矫治》,1902 年被译成德文在柏林出版。1910 年由亨利·霍顿(Henry P. Horton)翻译成英文,并于 1911 年在美国出版的《犯罪及其原因和矫治》(Crime: Its Causes and Remedies)一书③,就是根据《犯罪人论》第五版第三卷的法文版和德文版转译的,这是龙勃罗梭《犯罪人论》一书的唯一的英译本,《犯罪人论》原

---

① 由黄风根据该版本翻译的《犯罪人论》,于 2000 年由中国法制出版社出版,这是第一部直接从意大利文翻译的龙勃罗梭的犯罪学著作。
② 该书于 1903 年出版了新版,并被翻译成多种外文出版。
③ 由吴宗宪等翻译的该书中文版 2009 年由中国人民公安大学出版社出版。

书并没有出过完整的英译本。① 1911 年在美国出版的、由龙勃罗梭的女儿吉娜·龙勃罗梭—费雷罗（Gina Lombroso-Ferrero，1872—1944）用英文写的《犯罪人：根据切萨雷·龙勃罗梭的分类》（Criminal Man: According to the Classification of Cesare Lombroso）一书，是英语读者用来了解龙勃罗梭《犯罪人论》全书内容的权威性著作，龙勃罗梭本人为此书写了序言。②

作为职业精神病学家，龙勃罗梭对精神病学、法医学等领域的研究也取得了卓著的成就。先后出版了《精神病的法理学》（1873）、《精神病人反常的爱与早熟》（1883）、《法医学讲义》（1886）、《精神病学中的天才》（1889）、《笔迹学》（1895）、《古代与近代的犯罪》（1902）、《法律精神病学鉴定》（1905）、《法律精神病学的诊断方法》（1905）等书。

1906 年，龙勃罗梭获得法国政府授予的第三级法国荣誉勋位，并在法国创建了犯罪人类学博物馆。1908 年 5 月，美国刑法与犯罪学研究所第一任所长、美国西北大学法学院院长约翰·威格莫尔（John Wigmore，1863—1943）拜访龙勃罗梭，推荐他担任 1909—1910 年西北大学的哈里斯讲座演讲人（Harris Lecturer），龙勃罗梭很感兴趣，但是由于年老未能成行。几个月后的 1909 年 10 月 9 日清晨，龙勃罗梭这位伟大的犯罪学家安静地去世，根据他的遗愿，他的遗体被送到法医学实验室进行尸体解剖，龙勃罗梭的脑被安放在解剖学研究所中。③

从龙勃罗梭的一生来看，他在犯罪学方面的兴趣与活动大致按这样的顺序发展：④

（1）当他在意大利军队中任军医时，发现了文身士兵的不良品性和行为。他注意到，坏的士兵在身体的许多部位都有淫秽下流的文身图案。文身后来成为龙勃罗梭识别生来犯罪人的主要特征之一。

（2）将身体测量方法应用于对精神病院的精神病人的研究，因为龙勃罗梭不满意当时的精神病学的理论与实践。这方面的研究使他得出了调查研究的中心是精神病人而不是精神疾病的结论。

（3）将这些身体和心理方面的研究方法应用于对犯罪人的研究，即研究犯罪人

---

① Hermann Mannheim (ed.), *Pioneers in criminology*, 2nd ed. (Montclair, NJ: Patterson Smith, 1972), p.237.
② 由吴宗宪翻译的该书中文版由中国人民公安大学出版社 2009 年出版，书名为《犯罪人：切萨雷·龙勃罗梭犯罪学精义》。
③ Hermann Mannheim (ed.), *Pioneers in Criminology*, 2nd ed. (Montclair, NJ: Patterson Smith, 1972), p.241.
④ Gina Lombroso-Ferrero, *Criminal Man, According to the Classification of Cesare Lombroso* (Montclair, NJ: Patterson Smith, 1972), pp. xxii-xxx.

与精神病人的差别与相似之处。

（4）直接将犯罪人与正常人、精神病人进行比较和分析研究。

三、生来犯罪人论

（一）理论产生的过程

生来犯罪人（意大利语 *delinquente nato*，英语 born criminal）学说，是龙勃罗梭最重要、最有影响的犯罪学理论，也是龙勃罗梭用力最多、最富于创新精神的理论，当然，也是后来最有争议的理论观点之一。这种理论是龙勃罗梭在运用体质人类学等学科的方法进行大量的人体测量、尸体解剖和对获得的资料进行多方面的分析、比较的基础上提出的。不过，龙勃罗梭并没有创造"生来犯罪人"这个术语，这个术语是由他的朋友、意大利社会学家和犯罪学家菲利（Enrico Ferri，1856—1929）首先提出来的。[1]

龙勃罗梭的生来犯罪人学说，是在大量实证研究的基础上提出的。在龙勃罗梭时代，观相术、颅相学已经有了很大发展，实证主义、进化论、唯物主义也已经得到广泛传播，体质人类学的人体测量方法在人类学研究中已经得到大量应用，文化人类学对许多地方居民的风俗习惯进行了较多研究。受过系统医学教育并对许多方面感兴趣的龙勃罗梭，通过对士兵、精神病人、犯罪人等的观相术和颅相学观察、身体测量、尸体解剖等方法，发现善良的人和不良的人不仅在性情方面，而且在身体解剖特征等方面，都有明显的差异。龙勃罗梭对383名死刑犯人的颅骨（头盖骨）进行的解剖检查发现，这些犯罪人具有一系列不同于正常人的解剖学特征。特别是在帕维亚时，龙勃罗梭认识了伦巴第省的一个江洋大盗维莱拉（Vilella）[2]，这个犯罪人的残忍的犯罪活动，使整个伦巴第省都产生了恐惧。龙勃罗梭在监狱中与这个犯人进行了接触，这个大盗很直爽地将他无耻的犯罪行为告诉了龙勃罗梭。龙勃罗梭发现，维莱拉是一个体力强壮，行动敏捷的人，表现出危险犯罪人或职业犯罪人通常所具有的自负与傲慢。因此，龙勃罗梭确信，他找到了解释犯罪行为的正确线索。1870年11月，当这个犯人死后，龙勃罗梭应邀对他进行尸体解剖。当他打开维莱拉的颅骨后，龙勃罗梭发现了一个明显的凹陷，他称为"中央枕骨窝"（median occipital fossa）。在维莱拉的大脑中，龙勃罗梭还发现中央枕骨窝附近的小脑蚓部肥大（发育过度），这两种特征是众所周知的低等灵长目动物，例如类人猿的

---

[1] Stephen Schafer, *Theories in Criminology: Past and Present Philosophies of the Crime Problem* (New York: Random House, 1969), p.126.

[2] "Vilella"又译为"维内拉"。

特征,在低劣的人种中都很少见,这说明,维莱拉是在龙勃罗梭生活的那个时代出生的原始野蛮人。受这一事实的启发,龙勃罗梭提出了生来犯罪人理论,认为犯罪人是出生在文明时代的野蛮人,他们的生物特征决定了他们从出生时起就具有原始野蛮人的心理与行为特征,这种行为必然不符合文明社会中的传统、习惯和社会规范,必定构成犯罪。由此可见,犯罪人是一种自出生时起就具有犯罪性的人,他们的犯罪性是与生俱来的,是由他们的异常的生物特征决定的,犯罪人就是生来就会犯罪的人。决定犯罪人生来就具有犯罪性的这种生物异常,则是通过隔代遗传(atavism)而来的。

(二) 生来犯罪人的特征

龙勃罗梭对生来犯罪人特征的描述,大体上可以分为六个方面:[1]

1. 生来犯罪人的身体特征

龙勃罗梭发现,生来犯罪人的头部外形、面部、眼睛、耳部、鼻部、嘴部、颊囊(cheek pouches)、腭部、牙齿、颏部(下巴)、皱纹、毛发、胸部、骨盆和腹部、上肢和下肢、脚、大脑和小脑等,都与正常人有所不同。例如,生来犯罪人的腭部异常发达,下巴向上突起;有犬齿窝,这个部位的肌肉像狗那样发达。女性犯罪人和杀人犯的嘴唇多肉膨胀而向外突出,就像黑人那样。诈骗犯的嘴唇薄而直挺;犯罪人中有兔唇的也比正常人多。很多生来犯罪人脸颊上有肉褶皱,就像一些哺乳动物的颊囊那样。生来犯罪人的面部皱纹在数量、变化和产生时间方面,都与一般人明显不同。犯罪人的皱纹往往有这样的特征:额部有竖皱纹和横皱纹,鼻根部有竖皱纹和半圆形皱纹,两个眼角的外部有鱼尾纹,嘴和鼻子周围有鼻唇皱纹。

2. 生来犯罪人的感觉和功能特征

龙勃罗梭发现,生来犯罪人的一般感受性与一般人不同,他们的左侧比右侧更加敏感,与一般人相反。生来犯罪人对疼痛和触摸的感受性比正常人低。生来犯罪人的触觉迟钝。正常人中极少有磁感(sensibility to the magnet),而48%的生来犯罪人有明显的磁感。生来犯罪人和精神病人中有气候感的远远多于正常人,随着气温和气压的变化,生来犯罪人和精神病人会变得焦虑不安,性情和各种感觉也产生变化,正常人很少有这样的体验。生来犯罪人的视力一般比普通人更敏锐。生来犯罪人的听觉、嗅觉和味觉一般低于平均敏锐度。生来犯罪人一般灵活敏捷,甚至在年老时也保持这种特性。大盗维莱拉在七十多岁时,还能像山羊一样爬上他家乡陡峭的岩石。生来犯罪人通常并没有超人的体力。

---

[1] Gina Lombroso-Ferrero, *Criminal Man, According to the Classification of Cesare Lombroso* (Montclair, NJ: Patterson Smith, 1972), pp.20-48.

3. 生来犯罪人的感情

自然感情(natural affections)在正常人的生活中起着重要作用,事实上也是正常人存在的理由,但是,生来犯罪人极少体验到这类感情,他们尤其不考虑自己的同胞。另一方面,生来犯罪人表现出对动物和陌生人的过分喜爱。生来犯罪人往往用一些激情代替家庭和社会感情,这样的激情包括虚荣心、冲动性、复仇心和放荡性(licentiousness)。

4. 道德感

道德感是辨别是非的能力,它是文明人最多的属性,这种属性在身体发育和心理发展受到阻碍的人中明显缺乏。许多犯罪人并没有认识到他们的犯罪行为是不道德的。犯罪人使用的隐语就可以表明这一点。犯罪人似乎认为,他们有权抢劫和杀人,阻碍他们的犯罪行为的人们的行动是不公平的。尤其是在复仇动机支配下杀人的人,更认为他们的行动是绝对正确的。

5. 心理特征

龙勃罗梭通过研究,发现了生来犯罪人的一系列心理异常特征。犯罪人很少有悔恨和自责。他们玩世不恭,完全缺乏自责,不能区别美德与邪恶,夸耀自己的堕落行为,捏造他们并没有感觉到的虔诚的感情。犯罪人很有可能出卖和背叛他们的同谋和朋友,他们很容易受到诱惑,为了获得个人利益或者伤害那些他们怀疑背叛了自己的人而充当告密者。犯罪人中骄傲自满,或者更确切地说是虚荣心,夸大自己的重要性的心理特别强烈。冲动性是生来犯罪人所具有的、几乎是病态的特征,癫痫患者和悖德狂者也有这样的特征。与冲动性和夸大的个人虚荣心密切相连的,是一种超常的复仇欲望。生来犯罪人的复仇欲望在他们的文身图案、隐语、监狱中的文字作品等之中,都有明显的表现。生来犯罪人极其残酷,他们不可能感觉到痛苦,对别人遭受的痛苦也漠不关心。妇女的残酷性往往超过男性。生来犯罪人被难以救药的懒惰所支配,在一些情况下,这种不可改造的懒惰使他们在饥饿时宁愿饿死,也不愿从事正常的工作。这种懒惰与猛烈的冲动交替出现,在产生冲动时,他们会表现出极大的力量。生来犯罪人就像整天全神贯注于某项能使他们快乐的游戏的儿童一样,"犯罪人是已经长大的儿童",他们对习惯性的淫逸放荡有着相当强烈的爱好,以至于盗窃犯一旦获得财产或者一旦从监狱中逃跑出来,他们就立即回到他们常去的地方狂饮暴食,寻欢作乐,而不顾警察会突然到来的危险。生来犯罪人赌博冒险的欲望相当强烈。生来犯罪人一直保留或恢复与野蛮人的娱乐方式相类似的、许多原始而残忍的娱乐方式。生来犯罪人一般缺乏小心谨慎和深思远虑,他们往往草率鲁莽。

6. 其他智慧表现

龙勃罗梭也发现,生来犯罪人还有一些奇特的智慧表现。例如,他们在谈论自己的事情时,往往使用一种特殊的隐语(黑话);使用象形文字表达他们的观点。尽管习惯犯罪人表现出强烈的对任何有益劳动的厌恶,但是在监狱中,大多数犯罪人都努力从事一些工作,这些工作有时候具有非法性质,例如,制造帮助他们逃跑的工具;有时候却是艺术性的,例如,用面包屑、砖灰、肥皂等塑像。犯罪人也常常制造一些签子、机械、多米诺骨牌、扑克等,与其他犯人进行交换。他们还从事有益的工作,例如,训练动物(鸟、鼠等)。在许多犯罪人身上都可以发现文身这种装饰。文身由图案、象形文字和文字组成,它们是通过一种特别的、非常痛苦的过程用针刺在皮肤上的。生活在原始社会中的原始人,把文身当作功勋的标志或装饰,作为一种荣誉或地位的象征。尽管文身并不绝对局限于犯罪人,但是犯罪人文身的数量大大多于正常人。许多犯罪人的文身图案表现出性格暴力倾向和复仇欲望。

四、犯罪原因论

龙勃罗梭对犯罪原因的认识有一个变化的过程。最初,他只承认犯罪的人类学原因——隔代遗传;接着,他也承认退化也是引起犯罪的原因之一。随着研究的进行和别人的影响与批评,龙勃罗梭逐渐认识到自然因素和社会因素对犯罪的产生所起的作用,因而开始研究犯罪的自然原因和社会原因。

(一) 隔代遗传原因

隔代遗传(atavism)①是龙勃罗梭用来解释生来犯罪人的犯罪行为产生原因的最重要的概念。atavism一词来源于拉丁文 atavus 和 avus,其中 atavus 的意思是"祖先"、"曾祖父的曾祖父的父亲";avus 的意思是"曾祖"。隔代遗传是指倒退到原始人或者低于人类的人的一种返祖现象。隔代遗传者在生理方面所表现出的一系列形态学特征,使人容易联想起猿和低等灵长类动物的形态学特征,这些特征在类人猿化石中可以见到,在某些情况下,也可以在近代的"野蛮人"中出现。此外,隔代遗传一词还意味着,隔代遗传者的心理就是原始人或野蛮人的心理,他们是在生物学上倒退到早期进化阶段的人,他们的行为必然与近代文明社会的规则和期望相矛盾。

为了更加准确地解释犯罪原因,龙勃罗梭在进行大量观察、解剖等研究的基础上,将退化学说引入隔代遗传理论的框架之中。在龙勃罗梭看来,退化(degeneration)是犯罪人身上的一种病理现象,退化者是其祖先身上有病的身体成分的产物,

---

① "atavism"又译为"隔世遗传"、"返祖现象"。

这种有病的身体成分阻碍了后代的进化,使后代产生退化现象,因此,病态的人也会表现出原始人所具有的最初的身体和心理特征,产生原始人或野蛮人那样的行为,这类行为在文明社会就成为犯罪。

(二)自然因素

在龙勃罗梭晚年的著作《犯罪及其原因和矫治》(Crime: Its causes and remedies)一书中,龙勃罗梭提出了这样的一些影响犯罪的自然因素:

1. 极端的气温。在龙勃罗梭看来,高温导致生产过剩,而生产过剩又会变成财富不平等的原因,财富分配不平等接着导致政治权力和社会权力分配的不平等。这种不平等就会引起政治犯罪——革命。炎热也造成人们的懒惰,使人们容易使用麻醉品,沉溺于宗教式的冥思苦想,喜欢作夸大的幻想,这些都会助长无政府主义的倾向。同样,寒冷也与犯罪有关。在寒冷的国家,人们性格倔强、暴躁,对衣食住等的需要较为强烈,这种情况也会助长犯罪的产生。

2. 中等气温的影响。龙勃罗梭认为:"最容易产生造反和犯罪倾向的影响,就是比较适度的高温的影响。"① 由于适度的气温就像酒精那样刺激人们的神经中枢,因此,人们不能冷静地思考和生活,往往容易激动起来,在情绪激动状态中进行侵害行为。

此外,龙勃罗梭还引证大量资料,论述了月份、季节、炎热的年份、地势构造、疟疾发病率、甲状腺地区、死亡率以及种族、性别、年龄、遗传对犯罪的影响。

(三)社会因素

龙勃罗梭对犯罪的社会因素的认识,经历了一个变化过程。在早年,龙勃罗梭很少甚至完全没有注意社会和经济因素,而仅仅提出纯粹的生来犯罪人说。只是在 1889 年于巴黎举行的第二届犯罪人类学大会之后,由于他的学说在会上受到拉柯沙尼(J. A. E. Lacassagné,1843—1924)、马努夫里埃(Léonce Manouvrier,1850—1927)、约利(Henri Joly)、托皮纳德(Paul Topinard,1830—1911)等人的猛烈抨击,龙勃罗梭才在这些抨击以及朋友们的影响之下,在论著中谈到社会因素。在《犯罪人论》第五版中,龙勃罗梭用较多篇幅论述了犯罪的社会因素。

龙勃罗梭认为导致犯罪的社会因素主要包括:

(1)文明程度。龙勃罗梭认为,文明的发展程度对犯罪和精神病的发生率有影响。文明社会的犯罪与野蛮社会的犯罪的不同在于犯罪类型方面;随着社会向文明方向的发展,犯罪的数量也可能正在增长。

---

① Cesare Lombroso, *Crime: Its Causes and Remedies* (Translated by Henry P. Horton. Montclair, Montclair, NJ: Patterson Smith, 1968), p.3.

（2）人口过剩。龙勃罗梭认为，人口的稠密和过剩，对犯罪的发生率有影响。由于道路的发展，政府和商业的集中，文明社会呈现出人口向大城市聚集的趋势，使这些城市出现人口稠密和过剩现象。在这些地区聚集的习惯犯罪人的数量也最多，因而产生犯罪在大城市发生率高的现象。之所以出现这种不幸的犯罪集中的趋势，是因为大城市可以为犯罪人提供更大的利益或更大的安全感，同时，也因为大城市中人口的警惕性较松懈，犯罪的诱惑和进行犯罪的机会较多的缘故。但是，在龙勃罗梭看来，"人口过剩本身会产生进行犯罪和不道德行为的不可抗拒的冲动"。①

（3）新闻媒介。龙勃罗梭认为，文明社会鼓励创办和发行报纸，但是，报纸却是邪恶和犯罪的记录者，它会刺激犯罪人进行犯罪模仿，为犯罪人提供了进行犯罪模仿的榜样，因此，在龙勃罗梭看来，报纸等新闻媒介也变成了一种新的犯罪原因。龙勃罗梭似乎发现了一种新闻媒介与犯罪互相作用、恶性循环的规律：报刊对犯罪的报道扩大了它们的发行量，而报刊发行量的扩大，又使更多的人进行犯罪模仿，导致了更多犯罪的产生。可以肯定地说，新闻媒介使人们了解到更多的犯罪方式；知道哪里有可以进行犯罪的机会或对象；对不良社会现象的报道降低了人们的道德感。

（4）生活状况。龙勃罗梭引用德国统计学家亚历山大·冯·厄廷根（Alexander von Oettingen, 1827—1905）对普鲁士必需食品价格与犯罪发生率的统计资料的比较研究指出，食物问题对犯罪的作用与文明对犯罪的作用同等重要，甚至比文明对犯罪的作用更重要。食物价格低时，财产犯罪下降（纵火犯罪除外），而人身犯罪特别是强奸犯罪上升，反之亦然。龙勃罗梭还引用统计资料分析了食物价格的波动对不同类型犯罪的影响效果。此外，龙勃罗梭还指出，饥饿对造反的影响也是很大的，饥饿往往引起大规模的造反行动。

（5）酗酒。龙勃罗梭列举了酗酒所造成的一般性危害后果。例如，酗酒的人在霍乱流行时容易感染霍乱，酗酒的孕妇容易流产，长期酗酒引起人种体质下降等。然后，引用统计数字论述了酗酒对犯罪的影响。他认为，无论从社会的观点来看，还是从病理的观点来看，都很容易看到酗酒与犯罪的联系。存在这种联系的首要证据就是，文明国家的犯罪持续增长，这种增长率高于人口出生率，而与酒类消费量的增长率相吻合，因此，很容易用酗酒来解释这种犯罪的增长。

（6）吸烟。龙勃罗梭认为，吸烟与犯罪有一定关系，犯罪人中吸鼻烟的不仅比

---

① Cesare Lombroso, *Crime: Its Causes and Remedies* (Translated by Henry P. Horton. Montclair, Montclair, NJ: Patterson Smith, 1968), p. 53.

一般人多,而且也比精神病人多。吸烟与酗酒、流浪、乞讨等恶劣习惯有密切联系,它们共同对犯罪的发生起促进作用。

(7) 教育。龙勃罗梭认为,教育与犯罪的关系比较复杂,一般说来,犯罪人的受教育程度比正常的人要低,但是,不能绝对地把受教育程度与犯罪发生率对应起来,受教育程度低固然会引起大量犯罪,但是也不能说,受教育程度越高,犯罪就越少。在龙勃罗梭看来,教育的确给人的发展和社会进步带来极大促进作用,然而,教育也会产生危害社会的副作用,文化水平高的人会使用更复杂的犯罪方式进行犯罪,会给社会造成更大的危害。同时,受教育程度不同的人所实施的犯罪的类型也有所不同。这是因为,教育会通过改变人的性格等对犯罪发生无可置疑的影响。

(8) 经济条件。龙勃罗梭认为,贫穷和富裕都与犯罪有关,他反对那种认为犯罪仅仅与贫穷有关的说法,认为"那些断言犯罪总是贫穷的产物的人,并没有考虑这个问题的另一方面,没有发现犯罪也是富裕的产物的现象。急剧获得的财富,并不能与良好的品格、高尚的宗教或政治思想相适应,因而比贫穷更有害。……财富导致善行或邪恶;而邪恶尤其是过度富裕的产物……因此,财富现在不是犯罪的阻止者,而是犯罪的诱发者"。[①] 所以,龙勃罗梭在充分重视贫穷与犯罪的亲和性,强调贫穷对犯罪的产生起重大推动作用之外,也提醒人们重视财富或富裕在犯罪产生中所起的作用。

(9) 宗教。根据龙勃罗梭的见解,宗教对犯罪的影响很复杂,甚至比文明或富裕对犯罪的影响更复杂。有些犯罪人非常笃信宗教,比较落后的地区和国家的犯罪人尤其如此;有些犯罪人不相信宗教;还有些犯罪人是无神论者。龙勃罗梭指出:"我们已经看到,在宗教教徒中,犯罪人和诚实人几乎同样多,而且犯罪人往往占多数。……在同等条件下,无神论者占多数的地方的犯罪人,比天主教徒或者新教徒占优势的地方少。"[②]许多宗教教义的确教化人们从善、仁慈和博爱,不要作恶和犯罪,但是,有些宗教教徒并不笃信这些教条,不能用它们来约束自己的行为,甚至寻找宗教上的理由为自己的犯罪辩护,例如,有的信宗教的犯罪人说:"偷窃是上帝给我们的本能","(世俗的)犯罪并不是(宗教上的)罪过,因为神父也实施犯罪","我有罪过,这是真的,但是在忏悔时神父原谅了我"。许多宗教徒并不在乎来世的报应和惩罚,就像他们不在乎现世的惩罚一样。

(10) 家庭出身。龙勃罗梭认为,私生子、孤儿和有缺陷及不道德的父母的人,

[①] Cesare Lombroso, *Crime: Its Causes and Remedies* (Translated by Henry P. Horton. Montclair, Montclair, NJ: Patterson Smith, 1968), p.62.

[②] Ibid., p.138.

容易犯罪。他指出:"教育对犯罪的影响,可以间接地通过大多数文明国家中私生子犯罪人数量的持续增长表现出来。"①

此外,龙勃罗梭还论述了交往、战争、模仿、监狱生活、移民、职业等与犯罪的关系。

五、犯罪人类型论

在龙勃罗梭的犯罪学理论中,对犯罪人的分类以及对不同类型犯罪人的特征的论述,占据着重要地位。但是,由于龙勃罗梭本人的理论的发展变化以及后来的研究者们对龙勃罗梭著作的理解的不同,在分析龙勃罗梭的著作中有关犯罪人分类的论述时,提出了很多不同的观点。② 尽管对龙勃罗梭的犯罪人分类的概括有所不同,但对每类犯罪人的特征,有大致相同的论述。

(一)生来犯罪人

龙勃罗梭认为,生来犯罪人代表了一种独特的人类学类型。这种类型的犯罪人有许多独特的身体方面的特征。在解剖了383名意大利犯罪人的颅骨之后,龙勃罗梭发现,210名犯罪人都有所发现的那些异常特征,而43%的犯罪人则具有五种或更多的异常特征。因此,龙勃罗梭认为有五种或更多的异常特征可以表明该犯罪人是一个"生来犯罪人"。

生来犯罪人与悖德狂者相似。悖德狂者(moral imbecile)最突出的病理特征是完全缺乏或几乎完全缺乏道德感或道德观念,这样的人很容易成为犯罪人。龙勃罗梭的统计研究证实,悖德狂者与生来犯罪人在体重、颅骨、身体特征、痛觉缺失、触觉感受性、文身、血管反应、感情等方面有很多相似性,因此,龙勃罗梭提出,可以用生来犯罪人的特征来识别出悖德狂者,每个生来犯罪人都是悖德狂者。但是,龙勃罗梭并不认为每个悖德狂者都是犯罪人,并非每个生来具有犯罪倾向的人都会变成真正的犯罪人,外部环境可以阻止和克服先天的犯罪倾向。

生来犯罪人与癫痫病人(epileptic)之间也有很多相似之处。他们在身高、体重、大脑、颅骨和身体特征、厚实的脚、感受性、视野、灵敏、文身等方面是相似的。在谈到癫痫病人与生来犯罪人的这种相似性时,龙勃罗梭指出:"犯罪性是一种由病理原因引起的隔代遗传现象,这种原因的基本表现是癫痫。犯罪性的确也可以由其他原因(例如,歇斯底里、酒精中毒、瘫痪、精神错乱、智力发育障碍等)引起,但

---

① Cesare Lombroso, *Crime: Its Causes and Remedies* (Translated by Henry P. Horton. Montclair, Montclair, NJ: Patterson Smith, 1968), p.145.
② 参见吴宗宪:《西方犯罪学史》(第二版),第二卷,中国人民公安大学出版社2010年版,第370—373页。

是,癫痫是它的最广泛的基础,决定着犯罪性的发生频率和严重性。"①

随着龙勃罗梭对生来犯罪人的认识的转变,生来犯罪人在犯罪人总数中所占的比例也相应变化。在龙勃罗梭的早期学说中,龙勃罗梭几乎将所有的犯罪人都归入生来犯罪人之中(占65%~70%)。后来,由于龙勃罗梭对隔代遗传之外的其他犯罪原因的认识和重视,生来犯罪人所占的比例逐渐下降(50%~60%)。② 在《犯罪人论》第五版第二卷中,龙勃罗梭认为,生来犯罪人占所有犯罪人的40%。③ 在《犯罪及其原因和矫治》一书中,龙勃罗梭将这个比例降为33%。④

(二) 激情犯罪人

激情犯罪人(criminal by passion)⑤是龙勃罗梭在生来犯罪人之外区分出的第一种其他犯罪人。龙勃罗梭认为,这类犯罪人具有残忍、鲁莽、犯罪行为突然发生等特点和强烈的暴力行为倾向,他们的犯罪行为基本上都是在激情作用下发生的暴力行为,因此,应当更确切地将他们称为"暴力犯罪人"。激情犯罪人很少,通常都是年轻人,他们的颅骨异常较少,相貌较好,性格诚实,富于情感,与生来犯罪人的冷酷无情形成对比,往往在犯罪之后感到后悔,在监狱中常常有自杀行为。龙勃罗梭认为,激情犯罪人有一定的接受改造的可能性。激情犯罪人中妇女占的比例远远大于其他犯罪人中妇女所占的比例。

龙勃罗梭认为,政治犯罪人(political criminal)是激情犯罪人的一种特殊类型。政治犯罪人的特征是智力较高,感受性很强,有强烈的利他精神、爱国精神、自我牺牲精神、宗教理想,甚至有科学的理想。龙勃罗梭认为,政治犯罪人是社会传统的反抗者,他们往往对国民的历史、经济、政治及社会的传统,采取反抗的态度。政治犯罪的领导人,大多是富有热情的人,他们不一定属于某种特殊的阶级,在社会上的一切阶级、一切环境中都会产生这种领导人。这种人思想敏锐,有高度的洞察力和批判精神,他们会为了政治理想而献身。

(三) 精神病犯罪人

精神病犯罪人(insane criminal)⑥就是由于精神病的影响而犯罪的人。精神病犯罪人与生来犯罪人有许多共同的退化的生理特征,尤其是突出的耳朵、额窦、大

---

① Cesare Lombroso, *Crime: Its Causes and Remedies* (Translated by Henry P. Horton. Montclair, Montclair, NJ: Patterson Smith, 1968), p. xxiii.

② Hermann Mannheim (ed.), *Pioneers in Criminology*, 2nd ed. (Montclair, NJ: Patterson Smith, 1972), p. 268.

③ Ibid., p. 257.

④ Ibid., p. 365.

⑤ "criminal by passion"又译为"热情犯罪人"。

⑥ "insane criminal"一词过去翻译为"精神病犯罪人",似乎不很准确,这里改译为现名。

颌骨和颧骨、凶恶的相貌或斜视、薄上嘴唇。精神病犯罪人具有这样一些特征：他们很少表现出对可能遭受到的刑罚的恐惧，也不试图逃避刑罚；他们几乎不隐匿自己的犯罪行为，也不消除犯罪行为的痕迹。他们常常暴怒发作，伤害那些在场的人，或者忘记所偷的东西。每当他们的犯罪完成之后，他们不仅不设法隐瞒犯罪，反而可能会直率地承认犯罪，渴望谈论犯罪，用得意的口吻诉说他们在犯罪当时体验到的解脱感；他们认为自己遵守秩序，觉得自己的行为是值得赞扬的。精神病人否认自己是精神病人，如果在某些情况下承认自己是精神病人，也仅仅是由于律师或监狱中的犯人同伴劝说他们这样去做的缘故。他们甚至会炫耀和夸大自己的犯罪行为。这些特征可以将精神病犯罪人与习惯犯罪人区分开来。

精神病犯罪人主要有偷窃狂者（kleptomania）、间发性酒狂者（dipsomania，即习惯性嗜酒者）、杀人狂者（homicidal monomania）、女性色情狂者和恋童癖者，以及歇斯底里犯罪人（hysteric criminal）、犯罪狂者（criminal mattoid）。龙勃罗梭也认为，几乎所有类型的精神障碍都能引起一定的犯罪。

(四) 偶然犯罪人

偶然犯罪人（occasional criminal）是"那些并不寻找犯罪机会，但总是遇到犯罪机会，或者由于极其轻微的原因而犯罪的人。他们仅仅是那些与隔代遗传和癫痫完全无关的人；但是，正像加罗法洛所观察的那样，恰当地说，这些人不应该称为犯罪人"。①

偶然犯罪人又可以区分为四小类：②

1. 虚假犯罪人或准犯罪人

虚假犯罪人或准犯罪人（pseudo-criminal）③是指为了保卫个人、名誉和家庭而偶然地实施犯罪的人。他们的行为并不违背社会意愿，也不损害社会。他们的行为所以被看成是犯罪，是因为法律作了这样的规定的缘故。龙勃罗梭认为，正像这个名称的含义那样，这些人毕竟不应当看成是犯罪人，但是由于法律的缺陷，才做了这样的标定。这些人是司法上的犯罪人，而不是实际上的犯罪人，因为他们是由法律的缺陷，而不是由这些人本身的缺点造成的：他们不会在将来造成恐惧，也不会扰乱大众的道德感。

---

① Cesare Lombroso, *Crime: Its Causes and Remedies* (Translated by Henry P. Horton. Montclair, Montclair, NJ: Patterson Smith, 1968), p.207.

② 参见吴宗宪：《西方犯罪学史》（第二版），第二卷，中国人民公安大学出版社2010年版，第379—381页。

③ "pseudo criminal" 又译为"准犯罪人"。

2. 倾向犯罪人

倾向犯罪人(criminaloid)①是既无特殊的生理特征,也没有可以识别的精神疾病,但其精神和情绪特质在某些情况下会有特殊表现,从而使他们容易进行凶恶的和犯罪的行为的人。有的犯罪学家认为,龙勃罗梭所说的倾向犯罪人,大致相当于后来在精神病学和心理学中所说的"病态人格者"或"人格障碍者"。龙勃罗梭认为,大约有一半以上的犯罪人既不是他所说的生来犯罪人,也不是精神病人或癫痫病人,但是,他们的缺陷更加难以捉摸,也更加复杂,这些人被称之为倾向犯罪人。这类人的特征是,软弱、屈服,在一定时期内总想犯罪。龙勃罗梭把受托人作为倾向犯罪人的例子,例如,受委托经营或管理金钱的银行家或律师、商人(他们总有机会进行诈骗活动),与邪恶的丈夫结婚一段时间后变得堕落的妻子。倾向犯罪人与生来犯罪人仅有程度的不同,没有性质的差别。情况确实如此,倾向犯罪人中的很大一部分变成了习惯犯罪人,长期关押在监狱中,除了他们的犯罪性的生理标志不太明显外,很难再将他们与生来犯罪人相区别。

3. 习惯犯罪人

习惯犯罪人(habitual criminal)是指养成犯罪的生活方式的犯罪人。根据龙勃罗梭的观点,这种犯罪的生活方式并不是由于其一种环境造成的,而是由早年生活中发生影响的一系列环境所造成的。这类犯罪人似乎最接近"正常"犯罪人,因为习惯犯罪人在出生时并没有严重的、会促使他们进行犯罪的异常或者素质倾向,他们所以变成犯罪人,是由早年时来自父母、学校和社会的不良教育和训练的缘故。龙勃罗梭把有组织的犯罪家族的成员作为习惯犯罪人的例子,例如,像意大利那不勒斯的卡莫拉(camorra)、西西里的黑手党(mafia)和西班牙的黑手党的成员。

4. 癫痫犯罪人

癫痫犯罪人(epileptoid criminal)是指具有在任何时候都会表现出来的潜在癫痫的犯罪人。不过,这种动态的犯罪性在癫痫犯罪人的一生中都有可能处于潜伏状态,而不实际表现,变成犯罪行为。根据龙勃罗梭的论述,由于癫痫病人特别容易产生犯罪行为,所以,癫痫病人与癫痫犯罪人这两个术语的含义基本上是一致的。在龙勃罗梭看来,生来犯罪人和悖德狂者在身心特质上是一致的,癫痫病人或癫痫犯罪人就是这两类犯罪人之间的一种退化类型。

此外,女性犯罪人虽然没有纳入龙勃罗梭的犯罪人分类体系,但是,龙勃罗梭对女性犯罪人做了系统的研究,其主要成果是1893年发表的与其女婿古格列莫·费雷罗合著的《女性犯罪人;卖淫者及普通妇女》一书。

---

① "criminaloid"又译为"素质犯罪人"。

六、犯罪对策论

龙勃罗梭在大量实证研究的基础上,提出了一些发现犯罪人、预防犯罪和矫治犯罪人的措施。这些措施构成了龙勃罗梭的犯罪对策论。

(一) 鉴别犯罪人

龙勃罗梭认为,鉴定和识别犯罪人有重要的意义。对犯罪人进行仔细的生理和心理鉴定的结论,可以用来确定犯罪人责任的程度、重新犯罪的可能性,决定对犯罪人给予什么矫治或惩罚,给法官提供判决的根据,给缓刑官、孤儿院及娼妓救济所(rescue homes)的管理人提供帮助。因此,龙勃罗梭根据自己的研究,提出了鉴别犯罪人的心理和生理方法。

1. 鉴别犯罪人心理的方法

龙勃罗梭认为,在对犯罪人或犯罪倾向进行鉴别之前,要对其经历进行仔细的调查。要向他的亲属、朋友们了解他的过去生活,了解他生长的环境和童年期所患的疾病,了解他的家族疾病史,了解他的家庭中是否有人犯罪。其次,要了解他是否结婚,配偶是否活着;了解他的职业及其表现情况,因为有的职业与犯罪有关,例如,提供犯罪机会,促使犯罪人进行犯罪等;查明犯罪发生的时间及有关情节。如果被调查的人是一名累犯的话,就应当查明初次犯罪发生的年龄和具体情况。对犯罪人心理的鉴别应包括智力、感情、病态现象、言语、记忆、笔迹、衣服等方面的内容。

2. 鉴别犯罪人生理的方法

在调查了犯罪人或嫌疑犯的历史,检查了他们的心理异常现象之后,就应当进一步检查他们的生理特征。犯罪人有独特的生理特征,对这些生理特征的检查包括皮肤、文身、皱纹、毛发、牙齿等三十多个方面。龙勃罗梭列出了每个方面的检查内容。①

(二) 犯罪预防

龙勃罗梭认为,首先应当预防犯罪人的产生,而不是惩罚犯罪人,如果不能预防的话,就应当对犯罪人进行矫治;如果无法矫治的话,就应当把这种不可救药的人在适当的机构中隔离起来,这种隔离机构能够比现行的监禁制度更好地保卫社会,但是它却没有监狱所具有的那种臭名声。要用预防性措施和法律措施矫治犯罪人。

---

① Gina Lombroso-Ferrero, *Criminal Man, According to the Classification of Cesare Lombroso* (Montclair, NJ: Patterson Smith, 1972), pp. 220-257.

1. 预防贫穷儿童犯罪的机构

龙勃罗梭认为,矫治犯罪就如同矫治任何别的疾病一样,有很大的成功的可能性,矫治犯罪应当及早开始。因此,应当特别关心那些有可能变成犯罪人的儿童:孤儿和贫穷儿童,这些儿童在成年后犯罪的可能性最大。一个下决心预防自己免受邪恶侵袭的社会,应当为那些不幸的、由于自然保护人死亡或犯罪而无家可归者提供良好的教育。最好的矫治是在受人尊敬的私人家庭中安置他们,使他们能在那里受到细致的照管,或者将他们安置在能够给他们以良好的教育和道德训练的适当机构。为此,国家应像当时的一些著名慈善家一样,开办收容、教育贫穷儿童的机构,防止他们成为犯罪人。

2. 预防贫穷成年人犯罪的机构

龙勃罗梭认为,预防犯罪的方法也包括在成年人遇到生活危机时,例如失去依靠、失业,给他们提供帮助。为移民或异乡人建立的旅馆、庇护所、阅览室,价格低廉但对身心有益的娱乐场所,为体力劳动者创办的夜校、劳动局、移民救助组织等,都是预防成年人在遇到生活危机时犯罪的机构。

3. 对一些具体犯罪的预防

龙勃罗梭还特别论述了对几种具体犯罪以及与犯罪有关的社会病态现象的预防。

(1) 对性犯罪的预防。龙勃罗梭认为:"性犯罪和诈骗犯罪是先进的文明世界的特殊犯罪。"① 在提到对性犯罪的预防时,龙勃罗梭首先指出:"离婚是预防许多通奸和其他性犯罪的一种强有力的措施,而这些犯罪属于近代犯罪中最可悲的现象之列。"② 龙勃罗梭举例证实,在允许离婚的地方,通奸犯罪下降,而在不允许离婚的地方,通奸犯罪则呈上升的趋势,因此,离婚是预防通奸这种性犯罪的有效手段。

在龙勃罗梭看来,近代文明对性犯罪起着相当直接的影响作用。由于教育的普及,增加了对神经系统的刺激,结果使神经系统需要更新、更强烈的刺激和快乐。人的心理活动越增加,他对快乐的需求和体验似乎也就越增加,当个人的心理没有被大量科学和人道的观念所占据时,尤其如此。所以,在近代文明已经激起人们大量的性需求的情况下,龙勃罗梭认为,预防性犯罪的重要方法就是允许离婚,鼓励老年人结婚,减少婚姻的金钱色彩,使合法的性关系更容易进行,允许卖淫的存在,在法律上允许婚外性行为等,使成年未婚者和已婚但得不到性满足的人们的性需

---

① Cesare Lombroso, *Crime: Its Causes and Remedies* (Translated by Henry P. Horton. Montclair, Montclair, NJ: Patterson Smith, 1968), p.254.
② Ibid.

求,以合法的方式得到满足,而不致采用强奸、奸淫儿童等犯罪的手段。这样,不仅会预防性犯罪的发生,也会大大减少自杀、杀人、杀婴等与性关系有关的犯罪。龙勃罗梭似乎认为,对性犯罪应使用疏导的方法加以预防,而不能用严厉的刑罚来对待。他引用菲利的统计资料证实,严厉的刑罚并不是万能的,严厉的刑罚并没有遏制往往日益增加的犯罪。

(2)对诈骗犯罪的预防。龙勃罗梭指出,诈骗和违反信托义务,是最新式的犯罪,它们表现了进化和文明对犯罪产生的消极影响。这些犯罪用贪婪、说谎和欺骗代替了原始犯罪的残忍性质,使犯罪活动成功的可能性变得更大。新式的金融制度似乎更便利于诈骗和背信犯罪的实施。因此,龙勃罗梭提出了广泛宣传信用知识、改革银行信用制度等预防诈骗和背信犯罪的措施。

此外,龙勃罗梭还论述了预防酗酒、预防贫穷和富裕对犯罪的影响、对政治犯罪的预防等问题。

(三)对犯罪人的矫治

龙勃罗梭认为,预防犯罪的方法、对儿童的照料和训练、对成年人在发生危机时的帮助,可以最大限度地减少犯罪,但是不可能完全消除犯罪,还应当有一些补充措施,例如,设立矫治犯罪人的机构,设立将不可改造的犯罪人隔离起来的其他机构等。对于青少年犯罪人,尤其是对于儿童,应当用特殊的法律措施分开处理。龙勃罗梭称赞当时产生的少年法庭,提出不能根据普通的法律审判少年犯罪人,而应该设立特别的法官,专门审理少年犯罪案件。这些法官应当针对少年、儿童犯罪人的特征,采取有益的处置措施;应当在监狱中把少年、儿童与成年犯罪人区分开来,以免他们受到成年犯罪人的影响,变为成年犯罪人。同时,也应该注意区分不同性质的犯罪儿童。因为龙勃罗梭认为,生来犯罪人在年龄很小时,就开始其犯罪生涯,这类儿童尽管年龄很小,但却是一种对社会有危险的人,他们的悖德狂症状一有机会就会发作,所以,必须把他们仔细地隔离起来,对他们单独进行矫治。

考虑到未成年犯罪人的犯罪是在童年时代偶然产生的,他们仍然有可能成为诚实的人,因此,要用特别的方法处置他们。要为他们制定专门法典,这种法典应当对未成年的生来犯罪人、癫痫病人和悖德狂者作出规定。用专门的不会使他们受到犯罪传染的教养院隔离他们,对他们进行有效的矫治。此外,还应当建立少年犯缓刑制度,建立监督少年法庭判决的少年犯的组织。

龙勃罗梭指出,对少年犯罪人采取的特殊对待,同样适用于女性犯罪人。在他看来,对女性犯罪人也应当实行特别的审判和在立法中作出特别的规定。

龙勃罗梭认为,刑罚应当根据犯罪人类型的不同而有区别:

(1)对真正的激情犯罪人来说,懊悔自责造成的痛苦比任何法律惩罚都要大,此外,还应当进行流放、赔偿损失等。

（2）对倾向犯罪人应当避免反复使用短期监禁刑,以免他们与习惯犯罪人接触。对所有的轻微犯罪人来说,罚金都要比监禁有效；如果犯罪人是穷人,则可以用强制劳动来代替。也可以要求初次犯罪并且罪行轻微的人具结,在保证人的监督下履行具结的内容。在龙勃罗梭看来,处置倾向犯罪人的有效的,也比较严重的方法,就是缓刑和不定期刑制度。

（3）对于习惯犯罪人,龙勃罗梭认为应当实行隔离。在这样的隔离性机构中,应当把犯罪人的赎罪作为首要目标,只有在各种尝试都证明不起作用时,才可以考虑将习惯犯罪人送到流放地(penal colony),永久地隔离起来。

（4）由于生来犯罪人、癫痫病人和悖德狂者的犯罪是由他们先天的邪恶本能引起的,因此,不能把他们送入普通的监狱,在普通的精神病院中监禁他们也是有害的,因为他们会宣扬兽奸、逃跑以及造反,会煽动别人进行抢劫,他们的下流而野蛮的坏名声,使他们成为令人恐怖的人,会对其他病人及其亲属造成危害。所以,应当把这些人监禁在特别的机构中进行矫治,应当为这些犯罪人建立专门的监禁和矫治机构。英国是第一个为犯罪的精神病人建立专门的精神病院的国家,1840年英国在贝德拉姆(Bedlam)建立了一个这样的精神病院。

七、龙勃罗梭理论的历史影响

龙勃罗梭的犯罪学理论产生了巨大的学术影响和社会影响,这种影响在一定程度上可以通过人们对龙勃罗梭的评价体现出来。

（一）国外学者的肯定性评价

龙勃罗梭的研究与理论在当时引起了巨大的反响,并且对以后的犯罪研究产生了深远的影响。因此,龙勃罗梭及其犯罪学研究受到了很多人的肯定和赞扬。除了本文开始时提到的、给予龙勃罗梭的一系列能够表明对他的肯定和赞扬的头衔之外,许多人还对龙勃罗梭的犯罪学研究给予了具体的肯定性评价。这类评价不仅在早期大量存在,而且在晚近也有较多论述。

莫里斯·帕米利(Maurice Parmelee)在为龙勃罗梭《犯罪及其原因和矫治》一书的英文版所写的序言中,这样评价了龙勃罗梭的影响:[1]

> 无论他有什么错误,龙勃罗梭都是伟大的先驱者,他的独创性和多方面的天才,他的富于进取性的人格,导致了将近代科学的实证方法、归纳方法应用于犯罪问题的伟大

---

[1] Cesare Lombroso, *Crime: Its Causes and Remedies* (Translated by Henry P. Horton. Boston: Little Brown, 1911), p. xxxii.

运动,他比任何其他人都更加有力地促进了新的犯罪学科学的发展。

马文·沃尔夫冈(Marvin E. Wolfgang)在其所写的《切萨雷·龙勃罗梭》一文中指出:①

> 在犯罪学史上,没有一个人受到像切萨雷·龙勃罗梭那样多的赞美或攻击。到1909年他去世的时候,他的思想观念受到了欧洲和美国从事犯罪行为研究的批评者和朋友们的广泛关注。由龙勃罗梭撰写的(论著)和有关龙勃罗梭的(论著)比任何别的犯罪学家都要多……他的调查研究的深度和广度,导致了一种有关犯罪原因的后龙勃罗梭主义(Post-Lombrosian)的当代研究,这种研究仍然在欧洲继续进行……

美国现代犯罪学家索尔斯坦·塞林(Thorstein Sellin)1937年在写给《美国社会学杂志》编者的信——"犯罪学中龙勃罗梭的神话"中,曾说过这样一段被人们广泛引用的话:②

> 总之,龙勃罗梭究竟是正确还是错误,可能并没有像这种无可非议的事实那样重要,即他的观点是那样具有挑战性,以至于它们产生了史无前例的研究犯罪人的动力。任何成功地激励许多追随者探求真理,而且他的观点在半个世纪后仍然具有生命力的学者,都在思想史上占有光荣的位置。

伦纳德·萨维茨(Leonard Savitz)在评价龙勃罗梭在犯罪学史上所起的作用时指出:③

> 尽管对犯罪学的最早"起源"仍有争议,但是,人们肯定承认,近代犯罪学直接来源于一个人——龙勃罗梭的活动与奉献。……他是一个思想和研究学派的创建人,对这个学派有不同的称呼——意大利学派、人类学派、近代学派,但最广泛使用的称呼是实证主义学派(La Seuola Positiva)。

这些评价在一定程度上反映了龙勃罗梭的理论在犯罪学研究中所产生的影响。

(二) 否定性评价

一些犯罪学家对龙勃罗梭的研究方法和研究结论提出了批评或者否定性评价。其中,一些批评是学术性的,相对而言比较客观;另一些批评似乎是非学术性

---

① Hermann Mannheim (ed.), *Pioneers in Criminology* (Montclair, NJ: Patterson Smith, 1972), p. 232.
② Thorstein Sellin, "The Lombrosian myth in criminology" (Letter to the Editor, Rebuttal to Lindesmith and Levin), 42 *American Journal of Sociology* (May 1937): 898-899.
③ Gina Lombroso-Ferrero, *Criminal Man, According to the Classification of Cesare Lombroso* (Montclair, NJ: Patterson Smith, 1972), pp. vi-vii.

的,表现得偏激、带有偏见或者明显的政治色彩。

在学术性批评中,比较有代表性的是法国犯罪学家塔尔德、英国犯罪学家格林、美国犯罪学家胡顿等人的批评。

法国社会学家、哲学家和犯罪学家加布里埃尔·塔尔德(Gabriel Tarde,1843—1904)在《比较犯罪论》(*La criminalité comparée*,1886)一书中,根据大量的统计研究,其中大部分是由犯罪人类学家们进行的研究,说明并不存在支持生来犯罪人理论的证据。他特别引证了马罗(Antonio Marro)对4 000名犯罪人所进行的研究。马罗发现,像大脑前庭(frontal cavity)的大小、后缩的额头、斜眼等隔代遗传特征和身体异常,在犯罪人中的出现率与非犯罪人中同样多。对马罗的研究结论和其他欧洲犯罪人类学家的研究的比较,例如对博迪厄(Bordier)、赫格(Heger)、达勒马涅(Jules Dalemagne)、菲利、贝尼迪克特(Moritz Benedikt)、汤普森(Thompson)、费吉里奥(Virgilio)和拉柯沙尼等人的研究的比较,使塔尔德得出了并不存在可以识别犯罪人的那类身体特征的结论,从而否定了龙勃罗梭关于存在着生来犯罪人类型的理论。塔尔德着重提出了四种批评意见:第一,犯罪人不是在我们中重现的野蛮人;第二,犯罪人不是精神病人;第三,犯罪人不是退化者;第四,犯罪人不是癫痫病人。①

英国犯罪学家查尔斯·巴克曼·格林(Charles Buckman Goring,1870—1919)不但以其实证研究否定龙勃罗梭的犯罪人类学理论,他也对龙勃罗梭的理论和龙勃罗梭本人进行了一般性的评价。主要观点是:首先,格林批判了龙勃罗梭研究中的不科学性。其次,格林批判了龙勃罗梭仅仅根据身体外表就将从未触犯过法律的人当作犯罪人的观点。最后,格林认为,即使犯罪人和非犯罪人之间的确存在着特别的差异,这也不能表示犯罪人就有异常。尽管格林对龙勃罗梭在科学方面的谬误进行了严厉批评,但是,格林对作为一个学者和普通人的龙勃罗梭给予了高度评价。他把龙勃罗梭看成是"一个天才,一个不知疲倦的工作者,也是一个有坚强人格的人,吸引了来自欧洲国家的许多追随者和合作者"。②

美国哈佛大学人类学家和犯罪学家欧内斯特·艾伯特·胡顿(Earnest Albert Hooton,1887—1954)对龙勃罗梭的评价是比较客观的。他承认,龙勃罗梭是试图证实犯罪人的身体上有隔代遗传或退化的特征的先驱者。但是,他更认为,龙勃罗梭的许多观点没有经受住许多批判性考察的检验;龙勃罗梭和他的学派提出的许多证据并没有使大多数犯罪学研究者信服。根据他的看法,龙勃罗梭学派的主要缺

---

① 参见吴宗宪:《西方犯罪学史》,警官教育出版社1997年版,第354—355页。
② 同上书,第288—289页。

陷是,所研究的对象的数量不够多,所研究的对象的种族不相同,缺乏科学的统计学方法。①

上述学者对龙勃罗梭的许多观点的批评都有合理之处。更重要的是,他们的评价都是在大量研究的基础上提出来的,这种评价不仅体现了对龙勃罗梭学说的态度,而且其研究过程本身,就促进了犯罪学研究的发展,因此是值得重视的。

一些学者对于龙勃罗梭的批评似乎是非学术性的。例如,法国人类学家保罗·托皮纳德(Paul Topinard,1830—1911)②在1889年于巴黎举行的第二届国际犯罪人类学大会上,对龙勃罗梭进行了"最绝妙的批评","当他看到龙勃罗梭搜集的那些相貌不对称和有特征的罪犯画像时,他挖苦说,这些肖像看起来与龙勃罗梭朋友们的肖像一模一样"。③

法国学者洛朗·米基勒(Laurent Mucchille)在所编的《法国犯罪学史》(1994)中指出,以法国法医学家、犯罪学家让-亚历山大·欧仁·拉柯沙尼(Jean-Alexander E. Lacassagne,1843—1924)为首,包括人类学家和医学家莱翁斯·皮埃尔·马努夫里埃(Léonce Pierre Manouvrier,1850—1927)、保罗·托皮纳德和塔尔德在内的法国学派对于龙勃罗梭的批评和反对,政治性多于理论性,他们之所以采用"法国社会环境学派"(French school of social milieu)这样的术语,是想把它作为一个同意大利在犯罪学话语中的主导地位进行"斗争的名称"。④

在政治性评价中,比较具有代表性的可能是1950—1958年间出版的《苏联大百科全书》中的评价。在该书中,把龙勃罗梭看成是"资产阶级刑法学中极端反动的所谓人类学派的鼻祖。……他的伪学说掩盖了下属事实:对劳动人民的残酷剥削是资本主义条件下犯罪的根本原因,并隐瞒了资产阶级国家中刑事惩罚的反人民的反动目的。在所谓新龙勃罗梭学说中,他的反动的种族主义观点得到了进一步的发展。希特勒匪帮利用了这种观点,把它作为他们在德国所建立的恐怖制度的理论根据,杀戮少数民族,对不利于法西斯的人实行绝育和阉割"。⑤

此外,还应当指出的是,国外对于龙勃罗梭的研究在沉寂了多年之后,近年来有复苏的迹象。例如,在2002年,美国女历史学家、犯罪学家玛丽·吉布森(Mary

---

① 参见吴宗宪:《西方犯罪学》(第二版),法律出版社2006年版,第154页。
② "Topinard"又译为"托皮纳尔"。
③ 转引自〔美〕理查德·昆尼、约翰·威尔德曼:《新犯罪学》,陈兴良等译,中国国际广播出版社1988年版,第52页。
④ Mary Gibson, *Born to Crime: Cesare Lombroso and the Origins of Biological Criminology* (Westport, CT: Praeger, 2002), p.248.
⑤ 转引自商务印书馆编辑部编:《近代现代外国哲学社会科学人名资料汇编》,商务印书馆1978年版,第1470—1471页。

Gibson)出版了专著《生来犯罪:切萨雷·龙勃罗梭与生物犯罪学的起源》;①2003年,戴维·霍恩(David Horn)出版了《犯罪人的身体:龙勃罗梭及对越轨行为的剖析》。② 在其他人发表的涉及犯罪学历史和现代犯罪学诞生内容的研究成果中,几乎都要大量论述龙勃罗梭及其研究。例如,在尼科尔·哈恩·拉夫特(Nicole Hahn Rafter)1997年出版的《制造生来犯罪人》③一书中,有专章论述龙勃罗梭的犯罪学研究,并且认为,"第一种引起广泛关注的犯罪生物学理论,就是切萨雷·龙勃罗梭的理论,这种理论的最著名支持者将其称为'犯罪人类学'"。④ 这些研究中都反映了新发现的史料。随着越来越多的新史料的发现,人们对于龙勃罗梭及其犯罪学研究的认识会越来越深入和全面。

(三) 本人的初步评价

本人根据自己对龙勃罗梭及其犯罪学研究的了解,提出下列初步评价:⑤

1. 龙勃罗梭是一位伟大的犯罪学家

在中国,一个时期内用"伟大"一词评价人物的现象十分普遍,甚至发展到滥用的程度。但是,笔者根据自己对龙勃罗梭及其学说的粗浅了解,感到用"伟大的"这个形容词来评价龙勃罗梭是合适的,龙勃罗梭有资格被看作是犯罪学乃至整个刑事法学领域中的"伟人",他配得上享受人们给予他的多种"之父"的称号;把龙勃罗梭和他同时代的另外两位犯罪学家菲利(Enrico Ferri,1856—1929)、加罗法洛(Baron Raffaele Garofalo,1852—1934)并称为"犯罪学三圣"(holy three of criminology)⑥,也是恰当的。这是因为,龙勃罗梭对犯罪问题进行了富有创新精神的、孜孜不倦的探讨。他将实证的、归纳的方法引入犯罪研究领域,引起了犯罪研究领域中的一场方法论革命,使犯罪学向科学方向大大迈进了一步;他用许多富有挑战性的观点,激励人们对犯罪行为和犯罪人进行科学探讨;他将自己的大半生献给了犯罪学研究事业。尽管他在犯罪学研究中提出的一些具体结论、观点已经过时(实际上,并不存在永远不过时的理论或观点,问题的实质不在于某种理论或观点是否会过时,

---

① Mary Gibson, *Born to Crime*: *Cesare Lombroso and the Origins of Biological Criminology* (Westport, CT: Praeger, 2002).

② David Horn, *The criminal Body*: *Lombroso and the Anatomy of Deviance* (New York: Routledge, 2003).

③ Nicole Hahn Rafter, *Creating Born Criminals* (Urbana, IL: University of Illinois Press, 1997).

④ Ibid., p.110.

⑤ 参见吴宗宪:《西方犯罪学史》(第二版),第二卷,中国人民公安大学出版社2010年版,第401—405页。

⑥ Stephen Schafer, *Theories in Criminology*: *Past and Present Philosophies of the Crime Problem* (New York: Random House, 1969), p.123.

而在于经历多长时间才过时,杰出的理论或观点总是能在很长的时间之后都有生命力),有的观点在今天看来或许有点荒唐可笑,但是,龙勃罗梭的许多结论、观点不仅像塞林所说的在50年以后,就是在一百多年后的今天,仍然具有生命力,仍然富有启发性,而且,即使他的那些已经过时的结论、观点,也不是凭空杜撰或主观臆造的,而是在大量占有资料的基础上提出的,他的严谨、勤奋、客观、求是的学风,永远是犯罪学领域中的后来者学习的楷模。应当实事求是地说,龙勃罗梭本人确实是一个伟大的、严肃的、认真的学者,是犯罪学史上少数几个对犯罪学的发展做出了巨大贡献的杰出人物之一;在犯罪学史上,能与龙勃罗梭相提并论的人并不多,或许只有他的同胞、前辈——贝卡里亚才勉强享有这样的资格,其他人都很难与龙勃罗梭相媲美。[①] 他开创性地将当时的一般性科学方法和基础理论引入犯罪和犯罪人研究领域,提出了自己独特的犯罪理论,引起了巨大的反响,这已经足以使龙勃罗梭受到人们的尊敬和重视。因此,龙勃罗梭当之无愧地在犯罪学史上享有不可替代的重要地位。

2. 龙勃罗梭极大地推动了犯罪学的发展

现代犯罪学的发展在很大程度上归功于龙勃罗梭的努力和推动。"尽管以前的欧洲思想家思考了犯罪原因,但是,龙勃罗梭是第一位预期犯罪学将成为一门独立于法律和公共卫生(public hygiene)的新学科的人……在《犯罪人论》出版时,'犯罪学'这个术语是不存在的;龙勃罗梭自己使用'犯罪人类学'这个术语称呼他的研究,以此强调他研究的对象是人,而不是法律。犯罪学是一个在以后不到十年间产生的一个替代性名称,但不是对立性名称,这个术语可能是由他的同事和信徒拉斐尔·加罗法洛发明的。"[②]龙勃罗梭的研究和学说,引起了人们对于犯罪问题的极大兴趣和广泛研究,大大加速了现代犯罪学的发展。可以说,在龙勃罗梭及其学说的影响下从事犯罪学研究的人不计其数,仅仅在意大利,就可以识别出三代龙勃罗梭的信徒。[③] 不仅如此,龙勃罗梭的大量学生和信徒还将他的学说传播到社会的很多方面,促进了犯罪学学说的广泛传播和实际应用,使犯罪人类学和犯罪学成为世界性的学科和研究领域。晚近的研究表明,"龙勃罗梭和意大利实证犯罪学产生了比以前认识到的更大的国际影响"。[④] 因此,把龙勃罗梭称为"现代犯罪学之父",是

[①] 参见吴宗宪:《西方犯罪学史》(第二版),第二卷,中国人民公安大学出版社2010年版,第402页。

[②] Mary Gibson, *Born to Crime: Cesare Lombroso and the Origins of Biological Criminology* (Westport, CT: Praeger, 2002), p.2.

[③] Ibid., p.44.

[④] Ibid., p.250.

恰当的。

3. 龙勃罗梭学说的缺陷具有时代性

龙勃罗梭的研究和学说确实有重大缺陷,但是,这些缺陷在很大程度上反映了时代的局限性,而不一定是他自己的过失造成的。在龙勃罗梭所处的那个时代,尽管科学有了很大发展,它们启发龙勃罗梭用新的方法和新的理论研究、解释犯罪和犯罪人,但是,那个时代科学的发展毕竟有限,没有为龙勃罗梭恰当地解释所观察到的事实提供成熟的一般性科学方法论和理论基础。龙勃罗梭不是圣贤,不是"完人",他只是一个学者,不能苛求龙勃罗梭既要提出科学的一般方法论和基础理论,又要将它们应用于犯罪和犯罪人研究;龙勃罗梭只能根据那个时代的精神,只能在那个时代的科学氛围中进行研究,他只能将当时已有的一般性科学方法论和基础理论应用于犯罪和犯罪人研究,而不可能超越当时整个科学的发展水平,提出永恒不变的"真理"。①

4. 将龙勃罗梭的学说与法西斯联系起来,可能是不适当的

一些评价中将龙勃罗梭与德国希特勒法西斯政权和意大利墨索里尼的法西斯政权及其血腥活动联系起来,以此指责龙勃罗梭的犯罪学研究,这可能是不适当的。主要理由如下:

(1)从时间顺序来看,在法西斯兴起的时候,龙勃罗梭已经逝世,他不能为自己身后的事情负责。龙勃罗梭是1909年去世的。德国法西斯领导人希特勒(Adolf Hitler,1889—1945)参与政治活动是从20世纪20年代开始的,他担任德国总理是在1933年,实行种族灭绝更是在此之后。意大利法西斯独裁者墨索里尼(Benito Mussolini,1883—1945)组建法西斯组织"战斗团"是在1919年,正式建立法西斯党是在1921年,担任意大利首相是在1922年。这些都是在龙勃罗梭逝世很久之后才发生的,不能让已经去世多年的龙勃罗梭为自己死后的事情负责。

(2)法西斯政权的做法可能与龙勃罗梭的某些观点吻合,这只能说是法西斯分子对于龙勃罗梭学说的滥用或者歪曲,而不能认为龙勃罗梭启发或者诱发了法西斯的血腥念头和做法。法西斯政权的血腥活动并非都是利用自己发明和创造的观念、工具等进行的,他们实际上大量利用了人类文明发展的很多成果,不能因为法西斯分子利用这些成果就归罪于这些文明成果的发明者、创造者。

(3)晚近的研究表明,龙勃罗梭的犯罪人类学理论可以和多种政治倾向相结合。玛丽·吉布森(Mary Gibson)的研究发现,龙勃罗梭和实证主义学派的大部分

---

① 参见吴宗宪:《西方犯罪学》(第二版),法律出版社2006年版,第117页。

第一代同事,都属于意大利社会党(Italian Socialist Party,PSI)①,对于他们来讲,实证主义学说与马克思主义在唯物论、决定论和人道主义方面是相当吻合的。但是,在第一次世界大战之后,龙勃罗梭的大部分追随者与法西斯主义结盟,他们发现独裁更容易接纳实证主义的计划。根据实证主义的计划,不仅要对犯罪人进行分类和惩戒(discipline),而且要对被怀疑具有煽动混乱或者反抗这个国家的个人甚至整个群体进行分类和惩戒。"意大利犯罪人类学既吸引社会主义者,又吸引纳粹分子的事实表明,复杂的犯罪学理论并不必然是左派理论或者右派理论。一些犯罪学理论与某些特殊的政治立场的明显兼容性,可以因为历史环境的不同而变化,或者使某一方面的理论更受重视。在意大利,犯罪人类学从而也是生物决定论并不必然导致法西斯式的刑事司法政策,但是,犯罪人类学得到了学术界、政治家和各个政治派别公民的广泛支持。"②由此可见,仅仅把龙勃罗梭及其理论与法西斯主义联系起来,是不全面、不公平的。

5. 龙勃罗梭是一位具有多方面才能和贡献的杰出学者

他不仅在犯罪学研究中做出了巨大贡献,在犯罪学史上享有崇高的地位,而且在精神病学(包括司法精神病学)、法医学、人类学等方面也进行了深入的研究,取得了丰硕的成果。龙勃罗梭首先是一个精神病学家,然后才是一个犯罪学家,他在精神病学理论研究和临床实践中的成就,使他在精神病学史上也占有一席之地。例如,在精神病学中,龙勃罗梭被看成是"产生于莫雷尔(Morel)③的隔代遗传与退化的传统的最后一位重要贡献者"。④ 同时,他利用人类学方法进行的大量研究,也使他获得了人类学家(anthropologist)的身份,甚至在精神病学史的书籍中,也称他为"意大利人类学家"(Italian anthropologist)。⑤

八、龙勃罗梭的学说在中国

龙勃罗梭的犯罪学学说在中国的流传有一个比较曲折的历史。早在20世纪

---

① 意大利社会党(Italian Socialist Party, PSI)成立于1892年,1893年使用现名,是意大利具有全国规模和现代民主体制最早的政党之一。该党最初的基础是工会、社会主义集团和合作组织,有无政府主义派和马克思主义派。

② Mary Gibson, *Born to Crime: Cesare Lombroso and the Origins of Biological Criminology* (Westport, CT: Praeger, 2002), p.7.

③ 贝内迪克特·奥古斯丁·莫雷尔(Benedict Augustin Morel, 1809—1873)是奥地利出生的法国精神病学家、早期犯罪学研究者。

④ Parmand M. Nicholi, Jr. (ed.), *The Harvard Guide to Modern Psychiatry* (Cambridge, MA: The Belknap Press of Harvard University Press, 1980), p.284.

⑤ Franz Alexander and Sheldon T. Selesnick, *The History of Psychiatry: An Evaluation of Psychiatric Thought and Practice from Prehistoric Times to the Present* (New York: Harper & Row, 1966), p.82, 162.

20年代,我国学者就开始介绍龙勃罗梭的著作。例如,1929年出版了《朗伯罗梭氏犯罪学》(刘麟生翻译,商务印书馆出版),这是龙勃罗梭的《犯罪及其原因和矫治》一书的中译本。同是在1929年,还出版了一本名为《伦勃罗梭犯罪人论》的书,这本书由国民政府立法院编译处出版,上海民智书局发行;扉页写着:琴娜女士著,徐天一重译;版权页上写着"原著者日本水野太朗"。但是,由于这两本书出版年代久远,现在流传的很少,一般读者根本无缘接触它们,而且由于翻译年代较早,中译本中使用的语言也带有当时的特点,不一定适合当代的读者阅读(但愿在不久的将来能够看到这两本书的新译本!)。

新中国成立之后,由于受前苏联犯罪研究风格、观点的影响等原因,对龙勃罗梭及其犯罪学研究基本上采取漠视、否定的态度。在新中国成立后的前30年,介绍和研究得很少。后来有所介绍,但是大多是简单化的、批判性的。例如,1982年出版的高等学校法学试用教材《刑法学》中认为,龙勃罗梭等人的"理论为资产阶级的加强镇压、滥施刑罚和草菅人命提供了所谓'科学依据'。后来德国和意大利的法西斯政权,正是利用了这种理论,鼓吹人种有优劣之别,公民有'危险'与否之分,肆意地进行种族灭绝和残害革命者与劳动人民。"① 同时,该教材一方面承认"龙勃罗梭的研究,为刑事人类学派的犯罪原因论奠定了基础。"② 另一方面又认为,"龙勃罗梭理论的反科学性是十分明显的"。③ 再如,1984年出版的《中国大百科全书·法学》卷中也认为,龙勃罗梭等人的"论点在理论上完全背离法制原则,在政治上为帝国主义统治服务,反对劳动人民的革命斗争,在龙勃罗梭和R.拉斯基合著的《法律及刑事人类学关系中的政治犯罪与革命》(1890)一书中,作者竟力图证明巴黎公社的革命者都是'天生犯罪人'。"④ 可以说,在很长一个时期内,我国有关龙勃罗梭及其犯罪学学说的学术研究十分缺乏,人们对龙勃罗梭及其犯罪学研究的了解很少。而且,由于受社会和政治环境的影响,在学术著作中介绍和评价龙勃罗梭的学说时,往往充满了批判性的言辞和全盘否定性的观点,缺乏客观准确的介绍和实事求是的分析。

从20世纪80年代中期开始,才有人开始重新对龙勃罗梭及其犯罪学学说进行学术性研究。1984年出版的《外国刑法学》(甘雨霈、何鹏著),在"刑事人类学派"的标题下,简单介绍了龙勃罗梭等人的观点。⑤ 1992年,陈立撰写了《龙勃罗梭犯罪

---

① 高铭暄主编:《刑法学》,法律出版社1982年版,第6页。
② 同上书,第76页。
③ 同上。
④ 曾庆敏:《刑法》,《中国大百科全书·法学》,中国大百科全书出版社1984年版,第651页。
⑤ 甘雨霈、何鹏:《外国刑法学》(上册),北京大学出版社1984年版,第115—116页。

学思想述评》一文①,比较详尽地评述了龙勃罗梭的犯罪学思想。我自己大约从1988年左右,开始了解龙勃罗梭的学说,为《西方犯罪学史》一书的写作做准备。经过几年的努力,写出5万余字的书稿(见该书第十四章;②在2010年出版的该书第二版中,这一章的字数增加到近7万字;如果把相关章节③中对龙勃罗梭及其学说等的评介算进来,字数更多);④后来在写高等学校法学教材《西方犯罪学》一书时,将5万余字的书稿浓缩、改写为2万余字(见该书第四章第二节;⑤在2006年出版的该书第二版中,这一节保持了大致相同的字数)。⑥ 这可能是目前国内介绍龙勃罗梭学说中字数较多的两本书。

其他一些学者也对龙勃罗梭的学说表现出浓厚的兴趣。例如,陈兴良教授在《遗传与犯罪》(1992)一书中,曾详细论述了龙勃罗梭的学说;⑦在《刑法的启蒙》(1998)一书中,又设专章"遭遇基因",对龙勃罗梭的犯罪学学说进行评述。⑧在马克昌教授主编的《近代外国刑法史略》(1996)一书中,设专节介绍龙勃罗梭的刑法思想。⑨ 张筱薇教授在《比较外国犯罪学》(1996)一书中,用较多的篇幅(第二章)论述了"实证主义犯罪学的基本理论",其中有5节是主要论述龙勃罗梭的犯罪学学说的。⑩ 此外,一些犯罪学教科书也简要介绍了龙勃罗梭的犯罪学学说,例如,储槐植、许章润等教授著《犯罪学》(1997)。⑪

鉴于龙勃罗梭对于犯罪学发展的杰出贡献,鉴于龙勃罗梭理论的重要价值,我在主编《犯罪学名著译丛》时,在第一批5本书中,就选了两本与龙勃罗梭有关的书

---

① 陈立:《龙勃罗梭犯罪学思想述评》,载肖剑鸣、皮艺军主编:《犯罪学导论》,警官教育出版社1992年版,第588—618页。
② 吴宗宪:《西方犯罪学史》,警官教育出版社1997年版,第185—224页。
③ 主要是指该章之前的第13章"实证主义犯罪学学派的思想渊源"和该章之后的第15章"恩里科·菲利"、第16章"巴伦·拉斐尔·加罗法洛"、第17章"对犯罪人类学的反应"、第18章"犯罪人类学的进一步研究"、第19章"实证主义犯罪学的衰落与复活"。在这几章中,对龙勃罗梭及其犯罪学研究有很多评述。
④ 吴宗宪:《西方犯罪学史》(第二版),第二卷,中国人民公安大学出版社2010年版,第340—409页。
⑤ 吴宗宪:《西方犯罪学》,法律出版社1999年版,第129—157页。
⑥ 吴宗宪:《西方犯罪学》(第二版),法律出版社2006年版,第99—119页。
⑦ 陈兴良:《遗传与犯罪》,群众出版社1992年版。
⑧ 陈兴良:《刑法的启蒙》,法律出版社1998年版,第163—189页。
⑨ 莫洪宪:《龙勃罗梭的刑法思想》,载马克昌主编:《近代西方刑法学说史略》,中国检察出版社1996年版,第146—158页。
⑩ 张筱薇:《比较外国犯罪学》,百家出版社1996年版,第54—90页。
⑪ 储槐植、许章润等:《犯罪学》,法律出版社1997年版,第22—25页。

籍:一本是龙勃罗梭自己的《犯罪及其原因和矫治》;①另一本是龙勃罗梭的女儿撰写的介绍龙勃罗梭学说的《犯罪人:根据切萨雷·龙勃罗梭的分类》②。这是在中国介绍龙勃罗梭学说的一个新进展。

尽管对龙勃罗梭的犯罪学研究已经进行了一定的介绍和研究,但是,所根据的资料往往都是第二手(主要是英文,少数研究者也使用日文)、第三手的资料(从其他语言转译而来的中文译文)。我自己在过去的研究中主要依靠三种英文资料:龙勃罗梭的《犯罪及其原因和矫治》一书的英文版;③龙勃罗梭的女儿吉娜·龙勃罗梭·费雷罗写的《犯罪人:根据切萨雷·龙勃罗梭的分类》;④美国犯罪学家马文·沃尔夫冈(Marvin E. Wolfgang)所写的《切萨雷·龙勃罗梭》一文。⑤在后来的研究中,虽然收集到更多介绍龙勃罗梭理论的书籍资料,但是,总体而言,资料仍然有限,而且无法直接阅读龙勃罗梭的意大利语原著。其他研究者也面临大致相同的资料困难问题,迄今为止,我国犯罪学界似乎没有人能够直接阅读龙勃罗梭用意大利文出版的原著。因此,现在出版第一本直接译自意大利文的龙勃罗梭的著作,其价值是很大的。

黄风教授是一位极其刻苦、勤奋和严谨的学者。1983—1986年间,我们曾经在中国政法大学研究生院同窗读书三年。在此期间,他利用自己的意大利语优势,选择另一位著名的意大利学者贝卡里亚(Cesare Beccaria,1738—1794)进行研究,撰写硕士学位论文。他在学位论文基础上写成的《贝卡里亚及其刑法思想》⑥一书,是我们那一级刑法专业的同窗中最先出版成书的硕士论文,这也是国内第一部专门研究贝卡里亚的专题著作。毕业之后,他先后在中国政法大学、国家司法部等部门工作,在工作之余先后出版了《中国引渡制度研究》(1997)等著作。尤其是在意大利文经典著作的翻译方面,取得了丰硕的成果。他不仅重新根据意大利文版翻译出

---

① 〔意〕切萨雷·龙勃罗梭:《犯罪及其原因和矫治》,吴宗宪、房绪兴、李安、赵书鸿、苏明月等译,中国人民公安大学出版社2009年版。

② 该书的英语名称 Criminal Man: According to the Classification of Cesare Lombroso 应当直译为《犯罪人:根据切萨雷·龙勃罗梭的分类》。不过,在出版中文版时,出版者认为使用直译名称不容易为中国读者所理解,因而把中文版的书名确定为《犯罪人:切萨雷·龙勃罗梭犯罪学精义》,该书中文版由吴宗宪翻译,中国人民公安大学出版社2009年出版。

③ Cesare Lombroso, *Crime: Its Causes and Remedies* (Translated by Henry P. Horton, Boston: Little, Brown, 1912; reprinted Motclaire, 1968).

④ Gina Lombroso-Ferrero, *Criminal Man, According to the Classification of Cesare Lombroso* (Montclair, N. J.: Patterson Smith, 1972).

⑤ Marwin E. Wolfgang, "Cesare Lombroso", in Hermann Mannheim (ed.), *Pioneers in Criminology* (Montclaire, N. J.: Patterson Smith, 1972), pp. 232-291.

⑥ 黄风:《贝卡里亚及其刑法思想》,中国政法大学出版社1987年版。

版了贝卡里亚的名著《论犯罪与刑罚》(1990、2008),翻译出版了《意大利刑事诉讼法典》(1994)、《意大利刑法典》(1998)和《意大利军事刑法典》(1997),而且扩展翻译领域,翻译出版了《罗马法教科书》(1992)、《罗马法史》(1994)等多部民法方面的经典著作。如此巨大的写作和翻译任务,对许多专门的研究人员来说都是不可想象的,而黄风却利用业余时间完成了,由此可见黄风治学的勤勉。同时,数年来,他曾多次赴意大利进行学术交流和访问。可以说,黄风是国内为数不多的既精通意大利语,又涉足刑法学、犯罪学和民法学等相关学科研究的重要学者之一;甚至可以说,他是目前国内翻译龙勃罗梭著作的最佳人选,由他翻译龙勃罗梭的著名著作,正是名著翻译中的恰当选择,也是国内犯罪学界的一件幸事。因此,我相信,他的译文质量是可靠、可信的,行文也通达流畅,值得广大读者阅读和研究。在这次由北京大学出版社出版本书之际,黄风对2000年的中译本进行了仔细的校订和润色,使这个译本的质量得到进一步提升。

  目前这个译本,是黄风根据《犯罪人论》一书的第二版完成的。虽然《犯罪人论》一书后来又出版了第三、四、五版,但是,龙勃罗梭的主要犯罪学思想在这个版本中都有体现,以后出版的各个版本在很大程度上是进一步充实实证资料和完善观点。无论是犯罪学、刑法学等学科的专业研究人员,还是对犯罪问题感兴趣的广大读者,都会从本书中发现自己需要的内容。

  光阴荏苒,转瞬之间十年已经过去。与十年前相比,黄风和我都有了不小的变化。在为2000年的中译本写序时,我还称他为"青年学者",如今,我们都不再年轻了。十年前,我们在不同的地方供职:他在司法部司法协助外事司,我在司法部预防犯罪研究所;如今,我们又走到一起来了:他于2005年、我于2006年调入北京师范大学刑事法律科学研究院。在这个成立不久的学术机构中,我们成了同事,一起工作,我不时看见他忙碌的身影,分享他成功的喜悦。殊途同归,这也算是人生的幸事吧!祝愿本书继续得到读者的更多关注,祝愿黄风教授的学术事业更加发展。

吴宗宪
2010年9月28日

切萨雷·龙勃罗梭

引言

　　如果你在某一段时间内旁听了一系列刑事审判,并且又追踪了这些案件在监狱中的执行情况和在有关统计中的结果,你将惊奇地发现,许多相互矛盾的审判和事实堆积在一起,它们不断恶性循环。一方面,法官几乎总是脱离开犯罪人去考察犯罪,常常把犯罪看作是奇闻轶事,看作是行为人生活中的偶然事件,一种没有任何理由会再次重复的偶然事件;另一方面,那些邪恶之徒却不思悔改,不断地重新犯罪,累犯率甚至达到30%、55%、80%,并且在一定的时间中保持着持续的频率,他们给社会带来非常严重的破坏和浪费,并使正义黯然失色,试图以此作出相反的证明,这种证明往往在异想天开的反累犯竞斗中最终取胜。所有直接与罪犯交往的人,比如:罪犯的家庭成员,监狱的领导人员,都把罪犯视为不同于其他人的人、弱智者、精神失常者、根本或者几乎根本不可救药者;精神病专家从大量案例中发现:将精神病与犯罪截然分开是不可能的;相反,立法者通常不理会精神病专家的上述大胆评论,也不爱听监狱官员们胆怯的反对意见;他认为在罪犯中很少出现自由意志的反常状态,经常(至少是在几年前)把矫正看作是其尘世使命的最伟大目标之一,并且为此确定法律标准,他所依据的是一些不容妥协的方针,不承认在正常人、精神失常者和犯罪人之间存在着任何过渡形态。至于平民百姓和代表平民百姓的陪审团成员(不过,他们所代表的是有武装、有权势的俗人)则嘲笑上面两部分人,他们更为关心的不是科学准则,而是心灵准则,经常怀念原始的正义,怀念社会报复;犯罪越是奇特和凶残,使他们感觉强烈的就越是恐怖而不是怀疑。

　　之所以会不断出现这些分歧,原因是多方面的。

　　立法者、哲学家,这些人心灵正直,习惯于人类最高尚的思维;他们作出判断的出发点是将心比心;他们几乎生来厌恶邪恶,并且以为别人也同样如此;他们不愿意,也不可能放弃理论的玄虚和高傲,屈身深入到卑贱和乏味的刑事犯关押场所。至于那些审理事实的法官,他们很自然地听从一时忧虑的支配,我们所有人在遇到攸关生命的情况时都会受此种忧虑的支配,都会因一些暂时的、活生生的利益而一叶障目,看不清有关案件与自然的普遍规律之间的联系。

在我看来,而且不仅我自己,在我之前,Holtzendorf、Thompson、Wilson、Beltrani Scalia、Despine等人也这么看,要想弥合各种各样的分歧意见,要想破解犯罪人是属于正常人范畴还是精神失常者范畴(或者叫"他们自己的世界")这一疑问,要想了解是否存在真正的犯罪自然必然性,最好是把那些高尚的哲学理论放在一旁,同样,也别兴冲冲地针对刚刚发生的事件进行调查,相反,应当直接对犯罪人进行体质和心理方面的研究,并且将有关的分析结果与正常人和精神失常者的情况进行对比。

本书就是这方面调查成果的汇集。

Chapter 1 第一章
对 101 个意大利犯罪人头骨的研究

关于犯罪人的人类学研究必须从最基本的体质特点开始,解剖学的材料就能为我们提供有关的数据。我的研究对象已经从 55 个增加到百余个,考虑到如此大量的研究对象,考虑到本书主要读者的特殊情况,似乎最好只概括地介绍一下研究要点,把作为结论依据的数据作为附录置于本书之后。

我们从头骨的外缘周长开始考察,发现犯罪人多数表现为小头畸形,很少表现为巨头畸形,与精神病人相比,此种情形较为明显,但与野人相比,则稍次之。我们可以从下列头骨对照研究一览表中发现上述现象:

43 名精神病人	101 名意大利罪犯	27 名非洲野人	头骨周长
11%	0,0	0,0	590
0,0	0,99	0,0	580
0,0	0,79	0,0	570
2,3	0,99	0,0	560
0,0	2,2	0,0	550
9,3	2,8	7,0	540
18,6	0,1	10,7	530
23,2	22,2	25,0	520
0,0	24,2	25,0	510
13,9	12,4	14,0	500
11,6	1,29	21,4	490
9,3	1,80	10,7	480
0,0	0,99	7,0	470
0,0	0,99	0,0	450

对这一事实的准确印证是以立方厘米计量的头骨容量:根据 Calori 的研究,意大利男性头骨的平均容量是 1 551 立方厘米,而相比之下,67 名成年罪犯的头骨容量则明显偏低,平均为 1 466 立方厘米。

第一章 对101个意大利犯罪人头骨的研究

其中:8人的头骨容量最低,只有1 100~1 200立方厘米;在这8人中,1人是盗窃犯,1人是纵火犯,2人是谋杀犯。

24人的头骨容量差别不大,都在1 300立方厘米左右。

20人的头骨容量为1 400立方厘米左右。

只有5人有着正常的头骨容量,即1 500立方厘米以上;他们当中,两人是诈骗犯,1人是谋杀犯并且其骨缝衔接完好。

10人的头骨超过平均容量,达到1 600立方厘米以上。这其中有凶残而聪明的皮埃蒙特匪首Artusio,以及他的一位其狡猾程度不逊他的助手Violini;1名犯有盗窃罪和谋杀罪的布雷西亚教士,1名犯有杀人罪和强奸罪的特雷维索人Soldati,此人在70岁时头骨骨缝仍保持完好,并且曾经成功地摆脱过所有的司法调查;另一人也是威尼托人,来自于帕多瓦,曾3次实施杀人,他的头骨容量高达1 633立方厘米;需要注意的是:威尼托人的头骨容量是比较高的,我先前的研究已证明这一点。

至于妇女,由于研究对象太少,不宜轻率地下任何结论,然而,值得注意的是:同野人的情形一样,她们的头骨容量平均与男性相等,甚至稍高,即1 497立方厘米;在她们当中,两人的头骨容量大大地超过了平均值,其中1人也是威尼托人,犯有放毒罪。

一般来说,盗窃犯的头骨容量比较低(1 321立方厘米),相对而言,谋杀犯的头骨容量则稍高些(1 415立方厘米)。

关于头颅指数,在按地区进行考察时我们发现:在罪犯当中,部分人继续表现出与正常人头颅形态相近的倾向。

请看下列统计:

在27名皮埃蒙特人中	短头型:20人	长头型:3人	中间型:4人
在2名热那亚人中	短头型:0人	长头型:1人	中间型:1人
在29名伦巴第人中	短头型:14人	长头型:8人	中间型:7人
在13名那波利人中	短头型:5人	长头型:7人	中间型:1人
在2名撒丁人中	短头型:0人	长头型:2人	中间型:0人
在6名威尼托人中	短头型:3人	长头型:2人	中间型:1人
在16名艾米利亚人中	短头型:13人	长头型:1人	中间型:2人
在5名托斯卡纳人中	短头型:3人	长头型:1人	中间型:1人
在1名罗马人中	短头型:0人	长头型:1人	中间型:0人
合计	58人	26人	17人

人们会迅速发现,在艾米利亚人中短头型者明显居多;如果把两名摩德纳人也算入其中的话,这一现象则更加突出。根据Calori的研究,25%的波伦亚人以及更多的摩德纳人是长头型人;而现在我们却发现16人中有13人是短头型,如果按照人们的习惯把中间型也看作短头型,我们将发现16人中有14人是短头型;其比例不再是75%,而是87%。但是,这一情况可以从犯罪的分布中得到很好的解释,因为人们发现,以上各省中多数的谋杀犯和杀人犯具有短头型,比例为32:42;长头型和中间型各有5人。

上述情形在那波利人中表现得更为奇特,在那波利,多数人为长头型,然而,在9名那波利杀人犯中有5人是短头型;根据Calori的研究,在正常人中,52%的那波利人和81%的西西里人是长头型。

人们还发现,在一些杀人犯尤其是皮埃蒙特的杀人犯中,短头型的指数达到90和88,这一指数也特别反映在呆痴者当中。

在托斯卡纳和伦巴第,短头型杀人犯的指数也常常达到87,而据我所知,这在正常人中是极为罕见的。

关于这一奇特的情况,我们也从对活人的研究中得到证实。颅相学专家曾经隐隐约约地发现了这一点,并且利用了有关的成果;他们以自己的方式夸大了上述现象的意义,得出结论说:在颞叶中隐藏着教人残暴的器官。

然而,应当注意以下事实:极为凶残的谋杀犯Cipolla(我把他的头骨交给了Golgi博士)的上述指数为72,1名都灵的杀人犯的指数为71;残暴的Bouhors的指数为89,在Barkow的图册中,杀人犯Matzk、Flegel、Magdelaine的指数分别为86、82、84;相反,Blank则属于长头型,Lacenaire的头骨显示的指数为76,Helouin的指数是79,Hulbach的指数是78,Avril的指数是72,Lemoine的指数是73。所有这些著名的法国谋杀犯几乎都是长头型或者中间型,唯一例外的是Lecoutte,他的指数是85。

在盗窃犯和作假犯当中,似乎主要表现为长头型,尤其是在盗窃犯中。请看:

在16名盗窃犯中,长头型9人;中间型3人;短头型4人。

在4名诈骗犯中,长头型2人;中间型0人;短头型2人。

如果像很多人所习惯的那样,把中间型也算入长头型,那么,在16名盗窃犯中就有12人为长头型。人们发现,在一些人中,长头型的指数达到了少见的水平,例如:1名热那亚人为70,1名卡拉布里亚人为68,1名帕维亚诈骗犯的指数为73;最奇怪的是,1名皮埃蒙特人的指数为72。

长头指数在盗窃犯(71)、谋杀犯(72)、拉皮条者(74)之间差别不大,后两类人的指数稍微高些。在对50名对象的考察中人们发现:有8人为低指数,但是,低指数的情况比较经常地出现在盗窃犯中(9人中有4人),而不是在杀人犯中(27人中有4人)。

真正的斜头型有3例。

双颧直径,在所有的地区并且对于一切形式的犯罪,均呈出比正常人宽的特点,正常人的双颧直径通常为142至149;比较确切地说,在35人中,有6人的双颧直径正常,3人的低于平均值,其他26人的全部宽于正常人;此种情形反映在Barkow和Gall的解剖图中以及凶残的Bouhors、Magdelaine和Fingass的头骨中。

只有3人的脸角达到80度、81度,这3人都是杀人犯或者匪首,他们全部达到了脑容量的最高水平。其他38人的脸角都度数较低,几乎不存在地区上的差别,例如:1名皮埃蒙特谋杀犯的脸角为69度,两名伦巴第的盗窃犯和作假犯的脸角为70度;1名西西里人的脸角低至68度;1名伦巴第人的脸角达到69度;1名托斯卡纳谋杀犯的脸角为70度,其他几名托斯卡纳人的脸角为74度,1名罗马人的脸角为72度(请注意:在所有意大利人中,罗马人和托斯卡纳人的脸角是最为开阔的。)

如果平均一下,我们发现:

那波利谋杀犯:71度　　盗窃犯:76度　　拉皮条者:—
皮埃蒙特谋杀犯:73度　盗窃犯:72度　　拉皮条者:—
伦巴第谋杀犯:73度　　盗窃犯:69度　　拉皮条者:70度

我们在对谋杀犯Flegel、Blank、Fiebig、Fingass、Scurberg、Crapsck和Hanhn的头骨进行研究时发现:他们当中只有两人,即:Hanhn和Blank,是直颌;其他人都是突颌,与黑人的头骨相同。

骨缝正常的只有17例;在年逾75~80岁的老人中,有5例骨缝还开着,这些人(如:Villella、Pietrotto、Soldati)直到晚年还是闻名的罪犯,并且屡次逃脱司法审判;他们中的一些人脑容量很大,但一些人则脑容量很小,并且存在许多猿人的反常现象。

在 44 人中,有 11 人的骨缝衔接完好,没有留下痕迹,虽然他们尚未达到成熟的年龄。1 名因通奸而杀人的都灵宪兵,其头骨的矢状缝已经衔合,尽管他的前胸骨尚未衔合。

  在 42 名谋杀犯中,骨缝正常 14 人;早熟衔合 22 人(完全衔合 4 人);
  在 9 名盗窃犯中,骨缝正常 4 人;早熟衔合 5 人(完全衔合 3 人);
  在 4 名诈骗犯中,骨缝正常 2 人;早熟衔合 2 人;
  在 3 名拉皮条者中,骨缝正常 0 人;早熟衔合 3 人。

在 99 人中,有 21 人的前额骨缝明显简单;在上述 99 人中,有 5 名老人的前额骨缝呈不规则纹路。有 1 人的矢状缝是斜的。

另外,在 12 人中发现中额骨缝,其中有 5 名老人;有 9 人的骨缝纹直到鼻根。颞颥的弓形线在正常人的头骨上不怎么显露,而在 66 名罪犯中有 26 人则明显凸出,而且弓形线比正常人的更靠近矢状缝;在 12 人中形成真正的骨冠。58 人的上眼眶弓或额窦发育特别。唯一没有这种痕迹的是谋杀犯 Soldati,而其他人都或多或少地有此特征。15 人的眼眶是歪的;3 人的鼻腔呈漏斗型并且向外扩张。

在 98 人中有 16 人被发现有正中枕骨窝,11 人的尺寸正常,此情况在正常人中的比率为 4% 或 6%;只不过这里的比率提高到 15%。而且,其中 1 名是波伦亚人,他的枕骨窝比常人的大出一倍多;另一人是卡拉布里亚的盗窃犯,叫 Villella,他没有任何特别的色情倾向,直到 70 岁骨缝还敞开着,他的枕骨窝尺寸非常特别,长 34 毫米,宽 23 毫米,深 11 毫米,与此相伴随的是两侧枕骨窝萎缩,完全缺乏内枕骨销;枕骨窝的两边受限于骨凸,骨凸先是平行的,表现出不规则的四边形,在靠近枕骨孔的地方,与一小块三角形骨岬联系起来;根据这样的表面情形,比较解剖学和胚胎学有可靠的理由得出这样的结论:这种情况属于真正的蚓突(vermis)肥大,可以说是真正的正中小脑。这个器官从高层次的灵长目传给啮齿动物、狐猴科或受孕 3—4 个月胎儿;我、Bizzozero 教授、Foa 教授、Calori 教授以及 Bergonzoli 教授曾在 107 具尸体中发现相互吻合的反常现象,比率为 60%,在许多的上述尸体中,与正中窝相对应的是横卧的肥大蚓突。

退化的其他特点表现为前额退缩(98 人中的 36 人),筛骨深陷于眼弓之中并且额叶缩小,此情形发现 9 例,其中 4 例为盗窃犯,4 例为谋杀犯,1 例为强奸犯,它们均出现在 82 名考察对象当中。在 82 人中,有 7 人面额的颧骨骨突外凸,其中 5 人为盗窃犯,1 人为强奸犯,另一人为杀人犯;发现 5 例鼻上印堂凹陷的情况。

发现两例基本骨突凹陷,就像呆小病患者那样,同时,颚扁平且拉长。

在98人中发现17例沃姆氏骨*,它们经常是出现在反常的部位,例如:两例在额骨的眼眶面上,1例在颧骨上,6例在枕骨中间,形成顶间骨;在35人中有6例发现骨面织物;3例发现寰椎与枕骨相衔接,在上述卡拉布里亚人Villella身上,同时存在的现象是大的正中枕骨窝以及倾斜的头骨和脸面;1名Trapani的谋杀犯也有一个枕骨窝,但小得多,并且他的头骨也是斜的;1名波伦亚的谋杀犯,Amedei,有着一个巨大的短型头,头骨倾斜,多有沃姆氏骨且硬化;有3人的枕骨髁呈双关节面;6人的脸部明显倾斜并且是斜头畸形;在71人中,有17人的头骨较厚,从12到21毫米各不相同,这造成头骨分量增加到832、920、930、甚至1 143克;在21个过秤的头骨中,有3个重量为900多克,两个为800多克,5个为700多克,5个为600多克,4个为500多克,1个为400克。在94个头骨中,有7个发现裂痕,其中2个出现在前额,1个出现在顶骨,裂纹均已衔合。在1名佩鲁贾谋杀犯头上,发现一些很发达的枕骨包;在1名卡拉布里亚盗窃犯头上,枕骨包则萎缩,1名因勒索罪而被判刑的皮埃蒙特人的情况也是这样。有7人(全是谋杀犯)表现出颞颥肿胀,有18人表现为颌宽大,尤其是朝上的部分。1名谋杀犯表现出下颌凸出,而上颌是直的,因此咀嚼面不相吻合。1人腭骨的平面板是扁平的和宽的。在35人中,有5例智齿长得很大,而他们当中的一些人还很年轻;有5例没有长出,尽管已经上了年纪。有8人门牙很大;两人的犬齿长得特别长。在33人中,发现3例双下眼眶孔。

关于枕骨孔的面积、眼眶的容积、脑脊椎的指数和眼眶的指数,我们只研究了以下21例:

	枕骨孔面积	头骨容量	脑脊椎指数	眼眶容积	头眶指数
Aenioni,逃兵	651	1 380	21	64	21,56
Pettinato,同谋	723	1 355	18	45	30,00
Gatti,盗窃犯	845	1 130	14	64	17,15
Belgrati,杀人犯	912	1 450	15	56	25,91
Rossi,杀人犯	719	1 400	19	60	23,33
Macchi,盗窃犯	1 003	1 325	13	66	20,00
Taracchi,盗窃犯	733	1 325	18	51	25,88
Rainoldi,盗窃犯	806	1 540	19	53	29,00
Palazzoli,盗窃犯	955	1 350	14	44	30,70
Rosi,谋杀犯,托斯卡纳人	1 000	1 435	14	50	28,70
Birro,谋杀犯	696	1 326	19	50	26,52
Pietrotto,盗窃犯,托斯卡纳人	766	1 365	17	48	28,45

---

* 指在头骨骨缝中长出的多余骨头,以丹麦解剖学家Worm的名字命名。——译者注

（续表）

	枕骨孔面积	头骨容量	脑脊椎指数	眼眶容积	头眶指数
Martinati,拉皮条者	750	1 300	17	56	23,21
Modenese,谋杀犯	736	1 275	17	38	26,00
Veneto,谋杀犯	730	1 633	22	54	33,00
Brusa,谋杀犯,维罗纳人	750	1 625	21	62	26,20
R.,盗窃犯(女),维罗纳人	820	1 410	17	66	21,2
O.,盗窃犯,维罗纳人	730	1 710	23	78	21,3
I.,教士,盗窃犯,布雷西亚人	791	1 660	20	63	26,5
Artusio,谋杀犯,皮埃蒙特人	652	1 620	20	50	34,4
Appiani,(同上)	—	1 328	—	46	28,6

在20人中，有5人的脑脊椎指数低于平均值，其中3名达到13、14、15的人是盗窃犯；10人的指数与平均值相差不大(17、18、19)；至少有4人超过了平均值，他们是逃兵Arnioni(21)以及3名威尼托谋杀犯(21、22、23)。7人（其中3人是盗窃犯）的头眼眶指数超过了平均值；4人（2人为谋杀犯，2人为盗窃犯）的稍低于平均值；7人的则大大低于平均值。

奇怪的是，有13人的眼眶容积超过平均值，只有3人的低于平均值。这种情况在我汇编的文集中已经得到证实，最初是由Tamassia教授证实的，现在由D'Raseri教授证实；它似乎是器官在长时间使用后进行协调的结果，这种情况也发生在肉食鸟中。

如果我们总览一下这些材料，并且把它们同有关精神病人（呆小病患者和白痴除外）的材料进行对比，我们将惊奇地发现：罪犯中的头骨反常现象似乎更多。实际上，在对我的诊所中的59个精神病人头骨进行研究时，我发现其中20人带有很发达的额窦；22人带有正中枕骨窝，其中只有一人的较大；我发现有12例头骨骨缝简单，31例骨缝衔合，其中7例衔合得不完全；2人有头骨裂缝；2人一直保持着中额骨缝，只有1人有前额平均值的痕迹；19人有很凸出的颞颥弓形线(32%)；在5例中出现真正的冠状突起；6人有很多沃姆氏骨(10%)。3人为环型头或斜型头；只有1人的枕骨孔不规则；没有任何人表现出寰椎的衔接。在45人中，有3人属于真正的小头畸形，其容量还不到1 200立方厘米；有6人稍微超过上述容量；有10人超过1 400立方厘米；10人超过1 500立方厘米；2人超过1 600立方厘米；超过1 800立方厘米的只有1人。为了进行比较准确的比较，我们在此只计算了男性精神病人，其中头骨容量，超过1 800的1人；超过1 600的2人；超过1 400的10人；超过1 309的7人；低于1 300的1人。

在41个精神失常者的头骨中，重量情况如下：900多克的1例；800多克的4

例;700多克的5例;600多克的17例;500多克的8例;400多克的5例;300多克的1例。

总的看来,带有正中枕骨窝的罪犯要比具有同样情况的精神病人少些,前者占16%,后者占33%。在后者中,骨缝的早熟衔合现象较多,为52%;在罪犯中则为44%。在这两类人中都以同样的比例(21%)存在着额骨缝简单的现象。在罪犯中,次小头畸形现象比在精神病人中出现得多,大约为10%~7%。与精神失常者(25%)相比,罪犯中头骨容量减少的情况更多,为30%。在罪犯中,70%的头骨被发现硬化,在精神病人中则为66%。在精神病人中,额窦发展的情况也不那么多,只占33%,而在罪犯中则占52%。在罪犯中,发现中额骨缝的频率超过了精神病人,为12%;沃姆氏骨繁生的情况也较多,大约为18%~10%。在罪犯中,比较多的人表现出寰椎骨接、下颌骨发展、宽颌、凸颌,等等。对所有这些情况,我们不应当感到惊奇,因为大部分精神病人不是天生就有精神病,而是后天变成的,而罪犯的情况则相反。

试图探讨这些事实的原因,这是非常危险的事情。

因此,我并不企图对这些反常现象的原因作出解释,但是,我不能不指出这样的情况:出现在罪犯头骨上的反常现象与在有色人种或低级人的头骨中发现的生理反常现象多有吻合。

有早熟骨结的占44%;凸颌的占92%;额窦发展的占52%;头骨明显加厚的占24%;保持中额骨缝的占12%;额骨缝简单的占24%;颞或颞肌的弓性线比较突出的占39%;发展成颞的冠状突起的占7%;下颌骨异常长大的占20%;前额后退的占36%;眼眶倾斜的占15%;颧骨距远或者宽颌的占74%;智齿长得较大的占45%;头骨容量低的占30%,其中属于真正的小头畸形的占11%;沃姆氏骨频生的占18%;这些都很容易使人想起黑人种族以及除白色人种外的美洲种族和蒙古种族,并且经常使我们联想到史前人。

Calucci先生针对我提出的极为机智的批评,迫使我不得不离开一下正题。这位杰出的法学家借用Huxley的某些话(它们暗指的是猿猴,而不是原始人或野人),否认以下说法:在史前人的头骨和野人中可以发现真正低级形态的特点;并且他想以此搞乱我的整个体系。但遗憾的是,对我有利的证据太多了。

达尔文写道:古代人种表现出更加相近于动物的结构,而不是现代人的结构。根据P. Strobel的研究,"现代人的外貌比古代人更远离形态学的模糊点"。事实上,Broca发现的鹰嘴孔:

在巴黎的墓地占4%;

在杜邦的训鹿纪占30%;

在阿让特伊的石桌坟占25%。

欧洲人头骨容量的平均值（立方厘米）为1400到1500；

印第安人、黑人、中国人、马来人头骨容量平均值为1300；

南太平洋人、波利尼西亚人、霍屯督人的头骨容量平均值为1200。

Mantegazza在3个新西兰人的头骨中发现颌间骨的残余，这种颌间骨一直保留在哺乳动物中。

颞额的骨缝，对于现代人来说是极为罕见的反常现象，却在有色人种中经常发现；同样的说法也适用于双下眼眶孔和某些沃姆氏骨。

Neanderthal的头骨以其特有的厚度和很大的额窦而区别于现代人。Schaffhausen注意到，正是由于这些特点，野生动物、野马、洞穴熊、野猪不同于同类的驯化动物。上述头骨也表现出枕骨倾斜的特点，容量很低，只有大约1230立方厘米，类似于现代的霍屯督人。

也不能说这是一个病态的头骨（就像某些人所希望的那样），因为就许多特点而言，它同Enguisheim的头骨、Lizere的头骨以及Borreby的头骨很相近。

Engis昂日的头骨的指数为65，额容积小，眼眶大，眉弓不大凸出，前额后退、狭窄，"肯定属于能力欠缺的人"。

Nicolucci说：利里（liri）的头骨的容量为1306立方厘米，它的脑子在小脑型中也应当算小的；我们的其他史前人头骨与此相似。

维罗纳的史前人头骨表现出下巴凹陷，额窦和颧骨极为发达，明显的凸颌。许多骷髅带有与霍屯督人相同的鹰嘴孔。

Gibilterra的头骨是长头型，眉弓宽阔，前额小而后退，并且像猿猴一样缺少犬齿窝。

Eyzies的头骨有很大的容量，前额明显发达，但呈现出凸颌，下颌骨的朝上部分发展很大，骨缝简单，等等。

田纳西的史前人头骨在后面有枕骨孔。佛罗里达的史前人头骨带有真正的颞冠。

还有其他一些情况，特别是：存在正中枕骨窝（16%），有枕骨髁的双面关节（3%），腭扁平，基本骨突的凹面，筛骨和鼻槽内陷，脑脊椎指数低下（15%），脑眶指数低下（25%），过分的凸颌，这些都可能使人联想到更遥远的返祖现象。但是，我们至今还不能以此解释经常发现的头骨和脸面偏斜现象、寰椎与枕骨的融合或衔接现象、5例年迈者仍保持额骨缝的现象、在100人中8人为斜头畸形的现象；这些现象似乎是由于头骨在胚胎发育时期的错误而造成的，这种结果对人的智力发展产生重大的影响，因而也不可能对个人的道德水平产生重大的影响。

这些反常现象不是孤立存在的,几乎总是成组地出现在某些个人身上,使这些人表现出大量的单项反常现象。例如,在 Villella 身上,我们不仅发现寰椎的骨结和萎缩,而且还发现侧枕骨窝厚大、中枕骨窝萎缩、头骨歪斜,等等。在特拉帕尼的一名几乎是小头畸形(1 130 立方厘米)的谋杀犯身上,我们也发现了寰椎骨结、头骨和脸面歪斜以及中枕骨窝。一名撒丁的盗窃犯也是小头畸形(1 156 立方厘米),他前额后退,脑坡上长骨赘(ostesifiti del clivus),68 度颌突,骨头沿矢状面增高。另一名帕维亚的盗窃犯也是小头畸形,在他身上发现筛骨内陷、早熟性骨结、头骨硬化、突颌、前额后退、颞部冠状凸起,并且有许多沃姆氏骨。卡拉布里亚人 Gatti 是典型的小头畸形,他也表现出筛骨内陷、头骨硬化、额叶萎缩,因此,在对颅腔浇铸石膏后,中部的额叶陷下一条宽嘴,在这条宽嘴与头骨的平面之间隔着明显的空间。

与头骨完全正常的人相比,存在大量上述反常现象的人难道能说具有同样的智力水平并且承担同样的责任吗?应当注意的是:这些头骨反常现象只不过表现出智力中心最粗糙的损伤,是容量和形式的反常。如果说生理组织状况以及体现人脑状况的外在形式能够明显表现出来的话,情况就是这样;人们可以从 Villela 的例子中发现这一点,在该人头骨中大概有一个居中小脑,类似于啮齿动物。上述两者的特别基骨都表现出与呆小病患者相同;在 Benoist、Lemaire、Freeman、Momble、Leger 身上发现的头骨脑膜炎很好地说明了这一点,这些人均因谋杀罪而被正法,没有任何人怀疑他们有着先存的脑反常现象。Bergmann 发现一名罪犯大脑的后角粘连,这种现象使人毫不怀疑地推断炎症的预先存在。一份检验报告证明了这一点(为此,我应当感谢尊敬的 Meriggi 博士)。圣安杰洛的 53 岁鞋匠 Sgarlini 因淋巴结增生症而死于帕维亚;他从来没说过自己一生得过什么脑疾病;在尸体解剖中发现他的大镰中有两个骨瘤,其中一个体积很大,呈锥形,像一颗榛子,它的尖伸进额叶;他曾经因盗窃罪而 3 次被判刑,上述淋巴结增生症是在长期的监狱生活中发生的。

最能说明问题的是奥尔米茨的 Villigk 教授最近对 Freud 大脑的观察。Freud 是一个 25 岁的男人,希伯来人,旅店老板,他没有表现出任何精神反常的征兆,就是在这样的情况下,他犯了盗窃罪和谋杀罪,并且在 1 月 29 日被判处绞刑。他大脑的重量是 1 340 克(比平均值低 10 克),他的胼肢体比平常人的短,前额脑回和距状沟(fessura calcarina)与长尾猴的相似。在显微镜下观察,发现在脑细毛膜中有大量的色素,特别是在脑半球皮层的第二、第三、第四层的动脉管上;在表面层、髓质和中淋巴结上比较少见,在额叶中很多,在小脑、延髓和脑细胞(Betz 在附近发现的大细胞除外)上则少有。一些成组的上述着色的大细胞也在前中脑回中发现。这些非常的检验报告证明:在可归罪性问题上,不仅应当注意大脑的建筑结构,而且还应当注意它的组织构成。笔者的结论也同样如此。遗憾的是,这种结论只能在死后得到!

　　一个人的大脑可能发生如此深刻的反常情况,尽管在生活中没有表现疾病的症状,Soltmann 对脑皮质中的意志活动中心的发展和逐渐增加进行了观察,他的观察结果向我们证明了这一点。从他对兔子、狗和新生儿所作的实验中人们发现:在刚出生时,大脑皮层没有任何点,对它的电刺激能够决定活动,但是,仅仅在前 16 天中,这些中心就逐渐发展起来并且根据不同的肌群而各自独立。在生命的前期缺乏这些中心,因此,在这一时期中,脑疾病可能处于潜伏状态。实际上,如果在脑半球的某一区域出现发育停滞的情况,各种功能的调节中心也就不可能增加,但是,就像在胎儿生活期和子宫外生活前期中那样,一个或者少量几个中心将代替其他中心,分工不细的生理运作将表现出其不完善性,病变进程也如此潜伏着。

土匪　　　　　　　　　土匪

谋杀犯　　　　　　　　土匪

盗窃犯　　　　　　　　土匪头子

犯罪人的头像

Chapter 2 第二章
对1279名意大利罪犯的人体测量和相貌分析

如果只是根据在尸体上发现的少量测量数据而对犯罪人的头骨形式说三道四,那么,我的工作将被许多人看成是莽撞的和空泛的。然而,我有幸能够将上述少量测量数据同从1279个活人身上取得的数据进行对照研究。我应当特别感谢Pellizzari博士和Beretta博士的帮助,他们向我提供了400名威尼托罪犯的测量数据;特别感谢Tamburini博士的帮助,他给了我一幅100名安科纳囚犯的完整人体测量图;特别感谢Virgilio博士,他在本书出版后对266人进行了研究;感谢Raseri博士、Zavaldo博士、Zanca博士、Salis博士、Maino博士、Manfredi博士、Borgomanero博士、Frisetti Tancredi博士,他们研究了168人,其中120人为未成年人。我还应当感谢Beltrani Scalia、Fano、Cardou、Costa、Gamba的帮助,感谢佩萨罗、亚历山德里亚、米兰、帕维亚、安科纳、帕兰扎、都灵和热那亚等地监狱的监狱长们,他们协助我对771名男犯和74名女犯进行了研究,这些罪犯是从最闻名的累犯中挑选出来的。

我们从120名未成年人开始,Raseri博士和Frisetti Tancredi律师非常认真地共同进行了这项研究工作。经过与Bonafous监狱相同年龄和相同生活方式的青年进行对比,我们发现:他们的体重在11、12和14岁时,同Bonafous监狱青年的体重差不多相同;在13、15和16岁时则轻一些;在17、18和19岁时则明显增重。

上述未成年人的身材在11、12、13、15和16岁时明显偏低,在17、18和19岁时则稍高些。

可以说,放荡的生活、早熟的欲望在初期制约着身体的发育,但是,一旦青春期过后,它们就不可能有任何影响,这同成年人的情况相和谐。我们难以解释的情况是:人们发现,几乎所有这些未成年人的头骨容量都明显偏大,其周线长于平均值,数据如下:

12岁:518;
15岁:532;
18岁:549;
19岁:555。

　　成年犯罪人的身材几乎总是反映出地区的特点。最高的在威尼托（1.69）和卢凯西亚（Lucchesia）（1.71），比较高的在翁布里亚和伦巴第（1.66），还算高的在艾米利亚、卡拉布里亚和皮埃蒙特（1.63）；比较矮的在那波利、西西里和马尔凯（1.62），最矮的在萨丁（1.59）。人们甚至可以根据某一地区的不同省份发现高度的差异；例如在威尼托，贝卢诺为1.54，曼托瓦为1.56，维罗纳、维琴察和乌迪内为1.69。把这些按地区得到的部分平均值同健康人、服役者的有关平均值相对照，情况如下：

	健康的士兵	健康的罪犯（龙勃罗梭统计）	患慢性病罪犯（Virgilio 统计）
在伦巴第：	1.64	1.66	
在卡拉布里亚：	1.62	1.63	1.61
在西西里：	1.61	1.62	1.67
在威尼托：	1.65	1.69	1.69
在翁布里亚：	1.63	1.66	
在艾米利亚：	1.64	1.63	1.58
在马尔凯：	1.62	1.62	1.62
在撒丁：	1.60	1.59	1.56
在皮埃蒙特：	1.63	1.63	1.69
在那波利：	1.62	1.62	1.61
在利古里亚：	1.64	1.60	
在卢卡：	1.66	1.71	

　　我们发现，如果说罪犯身高的一般平均值（1.63）等于正常平均值的话，除萨丁和利古里亚外（我们缺乏这些地区的数字，因而不能下结论），在几乎意大利的所有地区，尤其是在威尼托、翁布里亚、伦巴第、西西里以及皮埃蒙特（根据 Virgilio），罪犯的身高大大地超过平均值；在马尔凯和那波利则保持相等。

　　这种情况正同 Thompson 和 Wilson 的研究结论相矛盾，这似乎是因为大量统计对象是抢劫犯和杀人犯，与强奸犯、诈骗犯，尤其是盗窃犯（对于这些罪犯，我们只能收集到很有限的数据)相比,他们当中矮个子的很少。但是,这些关于罪犯的平均值是从20岁以上的年龄段中得到的,健康人的平均值被从中去除;大家都知道:人在20岁后成长明显加快。在比萨的解剖博物馆中有一副南美巨人Romero的骨架,此人曾是最凶残的谋杀犯之一;Virgilio发现,这些罪犯中有2人身高1.77米,2人则是矬子,身高只有1.29米。

抢劫和盗窃是两种发生较多的犯罪,在对这两类罪犯的对比中我们发现:在艾米利亚、伦巴第、那波利,抢劫犯的身材较高;在皮埃蒙特、卡拉布里亚,抢劫犯与盗窃犯的身高差不多;在威尼斯,抢劫犯的身高较低,但只低很少一点。

我们根据犯罪的类型,将身高的和身低的分为几大组。情况如下:

	身高1.70米以上的	身高在1.47—1.57米的
在786名抢劫犯和杀人犯中	56人	38人
在271名盗窃犯中	24人	23人
在34名强奸犯中	6人	2人
在40名诈骗犯中	7人	8人
在27名纵火犯中	9人	4人

这些数字表明:在高身材者中,抢劫犯和杀人犯有着与盗窃犯相等的比例;但是,在低身材者中,前两者的比例则较低,而且与诈骗犯、强奸犯和纵火犯相比,这种低比例的情况则更加明显。这后几种形式的犯罪太少了,以至难以展开有关的研究,上述数据告诉我们:犯这些罪行的高身材者比例较高,但低身材的情况也很突出。

在拿马尔凯的犯罪人与精神病人进行比较时,我们从Riva的论著中读到:精神病人(至少是抑郁症患者)、完全精神错乱者、糙皮病患者、癫痫症患者和瘫痪者的身高似乎超过犯罪人,平均数为1.68米和1.64米;并且躁狂症患者和不完全精神错乱者的身高差不多与犯罪人的均等,身材高的占23%,身材矮的占21%。

然而,我发现112名帕维亚精神病人的平均身高为1.60米,这大大低于除盗窃犯外的犯罪人的平均身高,我只知道其中5%的人身材高(1.70米以上);5%的人身材矮。

至于体重,我和我的朋友Franchini博士观察了1331名士兵,如果把这一观察结果与每个地区犯罪人的平均重量进行比较,我们发现情况如下:

地区		健康的士兵	健康的罪犯 （龙勃罗梭数据）	患慢性病的罪犯 （Virgilio 数据）
威尼托	体重	68.00	63.5	
那波利	体重	65.093	71.0	60
艾米利亚	体重	64.859	68.0	69
马尔凯	体重	64.295	64.0	60
皮埃蒙特	体重	64.433	67.0	61
伦巴第	体重	63.785	65.0	—
锡耶纳	体重	61.734	66.0	61
撒丁	体重	61.389	63.0	62
卡拉布里亚	体重	—	63.0	59
利古里亚	体重	65.659	61.0	60
阿布鲁佐	体重	—	—	60
普利亚	体重	—	—	63

在所有这些地区，除马尔凯和威尼托外（我们也不去谈利古里亚，因为数据太缺乏），情况均与英国的相反，我们发现体重明显增加，特别是在那波利、西西里和皮埃蒙特。

这同我们在关于身高的研究中发现的情况相吻合，至少对于卡拉布里亚、伦巴第和西西里来说是这样的。对此的解释是：对士兵的测量是在其最成熟的时期进行的。Virgilio 的数字看起来很低，但是，这些患有慢性病的人肯定是由于完全与犯罪无关的原因而成为低体重者的。不用说，犯罪人的体重大大超过精神病人的体重。在帕维亚，165 名精神失常者的平均体重是 54.90 公斤，比伦巴第罪犯的平均体重低 10 公斤。

然而，如果我们把杀人犯和抢劫犯同盗窃犯和诈骗犯分开，将发现后两类罪犯的个子很低，尤其是在罗马涅地区、那波利地区、西西里、威尼托。

在艾米利亚、威尼托、马尔凯、伦巴第、西西里，杀人犯高于抢劫犯；在那波利，杀人犯低于抢劫犯；在卡拉布里亚和皮埃蒙特，杀人犯与抢劫犯的个子差不多相等。在这里，基本上遵循着关于身材的规律。

关于诈骗犯的数据太少了，很难得出确定的结论，他们可能在体重上比所有其他罪犯要轻，威尼托的强奸犯体重更轻。

在体重方面，威尼托纵火犯的数字较大，仅次于杀人犯；西西里纵火犯的数字最大；在马尔凯，数字最小。

强奸犯的体重在艾米利亚最沉，在威尼托最轻，在马尔凯和罗马涅他们也属于体重较轻的，与诈骗犯相等；在那波利的数字则相当高。

为了能够比较清楚地反映体重在不同犯罪中的差别，可以列出以下一览表：

	体重70~80公斤	体重49~54公斤	平均体重（Virglio 统计）	
在567名杀人犯中	115人（20%）	47人（8%）	在139人中	60—61公斤
在143名盗窃犯中	22人（15%）	25人（17%）	在78人中	63公斤
在21名强奸犯中	3人（14%）	4人（19%）	在7人中	50—60公斤
在34名诈骗犯中	7人（20%）	6人（17%）	在8人中	61公斤
在23名纵火犯中	5人（21%）	3人（13%）	在4人中	57公斤

由此看出，纵火犯、诈骗犯和杀人犯在重体重者中占有较大的比例。但是，如果说杀人犯和纵火犯在轻体重者中占有较小的比例的话，诈骗犯的情况则正相反。在强奸犯和盗窃犯中，轻体重者最多，重体重者最少。根据 Virgilio 的统计，体重最轻的是强奸犯和纵火犯。

在567名杀人犯中，体质虚弱的53人；驼背的3人。
在143名盗窃犯中，体质虚弱的19人；驼背的1人。
在21名强奸犯中，体质虚弱的4人；驼背的3人。
在34名诈骗犯中，体质虚弱的5人；驼背的2人。
在23名纵火犯中，体质虚弱的2人；驼背的2人。

抢劫犯、杀人犯和纵火犯比较多地表现为身材灵活、体质强壮；而盗窃犯和强奸犯则比较多地表现为身体虚弱，尤其是强奸犯。这大概可以归因于性欲孤独，他们的脸上经常带有这样的表情。在这后一类罪犯以及诈骗犯和纵火犯中，较多的人表现为驼背，这或许是对下列邪说的证实：好色和邪恶容易使人从俗氓那里沾染上此病。

关于拦路抢劫者占优势的材料正好同对其身高和体重的观察结果相吻合，我们对此丝毫不感到惊奇，因为正是在力量最充分发展的时期容易产生刺激，并且产生以暴力攻击他人的意愿。在以欺骗窃取他人财物时，丝毫不要求实力，甚至力量的缺欠更能激励人去这样做，省得去进行长时间的辛劳。

Pelizzari 博士和 Beretta 博士对384名威尼托人的最宽胸廓进行了测量发现：71名杀人犯为894毫米；纵火犯为886毫米；抢劫犯和诈骗犯为875毫米；在113名盗窃犯中，数据较低，为874毫米；在8名强奸犯中，数据最低，为860毫米。奇怪的是，所有这些数据（最后一项除外，它不值得注意，因为它太有限）都超过了 Baroffio 在14000名士兵中发现的平均值，即866毫米；因而，犯罪人的胸廓超过了平均值，就像在身高和体重方面一样。威尼托人有着极为高大的身材，他们的胸廓也自然会很宽，如果注意到这一事实，人们对上述观察结果惊奇程度将会降低。但是，这并不能完全排除以下推测：犯罪人在这方面也比较低级。此种推测也在研究监狱学的人中流行。

我们现在来研究一下头骨的总容量。总容量数字最高的是诈骗犯,来自西西里和威尼托的数字表明,诈骗犯的头骨总容量为1555立方厘米;在伦巴第,为1582立方厘米;在所有其他地区,诈骗犯的头骨总容量均比其他犯罪人的高,只是皮埃蒙特和艾米利亚除外(在这后两个地区,有关数据也不小,为1497~1498立方厘米)。

紧随诈骗犯之后的是杀人犯和抢劫犯,他们头骨的体积也很大,在21个地区中的11个地区,这些罪犯的头骨容量超过了1500立方厘米:在卡拉布里亚,居犯罪人头骨容量之首,为1500立方厘米,利古里亚为1545立方厘米,艾米利亚为1532立方厘米,翁布里亚为1504立方厘米,在西西里,该数字是最高值的第二位为1501立方厘米,威尼托为1538立方厘米。

在对杀人犯和抢劫犯的头骨容量进行比较后人们发现:在西西里、热那亚、伦巴第、艾米利亚、马尔凯、翁布里亚,前者超过后者;在那波利、皮埃蒙特、卡拉布里亚和威尼托,后者超过前者。

盗窃犯的头骨容量属于中等;在9个地区中的3个,超过1500立方厘米,一般低于犯有其他罪行的人;只是在翁布里亚和威尼托,他们的头骨容量数据是最高值的第二位。

纵火犯和强奸犯数量很少,他们的头骨容量最低,特别是马尔凯和威尼托的纵火犯以及艾米利亚的强奸犯;威尼托的强奸犯头骨容量稍高些。

首先在威尼托;其次在利古里亚;再次在伦巴第和皮埃蒙特,所有人的头骨容量都较高。在威尼托,这同身材高大相符合。相反的情况则发生在马尔凯、那波利和卡拉布里亚。据我们所能掌握的情况(有关数据很少),撒丁的情况同样如此。

40名帕维亚精神病人的平均头骨容量是1508立方厘米,比伦巴第的强奸犯、诈骗犯和盗窃犯的头骨容量低,比抢劫犯的稍高些。

前额明显宽大的情况仅仅发生在皮埃蒙特和利古里亚,在后一地区,与此相配合的是头骨总容量较高。在伦巴第,诈骗犯的前额明显较宽,然而,在西西里和马尔凯情况却不是这样,在这后两个地区,诈骗犯的前额比流浪者低。

如果我们单独地研究一下头骨的周长,并且最好能够同健康人的相比较,我们一般将发现:最长的是诈骗犯、抢劫犯和杀人犯,最短的是纵火犯、盗窃犯和强奸犯。然而,在西西里、罗马涅和卡拉布里亚,抢劫犯的则最短。在威尼托,诈骗犯的头骨周线最长,在那里诈骗犯也最多;在伦巴第也同样如此。在马尔凯,极少有人的头骨周线比盗窃犯的短;在艾米利亚,这样的人只是少数。在皮埃蒙特,极少有人的头骨周线比抢劫犯的短。如果我们注意一下那波利和西西里的诈骗犯,我们也将发现这两类人的头骨容量最高。

就头骨的周长而言,在威尼托、马尔凯和罗马涅,纵火罪的数据最低;在西西里,数据与盗窃罪的相等,比杀人罪的和诈骗罪的要低。

强奸罪的数据在伦巴第和那波利较高;在威尼托和马尔凯比较突出;在艾米利亚最低。

在皮埃蒙特、在威尼托和伦巴第,杀人犯的头骨周长与抢劫犯的相等;长度比在那波利的稍短;在卡拉布里亚、艾米利亚、西西里、马尔凯、热那亚,则超过抢劫犯;只是在撒丁低于抢劫犯。这种情况不难解释,因为杀人也可能发生在上流社会,尤其是在意大利南方,而抢劫罪则集中在下层贫民当中,发生在缺乏教养的人中。

需要注意的是,这种差别在抢劫犯中比在杀人犯中表现得更为明显,而且与身高方面出现的情况形成鲜明对照。

这种情况也可以找到一种解释,因为在抢劫时非常需要有助手,此人一般比较任性,不具有很大的头骨容量,更何况大多数抢劫犯在运用武力方面几乎都是听他人指挥的。

综合起来看,在我所考察的874名成年男性罪犯中,出现如下的情况:

罪犯(人数)	头骨周长(毫米)
11	600
3	590
23	580
47	570
79	560
13	550
93	540
99	530
46	520
16	510
7	500
1	490
1	471

为了理解上述测量结果与正常人之间存在着怎样的差别,我们可以将它们同Baroffio博士对14 000名士兵的研究结果以及我和Riva博士对262名帕维亚的和比萨精神失常者的研究结果进行一下对比。现在我们来看看有关情况。

士兵(%)	头骨周长(毫米)	罪犯(%)	精神病人(%)
6	590	0.3	0
6	580	2.5	0
13	570	5.3	3
22	560	9.2	11.9

正常人中，头骨容量较大者是犯罪人的三倍。至于精神病人，他们的头骨周长没有达到590和580毫米的；在570毫米的人中，他们的人数比犯罪人的稍低；560毫米的则多于犯罪人。

一般来说，那些头骨周线较长并且头骨容量较大的人通常是些闻名的匪首、作假犯或诈骗犯。例如，利古里亚的Rosati是一名非常聪明的盗窃犯（我们下面还将谈到他），他的头骨周长为565毫米；前额宽199毫米，头骨总容量为1559立方厘米。凶残并且狡猾的Gala，其头骨周长为559毫米，前额宽150毫米，头骨总容量为1509毫米。诗人和Gala的秘书，凶残的Davanzo的头骨周长为570毫米。在那波利，一名著名的卡莫拉分子的头骨周长为570毫米，头骨总容量为1604立方厘米。帕维亚的一名诈骗犯的头骨周长为580毫米，头骨总容量为1671立方厘米。Verzeni曾经在很长时间中逃避了对其犯罪的一切司法调查，此人的头骨总容量为1577立方厘米，头骨周长为561毫米。Gasperone的头骨容量为1575立方厘米。一名非常狡猾的食品杂货商曾经指使他人杀死了本地行业竞争对手，并且在很长时间中获得利益，逍遥法外，他的头骨周长为590毫米。Sutler曾在牢房中成功地伪造一本护照，甚至假币，他的头骨周长为580毫米。

头骨周长(毫米)	士兵(%)	罪犯(%)	精神病人(%)
530	8.4	11.3	23
520	2.94	5	13
510	0	1.9	6
500	0.13	0.8	3
490	0.01	0.18	0
470	—	0.1	—

从以上统计中可以明显看出，在犯罪人中，中亚小头畸形的情况比士兵几乎多出两倍，但比精神病人中的情况少，比例大约为4∶2∶7。这同我们在前面的解剖报告中看到的情况并不矛盾，这些检验报告说：头骨硬化的情况在犯罪人中比在精神病人中发生得更为经常。因此，头骨的外观容量可能显得很大，但内部却缩小了。

与士兵相比，犯罪人的头脑体积表现出更加明显的差别；正如我们前面所看到的，犯罪人的身高、体重几乎都比较高，特别是杀人犯和抢劫犯。

小头畸形最多出现在盗窃犯中,其次为杀人犯和抢劫犯,他们中很少有人的头骨周长为500毫米;在诈骗犯、纵火犯和强奸犯中,则无此长度;在最后一类犯罪中,甚至连人头骨周长低于510毫米的也没有。

Holbach 和 Poncy 的头骨周长为470毫米。

谋杀犯 Longenvin 的头骨周长为431毫米。

Lauvergne 对他们进行了研究,补充说:在9名犯有杀害父母罪的人中,3人表现为小头和兔唇。

头的指数几乎总是反映出地区和种族的影响。头最短的指数为86、85,出现在皮埃蒙特;其次为82,出现在罗马涅、马尔凯和伦巴第;在艾米利亚和翁布里亚,为81;在威尼托和热那亚,则为80,短头畸形不那么明显。相反,在西西里,长头畸形特别明显,尤其是在卡拉布里亚和撒丁。那波利的情况例外,在那里发现了明显的短头畸形;在马尔凯和罗马涅,与正常头型相比,长头型较少。但是,如果把马尔凯与罗马涅分开,上述差别就消除了,我们在罗马涅,尤其是在拉韦纳,发现了明显的短头畸形。至于那波利,差别被 Virgilio 的数据所减弱,它在一定程度上可以用来解释在那里抢劫犯和杀人犯居多的情况。因为,在解剖图表中,短头型在杀人犯和抢劫犯中占有相当突出的多数,只是在卡拉布里亚、西西里和撒丁的情况除外,这三个省在人类学上属于极端长头型的省份。相反,对于未成年人来说,撒丁和卢凯西亚却表现出短头型大大超过正常的平均数。

短头型这种数量上的优势明显地反映在未成年人中和验尸报告中,已经得到许多人的注意,那些很反对研究正常人与犯罪人之间的差别的人也注意到这一点。例如,Casper 在他为杀人犯画的30幅肖像中承认:Siegel、Weink、Klebe、Schalle 有着特别圆的头,而对其他人则没有提及什么。

在这里,我认为应当提到这样一个地方,那里尽管文明之花盛开,却出现了大量的杀人犯,这就是拉韦纳,它的居民,包括特别健康的居民,比意大利其他地区的人都表现出更加夸张的短头型,在100人中,他们的指数平均为85人,只有9%属于长头型,91人为短头型(某些人的指数为90、92);犯罪人的平均指数为88,许多人为89、92、93。

如果考察一下那些犯罪丛生之地的其他犯罪,我们将很清楚地发现:长头型在纵火犯中占主导地位,这不仅是在西西里和那波利,而且特别是在威尼托。

盗窃犯也表现出一定的长头畸形倾向,不仅在西西里和卡拉布里亚(那里可能是由于种族原因),而且也在翁布里亚和那波利地区。然而,有关热那亚人、罗马涅人、伦巴第人、艾米利亚人和威尼托人的数据,特别是来自撒丁的数据,则反映出相反的情况。

总结一下犯罪人与健康人之间的差别,在指数方面,我们发现:在那波利、皮埃蒙特、西西里、伦巴第和撒丁,犯罪人的短头畸形情况表现得比正常人更加突出或者常见;相反,在艾米利亚、威尼托和马尔凯,则不那么常见;在卡拉布里亚,大概完全与正常人相同。

如果说关于上述指数的考察并不使人感到有多大兴趣的话,我们需要研究一下表现在394名罪犯头上的反常情况。

最常见的反常现象是颞动脉的早熟粥样变性,它的发生比率为12%。

额窦发展的情况占8%。

有一种情况颇为奇怪,尸体解剖也向我们证实了这一点,即在17人的头骨骨架上发现受伤的瘢痕,据认为,它们是在幼儿期时出现的,此种情况在西西里为2%,在卡拉布里亚为7%,在皮埃蒙特为4%,在艾米利亚和伦巴第为2%,在那波利为5%;就整体而言,平均为4%。

前额后缩的情况为9%,几乎发生在所有盗窃犯中;根据Virgilio的统计,为28%。

头骨变形的情况在盗窃犯和纵火犯较常出现,并且较经常地出现在未成年人中,在他们当中的发生比例为43%,其分类情况如下:

  有大额窦的为5%;
  前额低、窄、后缩的为5%;
  沿骨缝出现凹陷或凸起为10%;
  小头畸形为4%;
  斜头畸形为5%;
  轮状头畸形为7%;
  舟状头畸形为5%;
  尖头畸形为2%。

一个罗马涅人和一个西西里人被发现属于轮状头畸形;一人属于舟状头畸形。轮状头畸形的罗马涅人是一名20岁的强奸犯(见图1),两个带有耳柄的耳朵很长,前额后缩,眼歪且斜视,塌鼻子,颌骨很大;总之,样子非常怪异,在精神病院都很罕见。

在4名抢劫犯(其中两名为西西里人,两名为罗马涅人)中,1人表现出太阳穴上部肿胀,1人表现出太阳穴下部扁平,此种反常现象在一些内罗内(Nerone)身材的人中很突出。

5名杀人犯的太阳穴比常人的大;有2人枕骨是平的;另外2人头的右侧扁平,眼眶下移,面部也不对称;2人的头骨似乎有脑积水。

图 1

Verz 是一名血腥的杀人犯,他表现出顶骨和右额凸下移;在右额凸上横着一个骨冠,从眉毛直到颞骨的弓线。

Gasparone 的左顶骨比右顶骨高出。

一名凶残的强奸犯,Praitner,头骨则是扁平的和歪斜的。

Mio、Boutillier、Dumollard、Voirou、Avril、Foissard 都是尖头畸形,就像 Weink 那些。

但是,也有一部分犯罪人由于其出众的才能而成为犯罪贵族,他们的脑容量大,头骨也表现出常人的形态,经常可看到聪明人所特有的和谐的细线。

这样的人有:Brochetta、Lacenaire、Malagutti;Gala 和 Caruso 两人也是这样,尤其是土匪头子 Carbone、Pace、Franco、Venetuoli di Ciorlano 以及 Jacovone 兄弟,从颅骨测量的角度看,他们可能很难区别于他们的同乡。

如果说这些人头部的上述不对称现象比在健康人中常见的话,却比在精神病人中出现得少;在这里恰恰表现出犯罪人与精神病人之间的一种奇特的和明显的差别。事实上,Adriani 博士在费尔莫的精神病人中发现 28% 的人表现出上述不对称现象,Berti 在威尼斯发现的比率为 49%,Golgi 在帕维亚我的诊所中发现的比率是 21%;Riva 在佩萨罗发现的比率是 27%;这种比率比在犯罪人中高出五倍。帕维亚的精神病人以非常高的比率(即 40%)表现出颞动脉粥样硬化。反过来说,很少有精神病人(以至我不能整理出一个统计数字)在出现精神异常之前被发现有头部创伤,而这种创伤却经常出现在犯罪人中。在我的精神病人中,前额后退的情况的发生频率是 13%;这个数字与犯罪人中的情况差不多。

关于犯罪人的相貌,在许多人中流行着很错误的观念。小说家们把他们描绘成面目可憎的人,胡髭直长到眼睛,眼中闪着凶光,长着鹰钩鼻。一些比较严肃的观察家(例如 Casper)则走向另一个极端,认为在犯罪人与正常人之间没有任何差别。

这两种观点都是错误的。

当然,有一些犯罪人的头骨容量明显很大并且头骨外形也很好看,同样,也有一些罪犯,尤其是机灵的诈骗犯和土匪头子,相貌非常标准。Lavater 和 Polli 在《观像术评论(Saggio di Fisiognomonia)》(1837)中谈到的那名谋杀犯就是如此。那位自称上校的 Pontis di S. Elena 也是这样,此人曾装扮成大概是被其杀害的军人,欺骗了当局和法院很长时间。这样的人还有 Streitmatter-Weiler,当时是最英俊的人之一;Holland、Lacenaire、Bouchet、Sutler 和土匪 Angelo Gallardi di Cespoli;著名的投毒犯 Lafarge 和 Eberzeni、Jacovone 和 Malagutti 兄弟,土匪头子 Garbone(那波利相貌最和善的人之一);极为残暴的 Franco、Volonnino di Rionero、Guerra 的情人 Decesari;Luongo 的情人 Maria Capitania 是意大利南部长相最美的女人;凶残的 Filomena Pennacchio 长得非常漂亮,她为救自己的情人,两次杀死我们的士兵。盗窃犯 Rosati 是一个非常聪明的人,他给我的印象是神情镇定并且具有我国男人的和谐面目。

但是,这些人都是例外,他们长相由于与我们的预想截然相反而给我们以深刻印象,并且影响着我们的判断;对此类例外的解释是:他们几乎总是一些非凡的聪明者,与这种非凡的聪明相联系的往往是某种彬彬有礼的相貌。

但是,如果撇开那些构成犯罪寡头的个别人或者罕见的例子,去研究一下大批的罪犯(就像在我看来需要在许多监狱中进行的那样),人们将得出以下结论:这些罪犯并不总是相貌凶恶可憎,他们有着自己特殊的相貌,几乎每种犯罪形式都有自己特有的相貌,而且正是由于他们各自相貌的某些特点,例如缺少胡子,头发浓密,使我们觉得他们的形象比较和蔼和娇嫩(事实上并不是这样);这样的例子有:西西里的土匪 Campanella、Mirabello、Palestra、De Martins、Farace,都灵的谋杀犯 Canal、Coltelli 和 Cavaglia,他们都几乎没有胡须。

一般来说,盗窃犯的脸和手都明显地好动;眼睛小,总是在转动,常常是斜的;眉毛浓密,相互间靠得很近;鼻子弯曲或者塌陷(见图2),胡子稀少,头发并不总是浓密,前额几乎总是很窄并后缩。他们的耳廓,同强奸犯的一样,常常像把柄一样插在头上。

强奸犯的眼睛闪烁着,面目娇嫩,嘴唇和眼睑厚实,多数人显得弱不禁风,有时驼背;女声女气,喜欢留漂亮的女发,把长发编起来,喜欢女装,囚服里面还藏着某种女性的装饰。

皮肤细软,少年面容,头发茂盛、平滑并且按女式发梳理,我在纵火犯中也观察到此现象,其中一名佩萨罗的纵火犯非常奇特,他一度女声女气的,曾被称为"女子"(见图3),有着女人的举止和相貌。

杀人惯犯的目光呆滞、冷漠,有时候眼睛布满血丝并且充血;鼻子呈鹰钩状,更

图 2

图 3

准确地说,像是枭隼的鼻子,并且总是很大;下颌骨强健、耳朵长、颧骨宽、头发卷曲、茂密并且乌黑;胡子常常很稀少,犬齿很大,嘴唇很薄;经常出现眼球震颤,脸面单侧收缩,从而露出犬牙,像是在奸笑或者恐吓(见图4)。

我所研究过的几名诈骗犯眼睛都很小,总是盯着地,鼻子是歪的,经常很长很大,不少人提前长白发或者谢顶,并且面部像女人。

一般来说,许多罪犯都长着把柄状耳朵、头发茂密、胡子稀少、额窦分明、下颌骨很大、下巴方或者撅起、经常以动作示意,总的来说类似于蒙古人,有时类似于黑人。

许多土匪都有拖着辫子的习惯,还有的土匪有留额发的习惯,这简直成了此种残暴行当的标志,这些习惯的形成可能是由于卷发太多,乱得不易分理。

我们前面提到的、长得很漂亮的土匪头子 Carbone 根本没有胡子,但是,他的头发很长、很茂密。

Giona La Cala 有着浓密和卷曲的头发,颧骨很宽、嘴唇很薄、眼睛无神而呆滞。

Troppmann、Mabile、Ducros 的前额后缩,上嘴唇很薄、胡子稀少、头发浓密。

强奸犯和谋杀犯 Dumollard 的上嘴唇变形、头发密而黑。

Belloir 有一头乌黑、卷曲和茂密的头发。

强奸犯 Mingrat 和土匪 Papa 有着很低的前额、把柄形耳朵,下颌骨方而大。

谋杀犯 Artusio、Braghin、Mastrilli、Weink、Mabille、Sana、Venafro、Floro、Dombery,盗窃犯 L. Vecchi,犯有杀害尊长罪的 Guignard,都没有胡子,并且嘴唇很薄。

在最近死亡或者被捕的32名西西里土匪中,Leone 的颌骨大得突出,并且是斜眼。Porrazzo、Cerumela、Ciraudo、Pasquali 和 Accorso 的画像表现出他们都是斜眼,下颌骨大而方。

Presto Giacomo(也属尖头畸形)和 Lafiuri 的胡子被拔掉了;Di Carlo、Di Martino、Merlo 都是薄嘴唇,大颧骨和方下颌。

Lo Bue、Caruso、Dodicitredici 和 Di Salvo 的头发浓密,并且没有胡子,后者与

图 4

Lampione 都长着把柄型耳朵。

那波利的土匪 Pilone、Ciardullo、Petrella、Motino、Venafro、Fuoco、Sana、D'Asti、Santangelo、Gargano 都没有胡子,并且嘴唇很薄。

Pisati 的耳朵变形,没有耳瓣(lobulo)。

Boggia 的耳朵是把柄型的,眼睛歪斜、额窦发展,并且上嘴唇很薄。

Boutillier、Pace、Ciardullo、Artusio、Benoist、Sana、Magnotta、Martinati 的耳朵都是把柄型的。

Locatelli 对他所认识的几名最出名的伦巴第罪犯的相貌进行了如下的描述:

V.,从年轻时起就拦路抢劫,至少犯过 6 次杀人罪,中等身材,体格粗壮,矮墩,稍微向前弓曲。他的脸消瘦,极其苍白,几乎像具僵尸,全身没有汗毛,颧骨很突出。前额很低,布满皱纹,鼻子极长,很细并呈钩状;眼睛小,浅灰色,凹陷,无光;发亮的栗色头发,稀少、纤细并且贴在太阳穴上。

Carlo B.,年轻,还不到 20 岁,他为了掠夺的目的而杀死了自己的老板和捐助者;个子很高,细长,但很强壮,肌肉发达,脸廓端正,但是,眼睛外凸,恶狠狠地斜视,不停转动。他的嘴很宽,嘴唇湿润、血红,栗色的头发平滑并且稀少,声音因过早的暴饮暴食而变得沙哑,话语直率且尖锐,极其缺乏教养和教育。

Luigi C.,极其狡猾的窃贼头子,非常专业地组织一些最大胆和最具破坏性的盗窃活动,他善于摆脱警察,现在可能正享受他在某个南美城市中许多无赖活动的果实;他虽然年纪很轻,但肥胖且粗壮;他的相貌特征表现出细腻艺术性并且和善,能够欺骗最多疑的人。他和蔼,彬彬有礼,特别勤快,不像是特别喜欢吃喝玩乐和玩女人的样子;有一头细而稀少的金发,眼睛小但睿智且炯炯有神,声音和谐而有力。

G.,伦巴第地区最凶狠和残暴的恶棍,他已过 43 岁,个子很高,单薄,脸色苍白,枯瘦,走起路来弓背,好像摇摇晃晃,乍看上去似乎患有什么慢性疾病,虽然很少有人能够在机敏、灵活和肌肉结实方面胜过他。他的眼睛小,呈灰色,声音细弱而柔和,像是有病的孩子,并且似乎总是在抽泣;他说起话来难以想象地快,为了欺骗别人,他能够令人惊奇地根据情况即兴流畅地编出歌谣和字谜，以至人们很难不被他愚弄，至少很难不为他感到惊讶和疑惑，他能够把一切解释得十分逼真。

Cresper 承认他发现：所有受到观察的杀人犯都目光冰冷，好像是石头人，经常头发卷曲；Helm 明显突颌；Weink 和 Lucke 缺少胡子；Z 的颧骨很大；两名女杀人犯 M. V. 和 Polmann 的嘴很宽，后者的嘴唇左侧经常收缩。

考古学告诉我们，Commodo、Nerone、Tiberio 长着把柄状耳朵，太阳穴肿胀。A. Scheffer 向我们描述犹大：口鼻部凸出，耳朵长且呈把柄状，罗马 Scala Santa 脚下的犹大塑像也被艺术家塑造成此样。

但是，人类学需要的是数字，而不是孤立的、笼统的描述，尤其是当它被应用于司法医学工作中时。因此，需要来看看我所能够收集到的数字，这些数字是从 350 名（不再是 800 名）犯罪人身上收集到的。

把这些罪犯的头发颜色与 1 468 名同一地区的意大利士兵相比较，人们发现以下比例关系：

	栗色		黑色		金黄色		红色	
	士兵	罪犯	士兵	罪犯	士兵	罪犯	士兵	罪犯
西西里	51%	41%	25%	54%	17%	0	0	3%
卡拉布里亚	39%	50%	20%	33%	15%	0	0	0
那波利	50%	50%	28%	40%	22%	5%	0.3%	0
艾米利亚	—	—	—	—	—	—	—	—
罗马涅	—	—	—	—	—	—	—	—
翁布里亚	56%	66%	20%	33%	21%	5%	1%	5%
皮埃蒙特	47%	35%	13%	35%	34%	29%	0	0
伦巴第	38%	33%	16%	33%	32%	33%	0	0
卢卡西亚	83%	74%	12%	21%	4%	5%	0	0

根据以上数字，人们似乎可以得出这样的结论：犯罪人的头发颜色在某种程度上保持着地区特点，但是，暗色头发的犯罪人到处都在增加，尤其是在皮埃蒙特、西西里、卡拉布里亚和伦巴第；在艾米利亚和西西里，红头发的犯罪人在增加；几乎在所有地区，金黄色头发的犯罪人都比较少，尤其是在西西里、卡拉布里亚、那波利和罗马涅。

事实上，在那波利，栗色头发的犯罪人在比例上几乎与普通人差不多，在卡拉布里亚、马尔凯、罗马涅、艾米利亚，他们的比例超过正常人；在西西里和皮埃蒙特，他们相对较少，并且按照正常的比例散见于各种类型的犯罪人当中。

相反，在那波利，所有的犯罪人，除两名强奸犯外，都是黑头发；在伦巴第，所有的犯罪人都是黑头发；在西西里，除两名盗窃犯和 3 名纵火犯外，所有的犯罪人都是黑头发；在皮埃蒙特，除4名诈骗犯外，所有的犯罪人都是黑头发；在马尔凯，除6名盗窃犯和两名强奸犯外，所有的犯罪人都是黑头发；在卡拉布里亚，抢劫犯、杀人犯或者土匪都是黑头发。然而，在那波利的金发罪犯中，我们发现两名强奸犯和1名纵火犯；在4名艾米利亚的金发罪犯中有1名盗窃犯、1名诈骗犯、1名杀人犯和1名纵火犯。在皮埃蒙特的金发罪犯中有3名诈骗犯和两名杀人犯。伦巴第的所有4名金发罪犯均为杀人犯。Lacenaire 和 Verzeni，Lemaire 和 Lesourge，都长着金黄色的头发。

总的来看，虽然不少杀人犯长着金黄色头发，但在杀人犯中最常见的头发颜色是黑色；这或许是因为金黄色表明身体不那么强壮，因而可以说，同身高、体重和胸宽一样，色素也在他们当中有着重要的意义。

在英国，Thompson 也发现在326名谋杀犯中有248人是栗色头发，并且78人是黑色头发，红色头发的只有11人，虽然多数英国人是金发。在德国，Casper 说他的30名谋杀犯几乎都头发茂密，呈棕色或黑色，并且卷曲，只是 Holland、Fritze、Siegel 和 Marckendorff 例外，他们是金发，Clausen 是红发。

关于罪犯的眼睛颜色，人们发现栗色占64%，灰色占21%，黄色占6%，天蓝色占8%。

然而，这些接受考察的人太少，只有184人；其中没有威尼托人和撒丁人。

根据其地区分布情况，并且与90名帕维亚精神病人相比较，有关调查结果如下：

	栗色和棕色	灰色	黄色	天蓝色
在西西里	83%	12%	3%	0
在卡拉布里亚	65%	20%	0	5%
在那波利	70%	19%	2%	8%
在艾米利亚	53%	24%	8%	12%
在皮埃蒙特	22%	44%	16%	16%
在伦巴第	72%	11%	5%	11%
在卢卡西亚	80%	19%	—	1%
帕维亚精神病人	61%	20%	1%	10%

我没能与好人进行比较。有人说灰眼睛、黄眼睛和蓝眼睛在皮埃蒙特占绝对多数，栗色眼睛大量存在于西西里，我没有核实这些说法是否符合正常的事实。但是，我们可以有把握地得出这样的结论：与英国的情况不同，在我们的罪犯中，灰色眼睛的数量比栗色眼睛的数量少（Thompson 大概是在500人中发现197人灰眼睛，187人蓝眼睛，80人栗色眼睛，35人棕色或黑色眼睛）。

在发现的11例黄眼睛中，所有人均为抢劫犯和杀人犯，只有1名艾米利亚人是盗窃犯。

在40例灰眼睛中,8人犯有盗窃罪,1人犯有强奸罪,1人犯有暴动罪,其他人均为杀人犯。

在18名蓝眼睛犯罪人中,2人是盗窃犯,1人是纵火犯,1人是诈骗犯,1人是强奸犯,其他人是杀人犯。

因此,在我看来,在灰眼睛和蓝眼睛的犯罪人中,强奸犯、诈骗犯和盗窃犯的数量相对居多(14∶55),我们发现同样的比例也出现在法国妓女当中。在帕维亚精神病人中,灰眼睛的人数比在罪犯中多。

胡子稀少或没有胡子的,我发现在罪犯中占23%

相反,在精神病人中,帕维亚占18%;佩萨罗占22%;这些数字都比在同一地区的犯罪人中低。

罪犯中头发稀少的占6.3%,在所有国家都是同样的比率;完全没有头发的占5%。

在帕维亚精神病人中,完全秃顶的占13%;在佩萨罗占5%;半秃的占23%。

头发早白的为5.8%。

在帕维亚精神病人中,男性头发早白的占29%,女性占21%。带有深色或白色头发斑点的,在帕维亚为2%,在佩萨罗为5%,这种斑点几乎总是在额头上;此种情况在390名罪犯中只发现两次。

在囚犯和精神病人中,我们经常发现前额上有许多细毛。

Virgilio发现在他所考察的对象中有37.7%的人耳朵变形。

长着把柄状耳朵的,占罪犯人数的28%。耳朵极长的占9%。

有两人的耳朵缺少耳廓。只发现两例耳朵小或者有残缺的,3例两只耳朵不一样大的,3例两只耳朵一高一低的,两例尖耳朵的。但是,这些反常现象更为经常地出现在精神病人中。事实上,在帕维亚,25%的精神病人长着把柄状耳朵;在佩萨罗为36%;长耳朵的占13%;这还不算不少扁耳廓的或者两只耳朵不一样大的。

边侧眼球震颤达到一定严重程度的,在犯罪人中的发生频率为20%。我在帕维亚的精神病人中发现同样的比率(8%)。在我的观察对象中,斜眼睛的占5%;如果同精神病人的此类统计相对比,这个数字是很高的,在精神病人中,斜眼睛的只被发现两例,而且属于小头畸形的并发症。

在犯罪人中,表现出瞳孔放大的占5%;瞳孔缩小的也占5%;不对等的占3%。我推测,此类情况的出现应当归因于牢房的黑暗和手淫的习惯;但是,中枢神经分布紊乱也对此产生明显的影响,或许还有酗酒。众所周知,在精神病人、轻瘫者、三期糙皮病患者中经常发生瞳孔不对等的情况。在佩萨罗的300名精神病人中,有66人的瞳孔放大,占21%,7人不对等,占2%。我们发现5名强奸犯或盗窃犯是斜

第二章 对1279名意大利罪犯的人体测量和相貌分析

图5

图6

眼,只发现1人眼球凸出,另1人则是瞳孔不动。1名爱酗酒的同案犯的瞳孔上带有白色,视网膜静脉血管扩张。1名杀了人的强奸犯,职业是农民,他的瞳孔扩大,过分近视,交替斜视,上眼缺乏光觉,右眼像是一条黑线,左眼像是一条白线,这意味着视网膜发生异常,可能是在右脑半球。

发现10名犯罪人的鼻子是歪的,或者向右歪,或者向左歪,所占比例恰恰与精神病人的相同;在这些人中,塌鼻子现象也较经常出现。Virgilio观察到的频率为超过5%。在佩萨罗的精神病人中,此比率比较低,占2%。

被发现鼻子很长以至不合比率的,为2%。在此,我想起都灵的盗窃犯Perello,他的鼻子长4厘米。

我发现4%的人犬牙格外发展,这些人几乎都是伦巴第、西西里和那波利的杀人犯。有7人的牙齿表现出其他异常情况,例如:缺少门牙,犬牙方向偏歪或者特小,或者挤在一起。

3人相貌与呆小病患者的相同,另有3人甲状腺肿大,并且是在服刑之前发现的。

有7人的肤色比正常的暗,1人的完全呈青铜色。1名西西里的强奸犯、1名伦巴第的盗窃犯、1名西西里的杀人犯、1名那波利的女土匪、两名卢卡的谋杀犯表现出眼眶歪斜,头骨滚圆,前额方,颧骨突出并且距离远,下颌骨方且长或者宽大,皮肤呈暗黄色,完全像是蒙古种族的人(见图5和图6)。有的人,如Cartonuche和O.,前额后缩,头骨小,口鼻部外凸,类似于猴子。

5人表现出佝偻病的症状。

6人的手比一般人的长和大;2人长着马脚;1人右臂萎缩;3人胳膊很长,嗜血成性的Verig有着长胳膊。Thiebert除了以其巨大的下颌而出名外,还以其极长的胳膊而出名,与Cartouche相同,他的指头特别好动并且很长,与此相对应的是猴子一样的头骨(见图7)。

图 7

在我们所观察的罪犯中,脸的角度平均为:

74 度,在西西里、卡拉布里亚、伦巴第和艾米利亚;
70 度,在撒丁;
71 度,在皮埃蒙特;
77 度,在那波利和马尔凯;
73 度,在利古里亚。

尽管受地区的影响,他们脸的角度也多少表现出比常人的平均值偏低,至少在皮埃蒙特和艾米利亚如此。

如果打算调查罪犯的肌肉力量状况,即使采用最优良的测力器,也只能取得一个近似的数值,长期的监禁和懒惰使这些人变得虚弱。

需要补充的是,出于一贯的特有恶性,罪犯经常装着很孱弱;不在测力器上反映自己所能达到的力量。

此外,正如我在安科纳所注意到的情况那样,在那些不断组织劳动的监狱里,罪犯的肌肉力量比在组织劳动少或差的监狱中囚犯的要强劲。

然而,我仍想指出:241 名罪犯通过测力器显示握力为 30,拉力为 110;这个数字远远低于对健康人(或者更准确地说,自由人)测量的结果,但超过了对精神病人的测量结果。实际上,52 名健康人通过测力器显示拉力为 168,握力为 49。

58 名佩萨罗的躁狂症患者	拉力 105	握力 27
15 名癫痫病患者	拉力 83	握力 24
50 名精神错乱者	拉力 81	握力 20
30 名偏狂症患者	拉力 111	握力 23
28 名糙皮病患者	拉力 90	握力 15
5 名抑郁症患者	拉力 76	握力 23
10 名轻瘫症患者	拉力 99	握力 26

任何一类精神异常者都没有达到犯罪人的力量,只是偏狂症患者的握力除外。当然,这里讲的是平均数,因为就单个情况看,不少个人的力量超过或者大大超过了罪犯。

我们在针对单个犯罪研究测力情况时发现平均数如下:

抢劫犯	握力 31.8	拉力 114
杀人犯	握力 31.8	拉力 114
纵火犯(极少)	握力 32	拉力 84
盗窃犯	握力 28	拉力 104
诈骗犯	握力 29	拉力 114
强奸犯	握力 33	拉力 109
土匪	握力 33	拉力 103

Virgilio 观察的 266 名被判刑人的握力,平均为 15;腰力,平均为 86。

从以上一览表中可以明显地看出:盗窃犯的握力和拉力都最小(显然,并不是所有握力强劲的人也有同样强劲的拉力)。

如果单独地计算拉力,力量最大的可能是杀人犯、抢劫犯和诈骗犯;力量最小的是纵火犯、强奸犯和土匪。

如果以握力计算,力量最大的可能是强奸犯、土匪和纵火犯。盗窃犯和诈骗犯的力量小。杀人犯与抢劫犯只是在极细微的方面存在着差距。

关于女性犯罪人

对于女性犯罪人,我们在前面只是一带而过,现在可以再多说一点儿。许多产生于各种群体的障碍施加着很大的影响,从而使我仅仅成功地考察了 80 例情形,而且要比考察男性艰难得多。

但是,在我看来没有特别重大的疏漏,因为,一方面我不可能拿这些女犯罪人同正常人相比较;另一方面,如果不是针对严格意义上的犯罪妇女,而是一类在道德上较为相似的女性(妓女)的话,Parent-Duchatelet 的工作使我们获得大量可靠的材料;由于尊敬的 Soresina 博士和 Bongiovanni 博士的帮助,我得以对 253 名都灵的和伦巴第的妓女进行考察。

这 80 名女犯罪人的平均身高是 1.53 米,最高的是 1.59 米,最低的是 1.45 米。

133 名马尔凯的女精神病人平均身高是 1.52 米(白痴 1.31 米)

104 名帕维亚的女躁狂症患者平均身高是 1.50 米(白痴 1.47 米)

我在168名都灵妓女中发现5%为佝偻,3%为呆小病患者。

在11 887名经过Parent-Duchatelet测量的妓女中:

  10人身高 1.15~1.23,占0.8%;
  327人身高 1.25~1.30,占2.7%;
  235人身高 1.31~1.37,占1.9%;
  2 181人身高 1.38~1.49,占18.09%;
  1 335人身高 1.50~1.51,占11.20%。

这表明低身材人的比率占34.6%,其中5%是矮子。

  1 793人身高 1.57~1.59,占14.9%;
  1 963人身高 1.60~1.64,占16.4%;
  878人身高 1.65~1.70,占6.5%;
  116人身高 1.71~1.75,占0.9%;
  20人身高 1.76~1.85,占0.16%。

也就是说,高身材人占38.86%,其中身材极高的,占7.56%。由此可能得出一个比较高的数字,但是,这个数字无法与同一地区正常人的数字相比拟。Quetelet曾经测量过已达到青春期的女性(当然是比利时女性),最高的为1.74米,最低的为1.44米,如果人们想同此作一比较,将会发现:在法国妓女中,只有77人超过了上述最高者,在11 887人中,有1 265人比上述最低者还低。

20名女犯罪人的平均体重为52.832公斤,其中最重的为61.5公斤,最轻的为35公斤。

75名伦巴第的妓女的平均体重是53.9公斤,Quetelet所测量的比利时妇女也表现出同样的平均体重,她们中最重的为63公斤,最轻的为47.5公斤,类似于45名佩萨罗的女躁狂症患者的平均重量;此数据高于104名帕维亚的女精神病患者的平均体重(48.4公斤),但低于20名帕维亚健康妇女的数据(她们体重60.1公斤,身高1.55米)。

根据以上数据人们只能得出以下结论:女犯罪人、女精神病人和妓女在体重方面超过了健康妇女,妓女的体重似乎比女精神病人的高;至少在一定的年龄阶段,此类女性在体重方面超过了正常女性,这一结论可以从Parent-Duchatelet的观察中得出。妓女明显偏胖,他将此归因于她们的闲散和吃得好,或许还可以归因于无忧无虑的生活,这一点类似于自由的犯罪人。

我所观察的80人的头骨容量最高达到1 442立方厘米,比20名未疯的精神病患者的头骨容量(1 468)低得多,超过了10名疯子和白痴的容量(1393)。

关于这些人的头骨周长,我们可以列出以下一览表:

头骨周长	在86名女精神病人中	在178名妓女中	在80名女犯罪人中
48(厘米)	2.1%	5.8%	3.6%
49	1.8%	6%	12%
50	2.7%	12.2%	16%
51	2.4%	21%	25%
52	2.4%	18%	20%
53	3.5%	16%	16%
54	1%	12%	10%
55	—	3%	12%
56	—	1%	2%
57	—	—	1.8%
65	—	—	1%

女犯罪人的头骨周长平均为53厘米,妓女的头骨周长平均为52.2厘米,这两类人中有许多头大的,其人数是女精神病人的10倍。然而,与女精神病人相比,妓女中亚小头型者(48)的数字则是其两倍。

在两名女撒丁犯罪人中,1人是长头型,1人是短头型。在7名那波利和西西里的女犯罪人中,有5人是长头型,头骨周长为78、79;2人为短头型,其中1人的头骨周长为88。4名帕维亚人均为短头型,其中之一的头骨周长为91。在5名马尔凯人中,3人是短头型,2人是长头型。在卡拉布里亚人中,脸角的变化为从71度到77度;在撒丁人中,从72到73度;在马尔凯人中,则从80到84度。两人的头骨是斜的,一人为尖头形,一人眼眶是斜的,颧骨突起,前额呈蒙古人的四方形。

至于她们的相貌,我只能说,许多人表现出男人的作派(一些妓女的嗓音是男性的),这一点使她们与女精神病人很接近,并且,与后者一样,她们经常是长着把柄状耳朵,或者两只耳朵不对称,比较常见的现象还有耳朵变形、宽嘴、小眼睛、斜眼,尤其在女诈骗犯中,经常出现宽鼻子和尖鼻子,并且鼻子距离嘴较远。然而,年轻女犯的肌肤鲜嫩,结缔组织丰富,眉毛和头发茂密,不经过一番认真研究,这一切将很难使人发现她们相貌像猴子。

在我看来,与女精神病人颇为不同的地方在于:女犯罪人的头发特别茂密;我没有发现任何一名女犯是秃头,只发现一人头发早白。Thompson发现女犯罪人的头发都长得很好。以头发茂密而闻名的有Eberzeni、Sola和La Motte。

大嘴或者嘴离鼻子远,此现象出现在March、Brinvilliers、Eberzeni、Polman、Mad. de La Motte、Trossarello身上以及Casper所研究的V.女士身上。

至于头发的颜色,我应当采用Parent对12 600名法国妓女的统计数字,同时,拿该统计数字同 Soresina 对伦巴第的妓女和我对都灵的妓女以及 400 名帕维亚女精神病人的统计数字进行比较。

(千分比)

	法国城市妓女	法国乡村妓女	伦巴第妓女	都灵妓女	帕维亚女精神病人
栗色头发	534	505	350	104	275
棕色头发	209	280	—	168	—
金黄色头发	134	70	240	292	80
黑色头发	117	145	400	—	160
红色头发	3	0	—	22	—

根据以上数字，人们可以推导出这样的结论：在妓女中比较常见的是暗色头发，就像在男犯罪人当中的情况那样；在法国也同样如此，虽然在那里比较常见的是金发；这一情况比在女精神病人中的类似情形更为突出。Eberzeni、Trossarello、Camburzano、Lafarge 都有着黑头发、黑眼睛。

法国妓女的眼睛颜色则表现出相反的情形，但伦巴第的妓女则与此不同。

(千分比)

	法国妓女	伦巴第妓女	帕维亚女精神病人
灰色	870	30	210
栗色—棕色	283	425	710
天蓝色	231	220	20
红色	158	—	—
黑色	56	310	—

我所考察的 27 名女囚犯在测力中拉力为 48，这个数字不仅比罪犯的低，而且比许多女精神病人的也低；女偏执狂患者的拉力为 72；女躁狂症患者的拉力为 58；女糙皮病患者的拉力为 57。

出于不可摆脱的学术要求，我不得不花费大量的时间罗列枯燥的数字，如果用简单的几句话概括一下这些数字的含义，我将总结如下：犯罪人的身材比较高，胸廓比较宽，头发的颜色比较暗，体重比一般人重（在威尼托除外），比精神病人的也重；他们表现出一系列亚小头畸形的特点（53—51），是正常人的两倍，但少于精神病人的，后者的脑容量总是比较低的，尤其是同诈骗犯相比，即便这些罪犯没有达到正常人的水平。头骨的指数一般与种族相吻合，但比较倾向于短头畸形，尤其是在抢劫犯中；犯罪人经常表现出头骨不对称，但是，与精神病人相比算是少的；他们头部遭受创伤的情况和斜眼的情况比精神病人的多；有时候（不很经常）出现颞动脉粥样硬化，耳朵长得不正常，胡子稀少，眼球震颤，女人的外表像男人，瞳孔扩大，偶尔地出现头发早白或秃顶的情况,以同样的比例发生突颌现象,瞳孔一大一小,鼻子歪,前额后缩。犯罪人在测力中表现得比正常人力量小,但比精神病人力量大。他们当中长着栗色或暗色眼睛的比正常人和健康人更常见,头发浓密乌黑,尤其是抢劫犯。驼背的在杀人犯中极少,在强奸犯、诈骗犯和纵火犯中比较常见;纵火犯以及盗窃犯经常是灰眼睛,他们的身高、体重、肌肉力量和头骨容量总是比抢劫犯低,而抢劫犯的又比杀人犯的低。

如果说对于女犯罪人某些特点可以予以肯定的话,那就是:同男犯罪人一样,她们比女精神病人高,但是,与男犯罪人不同的是,她们的身高和体重比不上健康人的(或许妓女除外);头骨的周长平均差不多。但是,如果说多数妓女表现出较大的脑容量的话,她们中的小头畸形则是女精神病人中的四倍,女精神病人中的小头畸形是女犯罪人中的两倍。妓女的头发比较茂密和乌黑,在伦巴第(但不是在法国),比较常见的眼睛是暗色的;女犯罪人的力量没有女精神病人的大,外表像男人。

对活人的研究证明(虽然不大准确和稳定):小头畸形、眼睛不对称、眼眶斜、突颌以及额窦发达是比较常见的现象,就像解剖图表所反映的那样。上述研究还反映出精神病人和犯罪人之间的一些新的相似点和区别。它证实部分杀人犯属于短头型,但盗窃犯和强奸犯不属于长头型。

突颌,头发茂密和卷曲,胡子稀少,皮肤经常呈暗色,尖头畸形,眼睛歪斜,头骨小,下颌和颧骨较大,前额后缩,耳朵的特殊形状,两性间的相似,肌肉乏力,这些新的证据更为具体地表明:欧洲的犯罪人与澳洲人或蒙古人接近。

Chapter 3 第三章
犯罪人的文身

原始人或者处于野蛮状态的人有着这样一个极为独特之处,即经常采用更像外科手术而不像美学手段的方式在自己身上描绘,此种做法从辞海中借用了一个名词——文身。

这种实践在意大利也很普遍,被称为 marca、nzito、segno、devozione 等,它不仅出现在下层社会阶层、农民、水手、工人、牧民、士兵中,也经常出现在犯罪人中;由于出现的频率很高,它成为法律—解剖学关注的一个新特点,我将用较长的篇幅来论述这一问题,但是,我以前没有通过正确的比较涉及并考察过这样一个问题:文身在正常人身上是怎样表现的。

在这方面,我可以借助一项对 6 784 名个人的研究,他们当中有 3 886 名士兵,2 898 名罪犯、妓女或犯罪的士兵。为此,我感谢我的法医同事们极为高超的帮助和耐心调查,这些同事是:Tarchini Bonfanti、尊敬的 Baroffio 博士、贝加莫的 Alborghetti 骑士、都灵的 Gamba 骑士、米兰的 Soresina 骑士、那波利的 Fazio 和 De-Amicis 博士。

以下就是反映上述调查情况的一览表:

1863 年	对 1 147 名炮兵	由我进行调查	134 人文身	或者说占 11.60%
1873 年	对 2 739 名士兵	由 Baroffio 调查	41 人文身	占 1.40%
1873 年	对 150 名被囚禁的士兵	由 Baroffio 调查	13 人文身	占 8.60%
1872 年	对 500 名关押在 Alessandri 监狱的犯罪人	由我进行调查	31 人文身	占 6%
1873 年	对 134 名贝加莫的罪犯	由 Alborghetti 调查	21 人文身	占 15%
1875 年	对 64 名关押在帕维亚和都灵司法监狱中的人	由我进行调查	6 人文身	占 9%
1876 年	对 100 名都灵 Generala 矫正院的在押人员	由我进行调查	40 人文身	占 40%
1873 年	对 650 名米兰司法监狱的在押人员	由 Tarchini 调查	50 人文身	占 7%

（续表）

1873年	对300名都灵的女犯	由Gamba调查	5人文身	占1.6%
1866—1873年	对1 000名米兰妓女	由Soresina调查	无人文身	
1871年	对维罗纳的某些下层社会的妓女		个别人文身	
1874年	对某些那波利妓女，水手的女伴	由De-Amicis调查	个别人文身	
Baroffio	对53名文身人进行观察	其中马尔凯人13 托斯卡纳人12 那波利人10	伦巴第人9 威尼托人5 撒丁人1	

根据我对1 147名士兵（其中某些人曾经受到过监禁）的观察，发现下列情况：

		那波利人	皮埃蒙特人	伦巴第人	马尔凯人	托斯卡纳人	合计
受观察的士兵		446	48	348	297	48	1 147
文身图案所涉及的内容	爱情	2	4	5	—	1	12
	宗教	15	1	19	4	1	40
	战争	10	19	18	2	0	49
	其他	10	4	15	2	2	33
		—	—	—	—	—	—
		37	28	57	8	4	134

从以上数字中可以看出：同我们可以在野蛮人中发现的情况一样，在意大利，妇女文身的比率极低；并且同在非犯罪人中的情况一样，文身的习惯呈衰退趋势，1873年的数字比1863年的数字减少了十倍。相反，在犯罪人（无论是军人，还是非军人）当中，这一习俗不仅仍然保留着，而且占有极大的比率：在3 048名接受考察的人中，有167人文身，在成年人中占7.9%，在未成年人中占40%。

大部分的文身军人是伦巴第人、皮埃蒙特人和马尔凯人;在撒丁人、托斯卡纳人和那波利人中,文身的较少;其原因可能部分地与历史有关,可以追溯到古凯尔特人(Celti)时代,在古代西欧,只是他们有此种习惯。但是,劳莱托圣堂很可能也把这个习惯保存、流传并且发扬起来,因为在它旁边人们发现了专门的"雕画者",这些人每进行一次文身就收取60到80文钱;这是一种巨大的代价:接受文身的人是很悲惨的,他们不但很少受益,而且许多人还受到损害,他们被迫因丹毒、蜂窝织炎、淋巴结炎以及屡有发生的坏疽,而在5天到15天的时间中上床数次;正如Berchou所说:有时候,文身造成的损害使人必须截肢。

就文身者从事的职业看,在伦巴第和马尔凯,这些人在入伍之前主要都是些农民(40),特别是制奶品工人,其次是泥瓦匠(在134人中有9人)、船夫(8人)、烤面包工、卡拉拉的矿工、木匠,在威尼托还有车夫,在罗马涅和那波利地区还有渔民和牧民。

几乎所有人都把图案刺在前臂的明显之处;较少的人是刺在胸前(水手)、手指上(矿工),呈戒指状;没有去过海洋地区或者蹲过监狱的人则是在后背或羞耻部位进行文身的。

此种情况也发生在法国,Hutin在506名文身者中发现489人文在前臂,7人文在胳膊上,48人文在胸前,2人文在大腿上,2人文在腰上,1人文在阴茎上。

至于文身图案的象征意义,我认为可以把它们区分为:爱情、宗教、战争和一些职业标记。它们以外在的形式反映着在特定人中占主导地位的观念和激情。

关于爱情的图案出现得最少,几乎只出现在伦巴第人和皮埃蒙特人中;它们或者是自己所爱女人的名字或开始的大写字母,或者是初恋的年代,或者是一颗或者几颗心被一枝箭穿过;或者是两只手握在一起;有一次,我曾发现一个农民打扮的妇女的整身图案,手里拿着花;还有一次,我看到一首爱情的短句。

关于战争的图案最常出现在军人当中,并且自然而然地涉及被文身者的职业。它们通常被描绘得细致入微并且十分逼真,以至使我们联想起埃及艺术和墨西哥艺术的精细。

刺此种图案的人通常是伦巴第人和皮埃蒙特人。此类标记还可以表现为以数字表示的招募时间,如1860,或者表现为文身人参加过的、某场值得纪念的战斗日期,或者是自己身上的武器,或者是把这些相关的事物联系在一起。一门正在射击的炮,从炮口中射出的炮弹,两支相互交叉的炮筒,在三角形上的一颗炮弹,在三角形中的一个炮弹锥形体,这些都是野战炮兵部队军人所喜爱的图案,尤其受到那些曾在奥地利服役过的人的钟爱。

迫击炮是要塞炮兵的标志。一条船、一条汽船、一个锚,这些都是水手们首选的标记。两支枪相互交叉,两把刺刀相互交叉,这些是步兵喜欢的图案。马是骑兵喜欢的图案。有一次,我在一名骑兵身上发现一匹马,在一名前消防队员身上发现一个头盔。

手榴弹和十字架是宪兵部队所喜欢的图案。一支卡宾枪,一顶带有飘动的羽毛的帽子是阻击兵喜欢选择的图案。

除了关于战争的图案外,比较常见的是关于宗教的图案,这是由那些虔诚的信徒们所自然选择的标记。

但是,我应当补充的是:许多这样的图案是在参军之前文上的,并且大部分是由伦巴第的牧师或者劳莱托的朝圣者提供的。它们最常表现为一个置于球上的十字架,或者置于心上的十字架(伦巴第),周围环绕着蜡烛;或者表现为圣体的图像,此种图案特别常见于那波利人中;或者是一幅受难图;或者是一位神圣的庇护人像,以表示对某个人的特别崇拜;或者是一个骷髅。这样的图像也几乎总是出现在那波利人中。

几乎为罗马涅人、基耶蒂人和阿奎拉人所特有的一幅图案是:一个大写的 H 中间嵌着一条横线,顶上是一个十字架。这一标记有时候也能在其他省的人身上见到,如卡拉布里亚人和伦巴第人,这些人曾经偶尔地或者因专程的艰难跋涉来到安科纳和劳莱托朝圣,他们以文身的方式在自己的肉体上纪念这一冒险经历。但后来这一图案出现得较少了(3 次)。某些在劳莱托圣堂附近卖宗教物品的小商贩,在支付一笔可观的报酬后,就在男性农民的身上刺绘上述图案,这些图案有时候一直扩展到胳膊、脖子和胸上,像是项链、勋章和花环,它们被描绘得很有艺术,好似从肉上凸现出来。

在各种各样的图案中,有些没有什么大的意义,例如:一朵花、一棵树、一枚戒指、自己名字的开头字母。有些则具有颇为重大的意义,一名波旁王朝的老兵骄傲地在身上刺着前那波利女王的画像和"Gaeta"字。我曾经 5 次发现一幅很古怪的图画,据说,它有时象征着塔兰图拉毒蛛,有时象征着蛙,5 人中有 4 人来自那波利,1 人来自西西里,他们均被怀疑是卡莫拉组织的成员;然而,我不可能懂得它的含义,也不能不相信它是某种标识;如果我没有搞错的话,它同烧炭党人在 1815 年刺的标志差不多。一名炮兵刺着一条手里握着鱼的美人鱼,图案用红色和蓝色描绘得十分精细。3名曾经在国外非洲军团生活过的人刺着半个月亮;另外两个也去过非洲的人则刺着一幅手握权杖的土耳其人的画像,背上刺着某一地区。

1名曾经蹲过很长时间的监狱的人把全身都画满了,从肩膀和胳膊往下,直到阴茎;图案中有森林、房屋、钟楼、教堂,并且在阴茎背上刺着一个姿态淫荡的女人。另外1个臭名远扬的热那亚人身上刺着一条蛇,从脖子直画到尾骨,把整个躯干都缠绕起来。还有1个名声很坏的人在耻骨部位刺着一束花。

1名开过小差的人在胳膊和腿上刺满了男性生殖器的图画。另外两个开过小差的人在胳膊上刺着那种下流的图画。

伦巴第的农民所文的图案几乎全是红色和蓝色的十字架或者耶稣的心。帕维亚农民则文着某种类似于用来去蛙皮的工具的物品图案。卡拉拉的矿工,同水手一样,在手指上文着戒指;水手文着船、树或者锚。

但是,文身的独特之处以及坚持文身的奇怪态度和普遍性特别反映在邪恶的男犯罪人当中。

我们已经从上面看到,军队中被监禁者文身的比例是自由士兵中的八倍;此种情况已经成为一般规律,以至当我问一名士兵为什么没有文身时,他回答说:"因为那是犯人们干的事";一位尊敬的军医,Saggini博士发现,文身人已经被先验地认为是坏军人。文身曾经被看作是男子气概的证明,并且皮埃蒙特军队中最勇敢者一度都要文身,我们现在已经何等地远离了那个时代!

在野蛮的妇女当中,此种习惯不大盛行。在新西兰,妇女只是在嘴唇上或者下巴上划两三条线。Tobas的妇女文身是为了表明自己尚未结婚。在Natches人中,只有男人,或者说只有士兵才文身。它在日本女人中已经不存在,在缅甸女人和其他国家的女人中已经消失,并且几乎从来不露在胳膊和脸颊之外。在欧洲正直的女人中,接受这一习惯的人更少,在最下层的妇女中也同样如此。正如我们上面已经看到的,在都灵的300名女囚犯中,Gamba发现有5人文身,据我得到的消息,图案主要是名字的开头字母和受到刺伤的心。Parent-Duchatelet发现:最堕落的妓女通常在胳膊、肩膀、腋窝或者阴部上刺图案,年轻的一般刺情人的名字或名字的开头字母,年老的则刺同性恋女伴的名字,由于她们水性杨花,她们情人经常变换,最多的用醋酸将情人的名字更改过30次。

在伦巴第的妓女中,Soresina博士经过非常仔细的研究却没能发现一例文身的。但是,De-Amicis在水手的情妇中发现少量文身的情况,但仅仅是在胳膊上。

根据我从警察局职员那里了解到的情况,在维罗纳的妓女中也有个别文身的例子(心,名字的开头字母),但只是那些从监狱中出来的女人。

但是，统计数字非常精确地证明：文身的习惯在罪犯（包括非军人罪犯）中特别普遍，其比例最高为 40%，最低为 6%，这后一个统计数字已经大大超过了在军人（他们是最公开地喜欢这一习惯的阶层）中发现的文身人数；如果与市民人口相比较，这个数字所反映的比例简直太高了。

在对犯罪人各种各样的文身图案进行细致研究后人们发现：有些图案不仅出现得特别经常，而且有着特殊的影响。

事实上，在 62 名犯罪人中，4 人的文身特别明显地表现出暴力、复仇或者绝望的心态。1 名罪犯在胸前刺了两把匕首，中间刺着一句誓言："我发誓要报仇。"此人是一名皮埃蒙特的老水手，为报仇而犯诈骗罪和杀人罪。1 名威尼托的盗窃累犯在胸前刺了这样一句话："我将结束苦难。"这些悲伤的话使人回想起 Philippe（掐死妓女的人）曾经在被判刑前刺在右胳膊上的话："Ne' sous mauvaise etoile（再不遇灾星）。"Tardieu 发现 1 名曾经受到过监禁的水手在额头上刺着粗字"Pas de chance（不走运）"，据说，这名犯罪人是想在自己的肉体上表现对自己结局的预感。另一个人在额头上刺着"Morte ai borghesi（资产者灭亡）"，并且底下有一把匕首。我的朋友 Tamassia 教授在许多囚禁在布雷西亚的、曾经文过身的士兵中发现一人在胳膊上刺着一个盖着被弗里吉亚帽的胜利纪念碑、一面写着"W. M."（意指 Mazzini）的旗帜，下面是一个骷髅和两把相互交叉的匕首。一位年轻的利古里亚人曾经领导过一次 Generala 教养院暴动，他通过文身的形式纪念自己生活中的最重大事件和他的复仇愿望，在右前膀上刺了两把相互交叉的剑，底下是他的一位亲密朋友名字的开头字母"M. N."，在内侧纵向地刺着一句话："怯懦者死，同盟万岁"；在外侧刺着一条长蛇，盘旋缠绕着几幅图案，头一直到肘的弯曲处。在左前臂上刺着一个十字架，下面是在暴动中被一枪打死的朋友的编号 208；在左胳膊上画着两门相互交叉的炮和两把匕首，中间刻着日期"1875"，以纪念那个悲惨的事件。在他的胸前刺着一个盾和名字缩写"L. V."和"C. G."，其中一个名字是他的，另一个是在热那亚教养院结识的一位朋友的。

Fieschi 在酝酿闻名的弑君阴谋之前曾经因作假而被判过刑，并且被剥夺了荣誉勋章，他在牢房中将此勋章刺在自己的胸前；他说："这很幸福，至少他们无法从我身上挖走它！"邪恶的心愿和标准将现代的虚荣心与极为古老的习惯奇特地嫁接在一起。

另一个比较常见的征兆来自于图案的下流性或者它刺绘的部位。我在前面已经提到，个别刺绘着下流图案或者将图案刺绘到羞耻部位的人是监狱的渣滓，或者是一些老逃兵。

直接考察一些文身的犯罪人将能够更清楚地发现这一点。在 142 名犯罪人中，有 5 例这样的情况。Tardieu 谈到 1 名驭手和 1 名铁匠曾经在阴茎上刺绘一个靴子。有 3 人沿着阴茎刺绘了一个裸体女人；另一人在阴茎头上画了一张女人脸，她的嘴是尿道口，在阴茎背上刺着萨沃依家族的徽章。有一人在阴茎上文着自己情人名字的开头字母，另一人文着一束花。所有这一切不仅证明这些人的下流无耻，而且证明他们古怪的感觉麻木，因为那个部位是人对疼痛感觉最为敏感的区域之一，就连那些满身是画的野蛮人都很注意保护那里，缅甸人甚至对于被判刑人都注意保护那个部位。Hebra 在他的《Atlas fur Dermatologie》一书中向我们描绘了一位欧洲人，因受惩罚，他的皮肤被刺成了一块真正的波斯地毯，遍布着动物和阿拉伯图案，这些图案甚至刺到了头发上，但是，在生殖器部位却不像前面那些人那样刺绘着奇异的图案。我只知道在 Taiziane 和 Viti 岛的野人中还作为例外存在着刺绘外阴的现象。

在这些刺绘着下流图案的人中，有一人还胡诌了这样的爱情诗句：

> 我总是遭遇不幸，
> 没有人能助我摆脱。
> 你只要能表现出宽恕，
> 就能让我继续生活。
> 如果我乞求宽恕，
> 请你对我说：我赐予。
> 如果你的心仍在那圣洁的胸膛中跳动，
> 请至少抚平我的伤痛。

就是此人在自己的胸前刺着这样的誓言："我发誓要报仇。"

人的心就是如此地变化无常，他的那种能使歇斯底里的女性欣喜的多愁善感也不那么真实和诚恳。

Parent-Duchatelet 从来没有在妓女身上发现下流的图案。然而，他注意到一些同性恋女子把自己女情人名字的开头字母刺在从肚脐到阴部的地方。

犯罪人的另一个特点（在这方面，他们也与水手和野蛮人相同）是：他们不仅，像通常所习惯的那样，把图案刺绘在胳膊和胸上，而且几乎在身体的所有部位刺绘图案。100 人将图案刺在胳膊、躯干和腹部，5 人刺在手上，3 人刺在手指上，8 人刺在阴茎上，3 人刺在大腿上。

Tardieu 曾见到一名盗窃犯把全身刺成一件海军上将的制服。

我们前面提到的那位爱情诗作者，除了文着下流图案外，还在左胳膊上刺着一条船，上面是情人的缩写字母，下面是母亲的名字；在胸前文着一条蛇和两面旗帜，在左臂上也刺了一条蛇、一个锚、一把剑和一个穿着连衣裙的女人。

另一个人在手指上刺了一枚戒指,在右胳膊上刺了一条蛇,在左胳膊上刺了一幅女芭蕾舞演员的像。

一名威尼托的盗窃犯曾经在奥地利军队中当过兵,他在右胳膊上刺了一只双头鹰,旁边刺着母亲的名字和情人 Luigia 的名字,以及一句对于盗窃犯来说很特别的话:"亲爱的情人 Luigia,我唯一的寄慰。"

另一个人在胸前和胳膊上刺了 3 个朋友名字的缩写、一个十字架、一条游蛇、一颗被刺穿的心。

一名盗窃犯在右臂上刺绘了一只嘴里叼着一个心的鸟、几颗星星、一个锚和一个男性生殖器。

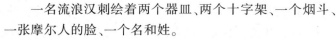
一名流浪汉刺绘着两个器皿、两个十字架、一个烟斗、一张摩尔人的脸、一个名和姓。

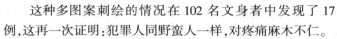
这种多图案刺绘的情况在 102 名文身者中发现了 17 例,这再一次证明:犯罪人同野蛮人一样,对疼痛麻木不仁。

另一个事实也反映出犯罪人文身的独特之处,即:文身习惯的早成。根据 Tardieu 和 Barchoni 的调查,在法国从来没有发现在 16 岁以前文身的情况(只有个别见习水手向水手学习文身的情况),虽然我们在 Generala 教养院发现 4 名 7~9 岁的孩子文身。相反,在 89 名罪犯中,则有 66 人是在 9 岁到 16 岁之间文的身。

对文身的研究有时候也可以用来发现犯罪团伙的线索。我在前面提到,许多卡莫拉集团的成员都刺着特殊的标记。

有些标记没有任何特殊性,犯罪人的与当地农民的、牧民的和水手的完全一样,它们也能用来为司法和法医的目的服务;有助于识别个人的身份、籍贯,了解他生活中的重大事件。

有 22 人在身上刺绘着朝觐的日期或者应征入伍的日期;24 人刺着自己名字的开头字母;7 人刺着朋友或情人的名字;6 名罗马涅人刺着朝觐者的上述标记;1 名威尼托人刺着 Vicenza 圣母的名字;两名伦巴第人刺着 Caravaggio 圣母的名字;12 人刺着其职业的标记;1 名军人刺绘着士兵的图像;另外几名军人则刺绘着旗帜;1/3 的人刺绘着奥地利鹰;1/4 的人刺绘着萨沃依家族的徽章。1 名加里波第义勇队队员刺绘着加里波第的半身像。1 名水手刺绘着一个锚和一条船;另一名水手刺绘着一个木桶和一棵椰子树。1 名园丁刺绘着一把斧子;1 名马倌刺绘着 1 匹马;1 名烤面包工刺绘着木铲。Tardieu 见到 1 名鞋匠在自己身上刺着 1 只靴子,几名烤面包工刺着 S. Onorato 的像;他通过关于泥瓦工工具的图案得以证明 Lescour 的两名受害人的身份。

犯罪人知道:他们的这些无意外露可能会被司法活动所利用;许多意识到这一点的人,对文身表现出谨慎的态度,或者试图涂掉已有的文身图案。有两人已经成功,据他们向我坦白的情况,他们是用针蘸着未成熟的无花果汁刺扎绘有图案的部位。这种情况肯定是经常发生的,因为在年轻人中发现文身的比率(40%)与在成年人中发现文身的比率(7%)很不对称。还有一些人喜欢变换文身图案,它们用各种不同的颜色将新的图案覆盖在旧图案上,就像 Hutin 所见到的那样。

在 89 人中,我只发现 4 人因不能抗拒疼痛而使文身半截停止。只发现一例文身图案在 35 年后消退,并且是不完全消退的情况。但是,根据 Casper、Hutin 和 Tardieu 的研究结果,毫无疑问,此种情况是可能发生的;上述学者在第一组的 66 人中发现 3 例消退,在第二组的 36 人中发现 4 例,在最后一组的 179 人中发现 22 例,尤其是那些使用朱砂和炭灰刺绘的图案容易消退。

在 74 名文身者中,有 41 人是盗窃犯,18 人是杀人犯和抢劫犯,7 人是流浪者,5 人是诈骗犯,3 人是纵火犯。

在 89 名文身者中,有 71 人是在监狱或教养院(!)里文的身,8 人是在当兵时文的身,4 人是在圣殿,4 人是在自己家中。在 50 名文身者中,37 人使用炭灰文成蓝色,6 人使用朱砂文成红色,1 人使用黑烟文成黑色,6 人文成红蓝相混的颜色。

为什么这种没有多大益处并且常常给人带来不适和损害的习惯能够得以维持?人类学家很想探索其究竟。

(1)宗教能够在各民族中保留并且倾向于保留古老的习俗和习惯,它当然也努力保留文身的习惯。那些崇拜某个神的人认为:把这个神刺在自己的肉体上能够证明和表露对他的爱戴。我们知道,腓尼基人曾经在前额刺有上帝的标记。在 Marshall 岛,人们必须祈求神允许将其图像刺在自己身上,并且只有新西兰当地的祭司能够担任刺绘者。Lubbock 补充说,在那里,人们认为没有经过正统文身的妇女享受不到永恒的极乐。不列颠的妇女曾经通过宗教仪式进行文身。缅甸人经常在自己身上刺绘一些奇怪的文字和他们认为能保护他们不受损伤的标记。

Luciano 说:西拉神的崇拜者们全都在自己身上用针刺着西拉神像。最初的基督教徒曾经用火在胳膊和手掌上刺着基督的名字和十字架图案,这恰恰是我们现在最经常使用的标记。Thevenot 写道:在 1688 年之前,去伯利恒让人在圣殿中为自己文身,这曾是基督徒的习惯。

在 102 名已经文身的犯罪人中,31 人刺的是宗教图案。1 名水手文身也是为了能够在海上遇难求助时使自己区别于他人。

（2）第二个原因是模仿。1名优秀的伦巴第士兵在自己身上刺了1条美人鱼，当我讥讽他为让人毁掉自己的胳膊而付出代价时，他笑着告诉我："您瞧，我们像羊一样，只能看着别人做什么就立即去模仿，即使此事可能对我们不好。"另一件事也证明了这种奇特的影响力：经常是全连士兵都刺同样一个标记，比如一颗心。

我知道在萨沃纳有一个炮兵连，它相当大的一部分士兵都刺着一幅基督像，这是因为该连的一名士兵，萨沃纳人，曾当过水手，特别崇拜基督，他曾经为挣几个钱或一小块面包而为人刺绘类似的图案。

（3）百无聊赖也是一个原因。大量的文身情况发生在开小差者、囚犯、水手当中，我在89人中发现71人是在监狱里文的身。百无聊赖比痛苦更让人难受。

（4）但更重要的原因是虚荣心。那些不是精神病专家的人也知道，这种强烈的欲望存在于所有的社会阶层当中，或许也存在于动物当中，它能引导人做出最为古怪的和最为丑陋的行为，能让骑士为一段佩带而萎靡不振，能让精神病人为耳朵上挂的一根稻草而趾高气扬。那些赤裸着身体的野蛮人为此而在胸前文刺图案；我们现在穿着衣服的人在最显露并且最易让人发现的部位刺绘，例如在前臂上，并且通常是右臂而不是左臂。一位皮埃蒙特的老军士对我说：在1820年，他的部队中没有一名英勇的士兵尤其是下级军官不以文身来证明自己敢于忍受痛苦的。在新西兰，文身的形式变化无常，就像是我们所追求的时髦那样。几年前时兴的是曲线，现在是画像。人们把文身当作一种装饰，下列事实证明了这一点：一些女仆通过刺绘掩饰嘴唇的红色，因为她们认为这种颜色不大美。妈妈在刺绘时对她们唱道："你们文刺去吧，直到聚会时没人问：那个红嘴唇是谁？"文身产生疼痛，一种只有强壮的人才能忍受的疼痛，因此，接受文身是真正勇敢的标志，或者说表现着野蛮人的麻木（他们同样以此为荣）。在缅甸人看来，一个人没有文身说明他很软弱。此外，他们把文身看作一种真正的徽章，反映着一个人的社会等级和获得胜利的次数。

在Nukaiva，贵族文身的面积通常比平民的大。苏门答腊岛上的人每杀死一个新敌人就刺一幅图案。

在新西兰，文身是高贵的标志，平民是不能享受此种特权的。甚至，如果头目完不成某些重要的任务，也不能刺绘某些图案。那位几年前被带到伦敦的聪明的新西兰人Toupee，曾经坚持要站在摄影记者面前，因为他希望显示自己的文身图案；他说："你们欧洲人用笔写自己的名字，Toupee则在这里写自己的名字。"

他对Dumont D'Urville说："不管怎么说，任何比我更强大的人都不可能刺有我前额上的线条，因此我的家族比他们都要杰出。"

在古老的 Traci 人中以及在 Picti 人中,某些文身图案是头目们所特有的。

(5)集团精神对此也有影响,米兰的几名纵火犯身上的某些名字缩写以及一些被收容于教养院中的人身上的标记曾经使我产生这样的怀疑:这反映着宗派精神的影响。在注意到蛙和塔兰图拉毒蛛后,我就不再怀疑某些卡莫拉团伙的成员也刺有这种新式的原始装饰图案以作为其宗派的标记,就像戴戒指、别针、小链子或者留某种样式的胡子一样。在 Marchesi 岛的野人中,文身图案被用来区分各种敌对派别;一个派别的标志是三角,另一个的是一只眼睛。一些黑人部落也采用刺在脸上的图案相互区分。在 Medio Evo,手工艺者有着专门的图案,就像现在法国的鞋匠和屠夫有自己特殊的图案一样。

(6)一些最高尚的人类激情也在一定程度上促进了这一习惯的发展。家乡的礼仪、宗教保护者的形象、对童年和远方女友的怀念,这些都是很自然地不断浮现的事物,它们通过纪念性刺绘,并且由于距离的遥远、面临的危险、自由的丧失而在那些可怜的士兵脑海中变得更加强烈。因此,那些不断唤起他们的回忆的标记可能是很珍贵的,是他们最甜蜜和神圣的愉悦的源泉。

在市民阶层中,只有一例情况使我注意到所谓的流行性文身,并且我应为此而感谢尊敬的 Albertotti 博士。这就是:在 Castellamonte 的一所相当著名的寄宿学校中,有 12 名寄宿的孩子在学校即将关门时,在自己身上文上一些能够使他们回忆起令人欣喜的集体生活的标记,比如,有的文着校长的名字,有的文着同学的名字,等等。

在新西兰,当一个熟人死亡时,人们也在身上留下刻痕。

(7)此外,爱慕之情,或者更准确地说是性爱,也对此产生着影响,我们在犯罪人、同性恋者和妓女身上发现的一些下流图案和人名缩写证明了这一点。在 Oceania,某些妇女也在外阴部位刺绘下流图案。几年前,日本妇女在手上刺绘暗喻其迷乱之心的图案,并且随着情人的变化而重新文绘。

Taiziane 女人、Toba 女人和 Guaranis 女人在自己身上文刺一些特殊的线条和伤疤,以表明自己是处女或者未婚。男人们的文身图案也经常同其男子汉气概相吻合。这是一种表示,按照达尔文较为夸张的说法,这是一种性选择的手段。

在了解这些虽然简单但却确切的图案细节后,上述情欲的力量就使我明白了为什么有些图案描绘得很细腻,并且使我联想到埃及人、中国人和墨西哥人的一些细腻性,通过此种细腻性人们可以从他们最古老的文化遗迹中非常清楚地区分他们想描绘的动物、植物和工具的形式。这些图案的完美性还使我想到民歌的甜美。情欲往往能够超越所有人工的文化雕琢。

(8)袒露可能也是原因之一,对于我们所考察的罪犯(或许是)以及野蛮人(肯定是)来说,袒露是一种掩饰或装饰。事实上,水手们经常袒胸露臂,妓女们也经常袒胸露怀,他(她)们都非常喜欢文身的习俗;矿工和农民也同样如此。对于一个穿着衣服的人来说,没有文身的必要,因为它不被人所见。

(9)但是,文身习惯之所以在我们当中传播,处于第一位的和最主要的原因,我认为是返祖现象,或者说是另一种历史返祖现象,因为文身是原始人和处于野蛮状态的人的独特习惯。

在 Aurignac 的史前洞穴和古埃及的陵墓中,人们发现一些磨尖的骨针,它们也被现代野人用来文身。Assiri 人(根据 Luciano 的研究)、Daci 人和 Sarmati 人(根据 Plinio 的研究)都在身体上绘画;腓尼基人和西伯来人在前额和手上画线条,并称它们为上帝的标记。在缅甸人中,这一习惯很普及,有些名字,如 Bretoni(Brith 的意思是绘画),就像 Picti 和 Pictones 这样的名字一样,似乎就是由此而产生的。Cesare 说,他们用铁在孩子们的嫩肉上画图,并且给自己的士兵染成青色,为的是使他们在战争中显得更加可怕。Isidoro 说:Scoti 人用细铁和墨水在身体上画奇怪的图案。Vegezio 注意到:罗马士兵曾经在右胳膊上刺皇帝的名字和入伍的日期。

我认为,没有哪个野蛮民族不或多或少地实行文身习惯的。Payaguas 人在节日中用蓝颜色画脸,并且在脸上画三角和阿拉伯式的图案。黑人在自己的脸上、胸前和胳膊上画横道或者竖道,这些图案的选择在部落之间各不相同,特别是在 Bambara 人当中。Kaffir 的战士拥有这样一项特权:可以在自己的腿上画一条长道,并将其染成蓝色,使之永远不可消退。中非的 Bornoues 人的特征是:脸的每边有 20 条道子,四肢上各有 6 条道子,胸前有 4 条道子,等等;总共有 91 条道子。

在 Marshall 岛上,妇女在肩膀和胳膊上刺绘;男人,尤其是头领,则在两肋、腰间、胸廓刺绘图案。

在 Taiti,妇女们只让人在她们的脚上、手上或者耳朵上刺绘项链或手链状的图案;也有少数妇女绘在外阴和腹部(曾有一人在那里刺绘了下流的标记)。男人则在全身刺绘,甚至在头发、鼻子、牙龈上,并且往往因此而在牙龈和手指上引发蜂窝织炎、坏疽;为了避免此种情况,接受刺绘的人必须严格禁食并注意休息。掌握文身技术的人很受尊敬和欢迎,就像这些人在中世纪的欧洲受到的待遇一样,他们所得到的报酬是羽毛或猪肉,价值相当于 10 里拉。

文身是野蛮人的书法,是对他们文明状态的首次记录。人们在债务人身上文刺某些特殊的图案,以此表示他们有义务为债权人服务一段时间,并且以特殊的文身图案说明所接受物品的质量和数量。

日本人也文身,在身体上刺绘狮子、龙和下流的群像。现在妇女不再文身,但在古时她们在手上文刺名字缩写和暗指其隐秘之处的图案,正像现在欧洲妓女那样。

  一种在野蛮人和史前民族中十分普及的习惯非常自然地继续保留在某些社会阶层之中，就像在海底总是保持着同样的温度一样；这些社会阶层重复着一些古老的习惯、卖淫风俗、甚至原始民族的歌曲；他们有着与原始人相同的情欲暴力、同样麻木的感觉、同样幼稚的虚荣心、同样的长期懒散，并且在妓女中存在着同样的裸露癖；对于野蛮人来说，这些构成接受这一奇特习惯的首要诱因。

  返祖现象和传统的影响，我认为也在下列事实中得到证明：这一习惯在那些坚持古老传统的农民和牧民中也相当普及，并且，在意大利，它尤其得到皮埃蒙特人、伦巴第人和马尔凯人（即真正的凯尔特人）的采纳；凯尔特人是直到恺撒时期仍保留着文身习俗的唯一古欧洲人。

  不管怎样，我前面的论述足以向法医和法律工作者证明：他们应当把存在文身情况作为某人先前曾受到监禁的间接信号，尤其是当该人不属于水手、军人、伦巴第的制奶品工人、马尔凯或那波利的牧民，并且文刺着下流图案、多处图案或者在羞耻部位文刺此类图案时，以及当文身图案以某种方式隐喻着复仇或绝望时。

  对此种习惯的偏好也肯定有助于将罪犯区别于精神病人，虽然精神病人同样受到强制性监禁，同样具有暴力欲望，同样有较长的懒散时间，但他们更喜欢一些奇怪的消磨时间的方式：磨石块、剪碎衣服或者肉，在墙壁或整张的纸上胡乱涂画，但是，他们很少在自己的皮肤上绘画。在帕维亚和佩萨罗的800名精神病人中，我只发现4人文身，而且都是在精神失常之前进行的。同样的情况也发生在雷焦、利维和锡也纳，据我所知，在那些地方，少数几个曾经文过身的精神病人均来自监狱。这再次证明返祖现象对文身的影响，因为精神病几乎都是先天的，而很少属于返祖现象。

  对于法医来说，这也是一个宝贵的标记，可用来将抢劫犯、盗窃犯区别于老实平和的农民（既不是老兵，也不是癫痫病人），即：抢劫犯和盗窃犯经常是在头上和胳膊上有伤疤。在390人中，我只发现17人头上有伤疤，并且都产生在犯罪之前。

  这也适用于妓女，Parent-Duchatelet在392名因严重的非梅毒疾病而被送进医院的妓女中发现90人（即总数的1/4）是因严重的损伤和挫伤而入院的。

  男犯罪人总是不断地面临与整个社会的斗争，因此，受伤和文身可以被看作是法医学所说的"职业特征"之一。

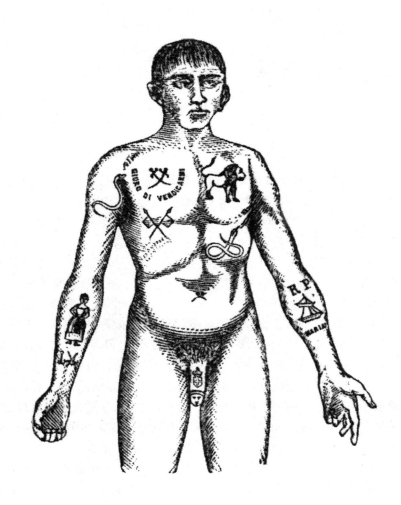

犯罪人的文身

Chapter 4 第四章
犯罪人的感觉

犯罪人特别喜欢像文身这样的疼痛手术,这一情况致使我怀疑他们的疼痛感比普通人的迟钝,正如同许多精神病人、痴呆者的情形那样。

我询问了一些看守和狱医,得以收集到某些关于缺乏痛觉感的例子,但多数涉及的是犯罪人,而且是精神失常或者几乎精神失常的犯罪人。例如,一名年老的盗窃犯让人把烧红的铁块放在自己的阴囊上,而不发出叫喊,然后问道:"完了吗?"好像没事一样;但当时他并没有表现出极度兴奋。一个感觉极为麻木的人让人截断他的腿,然后,把这条断了的腿拿在手里并且用它开玩笑。一名盗窃犯已经被判过13次刑,他借口右腿疼而拒绝参加劳动;医生吓唬他说要锯掉这条腿并给他换个木头的;他后来爬着去劳动;不久,护士发现他真的有病,但涉及的是左腿。他显然是个呆傻者,后来被送进了精神病院。一名谋杀犯,是个退伍老兵,为了从监狱得到面包,一再请求监狱长把他留在监狱,说他出去后不知道能从哪里得到面包;在他的请求被拒绝之后,他用勺子把绞断了自己的肠子,然后平静地爬上楼梯,像平常一样躺在床上,几小时后死去,没有发出任何呻吟。谋杀犯 Descourbes,为了不去 Cajenna,有意把腿搞伤,伤口痊愈后,他又用头发穿进膝盖,拉出关节,而后死去。Mandrin 在砍头前让人在他的胳膊和腿上刺了 8 条道,一声没吭。为了掩盖自己的特征,某 B 用火药炸掉了自己的 3 颗牙;R 用玻璃划破了自己的脸。在 Chatam 监狱,1871 年发生了 483 起自我伤残的事件;1872 年发生了 358 起。自己断肢的被判刑人有 27 名,其中 17 人不得不进行截肢;62 人企图断肢;101 人用腐蚀物破坏伤口。

但是,从上述情况中可以看出,如果说这些人没有疯的话,他们对疼痛的麻木表现得非常明显,某些情欲占据了主宰地位。同样,一些搞同性恋的妓女,为了能看到住进医院的女伴,用烧热的铁在身上烫起泡,谎称发了疥疮。我见到过两名杀人犯,因为相互揭发而长期结下仇恨,在相遇时,他们相互扑上去,在一起撕扭了几分钟,一个咬另一个的嘴唇,另一个撕扯对手的头发;在最终被拉开后,他们都抱怨

第四章 犯罪人的感觉

没有给对方造成严重伤害,没有能报仇。罗马涅的 P. Gh 在攻击一辆马车时被砍了一刀,前臂被砍断,他从容地用另一只好手臂把它捡起,带回家中,藏在床底下,包扎起鲜血淋漓的断臂,直到后来因出血过多而死去。弗利的 Ghiandone 曾经与 15 名宪兵搏斗,打伤了其中 14 人,他很遗憾没有打伤另一人;当人们为他医治使其面目全非的伤口时,他要了一杯水说是要解渴,然后用这个玻璃杯打伤了第 15 名宪兵。

在他们当中表现得更为普遍的是道德上的麻木不仁。他们就像那些恶劣的小说家所描述的那样,并不是对所有的情感都完全没有反应,但是,那些最能在人们心中掀起波澜的情感在他们那里似乎尤为麻木,特别是在成熟期之后。

首先泯灭的是对他人不幸的同情心,根据某些心理学家的分析,这种同情心同样起源于我们自己的个人主义。Lacenaire 坦白说:除了在他的猫死时,他在见到任何人的尸体时从来不感到战栗,"当我见到一个人奄奄一息时,从来都无动于衷。我杀死一个人就像是喝一杯啤酒"。面对自己行为的牺牲品完全麻木不仁,面对关于自己血腥犯罪行为的见证麻木不仁,这是所有真正的惯常犯罪人的共同特点,人们完全可以根据这一特点将他们区别于普通人。Martinai 眼睛一眨不眨地盯着自己死去妻子的照片,对她的身份予以证实,然后,就像在给她致命一击后所表现出的那样,平静地说:他曾经大胆地向她乞求宽恕,但她从未给予。Macquet 将自己的女儿投入井中,为的是能够对曾经侵犯过她的一位邻居提出控告。Vitou 毒死了自己的父亲、母亲和兄弟,为的是几块银币。Militello 虽然非常年轻,在刚刚杀死自己的同伴和朋友之后一点都无动于衷,甚至还试图引诱拦住他的服务员。Boutellier,21 岁,他冷酷地在母亲身上扎了 50 刀,当他感到累了时,就躺在尸体旁边的床上,并且平静地睡着了。Robiolio 让人为自己妻子的尸体穿上婚礼服装,并把她放在桌子旁边,然后,竟有心思与两名挖墓人一起在此桌上吃饭。从审讯笔录中得知,Souffard、Kesage、La Pommerais、Polman(与自己的女儿)和 Gauthrie 竟然挨着他们的被害人睡了一整夜,后一人甚至随后又睡了两夜。Corvoisier 面对被他碎尸了的兄弟的断肢依然平静地吃饭,他说:"放在那总比吃进我肚子里好。"面对上断头台的可能性,他说:"我只会被切成两块,而我却把他切成了 6 块;他的脑子溅得有 10 英尺高。你们不会让我同样如此。"Verdure 在协助他人勒死其兄弟时偷走了 1 个皮包和 4 块表;他后来补充说:"见鬼,他不去享受自己的东西。"Lemaire 在杀死 Deschamps 之后还曾想灭了他的儿子,他对劝阻他这样做的人说:"这样的人,我可以不假思索地杀一千个。"Casper 写道:Clausen 和 Luck 非常冷漠和平静地向法庭讲述自己的犯罪,好像他们只是证人而不是作案者。杀人在他们的行话中被称为"放血"、"穿眼"、"出点儿汗"。这表现出他们对他人灾祸的奇特冷漠和麻木;或许正是由于那种认为个人主义是同情心的出发点的理论,他们中的不少人也对自己持同样的麻木态度。因此,虽然我们也发现不少人像 Brinvilliers、Antonelli、Boggia、Vallet、Bourse 一样害怕上刑场,但大多数人直到最后一刻仍然保持着奇特的冷漠和麻木。他们似乎对自己的生存并不热爱,而这种热爱是人类最普遍的和最强烈的本性。

Pantoni,我们资深的刽子手,曾告诉我:几乎所有的抢劫犯和杀人犯在临死前都与他开玩笑。1 名沃盖拉的抢劫犯在死刑执行的前几分钟向他要煮鸡,并且津津有味地吃起来。另一个提出要在 3 名刽子手中挑选他所说的教授。Valle,亚历山德里亚的谋杀犯,仅仅由于一时赌气使他的两三名同伴受伤致死,当他被带上断头台时,扯着嗓子喊唱那首著名的歌曲:"死亡并不是所有灾难中最痛苦的。"Orsolato 在被带上刑场时讥讽地向从他眼前经过的女孩子们暗示:如果他得到自由,仍将对她们重复那些可怕的罪恶行径。Dumolard 提醒劝他忏悔的神甫不要忘记 15 天前向他许诺的那瓶酒;他在蹬上断头台前特别提醒自己的同伙和妻子注意的唯一事情是索要别人欠他的 37 里拉。Tiquet 在观看他的同伙在自己前面先接受行刑时很平静地理着头发。先前的刽子手 Capeluche 看到对自己行刑的刽子手没有把刑具准备得很好,就让人解开自己,为自己摆好垫板,然后从容地躺在上面。Coonor 也有同样的表现。Poncet 在受刑前向刽子手口授了如下措辞的信:"刽子手,你好。"在这句话底下画了一个断头台,在下面写上他的名字。接着加了另一句话:"我请求用我的头换 25 里拉,刽子手老弟。"

一些书中包含大量犯罪人在被带上刑场时丝毫无忧郁之意的话语。有个谋杀犯当把头放在铡刀下时对大发牢骚的同伙说:"你难道不知道我们得了一种特殊的病吗?"一名在俄国受刑的法国盗窃犯对行刑缓慢表示不满,叫道:"这些国家连绞死个人都不会。"行刑的刽子手抱怨他的脖子太粗,不好套绳索,说这是从来没遇到过的情况;他接茬儿道:"我也从来没遇到过。"Rosso 曾经强烈抱怨执行轮刑时所经过的道路太不平整，在托斯卡纳，他的这种不满已经变成了歇后语。Vidocq 讲过一个文人上断头台的故事，此人指着刀口和铡槽说："瞧，这是字母 a，那是字母 o，你，刽子手，是字母 b。"Allard 在听取对他的最后判决时吸着烟，他说："我一边吸烟，一边盘算诡计。"

对此种麻木感的另一些证明是：往往刚执行了死刑，被处决者的帮凶就又实施杀人罪；罪犯们经常使用戏谑的黑话谈论行刑工具和刽子手；他们在监狱中特别喜欢讲述关于绞刑的故事。对于废除死刑来说，最重要的理由之一就是：死刑只能劝阻少数几个歹徒不去犯罪，它甚至诱导更多的人实施犯罪，因为在凡人当中起支配作用的是模仿律；拥挤的群众会使人对接受行刑的人产生一种可怕的尊崇；那些凄凉而阴森的行刑工具非常适宜引发罪犯在其同伙面前的虚荣心，甚至使他们的躯体受人尊敬，被看作是圣人和捐躯者。

在 167 名被判处死刑的英国人中，有 164 人曾经观看过死刑的执行。在 Ambrosiana 保存着一本《被处决者名录》，其中记载着一名因杀人罪而处死的人曾经当过 S. Giovanni 砍头会的主席。

这种对自己的和他人的痛苦无动于衷的表现也解释了如下现象：某些罪犯也能够实施过看起来是非常英勇的行为。Holland、Doineau、Mottino、Fieschi、Saint-Clair 都曾经在战场上赢得过军功章。Coppa 曾投身于军队，并且是某营中打响第一枪的人，退伍时没有受过伤；后来，他手下的人不愿意跟他去干那些不可能实现的事情又害怕受到报复，就把他杀了。另一个土匪头子 Palmieri，在被我们的人包围后，为了自杀而扑向子弹。Masini、Francolino、Ninco Nanco、Canosa、Percuoco 都宁愿作为英雄而死，不愿意去坐牢。

然而，大部分犯罪人也都表现出极大的怯懦性，虽然他们以冷漠和无所谓的态度对待危险。几年前，拉韦纳的无畏的警官 Serafini 派人去传唤一名非常胆小的杀人犯，此人曾叫嚣要杀了警官，后者递给前者一把左轮手枪，让其实施其扬言；但前者浑身发抖，脸色苍白，仓皇地跑出房间。Elam-Linds 曾经与一名非常凶残的并且发誓要杀死他的囚犯关在一起，前者让后者给他刮胡子，说道："我知道你想杀我，但是，我根本看不起你，不相信你有那么大的能耐。我独自一人并且不带武器也比你们所有人加在一起力量大。"

Elam 本人，在与他一起的囚犯表示要造反时，出来进行平息，在他们当中放下武器投降。在 Sing-Sing，900 名犯罪人在农村劳动，不戴锁链，只由 30 名警卫人员看管。那位杰出的监狱长说："不老实的人实质上很怯懦的。"

Lacenaire 在杀人时刚遇到一点障碍就昏了头，并且呼喊谁能救救他。

因此，那些歹徒们的勇敢行为很可能仅仅是由于他们的感觉麻木和幼稚的冲动,这些原因使他们不相信或者不害怕危险,包括实实在在的危险,使他们看不清所想追求的目标和所想满足的欲望。

这种感觉上的麻木使犯罪人不把他人和自己的死亡看作是什么大事,此种麻木再加上欲望的推动力可以解释为什么犯罪的严重程度与犯罪人的动机之间往往不大相符或者毫不相符。比如,一名囚犯杀死了一名同牢房的人,理由是后者打呼噜太响,并且在他提出要求后不愿意接受或者说不知怎么改。在亚历山德里亚监狱,一名囚犯因为自己的同伴不愿意为他擦皮鞋而将其打伤至死。Markendorf 杀死他的一名施舍者的原因是为了从他那里拿走两只靴子。在米兰,某人因为一铲子粪便将其同伴整死;在卡拉布里亚,因为 5 分钱的问题而发生了另一起这样的事情。犯罪人在道德上的这种麻木不仁也可以用来解释另一个矛盾的事实:某些个人往往很残暴,而有时候却似乎也能行善。

绕圈的囚犯(梵高)

Chapter 5 第五章

犯罪人的自杀

感觉上的麻木也可以用来解释另一个现象：自杀频率较高。正如 Morselli 所特别警告的那样，这或许是犯罪人特有的现象。

实际上，同在一般人中发生的情况一样，犯罪人中的自杀也呈现出起伏不定的特点，发生率较高的是在夏季，在男性中，在单身汉和鳏夫中，在从 21 岁到 31 岁的人中；自杀情况在文明程度较高的地区中增加，比较经常地发生在萨克森和丹麦，在我国，则近几年不断增加，从 1870 年的 4 起增加到 1871 年，12 起；1872 年，15 起；1873 年，14 起；1874 年，10 起。

同样，在自由的人中，自杀的数字也从 1867 年的 733 起增加到 1868 年的 784 起，1870 年的 788 起，1872 年的 890 起，1873 年的 1 015 起，1875 年的 922 起。在自杀者中，意大利北部省份的比率（43%）超过了南部（28%），中部的比率则较低（20%）。这里所占的比率可能达到了 33%，许多神经质的人尤其是精神病患者都带有自杀的倾向。

在频率最高的那部分人中，差距表现得特别明显。比如：

在意大利，1 000 名囚犯中的发生率为 0.17，1 000 名自由人中的发生率为 0.0062；
在荷兰，1 000 名囚犯中的发生率为 1.3，1 000 名自由人中的发生率为 0.0012；
在挪威，1 000 名囚犯中的发生率为 0.74，1 000 名自由人中的发生率为 0.0094；
在英国，1 000 名囚犯中的发生率为 0.28，1 000 名自由人中的发生率为 0.6。

不能认为这种较高的发生率是因受到处罚而感到绝望和因长期监禁而感到受折磨的结果，也不能认为是由于缺乏集体生活而导致的，因为，与混合牢房中发生的情况相比，在独居牢房中发生的自杀数字并不明显增加，甚至许多人证明并未增加，可以肯定的是：在少年犯的独居牢房中没有出现这样的增加；人们注意到：自杀比较多地发生在被告人当中（意大利为 38%），最经常（如果不说完全的话）发生在刚刚入狱几个月的被判刑人当中。根据 Mazas 的调查，在 79 例自杀案中：

第五章 犯罪人的自杀

2 例发生在入狱的第 1 天；
15 例发生在入狱的第 2 天至第 5 天；
10 例发生在入狱的第 5 天至第 10 天；
8 例发生在入狱的第 10 天至第 15 天；
5 例发生在入狱的第 15 天至第 20 天；
2 例发生在入狱的第 20 天至第 25 天；
5 例发生在入狱的第 25 天至第 30 天；
25 例发生在入狱的第 1 至 2 个月；
4 例发生在入狱的第 2 至 3 个月；
2 例发生在入狱的第 3 至 6 个月；
1 例发生在入狱的第 12 个月。

在 36 例发生于欧洲监狱的自杀案中：

11 例发生在入狱的前 6 个月；
7 例发生在入狱的第 1 年；
7 例发生在入狱的第 2 年；
7 例发生在入狱的第 3 年；
4 例发生在入狱的 3 年之后。

因此，自杀较多地发生在司法看守所中（30%），并且较多地发生在那些应服短期刑罚的人中；甚至发生在只被判了 15 天刑期的人和因来历不明而被拘留的人当中。

如果我们把大量在监狱中自杀未遂的情况加上，上述发生率可能会增加 3 倍；这种自杀未遂的情况在英国达到既遂的 3 倍，在我们国家达到既遂的两倍（86 比 168）。

显然，比较多的自杀情况发生在入狱的前期和被判刑之前，或者发生在被判处较轻刑罚的情况中,这同某种特殊的倾向有关。首先,这是因为感觉麻木,缺乏生存的内在追求,关于这个问题,我们前面列举了许多例证,另一个例证是 Granie,他杀死了自己的妻子,并且在完全禁食 63 天后死去。

另一个原因是缺乏远见和耐心,因此,不愿意长期承受不幸,即使是轻微的不幸,却宁愿选择最严重的,但瞬间的不幸,他们认为,与看着自己一时的欲望得不到满足相比,死亡并不那么难受。

Lesconbat 在写给他的情人的信中,劝说她杀死其丈夫:"我不怕死,只要我能喝够那个我所仇恨的蛮徒的血,我将甘愿牺牲自己的生命;如果我能看到你回心转意,我将为你活一千次。"

"我告别这个世界,因为生活在欲望中比死一千次更糟糕。"Delitala 在杀人并且自杀之前这样写道。

Dobus 在杀死自己的情人之前曾经给她写信说:"我随时准备为你而流血;我宁愿去死,也不愿意与你分离。你可以要求我献出生命。你应当与我同在,否则,我将索取你的生命。"

David 在射杀她的小姨子之前说:"我将自杀,但人们会先谈论我";随后又立即说:"我的小姨子不爱我,但她会后悔的。我已经得到了两支手枪,1 支为我准备的,1 支是为她准备的。"

Brinvilliers 侯爵夫人也曾多次试图自杀。她曾经自己给自己下毒,一次是为了试试解毒药的效力,后来一次是为了向 Saint-Croix 证明自己的爱情,她在一封信中这样写道:"我认为已经到结束自己生命的时候了;因此,今天晚上我服下你以高昂的价格卖给我的毒药,您将由此而看到我是多么地甘愿为你而牺牲生命;然而,我不能许诺说在死前我将不期待与你做最后的道别。"她还有两次因被发现而自杀未遂的经历。Gras 和 Demme 也同样如此,后者犯有投毒罪和盗窃罪,最后杀死了自己和他那极为年轻的情人,所使用的可能就是用来毒死这位情人父亲的毒药。

在罪犯中比较经常发生的情况是:因感情的原因而自杀,这是很容易理解的。这有时是出于对自己罪恶行径的内疚,有时是因为失去了自己心爱的东西(当自己的情人被杀时)。

对于所有犯罪人来说,自杀有时候是一种安全阀,有时候是一种危机和对明显的或者刚刚产生的犯罪倾向的补充。对于某些人来说,是一种对已实施的或者即将实施的犯罪的解脱手段,是向他人或自己要求原谅的方式,无论它证明那种支配他们的激情具有不可抵御的力量,还是表明随后产生反悔。

犯罪与自杀倾向有着紧密的联系,Lacenaire 和 Trossarello 的供述证明了这一点。前者说:"曾经有一天,我感到除了自杀或者犯罪之外别无选择。我问我自己:

第五章 犯罪人的自杀

我是自己的牺牲品,还是社会的牺牲品;后来我得出结论:我是社会的牺牲品,随后,我开始侵犯社会。"

这是对以下问题的很好解释:在社会统计数字中,为什么会出现血腥犯罪与自杀之间的对立关系;为什么在最热的地方很少发生自杀,却较常发生犯罪,例如,在西班牙,在科西加,在我国南部的一些岛屿省份;相反,在意大利北部和中部,大量的杀人犯罪可以说是被自杀所取代,所省略。这也是对下列现象的解释:正如我们下面将看到的(见第八章),在那些较常发生自杀的地方,监狱中的重罪和违警罪也很少发生。对于文明程度较高的国家和时期来说,情况尤为如此,在那里,随着开化程度的逐渐提高,自杀的数字不断增加(在法国,从1826年到1866年几乎增长了3倍),同时杀人犯罪的数字则减少。

更何况,关于犯罪人自杀的统计数字大部分来自于实施侵犯人身罪(在意大利,24人)、侵犯公共秩序罪(12人)或上述混合犯罪(12人)的人员,而不是实施侵犯财产罪的人员(18人)。

由于自杀人数过快增加,杀人犯就自然而然地减少了,同样,侵犯人身的犯罪也减少了。假如Brinvilliers和Trosssarello自杀了(就像她们所试图做的或者佯装做的那样),她们每个人都至少能使两名受害人免遭杀害。

在某些情况下(这类情况的确极为罕见),自杀不是在防止犯罪,而是在制造犯罪,怯懦、迷信并且希望去死的人为了被判处死刑而杀人,为了得到某种信仰上的慰藉而借他人之手了结自己的生命。这是一种多么奇怪的个人主义、多么奇怪的宗教激情!Despine收集了4个这样的例子。Nagral犯杀人罪就是因为活得太累并且又没有勇气去自杀。

人很容易去掩饰他真正想做的事情,因此,很多犯罪人都假装要自杀,Nicholson声称:在监狱里,3个试图自杀的人中有两个是假装的。

他甚至怀疑有些既遂的自杀事件也属于这样的情况,并且提到其中一起:某人在看守人员本应到达的时间上吊,但由于看守偶然到晚了而丧生。

在这里,我想起杀人犯Brancard博士,他不仅假装自杀,给自己的亲属、朋友、兄弟写信,托付照顾他的唯一朋友,一条狗,而且还留下一份准备好的墓碑文:"这里安息着一位不幸的法国人,Giulio Brancard。巨大的灾难使他的青春年华黯然失色。他总是陷入痛苦之中。过客们,你们为他悲伤吧。"我记得女投毒犯和通奸犯Dublasson曾经被发现同她的丈夫一起合谋自己给自己投毒,但在此之前,她曾在许多信中把计划告诉了自己的朋友,想让她们到时候救她,后来果然如此。最近,trossarello的案子也是这样,人们可以从附录的精神病鉴定中看到这一点。在Brinvilliers侯爵夫人的许多企图中至少有两宗是假装的。

David 在因失恋而杀死小姨子之前多次对她谈及这种可能性并且对其他人谈到过自杀；他甚至写道："请在我死前接受我的一吻。"他在杀死小姨子后给了自己一枪，将自己打伤，试图以此来证明他曾经打算自杀；警察奉命逮捕他时，因受感动而允许他从桥上跳下去，但是他拒绝了，说是现在人太多！！！

在囚犯中，这种奇怪的倾向常常同这样的意愿相联系，即对看守或监狱长进行报复，想让看守或监狱长怀疑是自己将他们逼得绝望的，希望引起监狱方面的注意，给他们换监狱；这种装假的嗜好经常把监狱变成了真正的戏院。对于那些在监狱以外的人来说，这更是一种常用的手段，因为它比较符合犯罪人变化无常和暴力的本性，他们希望通过这种手段达到一定的目的，或者向自己或他人证明某一杀人行为的正当性，或者假装在进行斗争（例如 Ceccarelli，他被抓获时正在对受伤的 Maria 行窃），或者是为逃避司法追究（例如 Brancard）。假自杀是一种在彼岸世界寻找"犯罪时不在现场"证据的做法。Nicholson 说，犯罪人经常这样做，就像被惯坏了的孩子假装要自杀或者自残，以此迫使父母屈从他们的要求一样。

有些自杀—杀人（或者说双重杀人）实质上属于激情犯罪，它们是年轻人、单身汉（尤其是军人）因爱情发展到极点而发生危机的结果；一些比较成熟的人也会因对子女过分的爱而做此事；还有弑父自杀。

23 岁的二等兵 Renouard 爱上了一位卖花姑娘，花光了所有的钱；后来自己身无分文，他问这位姑娘跟他生活到什么时候？姑娘回答说："直到死"；他为两人自杀准备了一切。几天后他们都受了伤，准确地说，是他伤了向他许下诺言的她，然后又伤了自己；同时他还在桌子上留下一张字条，向朋友们告别。他的父亲和姐姐也曾患有自杀偏狂症。

G 中尉和 Q 妓女在不能体面地结婚又不愿意分离的情况下，自杀于波伦亚。

在法国发生的一个案子非常令人感动：一名军队的卫生官叫 Bancal，在进行远征作战回国后（1835），找到自己的未婚妻，这个女人现在已经结婚并且已成为母亲；他们之间的爱情重新萌发，但不可能继续体面地生活在一起，因而决定一起自杀；为此，他们准备了好几天。Bancal 自杀未遂又活了下来，并且又有两次企图自杀而没有成功。他后来被宣告无罪释放。

Coupillet（1834）也曾经与她的情人商定一起自杀，并且准备了两支手枪。他俩都受了伤，但没有死。Coupillet 被宣告无罪释放。

在一些很少的情况下，这种为爱情而成对自杀的情况也同单纯的犯罪相联系和相混合，例如 Demme 的案子。有些人为了躲避可能使其蒙受羞辱的刑罚而被迫自杀，他们也迫使自己最亲密的人走同样的道路，好像这样做可以减少死亡的痛苦并且不把自己的亲人单独抛留在世。

正如我们看到的,对于单纯的犯罪人(即因感情冲动而犯罪的人来说),自杀更为容易;在精神病犯罪中,自杀也比较容易。这是一种很自然的情况。自杀在精神病人当中是很常见的,大约占1/5;在犯罪的精神病人中也经常发生;在那些兼犯罪与精神病于一身的人中,它的发生率更高,因为他们更容易受一种强烈感情的刺激。

有一个叫做 Massaglia 的人,是个半精神病人,他被指控犯有 128 项罪行,并且只有 40 岁;此人试图自杀,从高处跳下。Busalla 在杀死其兄弟后企图溺水自杀,在这样做之前他问道:他兄弟是否已经死亡?如果已经死亡,"那么我将自溺;如果没有死,我将向律师咨询"。Dellitala 是个精神病人,或者更准确地说,是个半精神病人,他在实施了大量的杀人罪后,向自己的头部开了 3 枪。

伦敦有个年轻女人叫 Sara Dickenson,有一天,人们发现她满身是血,躺在她的两个孩子的尸体旁边,这两个孩子被她杀死。孩子的父亲是个工人,长期患病,因此全家陷入极度凄惨的困境。Sara 为了使她的 3 个孩子不再受困难生活的煎熬(她在被捕后这样讲),她用剪刀剪断了两个正在睡梦中的最小的孩子的喉咙,并且对另一个孩子造成轻伤,后者及时醒了过来并且跑到马路上呼喊救命。这时,她在断定自己的孩子已经死亡后打算随他们而去,用剪刀去剪自己的喉咙,但是她缺乏勇气,只是轻微地刺伤了自己。一位医生应邀对 Dickenson 的精神状况进行了检查,认定她患有间歇性狂躁症。

Zanetti 为进行报复,在 7 年中 3 次打伤两次将其解雇的 Mggiotto;他在实施伤害行为后企图自杀,现在已经被收容在威尼斯的 S. Servolo 精神病院。

Chapter 6 第六章

犯罪人的爱与情

推测说所有的爱都已在犯罪人的心中熄灭，这是非常错误的。有时候，相对于其他已经消失的爱来说，某种爱仍然残存着。Trippmann 杀害过许多女人和孩子，但一听到他母亲的名字就热泪盈眶。D'Avanzo 曾经烧烤人肉吃，但嘴里总是念颂着 La Gala。Martinati 杀死自己的妻子是因为同自己的妹妹产生了乱伦的爱情。Bezzatti 热爱自己的妻子和孩子。Fieschi 热爱律师 Lachaud 和自己的情人。La Sola 爱自己的孩子和小猫，她指使人杀死了自己的情人，却爱上了同伙 Azzario，并且从事了许多真正的慈善事业，整夜守在濒临死亡的穷人床边。著名的钢琴家 Noel 出于对儿子的爱而成为囚犯的保护人，并且被人们称之为"窃贼的母亲"。皮埃蒙特的谋杀犯 Moro 经常帮小孩们穿衣服和洗脸。Feron 刚刚杀完人就跑到自己情人的孩子那里并且带去了很多点心。Spinetta 的丈夫 Maino 对她非常忠诚和热爱，并且在妻子的案子中被抓。为了自己的未婚妻，Spadolino 当了土匪，Norcino 成了盗窃犯，Castagna 和 Pommerais 成了投毒犯，Montely 成了谋杀犯。穷凶极恶的 Franco 花费了几千里拉，为了使自己的情人不缺吃穿。他为了这个女人而被捕；而且在诉讼过程中他唯一操心的事情就是如何救她。他在监狱里还和她一起握着手照了相。Micaud 也同样深深地爱着自己的情人并且嫉妒心很强，他在她的鞋底下用粉笔做了记号，以此来达到阻止她离开房子的目的。Holland 坦白说：他之所以实施谋杀犯罪是为了让他所爱的女人和儿子有钱花。"我做这些是为了我那可怜的孩子"。读了杀人犯 De Cosimi 的以下话语，人们不能不感到惊讶："最热烈地吻我的儿子。这是他父亲的权利，因为狼也要繁殖小狼。"

Parent Duchatelet 指出：如果说许多妓女完全失去了家庭联系的话，她们仍然保持着某种关系，她们忍受羞耻为自己的孩子、自己的老人、自己的同伴提供面包。她们对自己的情人怀有一种真正的和特殊的感情；任何殴打都不足以使她们与之分离。一名不幸的妓女在被打断了腿后跳窗逃跑，以躲避其情人的殴打，但后来又回到他身边；后来她又受到攻击，被打断了胳膊，但是她丝毫没有丧失最炽热的爱

第六章 犯罪人的爱与情

恋之情。

然而。在大多数犯罪人中，高尚的情感总是带有病态的、过分的和不稳定的色彩。

Pissembert 为追求柏拉图式的爱情而毒死了自己的妻子。Brinvilliers 为了给情人报仇而杀死父亲，为了让孩子们有钱花而毒死亲戚。Curti 和 Sureau 杀死自己的妻子，原因是她们不愿意与他们团聚。Mabille 为了让在一家酒馆不期而遇的朋友开心而实施杀人行为。有个叫 Maggin 的人对我说："我犯罪的原因就是因为太讲友情了；我见不得朋友受欺负，即使是远方的朋友，也不能不去拔刀相助。"

如果想举一些情感不稳定的例子的话，我们可以提一提 Gasparone，此人称：他之所以成为杀人犯，是因为太爱自己的情妇了，他由于一些模糊的怀疑而在几天后亲手杀死了她。Thomas 非常热爱自己的母亲，但盛怒之下也把母亲从阳台上推下。Vincent 为了夺取一块垂涎多日的表而杀死一名同学，但随后立即就把这块表拆了。Martinati 几年来一直爱着一个女人，但在结婚两个月后就杀死了她。那些愿意为自己的情人流尽最后一滴血的妓女，有时候也会因一些非常琐细的原因而突然将她们的情人抛弃，并且对其他人燃起同样的爱情之火。Parent 遇到不少这样的妓女，她们曾经 30 次涂改过爱情文身图案的人名缩写。

在犯罪人身上，家庭感情或社会感情已经熄灭，或者表现得不平衡或不稳定，一些少量的其他感情却长期牢牢地控制着他们。其中首先一个是自傲，或者更准确地说是对自身的过分感觉良好，我们发现：在这些凡人当中，这种感觉的增长同其成就成反比，好像这是一条普遍的心理规律，也同样支配着经过思索的运动，神经中枢的影响越是减弱，这种经过思索的运动就越是发挥作用，但在这里，这一规律在更大程度上发挥着作用。犯罪人的虚荣心超过了艺术家、文学家和那些喜欢排场的女人。我在 La Gala 的监号墙上发现他亲笔写的："今天，3 月 24 日，我 La Gala 学会了做袜子"。Crocco 千方百计地保护其兄弟，他说："否则，Crocco 的血统就断了"。Lacenaire 对死罪指控和死刑判决有些无动于衷,但却不愿听对他那蹩脚诗句的批评并且害怕公众的贬低,他说:"我不怕遭人痛恨,就怕遭人贬低。"

满足自己的虚荣心,在世上风光一下,这是现代犯罪的最为普通的原因。在 Pallanza 有个罪犯对我说:"我杀死我的小姨子是因为家里的人太多了,在这么多人中没法出人头地。"Denaud 和他的情妇分别杀死了自己的妻子和丈夫,以便能够结婚并且在世上保持"名声"。如果一个出名的窃贼穿着一种特殊款式的坎肩或者打着一条特别的领带,他的同伙就会学他的样子,也穿这样的坎肩,打这样的领带。Vidocq 在一个 22 人的盗窃团伙中(该团伙只在一天就被一网打尽),发现有 20 人系着同样颜色的领带。

犯罪人经常吹嘘自己的力量,自己的美丽,自己的勇敢;吹嘘自己的犯罪所得和一时的暴发,特别奇怪和可怕的是,吹嘘自己的犯罪本领。原因犯 Vidocq 写道:在开始时,犯罪人都吹嘘自己不会犯罪,但是,一旦走上犯罪道路,他们都将犯罪本领引以为荣。他还说:"在社会上,人们害怕犯罪的坏名声,但在一群被判刑人当中,唯一让人难为情的就是没有犯罪的坏名声。对于这些人来说,杀过人这是一种最高的赞赏。"

几年前,在罗马涅的一所城市中,一位性情非常宽厚的僧侣被杀,他没有敌人,因而没有任何人能被怀疑为是凶手。凶手是一个乳臭未干的小流氓,他为了向自己的同伙证明自己敢杀人,就向同伙们指了指这位刚从教堂中走出的僧侣,几分钟后,在光天化日之下,他就将其杀死了。Mayhew 说:英国的盗窃集团都相互对行窃次数不服气;每个集团都吹嘘比别的集团行窃多;要是被允许的话,它们会在报纸的第四版上进行这种吹嘘。

妓女划分为各种不同的职业层次,她们都总是说自己属于较高的层次;"你是一里拉级的女人"这句话,在她们看来是一种莫大的侮辱。同样,那些盗窃数千里拉的人对普通的诈骗犯嗤之以鼻。至少在意大利,杀人犯都自认为比盗窃犯和诈骗犯高贵,他们炫耀作为其标志的帽子,盗窃犯则千方百计地把自己的帽子藏起来。相反,作假犯的地位似乎比杀人犯高,而且前者不愿意与后者接触。在伦敦,抢劫犯鄙视小偷。"我可以当一名小偷,但感谢上帝,我现在是一个受到尊敬的人",一名抢劫犯这样说道,他不愿意坐在小偷身边。

Vasko 在 19 岁时杀了整整一家子人,当他听说全 Pietroburgo 都在议论他时感到洋洋得意。"我相信这是事实。我的同学曾经断定我将是个默默无闻的人,现在他们该看到这种断言是否正确。"

Grellinier 是个普通的小偷,他向法庭吹嘘想犯某些罪行,装出是个大杀人犯的样子。Mottino 和 Rouget 用极为难听的话描述自己的罪行。Lemaire、De Marsilly、Vidocq、Winter、De Cosimi、Lafarge 和 Collet 都向我们介绍自己的生活经历。

土匪 Corani 在被吊死前，在绞刑台上高声朗诵关于自己死亡的诗。

我浏览过一名因强奸而被判刑的人写给他妻子的信，开始的话是："在这个我引以为荣的位置上……"

犯罪人的过分虚荣是对以下现象的解释：他们在犯罪之前或者之后都以一种难以想象的随意谈论自己的罪行，因而这构成最有利的条件帮助司法机关捉拿和惩罚他们。

Philippe 刚刚实施完一些奇特的杀人犯罪就对他的一个情妇说："我爱女人，但有我特殊的方式。我习惯于在玩完她们后把她们掐死，然后砍断她们的脖子。噢！你很快就会听到关于我的新闻。"Lachaud 在杀死他恨得要命的父亲之前对朋友们说："今天晚上我挖一个坑，我将让我的父亲永远安息在里面。"Villet 在放火前发出通知，随后不久开始付诸行动。另一个谋杀父亲的人 Marcellino 在动手之前说："我父亲来到地里之后就再也回不去了。"Lemaire 刚刚杀死新的未婚妻，就向朋友们展示沾着鲜血的手，并且说："你们瞧这双婚礼上的手套。"Berard 杀死过 3 名富裕的女人，他在去实施他的最后一次犯罪之前放出话说："我想让自己是个人物；瞧着吧，大家将会谈论我的。"他甚至对一家店铺的老板说："你来付钱，因为我一会儿就该进监狱了。"Gallarati 是个封闭并且沉默寡言的人，在用标枪刺作为谋杀对象的那个学生之前，他曾经在一家小店铺中向许多人（其中包括一名被他怀疑为奸细的人）展示他打算用来杀人的标枪。

我在拉韦纳收集到的一个例子非常奇特并且非常清楚地反映了犯罪人不可思议的虚荣：3 名歹徒杀死了他们自己的同伙，然后，冒着被揭露和留下证据的危险让人把他们杀人时的姿态画了下来，后来这幅画被警察局发现，并且果然成为了证据。这些歹徒在刚刚杀完人后，感到有必要采用那种奇特的方式来作纪念。

Gigas 和 Wolf 在刚实施了谋杀罪后就立即跑去让人给他们照相。

Parent 写了几封信，从这些信中可以看出妓院的老鸨们是多么的骄傲。一封信写道："我再也不能留在我所住的那条街道上了。我周围的那群乌合之众极为卑鄙，与我所经营的诚实而体面的铺子形成鲜明对照。"另一位 82 岁的老鸨说："我能够用我的铺子为我挣来名誉地位。"

这是多么没有边际的虚荣，多么离谱的自我感觉，这种虚荣和自我感觉的自然结果就是容易因一点小事而进行报复。我们前面谈到，有的人只因同伴拒绝为他擦皮鞋而将其杀死。Leduc 就因为一位朋友批评他偷了几根火柴而杀了这位朋友。C 伯爵下令杀死某人，是因为该人在宗教仪式中没有让圣母的像在他的楼下停放。Militello 因受到童年时伙伴的一点侵犯而策划杀人，并且后来实施了此计划。他面对谴责回答说:"他自己杀了自己,他活该。"

Lacenaire 在诗中写道:

> 看着你所痛恨的人死去,
> 这是神仙们的乐趣,
> ……
> 此乐趣唯我独享:
> 仇恨并报仇。

让那些背叛他的同伴丢丑并且受到惩罚,这是他唯一不断操心的事情。

> 我唯一依然喜欢的事情就是
> 复仇。

Avril 是他的一名同伴,他也说:"如果说我没有报过仇的话,那是因为我没能报仇成功。"Renaud,22 岁,因为与他的朋友 Foy 发生一点口角,就打伤了他,并且试图将他推进井里,而他的这位朋友曾经无偿地养活了他好几年。在他被捕后,受害人向他作出宽恕的表示并且不想让其解释施暴的原因,他却说:"如果他们判了我,我只好忍着;真遗憾我没有能干掉他;我出来后将杀了他。"许多年后,他被释放,履行了他那凶恶的誓言。Scanariello 在临死前让他的匪徒们发誓将杀死某些与他有着尚未消解的宿怨的村民。La Pitcherel,为了向一位拒绝同意他儿子婚事的邻居报仇,竟然毒死了他。他后来被判处死刑并被要求学着耶稣基督的样子向受害人表示宽恕,他的回答是:"上帝想干什么就干什么,但至于我嘛,决不给予宽恕。"Bouchet 夫妇,在其亲属被捕入狱后,发誓要报仇,要杀死一名执法官,不管他是谁;他们向从他家窗下走过的执法官开了一枪;在被逮捕后,他们宣称为实施了复仇行为而感到高兴。Callaud 为了开玩笑而把同伴 Richard 的斗篷改小了,结果斗篷被撑破。前者向后者道歉并且答应给予赔偿。但是,后者二话没有说,拔出刀子,刺进了前者的胸膛。

同样的倾向也反映在妓女当中。Parent D. 说:"可以这么说,自我堕落感更激起她们的自傲和自爱,这种感情甚至发展到过分的地步。谁侵犯它,谁就会倒霉!"他还说:"妓女们经常发怒,而且因为一些很细小的原因,比如有人说她长得丑。在这方面,姑娘比小伙子更注意;如果她们不作出反应,可能会认为很丢人。"

情欲的力量,尤其是报复欲的力量有时候甚至超过了对自身的爱,这为某些凶残的情况提供了解释,此种情况在那些古老的野蛮民族中是普遍存在的,但对于我们来说,则属于罕见的怪现象。

今天,犯罪人也很少无缘无故地或者只为了赢利的目的而实施凶残的行为。

在10年前发生于伦敦的860件溜门撬锁盗窃案中,只有5件在实施时使用了人身暴力;在匪徒当中,也只有那些以前当过刽子手的人才使用暴力。Fregier说:为了杀人目的而杀人的血腥之徒,在他们的同伙眼中也很恐怖。但是,一旦报复欲燃起,贪婪的欲望没有得到满足,或者虚荣心受到损害,那些原始人的残酷本性就很容易发作,因为他们道德上的麻木不仁使他们不去考虑他人的痛苦,而这种考虑能够遏制自己做令人惨痛的事情。我们所了解的一些匪徒之所以凶残,除了与他们聚居地的野蛮状况有关外,也总是起因于一种复仇的欲望。

Coppa是个穷人和血统混杂的人,他穿波旁时期的制服回到家乡,受到辱骂,甚至遭到村民的殴打,因而他发誓要报仇雪恨,后来他总是在杀自己村里的人。Masini出于同样的原因对待Paterno的人。Tortora也是这样对待Sanfele的人。Galetto出于偷窃的目的而杀死了一名妓女,当他发现这名妓女身上只有一块表时,一怒之下吃了她的肉。Carpinteri是放牧的,还喂猪,18岁之前性情温顺和善良,后来他受到一个同伴的辱骂,一下子变得凶残起来,用两块石头夹拍该同伴的头,并且变成了土匪头子,在不到9年的时间中犯了29次杀人罪和100多次抢劫罪。

一旦尝过杀人的恐怖乐趣,这种乐趣也会变成一种需求,以致使人无法驾驭它;对于这种奇特的需求,人们不但不感到羞耻,甚至会引以为骄傲,把它同犯罪的虚荣混合在一起;我们前面已经看到,在所有罪犯的生活中都充斥着这种需求。Spadolino在死前对只杀了99个人而没有杀够100人表示遗憾。Tortora吹嘘自己杀了12名士兵,并且有心想干掉100名;如果哪一天他杀不了人,他就去宰羊。他曾经监禁了一个没钱给他的穷光蛋,说:"好吧,把你的血给我",他伤了此人28处,用嘴从他的伤口上吮血。Mammone以喝血为乐趣,当没有别人的血可喝时,他就喝自己的。

在里窝那曾经审判过一些持刀伤人者,这批流氓曾约定每天都要让某个人见血,后来发生了这样的情况:某个同伙为了继续上演他们所喜爱的恐怖场面,竟然去伤害自己及其妻子。

在上述案例中,似乎经常掺杂着性爱的欲望,这种欲望在血光中受到特别激发,那些血腥的场面经常同强奸联系在一起,或者与被强制禁欲的人、牧师、牧民、士兵(如Mingrat、Ceresa神父、Lacollange、Leotard、Legier)或刚刚进入青春发育期的人(如Verzeni)相联系。但是,这也同一些成天与血打交道的职业(如屠宰),或者不得不长期独居的职业(如放牧、狩猎)有关,或者与经常观看其他人的残暴行为,尤其是与遗传有关。Carpinteri、Legier、Trim是牧民;Lasagna、Poncy是屠夫;Militello是在刀光剑影中降临这个世界的。在Robespierre出生的那一年,Damiens被碎尸。Galletti的爷爷是食人肉的强奸犯Orsolato。

最后，与之有关的还有一种心理变态，它是犯罪人和精神病人所特有的，这种心理变态在一定时候使得他们特别容易无缘无故地发怒。监狱的看守们对此现象颇为熟悉，他们告诉我：在一般情况下，这些人都挺好，但他们每天都有一个"丑恶的小时"，在这个时间中他们不能自我控制。关于这一点和其他一些病态的情感，我们将在后面进行分析。

众所周知，在凶狠和残酷方面，少数女人大大地超过了男人。巴西利卡塔、巴勒莫和巴黎的女匪徒发明的酷刑简直让人无法描述。正是这些女人把宪兵的肉拿出来卖；她们强迫男人吃自己的、经过烧烤的肉；她们把人的内脏串在长矛上。La Polmann 别出心裁地把她所痛恨的女孩子与成百只狂怒的黄蜂关在一起。Shakspeare 描述说：他的女同伙 Macbeth 比任何一个男性同伴都更加残暴和冷酷无情。

除了喜好报复和满足虚荣心外，最能使犯罪人感到愉快的是酒和赌博。对酒的感情是很复杂的，因为酒既是犯罪的原因又是犯罪的结果。人们知道：酗酒者所生的儿子经常成为罪犯，酒也是犯罪的工具和原因，一方面，那些胆小的人可以通过自我陶醉使自己壮起做恶事所需的胆量，为今后的辩解提供借口，而且过早酗酒常常诱使青年人犯罪；另一方面，酒馆是同伙们相聚的地点，他们不仅通常在那里进行策划，并且在那里享用犯罪果实；许多犯罪人把那里当作唯一的和真正的住所。此外，酒馆老板也是管钱的人，是忠实的管钱人，小偷们把他们的赃款都存放在他那里。在 1860 年，伦敦有 4 938 家酒馆，那里住着小偷和妓女。在法国的 10 000 件暴力犯罪案件中，有 2 374 件是在酒馆实施的。在纽约的 49 423 名罪犯中，有 30 507 名是惯常性醉酒者。在阿尔巴尼亚的 1 093 名囚犯中，有 893 人是惯常性醉酒者。Mayhew 写道：到了中午，小偷们几乎全醉倒了；30 至 40 岁之间的小偷几乎总是见了酒就没命。在都灵，10 年之前，人们曾经组织过一个专以盗酒为目的的犯罪集团。我们在前面谈到，在犯罪人中经常出现轻度瘫痪和过早动脉粥样硬化的情况，也许我们正应当把这一现象归咎于酗酒。上述说法也适用于妓女。Parent Duchatelet 说："有钱的妓女挥霍香槟酒，贫穷的妓女则喝烧酒，这首先是为了借酒驱愁，其次是为了一时的精神，以便从事那让人感到羞辱的职业，为了促使自己与她们那些不大节制的情人一起狂欢。"有些放荡女人对他说："没有酒，我们就不能支撑现在的生活。"然而，也有例外的情况，有的小偷和妓女根本不喝酒并且做事谨慎。

不特别钟情于赌博的罪犯实在很少。Fregier 写道：当没有机会从他人身上获取乐趣时，这些发闷的家伙就疯狂地挥霍因某些意外的抢劫收获而得到的钱款。赌博是他们所特别珍视的少数爱好之一。这种爱好也被他们带进了监狱，有些囚犯在一时之间就输掉了一个星期的劳动所得，然后又以透支的方式赌 1 个月、两个月或者 3 个月的收入。Saint-Michel 监狱的医生发现,有一名患病的囚犯以他那份可怜的汤和葡萄酒作赌筹,后来因营养不良而死亡。Beausegui 也是这样沉溺于赌博之中,以致忘记了即将对自己执行死刑。Lemaire 团伙的人甚至连续两天赌博,没有发生间断。因此,《意大利刑事统计》记载:1/4 到 1/5 的犯罪发生在节假日,并且有一半发生在夜间,即人们经常沉溺于赌博的时间。在发生于意大利的 3 287 件杀人和伤害案中,有 145 件是因赌博而引起的。

Parent 写道:"妓女喜欢用纸牌赌博,特别爱玩抽彩游戏。"

对赌博的喜好是对在犯罪人生活中总是不断出现的这样一个矛盾的解释:一方面,他们对他人的东西表现得贪得无厌,另一方面,又随意挥霍犯罪所得,这或许也是因为这些钱来得太容易。对赌博的喜好也是对下列情况的解释:犯罪人尽管有时候掌握着大量的钱,但最终几乎都变得贫困潦倒。Mayhew 写道:"玩盗窃从来都是输;所有的钱都被浪费在狂欢上并且以受到司法追究为代价。"Mayhew 认识一名很有天赋的小偷,他掌握各种各样奇特的盗窃手段,认识所有英国的法官,熟悉刑法典的所有条文和最近 25 年的犯罪史,但是,他没有因此而剩下一个先令。此外,如果你研究过普通罪犯的生活,可能会发现促使人犯罪的并不真正是贪婪本身,贪婪只是开始,因为在没有钱的情况下他不可能去满足那些粗劣的情欲。与挥霍相比,吝啬不那么容易促使人犯罪;虽然许多人不喜欢吝啬之徒,但是,它在刑事司法面前还算得上一种有价值的东西,就像在政治经济学领域一样。

Parent 发现很少几个阔妓女犯罪的案件。这些妓女最后沦落为乞丐或者妓院的婢女。

这种突然发生的贫困致使人从一个极端走向另一个极端,这是导致他们早死的首要原因之一。它会在一定程度上使人变得龌龊,小偷和妓女往往都具有这样的特点,当他们让别人感到恶心和怀疑时,也肯定会妨碍他们坏主意的实现。但是,它也会使他们不管家庭,使他们特别地懒惰和麻木不仁,就像我们后面将谈到的,这是犯罪人的特点之一,野蛮人也同样如此,他们往往比我们家里养的动物还脏。我认为应当在这里提及犯罪人的这一特点,因为它非常符合一句颇有道理的谚语,即身体的洁净反映着心灵的洁净。

犯罪人还有其他一些爱好,例如,爱下馆子,爱逛妓院,爱跳舞,虽然这些爱好不那么突出。在少数几个向我坦白犯罪情况的人中有一名盗窃犯,是托斯卡纳人,他一听到人们谈论吃就兴奋不已,他告诉我:他是为了买通心粉而开始盗窃的。Chandelet 在监狱中不能忍受的倒不是铁窗和棍棒,而是关于食品定量减半的威胁。Faucher 说:年轻的盗窃犯开始时是偷水果和肉,后来偷一些小商品,用来出卖后为自己买点心。在 10 个盗窃犯中有 9 个是这样演变的。如果他们比较穷,老盗窃犯就用水果或面包引诱他们；如果他们有钱，就用妓女勾引他们；以此方式使其负债，将其推向犯罪。Lucke 因喜爱跳舞而成为杀人犯。Holland 和 Costa 为了找钱买看戏的门票而成为小偷。

犯罪人很少表现出对女人真正的爱。那种爱是一种原始的肉欲，一种应在妓院中得到满足的爱，并且在妓院中得到原原本本的表现（在伦敦，2/3 的妓院是藏污纳垢的地方），这种爱的特点之一是早熟。在 Newgate，几乎所有被逮捕的 9 至 12 岁的男孩子都泡妞，这种妞被称为 flashgirl，被专门收容在 hotels garnis，许多男孩子最初都是被她们引向犯罪道路的。

Locatelli 认识一个小流氓，从 9 岁起开始小偷小摸，但不是为了吃山珍海味，而是为了向自己的小女友进行馈赠，就这样，慢慢的，"在 15 岁时变成监狱和妓院中最厚颜无耻的常客，他对司法审判的熟悉能让最著名的罪犯羡慕不已。这个小流氓，偷啊，偷啊，都是为了满足自己那不合时宜的寻欢作乐，满足他那 15 岁的激情冲动，他的同龄人也许会用最喧闹的和最有激情的青春期娱乐活动宣泄这种感情"。

Locatelli 接着说：B.G. 只有 20 岁，他用锤子敲死了自己的女施主，并且洗劫了她的家，为什么呢？为了同一名妓女一起挥霍；他用还带着鲜血的手在妓女怀抱中发泄自己淫荡的欲望，并且将一些从女受害人家中窃取的物品赠送给这个妓女。

另一个杀人犯和抢劫犯，某 G，20 多岁，杀死两名老年夫妇，掠取了他们的财物，然后迫不及待地跑到他的情妇所在的妓院发泄肉欲，并且将赃物交给情妇保存。

就在几个月之前，曾经审理过 3 名过早堕落的年轻人，他们由于身无分文而被一家妓院逼迫着去抢劫第一个落入他们手中的人，夺走了他的手表和几个里拉，准确地说，此人是一个车夫。

杀人犯 Tavalino 一天也不能没有女人。Ceneri 的女人的名字几乎扩及所有拉丁字母，如：Maggi、Gasparina、Giuseppina，等等。Cibolla 从小就偷窃，为的是能到妓院里寻欢作乐。

假币制造犯 Am. 说：他有许多情妇，她们可以从波河排到 Castello 广场。

Wolff 刚杀完人就跑进一家妓院，并且带着所有妓女出去开车兜风。Dunant 在被问到是否真的爱某个女人并且为了这种爱情而杀死了该女人的丈夫时回答说："噢，你已经看到了她光着身子。"Guiguand 杀死自己的父亲和妹妹是为了同一名妓女共享他们的那点钱。Hardouin、Martinati 和 Paggi 都是在自己妻子的眼皮下进行通奸的。

然而，在少数的情况下，普通杀人犯（例如：Franco、Mottino、Montely、Pommerais，Demme）也怀有单一的和强烈的爱，一种真正的理想主义的爱情，就像西西里土匪的某些诗句所表达的那样,但这样的情况极为罕见;如果想到我们在前面介绍过的那些文身者奇特的抒情诗句,想到他们这些人都是些作假大师,我们就不能太相信他们。

盗窃犯中的柏拉图式爱情表现得比较明显。Mayhew 评论说:伦敦的盗窃犯从来不唱淫秽歌曲,而比较喜欢带有感情色彩的歌曲,例如:"可怜的安娜,我因你贫困而将你抛弃"。那些已经缔结了合法婚姻的女盗窃犯喜欢看着自己的情人带着金链子,而她们自己则穿戴寒酸;当自己的情人生病或者入狱时,她们向其提供帮助,并且保持着对其的忠诚,只要监禁的时间并不特别长。妓女的爱情不同于一般女人的爱情,她们特别迷恋花朵、跳舞和下馆子。

爱赌、贪吃、好色,等等,直至对报复的喜好,这些都只不过是另一个更重要爱好的中介,这种主宰一切的爱好就是狂欢。

这些家伙仇视社会,但有一种对社会生活的奇怪需求,这是一种他们自己的社会生活,有欢乐,有争斗,有性欲,涉及他们的同伙,包括他们的告发者;这是一种真正的狂欢生活。

我认为,喜欢吃喝往往只是一种进行宣泄的借口。为了这种宣泄,他们不顾显而易见的危险,在刚刚杀了人后,或者在刚刚从长期监禁他的地方脱逃后,又回到那些对他们造成特大损失的地方,警惕的正义之手在那里等待着他们。

妓女也不断需要骚动和喧闹,需要扎堆儿,不管这可能给她们带来怎样的不利;甚至在监禁场所,她们仍然保持着唧唧喳喳的多嘴习惯,保持着凑热闹的需求。

还有其他一些喜好我没有细谈,根据犯罪人习性和智力的不同,这些喜好可能有着很大的差别,有的极为无耻,比如鸡奸;有的则非常高尚,比如喜爱音乐,喜欢收藏书、画、纪念章,爱花(这是妓女的特有爱好)。同正常人一样,人们能够在这些人身上发现非常特别的情感;但是,使他们区别于老实人的是,这些情感常常以一种不稳定的、总是很急躁和猛烈的方式加以表现,为满足它们不进行任何深思熟虑,不考虑未来。Parent 在使自己的妹妹怀孕后说:"如果孩子生下来,我就杀了她;这是一件讨厌的事情,会让我进监狱,但我的主意已定。"这些人不顾犯罪的后果,只图眼前,只图发泄一时突发的情欲;在这方面,那些不习惯于犯罪并且因一种强烈的激情而犯罪的人,更接近于我们现在所考察的普通犯罪人。

Lemaire 对法官说:他知道自己最终将落入他们手中,但他毕竟得到了享受。他不会接受那种丧失享受可能性的生活;只要他需要钱,就会去冒险,包括最拿不准的事情。

在被捕的第一个夜晚,Lacenaire 操心的不是自己未来的命运,而是锁住其腰部的拘束衣、沉重的镣铐、不舒适的车辆、肮脏的房间;致使他大骂人类的就只是这些痛苦。

Trossarello 在一封写给 Torti 的信中说：在听说需要一块披肩以应付冬日的出行后，她立即决定接受死刑或无期徒刑。

由于许多这样的特点，犯罪人与精神病人很相似，他们的共同之处是某些情欲的猛烈和不稳定，在不少情况下疼痛感麻木，容易感情用事，对自我过分敏感，在少数情况下喜好酗酒。Alton 是癫痫病患者，他引诱一个女孩子，将她杀害，若无其事地回家洗手，并且写日记说："今天一个小姑娘被杀，天气晴好而平静。"B. G. 患有精神病加轻瘫，他在佩萨罗收容所的日记中公开坦白自己的生活，写道："重大的不幸练就了人的铁石心肠。我本来看见流血就要哭，但现在，即使看到最凶残的场面，我也漠然置之。"另一人 L. M. 写道："我听见人们谈论家庭幸福，谈论人与人之间相互的爱，但我却一点也体会不到这些。"但是，精神病人喜欢赌博和狂欢的很少，并且，相对于犯罪人来说，他们更常仇恨平常与他们最亲近的人，如妻子和孩子。在犯罪人的生活中不能没有同伴，他们冒着危险也要去寻找这样的同伴，而精神病人宁愿离群索居，总是逃避与他人共处。在精神病院很少有人制造阴谋，在牢房里阴谋则层出不穷。

不过，就感性和情欲而言，犯罪人更为接近的是野蛮人，而不是精神病人。所有在外旅行的人都知道，黑人和美洲的野蛮人的疼痛感是很麻木的。为了逃避劳动，黑人一边笑着，一边用刀子割破自己的手；美洲的野蛮人一边用慢火焚烧自己，一边高兴地唱着赞颂自己部落的歌。最初在雄性时代，年轻的美洲野蛮人毫无怨言地接受那些可能会要欧洲人命的酷刑，例如：用钩子钩着身上的肉，头朝下地挂在顶棚上，下面点着滚滚浓烟。痛苦的文身也与此种麻木不仁有关，能够承受这种痛苦的欧洲人不多；野蛮人甚至有在嘴唇和手指上刺图案的习惯和在葬礼上拔下自己的牙齿的习惯。

野蛮人的道德感也很微弱，几近泯灭。黄色皮肤的皇帝们被称为 Tamerlani；他们的纪念碑是用骷髅堆成的金字塔。在中国人的酷刑面前，Dionigi 和 Nerone 都会感到不寒而栗。

但是，所有犯罪人所表现出的更为一致的特点在于其情欲的猛烈性和不稳定性。Lubbock 说：野蛮人的情感变化很快，并且突然，他们有点像婴儿，却有着男人的情感和力量。Schaffhausen 说："在许多方面野蛮人像是孩子；他们感觉灵敏，不大动脑子，喜欢赌博、跳舞和装饰物，他们好奇并且胆小；他们不知道危险，但在内心深处又很胆怯，喜欢报复并且报复手段残酷。"一个印第安酋长打了败仗回到家中，见到婴儿躺在自己面前，为了发泄怒火，他抓住婴儿的腿，将他摔在岩石上。

在野蛮人当中，报复也被视为一种权利，甚至是一种义务，就像一些与我们很相近的民族令人遗憾地所表现出的那样。

　　野蛮人也特别喜欢赌博,但并不表现得很贪婪。Tacito 告诉我们:日耳曼人在输光了自己的所有财物后,甚至会卖掉自己,输了的人不管是不是比对手更年轻和更强壮,都听任对手将自己捆绑起来并卖给外人。有的中国人甚至将在严冬季节的御寒衣拿来作赌注,以致后来被冻死;在再没有衣服可用来下赌的情况下,有人竟用自己的肢体下赌。据 Sant'Ambrogio 说,匈奴人不仅赌武器和人身,而且甚至赌生命。人们发现,在野蛮人中,胆怯与勇敢混合在一起,更准确地讲,这种勇敢的实质是麻木。在野蛮人中,欲望也同血肉爱情混合在一起;爱情完全是性欲。在 Andamane 岛上,新婚男女在孩子断奶前结合在一起,孩子断奶后,则各自另寻求爱情。在 Samoiedi 人中,妇女没有自己的名字,她的丈夫也很宽容。在野蛮人中,刚刚引进的酒类饮料很受欢迎,以致它能够毁掉整个种族,包括那些南方的种族,而在文明国度,南方种族是躲避酒的影响的。为了烧酒,黑人不仅出卖自己的同胞,甚至出卖自己的妻子和孩子。野蛮状态和宗教阻止某些民族去认识令人陶醉的东西,却让它们局限于其他悲哀的替代物(如头的旋转和侧动)。

Chapter 7 第七章

因情感和冲动而犯罪的人
（不可抗拒的力量?）

为了不使我的书跑题，我不能老是说一类犯罪，即所谓因情感的犯罪，更准确地说，应当叫做因冲动的犯罪；而且我们在研究病因时将会发现，所有的犯罪，就其深层原因而言，均与某种情感的冲击有关。但是，惯犯是思考犯，在他们身上情感的冲击不是突发的，也不是孤立的，而是长期蕴藏着的和反复起作用的，这种情感几乎总是在不断翻新，并且几乎总是与思考相联系；而我们在这里所论述的犯罪则情况完全相反。我们现在来看看比较准确的区分。

（1）一般来说，这样的犯罪*是很少的。在普鲁士、彭西尔瓦尼亚和瑞士，它们占定罪的5%~6%。根据 Bittinger 的说法，"因情感的犯罪与因思考的犯罪的比例似乎是1比27；因恶劣情感的犯罪与因非恶劣情感的犯罪的比例大概是1比50"。

（2）这些犯罪发生在那些血气方刚和神经质的人身上，他们的心灵不仅不像某些犯罪人那样冷漠，反而明显地反应过敏，过分地重感情。

Curti 在妻子抛弃他后，不再关心自己的生意，不愿意见人，在妻子住房对面租了一间房子，长时间地呆在里面，不是看她，而是看她房间的窗户。在路上跟踪她，并且指着她的位置对朋友说："她就坐在那个角落。"

Quadi 由于在储藏室听到人们议论他的情人而得知她已完全堕落，他因此受到打击，以至跑到一家酒店让店主割掉自己的耳朵，在遭到店主拒绝后，他自己动手去割。这再现的是一种特殊的情感，一种野蛮时代所特有的倾向，它致使人们以局部象征整体，以某一感官代表整个感觉。在经过20年后，尽管此人已经娶妻并且有了孩子，但在与我谈话时，只要提起那个女人，他就激动无比。

Milani 曾经固执地要娶那位给他带来灾难的女朋友为妻，亲属为了阻拦他这样做，威胁说将收回每月给他的钱，他开始完全绝食，并且宣称：宁愿饿死，也不与自己的女朋友分离。

---

* 指因情感的犯罪。——译者注

  Delitala 中尉发疯似地爱上了 Mania Quesada,为了能够见到她,不惜离开了自己供职 16 年的部队;当不能同她说话时,就把耳朵贴在她家墙上,以听其脚步声为慰藉。
  Sand 从孩提时代就为自己的祖国策划阴谋;特别是在 Dettmar 死后,祖国和自由更变成了与其生命相联系的唯一观念。
  (3)所有这些人在被捕后都没有表现出杀人犯所特有的那种铁石心肠和麻木不仁,相反,他们非常的、几乎抽风似的激动,这种情况也表现在实施犯罪之前。
  下面是警察局长 Locatelli 对某个刚刚被捕的这种人的描述:

> 对流血的恐惧和对刑罚的害怕完全主宰了他,以致他一个劲儿地否认、否认,甚至不知道自己在说什么。他从喉咙管里很艰难地往外蹦字,满脸惊恐,双眼充血,从头到脚地颤抖,一些动作也很突然,以致警卫以为他要向我扑来(不久前他就是这样地扑向自己的对头的)。也许很多人会以为这是个蓄谋已久的杀人犯,实际上并非如此。在法庭面前他恢复了平静,供认了自己的罪行。

Berti 对 Milani 在杀人之前和之后的状况做了类似的描述:

> Milani 刚刚杀死自己的对头就去抓一把刀子,想自杀;在受到阻拦并被夺下武器后又去抓其他凶器,不断重试自己的自杀企图;当看到人们从他身边收走了凶器并将他紧紧抓住时,他大喊道:主人刚才是自己淹死的。在进行了徒劳无益的挣扎并且筋疲力尽之后,他昏了过去,一直迷糊到宪兵赶来。他一见到宪兵就迎了上去,说正在等待他们,并开始号啕大哭;然后要求抱抱自己的孩子,他热烈地亲吻孩子,随后跟宪兵而去。当被带往监狱时,他询问 Pavanello 是否死了,为了不让他感到恐惧,宪兵回答说没死,虽然并不是这样。但在经过咖啡馆时,他看到门紧闭着,喊道:"他确实死了",并且浑身发僵,以致宪兵们得架着他,把他拖往监狱。

  至于夜晚,在事发前,过得很痛苦。女仆人 Gagiotto 睡在隔壁房间,听到他不断地哭和自怨。这位证人说：他满面愁容，眼珠从眼眶中向外凸出，目光发呆，让看到他的人发毛。

Becchis 在杀人之前眼睛外凸，头发蓬乱；后来，他装出另一副面容，其样子看起来似乎每走一步都会跌倒。

（4）所有这些犯罪都是由年轻人实施的。Bancal 犯罪时只有 27 岁；Ferrand 18 岁；Quadi 22 岁；Delitala 24 岁；Bouley 25 岁；Guglielmotti 22 岁；Milani 26 岁；Sand 22 岁。

（5）这些家伙在犯罪之前都被公认是正直无瑕的人，例如：Curti（曾经扶养着三个穷困的兄弟）、Bancal、Bouley、Bounin、Cipriani 都得到这样的评价；Milani、Becchis、Grasso 都被认为是老实人，慷慨而热心助人。

Bancal 写给母亲的信其温情催人泪下。

Quadi 过去和现在都是个诚实的人，即使在被判刑之后，世人也对他保留着一份尊敬，因此，我在这里必须给他改名。

据 Delitala 的队长介绍，此人特别古怪，但是个善良的热血青年。

Busalla 因愤怒而杀死了自己的兄弟，在他没犯争吵躁狂症时，曾是个非常优秀的孩子；Cotrino 和 Armando 也特别老实，他们一个杀死了自己的妻子，另一个因嫉妒而杀死了长辈。Marino、Leoni 和 Camicia 也是这样。

Sand 生前和死后都被视为圣人，处决他的地方被人们尊称为"Sand 升天的牧场"。

（6）几乎所有这些人在完成犯罪并且情感冲动得到满足后都立即反悔；他们痛苦地自我忏悔，因此突然地试图或者进行自杀。我们从前面关于 Milani 的描述中已经略见一斑。

Verani 杀死了通奸的妻子和其情夫，自称是个胆小的杀人犯，他总是重复着妻子临咽气前说的话。

Cipriani 在杀死被当场发现通奸的妻子后，就从窗户跳出自杀。

Delitala 刚杀完人就非常后悔，他试图自杀，并且说：他白天和夜晚的大部分时间都像是与被杀的爱人一起度过的。

Sand 尽管认为杀死 Kolzebue 是件神圣的事情，但在杀人后也曾两次用匕首刺向自己的胸膛，并且主动向巡逻队自首。

Quadi 刚刚杀死 Bava 就亲吻她的尸体，在被拉开后，他找来硝酸并在她家窗下喝下；在被抢救过来后又咬自己的胳膊，极力伤自己的挠骨，留下一块经过 78 天才愈合的伤疤。

Bouley 在杀了情人 Aglae 后多次击伤自己的胸膛，他扑在情人的尸体上祈求宽恕。

Curti 在杀死妻子后喊道:"她不会死!"并且要找一件铁器,试图自杀。Milani 也有同样的表现。

Cumani 在因嫉妒而杀死妻子后写道:"当我看到她的血时非常激动,我伏在她的膝盖上,只想控制自己,因为她死前曾经希望通过忏悔来赎罪。"

Humblot 杀死了通奸的妻子 Flamme,但是,妻子刚一死,他就抱住她,亲吻她,并且试图把自己饿死。

Bancal 不想离开被杀死的情人的尸体;情人刚死,他就用手术刀深深地插进自己的胸膛;在被抢救过来后,又重新自伤两次。

(7)因此,与普通犯罪人相反,这些人不但不想设法证明自己在犯罪发生时不在现场,反而乐于向陪审团坦白自己的罪行,似乎是在以此平息自己的痛苦和内疚。

Marino 刚杀死自己的女朋友就去向宪兵自首。Milani 对宪兵们说:他正在等待他们。

Verani 在杀死自己的情敌并伤了通奸的妻子之后,立即乘车跑去投案。

Grasso 在溺死儿子的几天后就用左轮枪打伤自己,并向独任法官说事情是他干的,他是那起曾被人们认为属意外死亡事件的作案人。

Guglielmotti、Quadi 和 Bouley 不仅坦白自己的罪行,而且还通过一些枉费心机的供词加重自己的罪过。

在这些情感中不包含宗教的和政治的成分,出于这后一类情感的犯罪并不使大多数行为人产生真正的内疚,例如:Sand、Orsini 都经常认为:自己实施犯罪是在履行一项义务。

(8)正由于这样,因情感,或更准确地说,因一时冲动而犯罪的人是被判刑人中唯一最有可能悔改的人,根据瑞典和普鲁士的统计,他们的悔改率达到100%。

在 Holdtzendorf 和 Dymond 的精彩著作中,犯罪人真正被证实的悔改情况只有两例,即因情感而犯罪的 Myers 和 Corrigan。

Myers 杀死背叛了他的情人,并且被判处死刑;但后来,她在被减刑和流放后成为模范家庭的母亲。

Corrigan 在愤怒的状态下,当着自己朋友的面杀死了妻子;他随后立即深感后悔;在被迁移到澳大利亚后,他成为最为热情和热心的传教士之一。

正是根据这些例子,富有浪漫色彩的刑法学家认为犯罪人总是能够得到改造的,相反,正如我们下面将谈到的,这种情况从来或者几乎从来都没有发生过。

(9)促使犯罪人冲动的上述情感不是在肌体中逐渐产生的,对于那种逐渐产生的情感,如吝啬和野心,人们是可以加以控制的;但是,某些情感,如愤怒、爱情或名誉受损,则是突然爆发的,这些情感一般来说是慷慨的和高尚的。相反,在犯罪人身上起主导作用的是最下流的和最凶残的情感,如报复、贪婪、肉欲和酗酒。Marc 非常正确地指出:"肉欲在得到满足后,从来或者几乎从来都不会导致因冲动的犯罪,除非属于真正的淫欲狂的情况。"

(10)对于惯犯来说,他们往往不是被逼而犯罪,相反,对于因情感而犯罪的人来说,则确实存在着犯罪与原因之间的相互对应。Camicia、Raffi、Harry、Rosalia Leoni、Ardovino 犯罪是因为爱人背叛了自己的誓言并让他们感到羞耻和侮辱,甚至还受到讥笑(Leoni 的情夫在让她生下孩子后背叛了她,并且指控她把自己卖给了13个男人)。Verani 犯罪是因为当场发现了通奸。Orsini 和 Sand 对自己的祖国怀有强烈的爱,他们认为自己杀死的是最坏的敌人,并且希望以此来报效祖国。或者是因为当着亲人的面受到严重的辱骂,自己的孩子在挨饿;或者自己的亲人不断受到迫害。

Bounin 的妻子在以为他已经睡着了的情况下,对自己的情人诉说与他继续生活是多么重的负担;他听到这些话后大怒,他爬起来狠揍了妻子并且打伤了奸夫。

Bouley 不仅被他的女朋友抛弃,而且听说她为了钱而把自己出卖给其他人。

Guglielmotti 疯狂地爱着自己的女友,但却不被这个女人所接受。

Becchis 突然听说自己的家具被过去的女仆扣押,因为自己欠她一笔账,并且看到自己的房子变得空空荡荡;他跑到附近的一个屠夫那里抄起一把刀,然后奔到那个女人的家中将她和她的3个伙计砍伤。

Grasso 看到自己心爱的小儿子眼睛被打变形,他说:"如果他死了,我至少可以忘记他;但他现在活着,我就总是感到痛苦。"

Milani 非常爱自己的妻子,他怀疑她与人通奸,母亲向他展示的某些信件几乎证明了这一怀疑,同时他又受到奸夫的辱骂,他的妻子也自己作了坦白;他回到家后,听孩子提起她,抄起一把刀,跑进咖啡馆刺了自己的情敌,他说:"就这样雪耻。"

我们前面说过,极度的情感使 Delitala 受到煎熬,他自己说:"带着这样的情感活着还不如去死。"他在自杀前留下这样一段文字:

> 我杀死了女儿和她的母亲,杀死这个母亲是因为她野心勃勃,虚伪,想让18岁的女儿为一个患肺结核的上尉作出牺牲;我杀死女儿是因为她违背誓言并且不忠诚,她曾向我发誓要守信和永不改变。我的尸体可以告诫所有的母亲不要想牺牲自己孩子,并且告诫年轻人不要让某些母亲欺骗了自己。

Curti 曾经很软弱并且患有神经病,他看到妻子多次拒绝与他相聚并且给他写信说,"只希望永远不再见到他,也不再听人谈起他";他曾经发疯似地爱着自己的妻子。

我们在前面已谈到多么强烈的爱情将 Quadi 和 Bava 联系在一起,他们只是在后来才发生性关系。Quadi 对我说:"我把她看作是一个神圣的女人。"后来他得到了受骗的证据,但他(像所有的痴爱者一样)仍希望自己的责备能产生作用,相信对方能回心转意。过了几个晚上后他去找她,但没有得到接待,因为她正在另一个男人的怀抱中;妒忌使他当时拿起凶器;那个女人的花言巧语和抗议又使他放下凶器。然而,当她躺在床上时,从兜里掉出一个银币,这是她卖淫的证据,她自己也立即承认,甚至玩世不恭地提出要和他分手,并且让他参加和帮助自己的无耻勾当;这时,他因受到双倍侮辱而杀死了她,并且随后立即自杀。

同样的事情也发生在 Humblot 和他的女人之间,他羞红着脸听人说她是个堕落的女人,并且当场发现她的所作所为。他当时大喊道:"我宁愿死也不愿看见她在另一个男人的怀抱中。"

(11)有些溺婴犯罪也可以归入上述情况,许多人犯溺婴罪是因为对名誉的过分注重,我们的社会对非法生育的羞辱是造成这种犯罪的原因。正如大家所知道的,犯溺婴罪的人实际上很容易坦白自己的罪行,他们很少是累犯,以前的历史经常也是很清白的,他们的行为几乎都是未经预先策划的,没有同伙,不使用真正的工具,也极少处于疯狂状态;那些犯有溺婴罪的妇女在刑事移民区结婚后表现得非常出色,是女盗窃犯、女普通杀人犯和女诈骗犯所无法与之相比的。

(12)造成上述犯罪的原因不仅总是严重的,而且总是在时间上很近。Bouley 在得知导致其犯罪的消息后的几个小时内就实施了行为,Bounin、Becchis 和 Verani 只在几分钟后就犯了罪,Milani 还不到 24 小时。Curti 在看到影射他对妻子的强烈爱情的信后不几天就杀死了妻子;因而,这样的犯罪从来不经预先策划,或者是在短时间内发生的。

(13)这类犯罪从来都不是隐秘地实施的,不设置圈套,不借助同伙,也不使用经过精心准备的武器。Cumano、Verani、Guglielmotti、Harry、Camicia、Curti、Milani、Becchis、Bouley、Leoni、Ferrand、Sand 都是在大庭广众之下、在大白天并且当着见证人的面,用自己的手杀死被害人的。

(14)有时候,对凶器的选择也很仓促,往往是他们首先摸到的东西,例如:石块、剪刀(Marino 案)、牙齿、指甲、手,尤其是当女人向她们的对头或者新生儿下手时。

(15)上述犯罪人在实施杀人行为时都像发了疯一样,往往也伤及周围的人,例如:Marino 用剪子不仅伤了自己的对手,而且还伤了情人和母亲。Grassi 在强奸企图受到小姨子拒绝后,将她杀死,然后又杀死了她父亲,甚至牲畜棚中的牛。Calabrie 为了一些小麦而杀死了父亲、姐妹、甚至外甥。Delitala 在杀死情人的同时还杀死了她的母亲、叔叔和一位邻居。Filidor Merlo 因自己的团聚要求受到妻子的拒绝而先杀死兄弟，然后扑向妻子，将其断肢，并且咬伤母亲。Becchis 在杀死真正的对手后又将她的一个伙计伤害致死，并且对另外两个根本不认识的人造成重伤害。

（16）如果不是因为很保守的话，我们可能不知道该如何解释 Locatelli 伤害行为的下列特点：只做一次打击。"相反，刺客和抢劫犯，在杀人时，并不是受对被害人的强烈愤怒之情支配，但他们一般不只限于打击一次，而是不断地造成伤害，直到能够肯定自己已达到目的时为止"。

确实，普通杀人犯 Cavaglia、Fratini、Alberti、Fassi、Danieli、Zucca、Rognoni、Lacenaire、Bourse 等等，都多次重复实施打击行为，相反，因情感而杀人的 Bouley、Bancal、Delitala、Leoni、Marino、Becchis、Milani、Sand 都只在短暂的一瞬间打击被害人。Curti 可能是个例外，他对被害人打击多次；犯溺婴罪的人也属例外，她们虽然也是因情感而犯罪，但她们往往多次对自己弱小的新生儿实施残暴行为，这些婴儿身上几乎总是多处受伤。

（17）几乎所有这些因情感的犯罪都是针对人身的，伤害、杀人，少数是强奸，极少造成对财产的侵犯。Lodi 在达到成熟年龄之前一直都很老实，她曾经爱上一位一起干活的同事，此人很坏，为了博得他的欢心，Lodi 屈从了他的要求，从主人那里盗窃了 20 000 里拉的票据，她把这些票据交给了那个邪恶的情人，没有为自己留一个钱，而且根本没有实现自己所期盼的婚姻。同样，R. L. 感到自己饿得不行了，就在身无分文的情况下点了一道 30 分的汤，但他没有溜走，而是任人将其逮捕。Bal……在觉得自己已经怀孕时被去了西西里的主人抛弃，她从主人的箱子里拿走了一件首饰，这件首饰的价值能使她维持几个月的生活；但她在第一次被询问时就承认了自己的行为并且归还了被窃取的物品。

但是，在上述情况中，不设圈套，先前的历史清白，迅速反悔，这些特点明显地将惯犯排除在因情感而引起的、并不卑鄙的犯罪之外。Zucca 杀死他的情妇，因为后者不愿意与他在一起并且还投身于其他人；他是在晚上突然下的手，但是，在此之前的几个月他一直在寻找一举得手的机会；此人一直否认自己犯罪，他已经成熟了，有 41 岁，并且曾经因盗窃被判过刑，他与其情人只发生过一次性关系。这是一种与爱情和妒忌情感有关的普通犯罪。

Guglianetti 因爱情和妒忌的原因而企图劫持和伤害妻子，但为犯此罪他策划了好几个月，使用了背信弃义的手段，找了一些帮凶，在犯罪后表现得镇定自若。

Martinelli 也是同样；他因妒忌和报复而让人杀死了与自己妻子通奸的男人，但他并不怎么爱自己的妻子，甚至让妻子向刺客卖淫；他曾经因诈骗而被判刑；在当场抓获奸夫后他不是亲手将其杀死,而是在许多天后指使他人进行报复。

(18)同所有的社会问题一样,上述规律有时也会遇到一些例外情况,因为感情冲动的人或者犯罪人可能也是抽风的人。例如:Busalla 是个老实人,但他患有争吵躁狂症,他杀死了自己的兄弟,因为后者想让他与一个朋友重归于好。Delitala 和 Abbado 在因情感而杀人之前都已实施过明显的精神失常行为。

Caussereau 是个贫穷的排字工,没有文化,有妻子和孩子,他酷爱积攒钱币,虽然并不具备这方面的知识;他一有几个钱就总是用来买钱币,在穷困潦倒的情况下,也无法改变自己的嗜好,因而从某一以前曾与其打过交道的商人那里进行偷窃,开始是 4 或 5 枚,后来发展到 63 枚;在被捕后他坦白和忏悔了自己的罪过。

Belod 幻想自己妹妹的名誉受到了侵害,为了维护妹妹的名誉,Belo 袭击了朋友 Matt……但他患有癫痫症;在放大镜下发现他视网膜充血。

Voltolina 出于正当理由伤害和杀死了妻子以及 Vianelli 姐妹,但从很长时间起他就已经是精神病人了。

Curti 曾患有创伤性脑膜炎和多疑症,并且他的妹妹是精神病人。

Bettini 出于吝啬的原因杀死了自己的儿子,但他的家庭有糙皮病史并且他本人也是糙皮病患者。

Milani 的祖父母患有中风并且性格古怪,其中一人是在精神错乱中死亡的;他自己也患有梦游症,患有脑膜炎,后来还有爱产生幻觉的毛病;我们下面还将介绍,他的肝很大。

(19)我们上面介绍过的杀人自杀案例以及 Casper、Kraft-Ebbing 和 Berti 收集的杀害长辈—自杀的案例,都接近于精神病类型,有关罪犯在生前都患有心脏病和肝病。

Casper 介绍过 Schultz 的情况,此人为报复使他流落街头的房主而杀死了其孩子;在杀人的许多天之前,他告诉门房说:主人将付出血的代价,并且在遗嘱中写道:"为了不再窝窝囊囊地活着,我愿意去死";他在写给其主人的信中说:"你这该死的狗,我非得把你埋葬。"他在好几天前就在准备剃刀,采用虚假的借口将女佣人从家中支走,这位女佣人离开前见他很镇定。在被捕后,他也表现得很从容,只是抱怨缺吃的。后来人们发现他的肝很大。杀害长辈的 Agnoletti 也是这样,他的肝从第四肋开始,超出肋弓一指。

我们前面提到的 Milani,他的肝从第六肋开始,超出肋弓,并且横卧在腹部,这种病变还与黄疸色和痔疮相联系。Fontana、Farina、某 M.、Dossena、Fassi、Velati 都患有痔疮和肝病,前四人均因精神病而杀人。

(20)野蛮状态也使人爱动刀子,爱报复,任何涉及名誉的琐细原因都可能被看得非常严重,经常导致因情感的犯罪。这种情况存在于撒丁和科西嘉,在那里,稍微的反对意见、对婚姻的简单拒绝,以至对偷盗的揭发,均可能导致开枪射击,随后必定发生对行凶者及其亲属的报复,即使是妇女和手无寸铁的僧侣也不被放过。在这些情况中,因报复而杀人也具有情感犯罪的特点,因为它们几乎总是在大白天实施的,不设圈套,没有同伙,不用刺客,不采用投毒的手段,也从来不起因于贪婪,实施这类犯罪的人往往在以前的生活中名声很好。因而,在100起发生在科西嘉的犯罪中,有77起是针对人身的。

执行斩首

选自《罗马刽子手的回忆(MASTRO TITTA IL BOIA DI ROMA)》插图，Arcana Editrice出版社，1981年，罗马出版

Chapter 8 第八章

纯正累犯和非纯正累犯　犯罪人的道德

所有的刑事统计都一致显示：在犯罪人中，累犯情况一直在持续发生并且不断地增长。

在意大利，虽然许多地区的司法档案并不完备，最近，在对41 455名被普通法院判刑的人进行统计时，发现有1 617人是累犯。

在6 981名累犯中，4 846人是第一次累犯，2 419人是第二次累犯，716人是第三次累犯。其中，1 496人犯的是侵犯公共秩序罪，308人犯的是侵犯善良风俗罪，2 254人犯的是侵犯人身罪，2 922人犯的是侵犯财产罪，6人曾经被判处死刑！！16人曾经被判处无期徒刑，531人曾经被判处有期徒刑，5 515人曾经被判处拘役。

在法国，累犯被告人在1826年只占10%；在1850年占28%；在1867年，即建立司法档案之后17年，则上升到42%；同样，被采取防范措施的累犯从7%上升到38%。

在100名累犯中，1人被判强制劳动，2人被判有期徒刑，20人被判1年以上监禁，64人被判1年以下监禁，13人被判罚金。1次累犯的占总数的45%，2次的占20%，3次的占11%，4次的占7%，5次的占4%，6次的占3%，7次的占2%，8次的占2%，9次的占1%，10次和10次以上的占5%。

他们中53%以上都是继续在同一区域内犯罪；其中8/10是在同一法院辖区内犯罪。

在1 000名累犯中，67人第一次犯罪时的年龄为16岁，204人第一次犯罪时的年龄为16~21岁，284人第一次犯罪时的年龄为21~30岁，215人第一次犯罪时的年龄为30~40岁，206人第一次犯罪时的年龄为40~60岁，20人第一次犯罪时的年龄为60~70岁，4人第一次犯罪是在70岁以后。

在整个奥地利帝国，1860—1864年的累犯率为33%，在奥地利北部达到50%；1868—1871年，男性累犯上升到59%，女性累犯上升到51%。

第八章 纯正累犯和非纯正累犯 犯罪人的道德

在伦敦,1860 年有 1 698 名盗窃犯曾被 5 次判刑,有 1 979 名曾被 7 次判刑,3 409 名曾被 10 次以上判刑。年轻窃贼在伦敦举行过一次会议,有 5 名曾被 10 次判刑的人、9 名曾被 29 次判刑的人和一名曾被 30 次判刑的人出席了此次会议。

在整个英国,1871 年有 160 934 人被拘捕;其中 37 884 人,或者说 38%,是累犯。21 803 人属 1 次累犯,10 147 人属 2 次,5 640 人属 3 次,4 350 人属 4 次,3 042 人属 5 次,3 883 人属 6 至 7 次,3 341 人属 7 至 10 次,3 678 人被判刑 10 次以上。

Aspirall 在其著作《累计处罚(Cumulative punishements)》中搞了一个从 1870 年 10 月 1 日到 1871 年 3 月 31 日 Liverpool 的累犯情况一览表,在作了前面的介绍之后,我们就不会再对一览表中的数字感到惊奇了。

累犯情况一览表

性别	15~20 次	20~30 次	30~40 次	40~50 次	50~60 次	60~70 次以上
女性	93	121	61	14	14	3
男性	38	28	12	1	4	1

在丹麦,盗窃犯中的累犯占 26%;诈骗犯中的累犯占 15%;协助犯罪者中的累犯占 11%。

在比利时,从 1861 年至 1867 年,在被重罪法院判刑的人中,累犯占 47%,在被告人中,累犯占 45%,在被矫正法院判刑的人中,累犯占 7%。

而在 1850 年,100 名被告人中只有 25 人是累犯。

在西班牙,1861 年的男性累犯占 18%,女性累犯占 11%。

在瑞典,1861 年的男性累犯占 41%,其中 54% 属第 1 次,25% 属第 2 次,18% 属第 3 次或第 4 次。

在瑞士,1861 年的男性累犯占 45%。

在符腾堡,1861 年的男性累犯占 36%;1873 年占 65%。

在荷兰,1853 年的男性累犯占 60%。1869—1871 年的男性累犯占 80%(有期徒刑)。在矫正和拘役所中,占 23%~32%。

现在没有能够防范累犯的监狱制度;监狱甚至是导致累犯发生的最主要的原因。

Bretigneres De Courtelles 说:在克莱尔沃,506 人屡次犯有盗窃罪或流浪罪都只是为了能够在监狱里过几天比较松心的生活;在 115 名囚犯中,有 17 人声称自己在犯罪时不采取任何防备,因为他们需要在监狱中呆上一两年,以便恢复因纵欲生活而受到损害的健康。Bretigneres 继续说:这些累犯进监狱很高兴,就像回到自己家里一样,他们的同伴见到他们也很高兴,在打招呼时称他们为"出游者"。

Breton 讲述了一个家伙的故事,此人进行小偷小摸就是为了让人把他抓进监狱;当他第 50 次进监狱时,被关进独居牢房,他抱怨说:"司法机关骗了我,他们在这个省再也抓不到我了。"

土匪头子 Hessel 被监禁过 26 次,当被问到为什么监狱没有把他改造好,并且他怎么才能珍视自由(即使这是一种生活在贫困和饥饿中的自由)时,他回答说:"只要我们还有 10 个手指,你们放心吧,我们不能忍受外面世界的贫困。你们见过有谁在监狱中被改造好了吗?我见过一家吉普赛人都因流浪罪而被 16 次判刑;在好季节,他们一家人出去采用威胁的手段进行乞讨;到了冬天,他们就呆在监狱里有吃有穿。这样的监禁能把他们改造好吗?如果他们在所有的季节里都能有办法吃大鱼大肉,他们肯定愿意呆在狱外。"

在瑞典,D'Olivecrona 发现:被关在独居牢房里的盗窃犯的累犯率上升到 32%;他注意到:那些被判处终身强制劳动、然后又被减刑的人有 73.8% 到 81.3% 会成为累犯。在 1864 年,住过一年独居牢房后的累犯上升为 52%,在 1870 年上升到 72%。

在女性中,累犯情况尤其常见;我们下面将谈到:女人多次累犯的情况要比简单累犯的情况更常出现。

Parent Duchatelet 说:真正悔改的妓女很少;她们只把改造场所看作是改善自己处境的地方。Toqueville 发现:在美国,干坏事的姑娘比小伙子更难以改造。

正如 Morselli 所注意到的,许多累犯根本不希望出狱,下面这张一览表就很好地证明了这一点,此表反映的是从 1871 年到 1874 年在我国监狱中实施犯罪的情况,1872 年在萨克森、法国、瑞典监狱中实施犯罪的情况。

	在意大利 1871—1874 年 106 174 名被判刑人中	在法国 1872 年 20 680 名被判刑人中	在萨克森 4 227 名被判刑人中	在瑞典 6 287 名被判刑人中
杀人	40	—	—	—
伤害、殴打	281	26.22	594	195
盗窃或诈骗	29	1 390	232	48
侵害性道德	1	344	12	1
暴动	45	345	—	62
放火	1	176	—	—

仅以意大利为例，我们在 1 000 名囚犯中发现的犯罪率为 3.66%，其中：3.02% 杀人或伤害，0.44% 暴动，0.16% 盗窃、作假，0.02% 放火，0.02% 侵害性道德，0.02% 脱逃后立即实施的拦路抢劫。

这里我没有计算违反纪律的行为，它们的数字是：

违抗行为　13 583
争吵　　　14 036
暴力行为　338
赌博　　　46
酗酒　　　169
秘密结社　60
越狱　　　44

如果加上这些数字，当年累犯的情况将上升为：

在每 3 名男犯(在劳动场)中发生 1 起；
在每 1 名男犯(在监房)中发生 3 起；
在每 1 名女犯中发生 2 起。

还有一些事情，由于包含一些非犯罪因素，我没有把它们计算在内，例如，脱离看管 1 281 起，浪费食品 1 895 起，破坏安静 119 939 起，非法通信 1 274 起，拒绝劳动 13 254 起。

如果把我列举的这些轻微的违法行为都算上，每 100 名囚犯中在狱中受罚的情况是：

在英国	46 男犯	33.8 女犯
在奥地利	44 男犯	13 女犯
在意大利	38.4 男犯	30.1 女犯
在萨克森	25.4 男犯	38.4 女犯

（续表）

在荷兰	24.3 男犯	13.8 女犯
在普鲁士	21.3 男犯	13.7 女犯
在瑞士	18 男犯	21.1 女犯
在比利时	14 男犯	—
在丹麦	8 男犯	3.8 女犯
在瑞典	7.5 男犯	22.8 女犯

Morselli 隐隐约约地发现一个奇怪的现象：在那些狱内累犯发生率较高的国家之中，自杀的人数则较少，反之亦然。在比利时、普鲁士、瑞典、丹麦，监狱中的自杀率为 1.78% 到 0.60%，而因累犯而受处罚的比例则为 21.3% 到 8%。这再一次证明：自杀往往是犯罪的变种。

人们不用指望监狱制度的改善能够预防或者减少累犯。在法国，在 100 名从中央监狱中释放的人中，1859 年有 33 名男性和 23 名女性第二年就又回到了监狱。在普鲁士，按照官方的说法，独居制监狱只适用于那些因情感而犯罪的人，这些人不是惯犯，在那里，累犯率从 60% 上升到 70%，这后一个数字正是比利时的累犯率，在那里，独居监狱制度已经实施了 12 年。在一半为单身牢房的中央监狱，累犯率甚至达到 78%。在符腾堡，累犯率达到 34%~37%。根据 D'Olivecrona 援引的材料，在因盗窃而被关进独居制监狱的人中：

45.9 的人因盗窃或流浪而第一次累犯（盗窃 30）；
74.4 的人因盗窃或流浪而第二次累犯（盗窃 55.4）；
86.4 的人因盗窃或流浪而第三次累犯（盗窃 67.1）。

所有这些人绝大多数是在出狱后的第三年发生累犯的。行刑累进制和个别化制度，在茨维考和爱尔兰总的来说取得了辉煌的成果（在前一地区，将累犯率控制在 2.68%，在后一地区，则控制在 10%），在丹麦则没有关于总数的统计，一些有着零星和细小差别、但却比较可靠的数字表明：罪犯悔改有疑问的占 29%；根本没有悔改的占 25.5%，这后一类人似乎对刑罚表现得麻木和不在乎；部分悔改的占 4.1%；变得更坏的占 6.4%；只有 2% 的人表现出一定的悔改，但真正和彻底悔改的只占其中 5%，这些人在判刑之初就已经有悔过表现了。在瑞士、宾夕法尼亚和英国进行调查的结果显示：因强烈情感而犯罪并且没有真正的犯罪倾向的人恰恰是占 5%~6%，上述数字相互对应，而且符合柏林的情况。对于爱尔兰监狱制度所取得的成就现在只能作出这样的解释：大量的犯罪人从那里迁移到美国，他们同样在重新犯罪，只不过是在美国，使纽约监狱的人数大增，从而一时欺骗了统计学和刑罚学。

如果说监狱制度对累犯的发生影响不大的话,教育程度(它与前者相互关联)的影响就更小;后者甚至看起来还使累犯增加。

> 在意大利,1871年:
> 能读并且能写的人占男性累犯的35%,占女性累犯的51%;
> 能读的人占男性累犯的40%,占女性累犯的43%;
> 能读、能写并且能算的人占男性累犯的28%,占女性累犯的2%;
> 有较高文化程度的占男性累犯的29%,占女性累犯的一%;
> 文盲占男性累犯的23%,占女性累犯的13%。
>
> 在1875年,文盲:
> 在劳动场,占被判刑人总数的73%,占累犯总数的66%;
> 在监房,占被判刑人总数的65%,占累犯总数的58%;
> 在妇女中,占被判刑人总数的87%,占累犯总数的88%。

累犯比较经常地发生在商人、从事脑力劳动职业的人和自由职业者当中(比率分别为34%、37%、22%),相比较而言,在农民和牧民中则频率较低(比率分别为20%、23%)。这种比例关系在许多年中不断出现。

很多走马观花的调查者都以为教育是防治犯罪的灵丹妙药,相反,它却是导致累犯的原因之一,或者说至少是一种间接的因素。

如果人们像Locatelli那样对为什么教育会产生这种有害影响这一问题进行比较深入的调查,他们将会发现:犯罪人在监狱里学会铁匠技术、书法或石印技术,从而掌握了危险性较少并且比较有利的犯罪手段;暴力攻击犯变成作假犯,盗窃犯变成诈骗犯或伪造货币犯;可以说,在这些犯罪类型中,只存在犯罪文化上的差别,这些犯罪在心理上和解剖学上都是很相似的。在Bettinger看来,正是由于这一原因累犯总是实施经过周密思索的犯罪,并且比较多的是侵犯财产,盗窃罪占21%,抢劫罪占10%;而杀人罪则只占5%~3%。

在意大利,人们也注意到:在累犯中占主要成分的是侵犯财产罪、盗窃罪、诈骗罪,它们的数量为:

	占被判刑人总数的	占累犯总数的
住在劳动场的	30%	40%
住在监房的	51%	65%
住在监房的女犯	46%	70%

因贪婪而犯罪的,对于住在劳动场的囚犯来说占42%,对于住在监房的囚犯来说占53%,有时上升到54%和66%,对于住在监房的女犯来说占47%~76%;同

时,对于住在劳动场的人来说,报复、仇恨、愤怒,作为犯罪原因,则从17%、11%、7%下降到16%、7%、3%,对于住在监房的人来说,从7%、13%、3%下降到3%、5%、2%。

在西班牙,在2 249名被判刑的累犯当中只有1 569人犯的是同一种罪行,其中主要是盗窃犯和流浪犯,占933人,犯伤害罪的只有429人。

在法国,根据Yvernes的统计,似乎出现相反的情况,在累犯中,54%犯的是侵犯人身罪,46%犯的是侵犯财产罪。但是,这种情况的出现只是因为流浪罪被计算进侵犯人身罪之中。实际上,根据Yvernes的结论,1/3犯的是盗窃罪、流浪罪等。在瑞典,盗窃罪累犯的比例也上升到46%。

在我看来,这种情况具有很重要的意义,它告诉我们:累犯和非累犯这一特别受到刑法典珍视的区分,对于真实地反映罪犯的品德和罪过程度,是多么地无益。非纯正累犯总是极少的,实际上,从1872年到1875年,在我们的监狱中纯正累犯的比例为:在劳动场,累犯占66%;在监房,累犯占77%;在女性中,累犯占80%。

因冲动而实施的犯罪被完全排除在外,说实话,这类人几乎从来不会成为累犯。

还有许多犯罪人因一贯的放荡不羁而丧生,或者因在监狱中学会比较高超的技术而使自己的犯罪难以被查实或者受到惩罚,如果把这些数字也都加上,可以最终得出这样的结论:实际的累犯数字差不多与出狱者的数字相同;更准确地说,几乎没有一个出狱者不是倾向于再犯罪的。在这一点上,我很高兴同一位杰出的对立者Tancredi取得一致意见,此人1875年在他那极博学的著作《犯罪和意思自由》中写道:"很遗憾,累犯对于被判刑人来说是普遍规则,只要他们一获得自由,就会去重新犯罪。这让我想起一个人,此人曾因盗窃了同屋的20里拉而被判入狱,他刚一出狱就在同样的情况下偷了另一人的60里拉。"

这是非常自然的事情。

Mausdley写道:真正的盗窃犯,就像诗人一样,可以说是天生的,而不是变成的。怎么能够认为可以改造因遗传而形成的本性呢!Chetterton说:他在监狱听盗窃犯们讲,即使变成了百万富翁,也将继续偷东西。9/10的被判刑人都是如此。

对于他们大多数人来说,道德感完全缺乏,许多人根本不认为犯罪是不道德的。(在法国的暗语中,意识叫做"交换",小偷叫做"朋友",盗窃叫做"出勤"或者"工作")一位米兰的盗窃犯对我说:"我不是盗窃,我只不过是从富人那里拿走了他们过多拥有的东西;那些律师、商人不是也在偷吗?为什么只控告我,而不控告他们?"我在前面提到的、相貌开朗和深沉的Rosati对我说:"我不像我的其他同伴那样对自己的犯罪遮遮盖盖;我公开炫耀。我盗窃,但总是想得到10万里拉以上;

追求这么大的数,我更认为这是投机,而不是盗窃。……他们把我们使用的工具称为假钥匙,但我把它称为金钥匙,因为它能轻而易举地打开富人们的财宝箱。"另一个他的同行说:"其他人都说盗窃是件坏事,我不这么说,我偷窃是出于本能。一个人为什么要生到这个世界?是为了享受。如果我不盗窃,我就不能享受,甚至没法生活下去。同其他人一样,我们是这个世界所必需的,假如没有我们,干吗还需要法官、律师、警察、狱卒?是我们养活着他们。"Lacenaire 在提到同伙 Avril 时说:"我已经明白我们可以把我们的事业混合起来。"该罪犯的代理人总结说:"因而有这样一些人,对于他们来说,谋杀不是一件特别必要的事情,而是一件想去试试、探讨和体验的事情。"Tortora 在法庭前对指控他是盗窃犯的人说:"什么盗窃犯!这个城市中的那些富人才是盗窃犯,而我在消灭他们,我只不过是在让他们得到报应。"

凶狠的土匪头子 Hessel 对法官说:"我们是必不可少的,上帝派我们来到这个世界就是为了惩罚那些吝啬之徒和倒霉的富人。我们是一种神明惩罚。再说,没有我们,法官们干什么去呢?"

Ceneri 对他在盗窃中采取的压迫行为作出这样的解释:"把他们绑起来是为了我们的安全,就像你们让我们带上这副手套(手铐)一样,当时轮到的是他们。"

总之,在这些人当中,义务的观念完全是逆反的。他们认为有权去偷、去杀,过错是他人的,因为他人不让他们过得自在。他们甚至认为犯罪有功。杀人者,尤其是因报复而杀人的人,都以为自己行事正直,有时候认为自己的行为很英勇,即使自己是在冷不防地袭击被害人。警察局长 Martinelli 在指使他人杀害自己的一名对手时,把他的这种无耻行径与古罗马人让侵害自己名誉的人付出血的代价的做法相提并论。许多人把罪过归咎于告发或违反其意愿的行为。某 B 从年轻时就从事打家劫舍的活动,在 Schiavone 乡村曾杀死过几十人,他抱怨自己被判处了 20 年有期徒刑,"10 年就足够了,因为当时我杀死这么多人,那是我的任务";但你为什么还要杀死妇女?"那是她们自作自受,因为她们企图逃跑"。

许多人经常谈论犯罪人的悔恨。就在几年前,刑罚制度甚至把促使犯罪人反悔当作自己的出发点。但是,那些与犯罪人打过交道的人却都得出这样一个肯定的结论:他们从来没有过悔恨。按照 Elam 和 Tocqueville 的说法,最坏的囚犯就是那些在监狱中表现较好的人,因为他们比其他人更机灵,他们懂得:要想得到较好的待遇就需要装得老实。英国的监狱看守人员说:把狗变成狐狸比把小偷变成君子更容易。Thompson 发现在 410 名谋杀犯中只有 1 人真正地悔过,在 130 名犯有溺婴罪的女犯中只有 2 人悔过。我对 390 人进行了研究,没少想办法让他们对我产生信任;就这样,也只有 7 人似乎愿意承认犯下了某种罪行,这包括两例公开炫耀犯罪的人。所有其他的罪犯都坚决否认犯了罪,讲的都是别人的不对、诽谤、妒忌,好像他们都是受害人。

一位名不符实的哲学家 Caro 写道:"犯罪人自己都认为受罚是应该的;他们否认的是犯罪,而不是刑罚。"这种判断不仅荒谬,而且可笑。我是在斗胆否认犯罪人本人经常痛苦地证明的一种事实。但是,假如这些人确实有一点悔恨之意,假如真的认为刑罚是正确的,他们在前一种情况下本应当坦白事实,尤其是向善良的并且与他们所遭受的待遇无关的人坦白事实,他们本应当感到有必要开诚布公,有必要向外界自我辩解,人们在为自己辩护时总能找到一种千番归一的理由。但是,固执地否认自己的犯罪却表明他们根本没有反悔。

诗人们浪漫地设想杀人犯的美梦,Despine 说:"没有谁的梦比谋杀犯的更像正义者的梦。"

的确,许多做坏事的人提到反悔;但那都是些离奇的想法或者虚伪的算计,他们企图以此利用善良者的高尚幻想,从而摆脱或者改善自己现时的处境。Lacenaire 就是这样,他在第一次被判刑后给朋友 Vigouroux 写信,试图骗取他的保护和金钱,信中说:"我现在只剩后悔了,您可以高兴地说:我已经将一个并不属于天生犯罪者的人从犯罪道路上领回;因为,没有您,我可能会继续这一无耻的生涯。"几个小时之后,他就再次实施了盗窃罪,并且策划谋杀;他在临死前宣称:我从来不知道什么是后悔。

在帕维亚,Rognoni 向法庭发表了一番令人感动的言辞,好像他有反悔之意,他好几天拒绝喝葡萄酒,因为它使他回想起被杀兄弟的鲜血。但与此同时,他暗地里让其他囚犯为他搞葡萄酒。当有些人表示不愿意接受这一任务时,他便威胁他们说:"我已经杀了 4 个人,我现在打算杀第五个。"

Le Clerq 自称已经悔过,说:即使砍断他手腕,也是应该的。但在被押赴刑场时悄声告诉他的同伴:"你看,我们现在到了这步田地就是因为我们没有对 B 保持足够的警惕,哎,我们当时把他杀了就好了!"

还有的人甚至通过假装后悔求得对犯罪行为的原谅。Michielin 这样解释自己给被害人致命一击的行为:"看着她处于那种状态令我非常后悔,所以我就把她卷了起来,以避免看到她的脸。"

Lemaire 说:"我不反悔。如果被判刑后我还能娱乐和散步,那我就忍着;但是,我宁愿死也不要去劳动。"如果让他能继续作恶,他难道也会表示反悔!

有时候,表面上的懊悔是因幻觉和酗酒后的幻想而产生的。Philippe 和 Lucke 在干了坏事后曾立即看到被害人的影子;当时他们正处于酒性发作状态;前者在被判刑后说:"如果不送我去监狱,我会再补他一枪。"

还有时候,犯罪人看起来表现得懊悔只是因为他们怕死或者因为某种宗教观念的作用,它是表面的,几乎从来不意味着真心的反悔。Brinvilliers 侯爵夫人或许是个最典型的例子:在尊敬的 Poirot 看来,她是忏悔的范例,虽然她在临死前给自己的丈夫写道:"我死得清白,我的死是我的敌人带来的。"她杀害的人是她的长辈和兄弟! 当听忏悔的神甫让她修改这封信时,她觉得不能改变自己的这种想法,只能让神甫替她进行修改。在被带到刑场后,她坦白说:自己在当时也突然产生了淫荡和报复的念头。她说自己的丈夫:"怎么可能还是能对我发号施令的人呢?"

有些人常常发现自己行为的堕落,但他们的评价与我们的不一样。例如:Dombry 在第一次杀人后写道:"我希望人们能够原谅我这个调皮的孩子。"Rouet 在因谋杀罪和盗窃罪而被带上绞刑架时嘟囔说:"你们让一个人这么快就死!"

另一些人认为:自己的罪恶能够因意图的善良而减轻或者抵消(例如:为了养活儿子和妻子而杀人的 Holland 就这样认为);或者因其他犯过更严重罪行的人(特别是同伙)未受处罚,或者因缺乏某一证据或证据不足,而减轻或者抵消。因而出现这样的情况:他们对司法机关抱有强烈的不满,好像做坏事的是司法机关,这种不满也间接地针对政府当局;因此,在意大利,现在没有比真正的罪犯更加拥护波旁王朝或奥地利统治的人了,并且,在奥地利,最极端的马志尼拥护者是犯罪人。

Mayhew 注意到,伦敦的盗窃犯承认自己是在做坏事,但是,任何一个破产者都不这样认为。他在连续阅读了一些关于刑事审判的报道后确信:在上层社会也存在着一批无赖。那些聪明的傻瓜把规律与例外混淆起来,并由此推论:由富人实施的、看起来不太应受谴责的行为不可能是很邪恶的。谋杀犯 Baynal 在他的书中写道:"3/4 的社会美德是些胆小的罪恶,如果你明白这一点,你将认为对富人的粗暴攻击还比不上精心策划的欺诈行为卑鄙。许多人根据法典来衡量自己的正直,而我不愿意像他们那样把自己的聪明变成狡猾,因而我成了土匪。"

盗窃犯 Giacosa 说:在世界上有两种正义,一种是"自然正义",当他把偷来的东西分给一些穷人时就是在实践这种正义;另一种是"创制正义",它是受社会法律保护的。

虽然如此,正义与非正义的观念并非已在所有犯罪人头脑中完全泯灭;但是,它不起作用,因为它只是被头脑所接受,而没有被心灵所感知,总是受到情欲和习惯的压制。

Lemaire 说:"我知道自己做了坏事;如果有人来告诉我做得对,我会回答他说:你同我一样是个恶棍。但是,我不会因此而走上正路。"人们注意到,妓女都不愿意阅读淫秽书籍,囚犯也不愿意阅读关于非法或无耻行为的故事,学者和正直的年轻人都强烈谴责这类读物。这证明许多人都知道自己走的是邪路,妓女们都在尽最大的努力不让自己的孩子步其后尘。这不代表他们的标准,也不意味着他们认识到真相，总之，尽管他们做出某种遵守的姿态，却从来都缺乏遵循这种标准的能力。Horwick 说：从理论上认识某一事实是一回事，随后采取行动则是另一回事；因为认识要转换成自觉的意愿（就像食物得到消化并且转化成血液一样），需要一种要素，即：感情，这些人一贯缺乏这种感情。当他们聚在一起时，他们的感情不仅不相互矛盾，反而有着直接的利益（满足虚荣心，得到较大的安全），使正义观念受到压制，这时候他们将获得做坏事时所使用的能量。一位博爱家在伦敦发起了一次青年盗窃犯聚会，与会者以鼓掌和欢呼的方式向一些被判过 10 次 20 次刑的累犯致意；一位被判过 27 次刑的盗窃犯像凯旋的英雄一样受到欢迎。会议主席有意交给他一大笔钱去兑换，他出去后很长时间没有回来，这时这群家伙感到很不安和恼火，他们齐声叫喊："如果他不回来，我们就宰了他。"当此人返回并将钱原封未动地归还时，大家非常高兴。但是，对此进行认真研究的人认为，此人的返回和其他人的叫喊并非来自于对正义的真正热爱，而是来自于一种可嘉的虚荣心和自尊心；在当时，这些东西使他们行善，但在以后，这些东西将出于同样的原因而使他们作恶。他们情感中这一善的方面能够帮助我们找到促使罪犯改恶从善的办法，让我们更多地从情感和自尊的角度（而不是从理性的角度）争取他们；对他们更多地实行感化，动之以情，而不是主要依靠智力训练或者说教（这后一种方式在监狱通常的实践中浪费着金钱和时间）。Anderson 是一名危险的被判刑人，被认为是不可救药的，但是，当 Moconoch 派他去驯服野公牛时，他变得像很顺从，他刚被重新带上枷锁并且无所事事，监狱里就又恢复了恐惧。在莫斯科，人们让犯罪人的同伙来对犯罪人自己进行审判，由此而产生的判决能让我们的陪审员感到脸红。有一次，一名偷窃新手在一名老窃贼的教唆下盗窃了一件小东西，老窃贼被判责打 80 棍，偷窃新手只被责打了 40 棍。Toqueville 也讲述了美国的几个捣蛋鬼的事，他们的同伴对他们的处理是：根据每个人的具体情况施罚。

　　伦敦的窃贼在分配方面是非常精确的，如果有谁表现出不诚实，他将被杀或者被交给警察。

　　1860 年，一些囚犯被留在了圣斯特凡诺岛上，为了避免因相互偷窃紧缺的供给品而被饿死，并且为了避免因普利亚派和卡拉布里亚派之间的争斗（一般的看管根本控制不住这种争斗）而使大家同归于尽，经两个对立派别首领协商，人们制定了一部法典，所有人都非常严格地执行这部法典。Pasquale Orsi 由于偷了一点面粉而被判打 50 大棍和 30 天管制。另一个人，由于偷了一个村民家的两根竿子，而被判将两根竿子绑在身上在全岛游街。凡杀死同伴者，凡对看守人员或岛民的人身或者财物进行威胁或者造成侵害的，均将被判处死刑。这部法律保护妇女的名誉，并且保护原先看管囚犯的那些看守人员的生命，不少囚犯就是因违反了有关禁令而被处死的。例如，一个名叫 Sabbia 的，偷了一只羊，在被发现后，他乞求将死刑改换成罚金，但未被接受。囚犯中的新法学家宣布："羊是不能用钱来抵的，只能用血来抵。"此人后来被用石头砸死，尸体被挂在岛的石崖上。那只羊被摆在院子中间以用作对偷窃者的警告。Sabbia 的两个朋友费了很大的力气才保住性命，他们成功地证明是在不知情的情况下尝的羊肉，不是盗窃活动的同伙。一个叫 Centrella 的，被控告也参与了盗窃，由于他明确地证明自己在案发时不在现场，终于在受到长时间拘禁后而被开释，但是，他被开除出原先参加的立法委员会，这个委员会不愿意让它的成员哪怕是被怀疑触犯了法典！

不过，这种在歹徒中突发的道德和正义只是被迫的或者暂时的。当某人的利益不是受到保护而是受到损害时，或者当一种强烈的情感重新使人神魂颠倒时，这种缺乏道德支持的真理标准将顷刻土崩瓦解。与许多人的认识相反，犯罪人往往对于自己的同伴，甚至对于同一家族的同伙也无信义可言。他们知道告发是不名誉的和可耻的时，但出于一种经常在人们心中闪现的矛盾心理，仍会毫不犹豫地去告发他人，即使这种告发对他们自己也不利。如果说这对于司法机关是一种宝贵的帮助的话，它也是不断导致监狱中的风波和报复事件的原因之一。

他们之所以充当告发者，或者是为了少许改善一下自己的处境，为了给受到他们嫉妒的其他人使坏，为了不让自己单独受苦，或者是为了对某一真实的或者想象的告发进行报复。著名的杀人头子 Haas 宣称：他选择同伙正是为了在被发现并被逮捕后不单独一人接受处罚。在对 Artus 的审判中，盗窃犯的儿子对自己的父亲最严重的犯罪情节的揭发令人作呕，他们甚至编造虚假情节。

Vidocq 写道：不少盗窃犯把为警察提供帮助看作是一件幸运的事情。他们几乎都会迫不及待地证明在这方面的热情。最积极的是那些比较为自己担惊受怕的人。盗窃犯还没有遇到最残酷的、热衷于捕捉朋友的对手。这种人有本事凭空编造，或者(更奇怪的是)嫁祸于人，哪怕有可能损伤自己。Bailly 和 Onaste 曾经 3 次因犯罪而被判刑，而这些犯罪都是他们先揭发说是由别人干的。伦敦的窃贼虽然非常仇恨告发者，但他们是最容易相互揭发的人。Lacenaire 为了告发自己的同伙不惜提到一些可能对他自己造成损害的情节。Bouscaut 让人逮捕了法国著名的烤工帮的所有同伴。Caruso 为我们打击土匪提供了非常有用的帮助；他差点让人抓住 Crocco。G. Bianco 见形势不妙，就假装鼓励他的人并把他们带进 Nunziante 将军布置的埋伏圈。Mottino 偷窃他自己的那部分战利品。拉韦纳的刀手们冷酷地刺割他们自己的同行。

在我们的匪首中，据我所知，只有 Schiavone 非常公道地对待他手下的人。多数人对自己的同伙也很霸道和不公。Coppa 因为一点点过失就杀了 20 名随从；因为其兄弟在没有得到他的命令的情况下在一家农场行窃而将其击毙。烤工帮的人杀死了不少同伴,其中包括他们的3个女人。就是在前面介绍的、由囚犯们建立起的圣斯特凡诺政府中,也发生过报复伤害事件,并由此引发了一场著名的审判。准确地说,那个奇特的法律委员会的领导人,制订那部新法典的 Licurgo,为了报复一个叫 Fedele 的(此人自恃膂力过人而对他表现得不大尊敬),亲手将其捅死,并且禁止当场发现他作歹的巡逻队向任何人提及此事。在犯罪人当中,那种相对的诚实、虚假的正义感也是很脆弱的和不长久的,它们仅仅产生于一时的利益,产生于稍纵即逝的情感,此种情感非常地强烈,但不那么卑鄙。

如果我们把犯罪人的道德观念与精神病人的相比较,我们将发现奇特的差异和相似。精神病人很少是生来邪恶、生来不道德的;他们是在一定的生活时期,由于疾病对其性格的改变,而变成恶人的。如果说他们同犯罪人一样,很少感到后悔,经常自我吹嘘自己的恶行,或者至少宣称自己是在迫不得已的情况下干坏事的,那么,一旦实施了犯罪,他们却通常像是突然良心发现,思想一下清醒过来,一下恢复了正义感,因而他们会主动向法院坦白,但不像犯罪人那样表现得玩世不恭,而会像忏悔者或猛醒的多疑症患者那样动情。Fontana、Elicabide、Papaoine、Verger、E. R.、Dossena 都属于这样的情况。在狱友或者律师的提醒下,他们会掩盖自己的罪行(例如:Verzeni 和 Farina),但这不能用惯犯的机警或顽固来作解释。

因强烈的冲动而杀人的人,在对任何后果都不管不顾方面与精神病人相似,所不同的是:前者在犯罪后会骤然反悔,他必须以某种方式进行发泄,并且会自我投案。

野蛮人是不会感到任何懊悔的;他甚至为自己干的坏事感到自豪;对于他来说,正义的同义语是报复,是实力。在古拉丁语中,latrocinio(匪徒)指的是军人。对于高卢人来说,在自己城市边境以外实施的盗窃不带来任何不光彩。对于现在的阿尔巴尼亚人来说,杀人也不是犯罪;强者就是正义的,弱者就是坏人。Schipettaro 把自己盗窃一只公羊的行为炫耀为英雄行为。Sciou 把自己的缺点看作是美德;把抢劫杀人看作是一种使自己与众不同的手段。在跳舞或者节日中,这个尚武者讲述着杀人的故事,并且引以为荣。

吃人肉是野蛮人的较为普遍的习惯之一。Feege 岛的人被称为"长猪"。在澳大利亚,Obfied 没有发现埋葬妇女的地方,他由此得出结论:父亲和丈夫在女人还没有变得太老或者太瘦(味道尚未变坏)时就把她们杀了;他发现活着的女人很少身上没有伤疤的。在秘鲁人的语言中,mirca 的意思是吃自己的父亲或母亲;在他们的神话故事中,有一个神是为吃长辈肉的人而设立的,叫做 mircik-coyllon。新西兰的居民使用一个令人毛骨悚然的词,把它翻译过来,意思是:杀死母亲子宫中的婴儿,然后把它吃了。对于 Feegi 人来说，杀死父母是一种习俗。儿子们在认为时机合适时就向父母发出通知，然后，在亲属们的陪同下将父母杀死，举行盛大宴会。对于 Taiti 人来说，溺婴似乎是一种宗教习惯，借助这一习惯，母亲们将自己大约 2/3 的孩子杀死。Patagoni 人经常吃敌人的腿，当没有敌人的腿可吃时，他们就把部落中最老的女人抓来，用烟熏死，然后吃其整个身子。Bechuana 人在想捕获吃人肉的狮子时，就把妇女和孩子放进坑中作为诱饵。

　　人们可以肯定的是，少数人的专横跋扈带来普遍的损害，只是由于这一原因才产生了最初的正义观念和法律。从这个角度看，那部由圣斯特凡诺的囚犯制定的奇特法典（它以其刑罚的严厉性使人很容易联想起中世纪的法律和原始民族的法律）可以告诉我们：在具备哪些必要条件的情况下法典会在野蛮人群中产生，野蛮人和犯罪人之间的又一个相似之处就这样显现出来的。

Chapter 9 第九章
犯罪人的宗教

许多人认为,犯罪人都是没有宗教的,因为宗教是对犯罪最强有力的约束。然而,如果说某些乌合之众的头子或者某些最无耻的犯罪人(如:Lacenaire、Lemaire、Mandrin、Gasparone、La Pommerais)习惯于摆脱这种约束,放任地发泄残暴的情欲的话,事实上,他们中的大部分都不是不信神的,虽然他们所喜爱的是一种能够维护其欲望并且随遇而安的宗教,它能够把和平与正义之神变成犯罪的一种开通的保护者。

俗话说,每个小偷都有自己的信仰。我们在对 102 名文身罪犯的调查中发现,有 31 人刺有宗教图案。在暗语中,上帝是"五月一日";灵魂是"永恒";这说明犯罪人相信上帝,并且认为灵魂是不朽的。在西班牙的暗语中,教堂被称为"拯救"。

德国的杀人犯认为:在自己干过坏事的地方大便可以免遭任何怀疑。按照我们的习惯,这就像是用手指蘸上被害人的血,然后去吸吮。吉普赛人认为:为了在杀人后获得神的宽恕,应当把犯罪时所穿的衬衣再穿上一年。

Biondelli 发表了一首在窃贼中传唱的歌曲,在歌词中,窃贼面对关于盗窃违反宗教原则的指责回答道:在上天也有一名圣偷,叫 San Disma。

Tortora 曾经亲手杀死了 12 名士兵和 1 名教士(但他声称后者已经被逐出教会),他深信自己刀枪不入,因为他在胸前刺有给神的献祭。

法国的烤工帮为帮内的婚丧嫁娶制订了一系列宗教礼仪;他们半开玩笑模仿、半一本正经地请教区牧师主持本帮的婚礼活动,用含糊不清的拉丁文低声作些祈祷。除了上述祈祷外,婚礼仪式还包括要求新娘新郎必须从两根相互交叉的、各由一名帮主持握的木棍上跳过;帮主像我们婚礼中的市长一样询问新郎:"叫化子,你是否愿意要这名女叫化子?"并向新娘提出同样的问题;如果回答是肯定的,帮主就说:"那你就跳吧。"奇怪的是,帮内成员之间的离婚是被严格禁止的,只是在出现了法国的革命性法律之后才慢慢地得到允许。在 1670 年,几名犯有投毒罪的巴黎上层妇女,为了让自己的丈夫死亡或者获得情人的忠诚,交替地采用两种手段:下毒

第九章 犯罪人的宗教

和作诅咒性弥撒。一名神甫面对一名怀孕妓女腹部作弥撒,并杀死胎儿,用胎儿的血和骨灰做成春药。只是 Voisin 一人就杀死过 2 500 名这样的小生命。

  Manzi 匪帮都带着护身符。Caruso 匪帮在树林和山洞中放置了圣像,并在圣像前点燃蜡烛。Verzeni 勒死过 3 名妇女,他曾是教堂和忏悔室最虔诚的常客;他出身于一个非常笃信宗教的家庭。La Gala 的同伴在被转移到比萨监狱后固执地拒绝在四旬斋的星期五吃饭;他们面对监狱长的动员回答说:"什么,您难道把我们都当成了被逐出教会的人了吗?" Mayhew 说:伦敦的大部分窃贼都宣称相信《圣经》。不久之前,那波利的窃贼和卡莫拉分子向 S. Pasquale 修道院赠送了一份厚礼,使得这所修道院一下子富裕起来;据 Vincenzo Maggiorani 透露,几年前,巴勒莫的大主教曾在主教教堂的门口贴出告示,公布为洗涤已犯的罪恶所应支付的钱款数额。杀人犯 Bertoldi 父子每天都去参加弥撒,跪在地上叩首。一名 24 岁的那波利人用棒子打死了自己的父亲,他特别崇拜圣母玛利亚,"可以肯定,正是她支配着我的手,因为在我打第一下时我父亲就倒在了地上。"他说。

  Boggia 是个捡破烂的,因犯有 33 起谋杀罪而在米兰被判刑,他每天在那里参加弥撒;每次参加圣礼出来时他都扶着禽室。他出席所有的宗教仪式;不断地宣传基督的道德和信仰;没有他不参加的慈善团体。

  Trossarello 非常崇拜 Mercanti 街的圣母玛利亚。

  Giovanni Mio 和 Fontana 在杀死他们的敌人之前曾进行自我忏悔;Mio 在杀人后说:"上帝不愿意卷入这件事,神甫也不愿意卷入,是我自己卷入的。"Marc……是个带着护身符的、年轻的那波利人,他杀死了自己的父亲;我和我的学生试图研究他那隐晦的心灵,他对我们坦白说:为了实施那可怕的罪行,他曾祈求圣母玛利亚的帮助。"她帮助了我,以下事实可以佐证:我刚打了父亲一棒子,他就倒地身亡了。实际上我本人特别没劲儿。"Vigna Bi……在杀死丈夫之前曾经跪在地上,祈求真福童贞玛利亚给她以实现其企图的力量。Michielin 在接受谋杀计划时对同伴说:"我会来的,并且将做上帝提示你去做的那件事情"。Gall 讲述过一名盗窃犯的故事,此人为了建立一所小教堂并为它配备用具而进行偷窃;还有一帮歹徒以为,在杀人后对每一个被害人说一句祷告词就可以赎罪;有个叫 Elitis 的人在杀死妻子后以为,请人为她做弥撒就可以消除一切罪孽。Lacollange 在勒死自己可怜的情人后向她进行忏悔,并且变卖赃物以便请人为她做弥撒。Vincent d'Aragona 也杀死了一名学生,但在动手前没有忘记先向被害人进行忏悔。没有谁能比 Brinvilliers 侯爵夫人更信仰宗教或者说更为虔诚的了,这个冷血女人早在被逮捕之前就在秘密的忏悔录中记录了自己的罪恶,包括杀害长辈、纵火、投毒、手淫、遗漏的或不够认真的忏悔,等等;在死前她表现得一本正经,几乎拒绝在斋日食荤。杀死了自己妻子的 Mendaro 是唱着《deprofundis》赴死的。Martinati 以其过分虔诚的信仰甚至令监狱中的牧师感到惊讶。谋杀犯 Di Mo 被大家称为并且公认为"圣人"。Bourse 在实施完盗窃罪或者杀人罪后就立即去教堂下跪。Galla 在开始引爆自己情人的家时,人们听见她大喊:"上帝和玛利亚,剩下的事就是你们的了。"当 Parency 为了盗窃而杀死一位老人时,他的妻子祈求上帝保佑他一切顺利。Masini 与他的 3 位同乡相遇,其中 1 人是神甫;他用一把并不锋利的刀慢慢地割断了一位同乡的喉咙,然后命令那位神甫为他传圣餐,当时他手上还带有鲜血。1 名由基督教学校养大的小偷把自己的赃物藏在 R. P. De la Salle 的画像背后,后者就是这所基督教学校的创建人。这名小偷认为,自己的赃物在那位准圣人的保护下是最安全的。

我们将会发现:那些经常发生世袭性犯罪的地方是一些最为迷信的地方;Pitre 搜集到的西西里故事可以间接地证明这一点,据说,牧师们常常让圣彼得罗和他的使徒饿肚子,后来,来了一些窃贼洗劫教堂,这些窃贼让圣彼得罗他们大饱口福,圣彼得罗说:"这些窃贼真仁慈,他们比较挂念的是挨饿的人,而不是富人。"

土匪最猖獗的地方也是神甫和教士最多的地方。

神甫和教士往往有相当大的一部分曾经犯过罪。Giovanni 教皇十二世和 Fregoso 在成为教皇之前曾经当过海盗或土匪。Pellagatti 在他第一次做弥撒的那天实施了一次谋杀罪;在罗马获释后,在第二次做弥撒时又一次犯杀人罪;他同时娶了两个女人;强奸过许多女人;他武装了一个使当地感到恐惧的匪帮。

在 Sisto 五世时期,修士 Valente 和教士 Guercini 曾是著名的土匪;在那波利,Domizio、Ruffo 等人都是土匪;在我们这里,Doria 是土匪;在法国,Gognard 是土匪。

从理论上讲,宗教也导致犯罪,这也是一个非常有名的论断。在俄罗斯,Skakouni 教派把乱伦作为一项宗教活动;该教派的信徒阉割、肢解妇女,以此来实践对《新约》中一段论述的荒谬理解。还有人在教内吃人肉、杀死小孩,然后在圣餐中喝他们的血。但是,他们很注意在斋日不做这类事情。相反,在日本缺乏宗教道德,但却不能说这致使那里发生的犯罪超过了我们这里。

Parent 说:许多妓女与她们的情人或寻欢作乐的伙伴在一起时毫无信仰可谈,但在他们内心深处却不是这样,大量的观察结果证明了这一点。一名妓女在临终的时候,神甫拒绝进入她那不名誉的房间,她的同伴们想尽办法把她转移并安置在妓院之外;后来,为了为另一名已去世的妓女多安排一些弥撒活动,妓女们花了很多钱。一名妓女有一个病重的孩子,她经常点燃蜡烛,为孩子的病愈而祈祷。一名那波利的妓女为表示对 S. Brigida 的尊敬,拒绝在星期二接客。巴黎的所有妓女在星期五均不接客,除非受到逼迫。

根据最新的司法统计,在我们这里有 40 起犯罪案件是因宗教情感而发生的,有 226 起犯罪案件是因迷信而发生的。

在许多案件(例如,Boggia 案、Desrues 案、Micaud 案)中,宗教可能是一种被用来欺骗公众和避免司法机关怀疑的怪念头。关于这类情况,我在此不谈。

然而,如果想根据以上事例将宗教解释为引发犯罪的诱因,这种推断过于笼统和夸大;同样,如果根据某些相反的事例而对无神论者或实证主义者提出类似指控,也是荒谬的和可笑的。

犯罪人的情感都很感性和突然,他们特别地唯物,说这种情感取决于微妙和高尚的宗教追求或者取决于哲学家的深思熟虑,这真太夸奖他们了。我是想把犯罪人的宗教比喻为细脆和松弛的缰绳,它阻止不住狂暴或者桀骜不驯的野马为所欲为,当它完全被摆脱时,大错已经铸成,因此,它既不产生好的作用,也不产生坏的作用,只不过会使路人产生某种幻想。至于犯罪人的无神论,在我看来像是下流者用来掩盖和文饰自己的愚昧的博士袍和装样子的厚书。

在此没必要提及真正高举无宗教和无神论旗帜的巴黎公社或阿尔科莱公社,使人产生了怎样的恐怖,倒是比较有必要提一下 Albigesi 教派和 Ugonotti 教派的行径,在它们手中,宗教被用来掩盖世俗情欲或者政治目的。

实际上,那些无耻的和血腥的反宗教场面正是出现在刚刚开始朝觐活动的国家,在那里,主教们入座于公共教育委员会中;或者出现于还在为建立神权统治相互争斗的国家;而在达尔文、康德、斯皮诺莎和边沁所提到的国家中却不见踪迹,在这一类国家中,功利主义和实证主义不是仅仅得到模糊不清的反响,不是仅被察觉而未被理解,不是仅被作为时髦来追求,不是仅被用来表示对统治者的不敬,不是缺乏牢固的信念基础;而是已经渗透进许多人的内心,已经产生出实实在在的成果,例如:Frobeliani 花园、合作商店、人民银行、刑事精神病院、学校的完全世俗化、对各种意见的完全容忍态度(这是那些思想混乱和片面的人根本做不到的)。我认为应当特别强调这一点,因为我知道许多政治家虽然相信实证学派的真理,但却极力扼杀该学派的尝试,担心这会助长共产主义观念和犯罪倾向,而实际上,这仅仅注意的是表面现象,真实情况可能恰恰相反。

Chapter 10 第十章
犯罪人的智力和文化

如果能够像确定头骨容积那样计算出犯罪人智力的平均值,我认为人们可能会得到同样的结果,即发现他们的智力平均值低于正常人。

Thompson 认为,几乎所有的犯罪人都智力低下,有精神病,或者愚笨;实际情况已经不是这样。但是,所有的犯罪人,包括那些天才的犯罪人,都在某一方面存在智力上的缺陷。

他们多数人感到缺乏足够的精力从事连续的和辛苦的工作,他们最希望的就是不干任何事情。法国的窃贼相互之间以"pegres(懒汉)"相称。从法律上讲,犯罪人和最经常蹲监狱的人都不同程度地表现出游手好闲的特点。

无论吉普赛人怎样勤奋,他们都很穷,因为他们不喜欢多劳动,只要饿不死就满足了。Vidocq 写道:盗窃犯不适宜从事任何要求有旺盛精力或勤奋精神的工作。除了偷以外,他们不可能,也不会做任何其他事情。

Lemaire 曾对法官说:"我一贯游手好闲,我知道这是一种耻辱;但是,我没力气劳动;劳动需要花费气力;我不可能也不愿意这样做;我只是在做坏事时感到有精力。由于必须劳动,我不再想活下去;我宁愿被判处死刑。"

Lacenaire 犯罪的首要原因肯定是懒惰。他童年时代的老师说:他懒得连夜里起来解手都不愿意,因而总是得叫他。他总是在那张脏床上酣睡,在被反复而且费劲地叫醒后,才从床上或者说从他那脏窝中爬起。无论怎样惩罚他,无论同学们怎样看不起他,都无法使他改正。所有的职业或者工作,对于他来说,都是在上刑。Jacquard 杀死了自己的父亲,因为父亲批评他在工作中懒散,宁肯整夜独自地呆在马厩中不睡觉,也不愿意走动。

或许正是由于这一原因,几乎所有重大罪犯,包括那些很聪明的罪犯,在学校的考试成绩都很糟糕,例如,Verzeni、Agnaletti、Bourse、Raymond、Donon 和 Benoist。

Parent-Duchatelet 写道:懒散是妓女的特点之一;她们 10 个当中有 9 个整日无所事事。

在 41 953 名被意大利法院判了刑的人中,有 2 427 人是乞丐。根据 Curcio 的统计,每 100 名游手好闲者中有 9 人是被判刑人,所犯罪行主要是侵犯财产罪和侵犯公共秩序罪。未成年犯中的 33% 和 1871 年未成年被判刑人中的 48% 是因游手好闲和四处流浪而入狱的,这个数字在西西里和撒丁的炎热地区最高达到 65%。

在法国,在 76 613 名刑事被告人当中有 11 367 人是游手好闲者。

犯罪人的另一个智力缺陷是特别轻浮和精神浮躁。在瑞士,据统计,44% 的罪犯是因轻浮而干坏事的。

Parent 写道:很难理解妓女的轻浮;人们不能使她们的注意力集中,不可能让她们进行稍长一些的论理。对此的解释是她们对未来命运不作慎重考虑并且漠然置之;老鸨们就是利用这一点让她们听命于己并让她们将自己脱光。同样的情况也发生在那些容易浮动、特别容易轻信的罪犯身上。Nicolson 讲述过一名囚犯的故事,此人听信同伴的说法,每当医生从走廊经过时,就必定把脚从牢房中伸出,为了接受检查。我遇到过一名囚犯,他把测量其头骨看作是危险的和恶意的行为,要不是有警卫在场,他可能会把我杀了。Mottino 是个很粗心的人,当庭长问他是否确实向一位姑娘许诺要娶她时,他乐滋滋地回答说:"然后把她领到哪去,阁下?去岩石下?"Accattino 在去抢劫时,在第一间房子里发现有鱼和面包,他就不走了,坐在那里,停下抢劫活动,安安静静地吃起了鱼和面包。Keller 写道:实施比较严重罪行的人都根本想不到自己会被发现,在被抓住后都表现得很吃惊,往往会做一些对自己有损并且有利于查清其犯罪事实的事情。

这种头脑的轻率致使盗窃犯经常谈论自己的犯罪,甚至同警方人员谈这些事情,并且发生这样的情况:"犯罪人自己在未受任何调查的情况下不经心地说出事实真相"(亚里士多德);他们像孩子一样让人随意摆布和琢磨。

Vidocq 说:"盗窃犯很愚蠢,同他们根本用不着斗心眼儿;甚至在被逮捕后也不比先前明白些;许多人虽然知道我是警方的人,也非要向我讲述他们的计划。"

如此轻易地向他人坦白,这在很大程度上取决于这样的习惯:犯罪人喜欢结交朋友,并且容易相信陌生人,只要其表情和暗语也像是个倾向于犯罪的人。

正是由于这种不谨慎的特点和喜欢与同伙寻欢作乐,所以他们经常在逃跑后又回到以前常常相聚的地方,因为他们受一时情欲的支配,总是情不自禁地要去满足产生于内心的愿望,而且,不到大祸临头,他们从来不去预见可能发生什么灾难,至少不去权衡灾难的严重性,在他们看来,灾难可以因大家分摊而减轻。

总而言之,犯罪人缺乏逻辑头脑,并且总是很轻率;犯罪和促使犯罪的原因经常是不相对称的,而且,正如我们前面谈到的,几乎总是在执行中发生错误;律师们利用这种错误去证明自己的委托人是无辜的或者精神不正常。犯罪人无论怎样机敏,在实施犯罪时总是表现出不谨慎,这是其本身的特点。狂暴和强烈的情感使人丧失标准。喜欢实施犯罪,喜欢品尝动手时的滋味,喜欢向他人传递消息,这些都可能导致执行中的错误,致使最迟钝的司法机关也能发现犯罪的蛛丝马迹。

Lafarge 给丈夫送去一张下了毒的馅饼和一封信,信中让丈夫吃完午饭后就立即尝尝那张馅饼,她没有想到丈夫不可能把饼全部吃掉,剩下的馅饼和她那封信能够昭示谁是这一残忍犯罪的作案者。

Rognoni 杀死了自己的兄弟,他想方设法地证明犯罪时自己不在现场,但是,他忘记洗掉自己衣服上的血迹,并且在犯罪实施过程中他开了一盏灯没关,从而可能使保卫人员或邻居发现其踪迹。

Rossignol 在自己的箱子里保存着被害人的两根手杖。

Fusil 在完成犯罪后就立即逃跑了,并且改换了名字,但是,他在短短的几天中就花光了偷来的钱,他在写信向朋友要钱时泄露了自己的假名字,因而很快就落入法网。

Trossarello 为杀死 Gariglio 而进行了几个月的策划,向刺客隐瞒着自己的名字,但后来他向许多人透露了自己凶残的想法,而且,尽管已经知道肯定会被逮捕,也没有逃跑。

犯罪的行家

在许多情况下,某些犯罪人看起来有着非凡的技艺。但是,如果我们认真观察一下,就不再感到惊奇。他们获得这样的成功是因为他们经常重复实施同样的行为;即使是笨人也会成为一项不断重复行为的伶俐者。

不仅窃贼几乎总是偷窃,而且在窃贼中,有的只盯着商店,有的则只盯着住家。甚至在这后一类人中还有着更细的划分。Vidocq 说:那些偷窃住家的窃贼,有的是靠冒险碰运气；另一些人则经过较长时间的准备，他们租一套相邻的房子，装得很朴实，或者先同看门人串通好，或者准备好假钥匙；还有的人以登门拜访为借口入室行窃。在伦敦港的窃贼中，有的持械抢劫小船，盗窃大型的锚和缆绳；有的扎破粮食口袋，以便进行大量的敛拾；有的偷窃船上的铁和燃料，等等。Mayhew 和 Binny 描述过伦敦的 10 种乞丐：外地的乞丐、饥饿的乞丐、假装有病的乞丐、假装死里逃生的乞丐、上访的乞丐，等等。窃贼也有不同的区分，有的溜门撬锁；有的利用麻醉品行窃；有的住在铁路旅店，清早提走旅客的箱子；有的用钩子进行盗窃；有的偷窃奶酪；有的从住家的庭院中盗窃；有的偷马、狗或猎物。一项官方的统计证明：在伦敦，有 141 名偷狗的窃贼、11 名偷马的窃贼、28 名假币制造者、317 名假币贩卖者、323 名诈骗犯、343 名窝赃者、2 768 名无理取闹者、1 205 名流浪者、773 名扒手、3 657 名普通窃贼、217 名溜门撬锁者、6 371 名妓女。总共大约有 17 000 名犯罪人，差不多每 140 名居民中就有 1 个。《论 Bianti》一书的匿名作者列举了 37 种诈骗方式，每一种都有其专门的名称，从事诈骗的乞丐在 1500 年的意大利蒙骗了所有的世人。

Locatelli 写道：

> 一段很长的经历使我确信：那些干坏事的家伙几乎都用自己特有的方式去实施其罪行。比如，并不是所有的抢劫犯都对被害人使用威胁的语言。有些窃贼特别善于撬锁和在墙上打洞；有的窃贼能够爬上钟楼，但却打不开最薄弱的防护装置；有些窃贼能够悄然无声地逃跑；有些窃贼能够毫不畏惧地在大庭广众下进进出出；有的窃贼手脚很轻，能够神不知鬼不觉地脱去人的衬衣，但却不敢跨越商店或住宅的门槛，即使这些地方并未设防；有些窃贼对一切都顺手牵羊；有些窃贼则不屑为一些不大值钱的东西去动手脚；有些窃贼盗窃牲畜非常内行，却没有足够的胆量撬开鸡舍的门。

这些犯罪的行家或许有着自己特有的心理，这能从一些主要的类型中看出。

投毒犯几乎都属于较高的社会层次，文化程度不同一般，例如：医生或化学专家，他们面容和蔼可亲，喜欢社会交际，具有说服人的能力，对于他们的被害人一直具有魅力，而这些被害人往往是他们最亲近的亲属。他们自认为肯定受不到惩罚，并且对此种犯罪有一种特殊的喜好，这促使他们同时侵害多人并且几乎毫无理由地采取行动，例如：Lamb 除了害死丈夫和孩子外，还毒死一位女友和一位女邻居，这两人与她没有任何利害关系；May 用砒霜毒死 14 个孩子和一个兄弟。他们犯罪的动机几乎都是贪婪、爱情或纵欲。他们伪善、镇定、善于掩饰，直到生命的最后一刻还在叫屈，并且将犯罪的秘密带入坟墓。在我们这个时代，他们很少勾结一名以上的同伙，而在几个世纪之前则情况恰恰相反，当时，在法国和古罗马的上流社会中，这种犯罪像是传染病，尤其是在女人当中。

鸡奸者往往也具有较高的文化程度并且很有才能（是职员或教师）。同前面提到的人不同,他们有一种奇怪的结伙犯罪的需求,希望建立真正的集合体,在其中,他们一见如故,有时还一起去外国旅行。通过 Casper 和 Tardien 提供的信件,我们可以理解那种低级情爱怎么能够带有浪漫主义和神秘主义的色彩(不看到信件,我们可能不会相信)。他们的侵害行为几乎从来不针对个人,相反,往往是(几乎同时)发生在许多人之间。这些犯罪人有的层次很高,他们喜欢工作和女性服装,喜欢穿制服、戴首饰、敞胸露怀、留卷发;他们把邪恶的习俗同高雅的艺术情调结合起来,喜爱收集图画、花卉、塑像和香水;作为一种返祖现象,他们通过自己的罪恶使人想起古希腊的格调。他们大多数都比较诚实,意识到自己是有罪的,他们与自己下流的习惯进行长时间的斗争,他们为此而伤心、自责并且掩藏自己。但是,那些下层社会的鸡奸者却喜欢龌龊,他们更喜欢味道令人恶心的香水,他们冒用女性的姓名,并且帮助发生在巴黎的最胆大妄为的盗窃、最凶残的杀人和特殊的敲诈。

盗窃犯,同妓女一样,特别喜欢穿色彩鲜艳的衣服,喜欢戴一些小装饰品、项链、甚至耳环;他们非常无知,并且非常迷信。由于害怕被当场抓获,他们说起话来几乎总是不知所云;利用任何一个机会转移话题。对于那些与其讲黑话并且看起来像是同行的人,他们一见如故。他们经常表现出浪漫的爱情,但所钟情的总是妓女,后者是他们天然的同盟。Vidocq 写道:"同这些妓女生活在一起的是窃贼,如果此人不是奸细的话。"他们喜欢成群结伙地犯罪;尤其喜欢生活在大城市的喧闹和叫喊环境之中,离开了大城市,他们就像鱼离开了水。他们不能够连续工作,撒谎从不脸红,并且很难改造,特别是女性,女窃贼往往也都是妓女。

谋杀犯对外人总是装着很温和、令人怜悯、神情镇定,他们不太喜欢喝葡萄酒,但非常沉醉于赌博和淫色。他们相互之间表现得放肆、狂妄、对自己的犯罪很骄傲,在犯罪中他们的胆量和体力得到增长,智力却得不到增长。他们有时候显得很有技术,那多半是因为总是在重复同样的行为。Boggia 让被害人去交委托书,把其带上阁楼或者带下地窖,然后总是一击将其毙命。Dumollard 答应为女佣找工作,把她们带进树林,然后将其洗劫,勒死并且掩埋。Soldati 把被害人勾引到树林中,将其强奸,并且焚尸。

Locatelli 写道:懒汉和二流子几乎总是乐呵呵的,他们也比较简朴和脾气温和,因此总是躲避喧吵,尤其是躲避斗殴和流血。我认识一些这样的人,他们已经被判刑入狱十多次,对人世间的苦难和不公麻木不仁,但听到杀人的事情就发抖,强烈和公开地责骂那些参加监狱中小集团的人,甚至不惜冒着个人危险。在犯罪的阶梯中,他们很难越居领先地位,这倒不是因为他们特别注重公众舆论的谴责(实际上,他们知道自己已经被公众所唾弃),而是因为他们从内心深处反感那些比较严重的侵犯人身和财产的罪行。

我不记得有哪个懒汉是以体力不支为借口来为自己辩解的(有病的情况除外),相反,他们所有人,或者说几乎所有人,为开脱自己而找的借口都是:难以找到适合自己的工作。甚至,不少因懒惰而受到警告的人都很厌恶工作,这种厌恶不是产生于体力上的劳累,而是产生于对单调的肢体活动难以忍受的厌倦,一些大生产的分工使工人受此单调之苦。还有些受到警告的人不愿意从事自己受过训练的职业,而宁肯去干一些对健康和生命都具有严重危险的活计。

某 G. 从事的是制鞋业,他对锥子和线绳有一种无法消除的厌恶感,他有时候很不自然地弓着一只腿,装成肌肉挛缩的样子去乞讨;他可以冒着生命危险在严寒的冬季爬到邻居的屋顶上去逮猫,他身上留有他所喜爱的动物造成的咬伤和抓痕。

他们一般不容易产生强烈的性爱情欲,这种情欲能够使真正的歹徒铤而犯罪。

天才的犯罪人

然而,不能否认确实存在一些真正具有天才的犯罪人,他们能够创造出新的犯罪形式,是真正发明邪恶的人。

毫无疑问,Vidocq 就是一个具有天才的人,他成功地脱逃二十余次,并使数百名罪犯落入司法机关的手中,我们可以从他的回忆录中看出一种真正的犯罪心理。Cagliostro 曾经对亲王和国王实行盗窃和诈骗,他被传说为是个很有灵感的人,是先知先觉者。Norcino 和 Pietrotto 也有着特殊的天才,任何一所托斯卡纳的监狱都无法将他关住一个月,这两人在事先向看守人员发出通知后逃逸。Dubosc 不仅在被判处死刑后成功地逃之夭夭,而且还在监狱里找了一个情妇。

据说,Di Hessel 轻轻一吹就能打开一把锁;他用一小块木头和一节绳子就打开了他所在监狱的厚重大门。

圣埃伦娜的 Pontis,即所谓的 Cognar,在杀死了一个同名者后到处搞冒名顶替,死者的亲属、某些将军和部长都被他所欺骗,他被任命为上校,并且被授予许多荣誉;要不是一个狱友认出了他,此人可能会被追认为元帅。

作假者 Sutler 在牢房里成功地为狱友 Cravet 伪造了一份特赦令,如果不是因为突然发生了预先没有想到的情况致使骗局被戳穿,后者可能已经被释放了。

G. Ruscovich 身材瘦高,头发乌黑浓密,有一双聪明机警的眼睛,能够非常完美地讲英语、法语、意大利语、阿拉伯语、希腊语、罗马尼亚语和德语;通晓物理学,尤其是化学,对于文科也无所不晓,特别是历史和医学。

他于 1845 年被的里亚斯特法院判刑入狱,后来又因作假罪被伦敦刑事法院判处 6 年苦役,在此之后,他通过新的作假活动,不仅成功地获得狱方的释放,而且还让英国政府向他支付了200镑的补偿费。就在他准备领取另外500镑的现款时,人们发现一位大人物写给英国女王的信是假的,这封信说:有个曾因作假罪而受到缺席判决的人在巴黎的一所医院中奄奄一息,他承认被归罪于 Ruscovich 的作假罪是由他犯的。

他逃离英国后躲藏在比利时,在那里,冒名 Osman Iussuf 涉嫌与 Allah-Bey 一起犯有谋杀罪和作假罪。在法国,他以 Frank-Weber 的名字向巴黎的银行提交了1份800英镑的文件,伪造 William 公司的签名,成功地提取了400英镑;由于这件事和另外3起伪造事件,他受到塞纳重罪法院的审判。但是,他使用意大利公使团的护照,化名 Dottore G. 逃到了意大利。

为了获得这份护照,他写信给梅莱尼亚诺的市长,要求得到出生证明,他说:他的父母是来自伦巴第的移民,在他还是孩子时就把他带到了美国,父母很快都死在了美国,以致他对自己的家庭情况一无所知,只知道父母都是梅莱尼亚诺城市的人;他非常遗憾地从报纸上得知,奥地利人逃跑时烧毁了梅莱尼亚诺城的出生登记册。但他相信市长能就他的出生问题写点情况。市长给他回信说:针对出生登记册的灭失,他们采取了补救措施,进行了一切可能的调查,但没有发现他的名字。G.利用载有他的真实姓名和地址的市长来信的信封,模仿市长的笔迹,伪造了一封内容完全相反的信件,并将其交给意大利公使团,获取了向他发放的护照。

到了米兰后,他在那里行医,免费地向穷人分发药品并给他们治病;与城市中的真医生一起会诊,竟治好了 P. 律师的病,使其女儿爱上了自己;就在准备结婚之时,他正热恋着一名妓女。

由于计划中的婚礼需要用钱,他来到里窝那,化名 Carles Beadham,向 Uzielli 银行出示同名护照和一封伦敦的信件,要求根据两张带有假签名的支票向其支付800英镑。就在这时,事情败露,在重新犯诈骗罪时被抓捕归案。

入狱后,里窝那爆发了霍乱,G.继续自称是毕业于波士顿医学院的"医学博士"(虽然他声明自己没有上登记簿),给霍乱患者和其他病人看病,以证明自己的医学水平;他还帮助囚犯进行笔记鉴定。就在病情肆虐的那几个夜晚,在没有医生的情况下,他被叫去进行先期的救治工作,他以监狱医生的名义开药方,真正的狱医后来不得不惋惜地指出:他的签名仿造得极像。

Locatelli 认识一名盗窃犯,他不仅能够背诵我国《刑事诉讼法典》的有关规定,还熟知奥地利的法典,他对这两部法典经常进行机敏的比较;他向狱友们提供法律咨询,大家都称他为"博士",对他的信任超过了对真正的律师的信任。

Baumont 在大白天把法国警察局钱箱中的钱全部卷走,在作案时,他让一名站岗的军人跟着自己,好像是他的贴身警卫。Iossas 对自己的作案计划精心策划了好几年,采用令人惊奇的手段搞到锁的印痕。出纳员一直很谨慎地不让他看到钥匙,一天,这位出纳员被他说服去乡村散步,在半路上他们遇到一位怀孕妇女因鼻子大出血而濒临死亡并向他们求救。这时需要一把钥匙;每个人都掏出自己的,出纳员把他的钥匙放在病人的肩膀上,用来制作印模的蜡就藏在病人的背下;就这样,几天之后,盗窃案发生了。

1869 年在维也纳捉住了一名窃贼,他发明了 32 种能够打开秘密锁的工具。在 Sing-Sing 的监狱,一名囚犯成功地用监狱斋食日吃剩下的苹果和土豆酿成酒,并且把产品密藏了很长时间。

但是,这些天才的罪犯,一般来说,也缺乏足够的先见之明或机警,因而他们的一些犯罪活动往往功亏一篑。在他们的天才中也包含着他们所特有的轻浮。Desrues、Thomas、Palmer 和 Troppmann 的罪恶活动,虽然进行了比较精巧的设计,仍然没能如愿以偿,因为总是有某个被害人的亲属死里逃生,从而设法揭露犯罪人并且不让他们的犯罪得逞。

我们前面对 Ruscovich 的非凡才智作了介绍,此人在监狱里给他的情妇写信,让她设法把自己房间里的一些东西藏起来,因为这些东西可能对他造成危害,并且让她从不同地方给当局写信,以此来搞乱犯罪人的行踪;但是,他这样做却使警方掌握了犯罪证据;在有关信件被查获之后,警方对信中提到的房间处所进行了搜查,在那里发现了商业办事处的签字、模仿签字的练习、封印,尤其是在里窝那向 Uzielli 银行出示的护照;经过笔迹专家的鉴定,所实施的作假行为昭然若揭,发现被害人 Charles Readly 的名字被改换成 Beadham 的名字。

我认识一名非常聪明的盗窃犯,他已经在科学研究领域有所成就,但在这方面,他也像在社会生活中一样表现轻浮。他可以用一段笑话、一首打油诗来代替论理。他非常善于模仿,因此没有创造能力;他仅靠三寸不烂之舌就在公众中取得声誉,当他受到某种情感的激励、产生某种自豪感时,就变得滔滔不绝。

犯罪的科学家等

令人高兴的是,在科学界犯罪的人极少,即使是在被指控犯罪的人中,有些人的罪行也尚未查实。因此,我只收集到关于 Bacone 的比较确实的材料,此人之所以犯贪污罪主要是因为意志薄弱,而不是因为内心邪恶。Sallustio 和 Seneca 也被指控犯有贪污罪,但缺乏证据。Cremani 是著名的法学家和刑法学者,后来变成了作假犯。Demme 是很有才华的外科医生,也是盗窃犯和投毒犯。据我所知,没有一位数学家和自然科学家因普通犯罪而被处以刑罚,只知道 Cesalpino 因某一他本人对其性质一无所知的罪行而名声扫地。

上述事实在一定程度上可以得到统计数字的确认,Messedaglia 指出:在奥地利,14 年中犯罪最少的阶层是从事科学研究的学者,只占犯罪人比例的 0.83%~0.71%(在伦巴第,占 1.21%~1.50%,但其中或许还包括政治犯罪)。

这种情况丝毫不令人感到奇怪。习惯于生活在晴朗的科学氛围中的人把科学作为自己的目标,并且钟爱科学,他们把真理作为活动的准则,能够轻而易举地克制残暴的情感,自然不愿意走曲折而无益的犯罪道路。另一方面,他们比其他人更清楚地知道犯罪不仅是非正义的和非理性的,而且也是没有好处的,他们总是与犯罪人想的不一样。

在文学家和艺术家中的犯罪就不那么为人所理解。在许多这样的人中,情欲经常占上风,因为它们往往是最强烈的灵感激发者,它们不大受真理标准的制约,这类人不像科学家那样尊重严肃的逻辑推理。因此,我们在犯罪人中发现有 Bonfadio、Rousseau、Aretino、Ceresa、Brunetto Latini、Franco,或许还有 Foscolo 和 Byron。在这里我们且不讲古时候以及野蛮国家的情况;在中世纪,匪首 Kaleiva Peag、Helmbrecht 和 Robin-Hood 都是诗人。

令人好奇的是,不少出名的谋杀犯或投毒犯都曾在诗歌艺术或者说在写诗方面小有名气,例如 Venosca、Lacenaire、Brochetta、D'Avanzo、De Winter、Lafarge。Hessel 发现 Bouget 在监狱里写了一个剧本,其中讲述了自己的故事;作者把牢房看作是工作室,使他躲开尘世专心致志地写作;他把逃跑的计划推迟到剧本写作完毕。

艺术家中的犯罪数量超过了文学家中的,尤其是那些因爱情或者职业妒忌而实施的流血犯罪。例如 Cellini 的一生,他曾多次杀人和盗窃。Andrea 背信弃义地刺死了 Domenico Veneziano,因为后者是唯一知道某幅油画秘密的人。Tempesta 为了娶一个姑娘而杀死了妻子。Filippo Lippi 对一名修女进行了盗窃。Herrera 伪造货币。Andrea 犯有诈骗罪。Bonamici、Benvenuto l'Ortolano、Caravaggio、Lebrun、Luino、Curtois、Cloquemin,都是杀人犯。人们注意到,在犯罪人中不少是画家,但雕刻家却极少(我只发现 Cellini 一人);没有一个是建筑设计师;这或许是因为,同在科学领域中一样,建筑设计需要进行冷静的深思。画家犯罪的或然率较高也可能是因为他们比其他人更喜欢喝酒。Caracci、Steen、Barbatelli、Pocietti、Beham 都是酒鬼,另外一些画家还开有酒馆。但是,在那些从事自由职业的人当中更常发生犯罪。

在意大利,我们发现 6.1% 的犯罪人属于文化素养较高的人;在法国,这个比例为 6%;在奥地利,为 3.6%~3.11%;在 Baviera,为 4%。

这些数字看来颇为严重,因为,相对而言,它们超过了某些其他社会阶层的犯罪比例。在意大利，每345名自由职业者当中有1人犯罪，每278名富人中有1人犯罪，每419名农民中有1人，每428名职员中有1人。

这不应当让我们感到奇怪；对于自由职业者来说，科学不是目的，而是手段，科学没有足够的力量克制情欲，却特别能够为犯罪提供武器，而且自由职业也为此提供机会，例如为医生投毒、为律师作假、为教师侵犯学生贞操提供便利条件。

文盲犯罪人

我们下面将考察的不再是高文化程度的犯罪人，而是文盲，这样的文化程度恰恰反映着另一部分人口的状况。我们在初步调查中得到的数字并不令我们感到很安心。

在法国，在比较粗野的中部区域，如安德尔、克勒兹，发生侵犯人身罪和侵犯财产罪的情况较少。而在文化程度较高的地区，如塞纳、默兹、Basso Reno，则出现较多的侵犯财产罪。

同样的情况也发生在英国和爱尔兰。在Sorrey、肯特、Glocester、米德尔塞克斯，犯罪出现得最多；而在文化程度较低的地区，如北威尔士、埃塞克斯、诺福克、康沃尔，则极少发生犯罪。Tocqueville评论说：在康涅狄格，犯罪随着文化程度的提高而增长。都灵、热那亚、米兰在意大利是3个文盲最少的省份，每7~14个居民中就有1名学生，但在这几年犯罪增加了1/3，从6 983人增长到9 884人。在意大利，从1862年到1869年，文盲士兵的数字超过了犯罪人的数字，就像法国1821年到1829年的情况一样。在苏格兰，同文盲的数量相比，犯罪人的数量增长得更快。

根据Curcio的统计，在我们当中，每333个有文化的人中有1名被判刑人，每484个文盲中有1名被判刑人。但后来他正确地排除了一些情况，使得上述比例改变为：每284个没有文化的人中有1名犯罪人，每292个有文化的人中有1名犯罪人。

但是，这些不大的差别对于某些犯罪类型来说更显得不起眼。3/7的被判刑人有初等文化程度；一半侵犯善良风俗罪的罪犯、一半违警罪的罪犯、2/5侵犯人身罪和侵犯财产罪的罪犯都接受过一定程度的文化教育。

在法国，每25 000名无文化的人中有5人受到刑事指控，每25 000名会读会写的人中有6人受到刑事指控，每25 000名文化程度较高的人中有15人受到刑事指控。

关于累犯和未成年犯的研究最明显地表明文化教育的徒劳无益。我们在前面已经介绍过，在意大利，累犯比一般的囚犯受教育更多。

在法国、萨克森、瑞士的监狱中,囚犯的文化水平都较高,因而,在这些监狱中,盗窃和作假行为的数量明显增加。

一般来说,在犯罪人中,平均75%到50%的人是文盲;但在未成年犯罪人中,只有42%是文盲,在有些省份(如伦巴第)为5%,在皮埃蒙特为17%。在1872年,在453名低文化程度的人中,51人能阅读,368人能读会写,401人能读、会写并且会计算;5人受过较高教育。

Lauvergne说:"浏览一下司法年鉴,人们会发现:最难以制服的和最屡教不改的犯罪人都是有文化的人。"

Messedaglia说得好,文化和愚昧都会引发各自的犯罪,因为文化与其说是一种道德理性,不如说是一种力量,一种更能使人行善而不是作恶的力量,但是,如果这种力量被滥用,在某些情况下也可能发生不同的结果。能读会写是一回事,具有必要的道德水平是另一回事。美国监狱协会主席Seymour也说得很好,知识是一种力量,而不是一种美德,知识可以服务于行善,但也可以服务于作恶。我想换句话来重复这样的道理:能够简单地从感官上知道字的形状和某物的叫法,或者知道科学技术的重大进步,这些都不能当然地提高人的道德素质,相反,这些有可能为干坏事提供有效的工具,创造新的犯罪,使犯罪更容易逃避法律的打击,使犯罪人所利用的武器更加锋利、更能致人于死地。例如教人如何利用铁路(1845年的Thiebert案)、石油(Comune案)、炸药(Thomas案)、发报机和数码(威尼托人Fangin就是利用这种手段告诉同伙要抢劫的邮车)。所有的犯罪人都是通过阅读审判材料贪婪地汲取他们前辈的犯罪技术。Mayhew在150名流浪者当中发现63人能读会写,几乎所有的窃贼也都能读会写。在他们当中,50人曾读过《Jack Sheppart》和其他的犯罪小说;文化程度低的让人在家里给他读;许多人称,这些书促使他们走上了歪门邪道。

在一些情况下,文化可能激励人干坏事,促使人超越自己的能力追求新的需求和愿望,尤其是在学校中使老实人和不老实人增加接触,如果教育者本人就在传布邪恶,特别是在教唆实施淫秽犯罪(例如在意大利和德国发生的情况),这类接触将变得更为有害。为了解释上面这番话,我只能援引监狱学校作例证,在那里,调皮捣蛋的人相互间增加了接触,他们长了见识,力量倍增,肃静和隔离的功效一下消失;大量的累犯是受过教育的人,而且统计数字告诉我们:与不属于累犯的犯罪人相比,屡次实施侵犯财产罪的数字几乎翻了一番(前一类人为28.47%,后一类人为67.40%),屡次实施侵犯人身罪的情况减少了大约1/4(40.13比32.54)。因而,在累犯中,要求机智的犯罪增加,同时包含暴力的犯罪减少。我敢说:从许多文明地区的情况来看,监狱学校起着助长犯罪的作用(至少是在累犯当中)。

第十章 犯罪人的智力和文化

在这里我还想援引但丁的见解：

"当智慧助长恶念和力量时，
任何人都没法阻拦。"

我还想补充的是：正如 Caruso 经常说的，假如他认识字，将能够征服世界。杀人犯 Delpero 在上断头台时称：他的不幸是因父母让他接受的教育所致，这种教育使他自命不凡，使他宁愿懒惰，也不愿从事报酬菲薄的工作。

然而，有些人片面地分析最近几年的数字，以下列事实聊以自慰：这些数字表明文化教育并不像以前那样有害；也就是说，文化教育只是在某种程度上有助于犯罪，它在其他方面可以成为犯罪解毒剂。在文化教育比较普及的那些地方，文化程度较高的犯罪人数量增加，而且超过了文盲犯罪人，这意味着：在中等程度文化的人中，犯罪在减少。因此，在纽约，6.08% 的人口是文盲，如果不算移民（他们在监狱人口中所占的比重最大），仅为 1.83%。在犯罪人中，文盲占 31%。在奥地利，守道德的年轻人中没有文盲，犯罪的年轻人中有 16%~20% 是文盲。我们根据 Cardon、Torre、Bargoni 的调查结果，列出文盲士兵和文盲罪犯的对比表：

	（在_____）	
在 1862 年	文盲犯罪人 60.50	文盲士兵 64.32
在 1863 年	文盲犯罪人 62.50	文盲士兵 65.46
在 1864 年	文盲犯罪人 58.20	文盲士兵 65.10
在 1865 年	文盲犯罪人 56.38	文盲士兵 64.27
在 1869 年	文盲犯罪人 64.00	文盲士兵 60.49
在 1871 年	文盲犯罪人 75.00（在监狱）	文盲士兵 56.74
在 1871 年	文盲犯罪人 50.00（在劳动场）	文盲士兵 56.74
在 1872 年	文盲犯罪人 79.00（在监狱）	文盲士兵 56.53
在 1872 年	文盲犯罪人 78.00	文盲士兵 56.53

在前几年中，文盲犯罪人比文盲士兵的数量少，在最近几年则变得比较多了；这是很引人注目的事情，因为累犯的人数越来越多，在累犯中许多人的文化程度较高，这本来应使犯罪人中较有文化者的比例提高。

奥地利的情况也同样如此，在那里，在 1856 年，文盲被判刑人占 54.90%；在 1857 年，文盲被判刑人占 58.90%；在 1858 年，文盲被判刑人占 60.80%；在 1859 年，文盲被判刑人占 61.43%。

在1859年,与文盲犯罪比例的增加相对应,较高文化程度者的犯罪也在增长。

在法国,1827—1828年,文盲士兵占56%,文盲犯罪人占62%;
1831—1832年,文盲士兵占49%,文盲犯罪人占59%;
1835—1836年,文盲士兵占47%,文盲犯罪人占57%;
1836—1850年,文盲士兵占47%,文盲犯罪人占48%;
1863—1864年,文盲士兵占28%,文盲犯罪人占52%;
1865—1866年,文盲士兵占25%,文盲犯罪人占36%。

从上述情况看,两类文盲的数量都在减少,但被判刑人中的文盲数量减少得颇慢,而且,在法国,21岁以下的犯罪人从1828年到1863年减少了4 152人。

在法国,在被判刑人中,文化程度较高者的数量也在增长,在1826年占千分之三点一,1860年则占千分之六点二。

因此,我们不能说文化教育是对犯罪的抑制,但也不能说它总是一种刺激。当文化教育在所有阶层中获得普及时,它将会发挥比较好的作用,使犯罪在中等文化程度的人中减少。

如果说以上说法适用于一般人口的话,它不应扩展适用于监狱人口,在监狱里,基本的文化水平不可能与一种特殊的教养相伴随(这种教养主要克制的是情欲和本能,而不是智慧),因而它绝对是有害的,它向犯罪人提供武器,使他们更精于犯罪,并且把他们变成累犯。因此,如果说必须在人民中广泛开展(包括强行开展)扫盲活动的话,在监狱中则不宜鼓励这样做,在那里最好也不要搞技艺(例如铁匠、石印、泥瓦工)方面的培训,这些技艺可能为某些犯罪提供便利。

从以下意义上讲,教育对犯罪施加着最无可辩驳的影响,即它改变犯罪的特性,使犯罪变得不那么凶残;肯定是由于这一原因,一些缺乏洞察力的人还以为教育也使犯罪的数量减少。我们在前面已经指出,在法国和英国的大城市,流血犯罪很少发生,实施这类犯罪的几乎总是些乡下人或山里人,而在大城市中主要发生的是侵犯财产犯罪;这种情况也出现在我们国家的累犯当中,累犯的受教育程度恰恰较高。在比利时,从1832年起,严重犯罪开始逐年减少,从每83 572件中有1件,减少到1855年的每90 220件中有1件。在瑞典,自1852年起,严重犯罪减少了40%。在法国,谋杀罪在1831年发生了263件,而在1860年则只发生了192件;在1845年后,杀人罪减少;在1855年后,投毒罪减少;在1846年后,杀害长辈的犯罪减少;相反,侵犯性道德的犯罪却在增加。

在奥地利,文盲所主要实施的犯罪依下列顺序分别为:强奸、抢劫、溺婴、杀人、主动堕胎、破坏他人财物、盗窃、重婚、谋杀、重伤害;文盲很少犯作假罪,犯得最多的是溺婴罪。相反,那些文化程度较高的被判刑人所主要实施的则是:渎职罪、伪造公文罪、作假罪和诈骗罪;没有人实施溺婴罪;采用公开暴力的犯罪也极少。

很大一部分妓女确实没有文化。在 4 470 名法国妓女中,只有 1 780 人会写自己的名字;只有 110 人接受过较高的教育。但是,这样的比例关系不存在于伦敦,在那里,3 498 名妓女没有文化,6 502 名妓女能够凑合地读写,355 名阅读和写作能力很好,22 人接受过较高的教育。

就智力而言,拿精神病人与犯罪人相比较,我们发现精神病人不那么懒惰;而乞丐在监狱中却占有较大的比例,在精神病院中则很少。精神病人总是在进行很夸张的、但毫无意义的活动,他们安然自得地在毫无用处和结果的劳动中消磨时光(我认识一位女精神病人,她用纸包砖头,甚至包尿盆;在包书时特别讲究对称,因而常常把书里的一些文字也裁掉);犯罪人则只为了对自己有直接好处的事情而劳动,而且经常是为了不好的目的。反过来讲,犯罪人很不讲逻辑,而偏执躁狂症患者则过分注重逻辑。因此,在科学家中比在犯罪人中更容易发现精神失常者。可以说,培根、萨卢斯梯奥(Sallustio)、塞涅卡和德麦(Demme)都有犯罪倾向,孔德、斯瓦麦尔丹(Swammerdam)、哈勒(Haller)、安培、牛顿、帕斯卡、塔索、卢梭、卡尔达诺(Cardano)都或多或少地患有抑郁症或者偏执躁狂症。

在我看来,犯罪的画家比精神失常的画家更多。对于音乐大师来说,情况恰恰相反,我们可以援引的例子有:贝多芬、古诺、唐尼采蒂、莫扎特、卢梭。

关于教育,还可以说:它助长某些类型的犯罪,减少另一些类型的犯罪,同样,它使某些形式的精神病增加,例如轻瘫、酒精中毒、文学躁狂症,又使另一些类型精神病减少,例如中魔躁狂症、传染性宗教偏执躁狂症、杀人躁狂症,并且淡化了所有这些犯罪和精神病的暴力和愚昧色彩。

Chapter 11 第十一章

暗语

在所有的大监狱里,屡教不改的犯罪人和结伙犯罪的人都有一个特点,即他们都使用自己特有的语言;这些语言在发音、语法和方言句型等方面没有什么变化,但用词却完全不同。

上述不同表现为多种方式。其中最普遍的和最奇特的方式使暗语与原始语言相接近,这就是:根据事物的特征来加以称呼,例如,称山羊为"跳跳";称死亡为"枯了"、"硬了"或"定了"。

这也能够帮助哲学家深入了解这些罪犯内心深处的秘密,比如说,告诉我们他们怎样看待正义、生活、灵魂和道德。灵魂被叫做"虚假";害羞叫做"红润"或"上血";躯体叫做"罩子";时间叫做"快速";月亮叫做"奸细";灯光的反射叫做"打扰";律师叫做"漂白粉"(他们也这样称呼那些可用来洗涤其罪过的事物);钱包叫做"圣人";血叫做"葡萄";监牢叫做"小圣像";抵押品叫做"圣物";施舍叫做"淘气";布道叫做"生厌";姐妹叫做"亲爱";膝盖叫做"虔诚";大炮叫做"残酷";画家叫做"创造者"。

有时候,一些隐喻形式的变化表现为所谓的"颠倒类比"。例如,把盐称为"学识";把嘴巴叫做"丈夫";把腌舌头称为"讲坏话者";那些俏皮多于见识的犯罪人特别喜欢用盐来作比喻。

对于那些没有敏锐的猜谜能力的人来说,最奇怪的和最难以理解的是暗语的编创;这种编创不但要考虑隐喻,而且还用语音作掩饰。例如,prophete 是指口袋或地窖,意思是"深";philosophe 指的是坏鞋,有时同样的发音还可以有"贫穷"的意思。

还有一些例子也反映着非常奇特和具有创造性的替换。例如,soeurs 指牙齿;centre 指他们的天然敌人,如法官或者宪兵;cravate 指闪电光;bride 指锁链;prato 指劳动场;planche au pain 指法庭;juge de paix 指刽子手;carlina 指死亡;sorbona 指头;suvagia 指石灰;cierta 是西班牙语中的死亡;lycee 指监牢;carquois 指买卖破布者的

第十一章 暗语

背篓;ducato 指高兴;morsa(钳子)指饥饿;troppo 指斗篷;cantaron 指刽子手;casa felice(幸福屋)指无期徒刑;bosco del mento(下巴树林)指胡子;rami(枝杈)指腿;denti(牙)指叉子;polenta(玉米粥)指金子;occhiali di Cavurro 指手铐,这后一个奇怪的句子反映了巴勒莫下层群众对政治司法的认识。

有时候,有些比喻还真有历史纪念意义,值得在普通语言中加以保留,例如,juilletiser(废黜)、franzoso(酒鬼)、spagnolo(乞丐)、forlano(扒手或醉鬼)、grec(赌博中的骗子)、bolognare(欺骗和盗窃)、murcio(西班牙语中的"窃贼",它起源于地名 Murcia,那是个窃贼经常出没的地区)。

同在野蛮民族中一样,许多用词是根据拟声法创造的。例如,tap 是标记;tuff 是手枪;tic 是钟表。在我们这里出现的一些拟声法创造有:guonguana(情人)、taf(不信任)、fric-froc(抽出),等等。

也有一些很随意的叫法,例如,papa(爸爸)是指司法机关领导;nona(奶奶)是指看守人员;pipet 指城堡;babi 指医院;pipetti 指钱。

创造暗语的另一种办法是歪曲原来词的发音,最经常采用的做法之一被 Marzolo 称之为"虚假的词源学推并"。例如,把 orphlin 称为 orfevre;把 filou 称为 philanthrope;在我们这里,alberto(鸡蛋)来自于 albume(蛋白);cristiana(帽子)来自于 cresta(鸡冠)。

在这里,人们显然是在玩弄词源学和语音的双重把戏,也就是说,把两个名词或特征混合在一起,例如:鸡蛋白和自己的名字合在一起成为 alberto。还有一些更典型的例子,比如:erdmann(人—地)是指"锅";darkmann(人—黑)是指"夜";Bernarda 指"夜";Martino 指"刀子";pere frappart 是指"锤子"。这又重新回到那种将无生命的物拟人化的做法,这是婴儿和野蛮人特有的习惯,许多神话故事都是由此而产生的。

在不少情况下,对原词的歪曲表现为塞入一个音节。这是吉普赛人编创暗语的特有做法。在我国罪犯的暗语中也不乏其例。例如,dorancher 是指 dorare(镀金);pitancher 是指 picter(喝水)。

更常见的做法是颠倒音节。例如,在西班牙暗语中,taplo 是指 plato(圆);皮埃蒙特的泥瓦工称 malas 为 salam;lorcefe 是指 force。但是,与我们国家中的犯罪人相比,这种造词法更为流行于伦敦食品贩子当中以及印度某些游牧家族的头领当中。

还有一种颇为常见的歪曲法,即改变原词的元音,例如,把 boutique 改为 boutoque,等等。

但是,暗语中用词的一个主要来源是外国词。在德国的暗语中有许多希伯来词;在意大利的暗语中有许多德文词和法文词;在英国的暗语中有许多意大利文词和吉普赛人的词。一些法国的暗语是我们给的,例如 mariol、furfante、boye(鞭笞囚犯的打手)、tabar、fuoroba(狱吏让人认真学习时发出的叫喊)。一些英国的暗语也是我们送的,例如 madza(中间)、beong 或 bianco(钱)、catever(坏事)、screeve(信)。德国人也给了我们一些暗语,例如 spilare(玩)、pisto(教士)、faola(畸形)、conobello(蒜)。

吉普赛人给法国人一些梵语的暗语,如 berge(年)、chourin(刀子);给德国人的暗语是 maro(面包);给英国人的暗语是 gibb(舌头)、mooe(嘴)。

在西班牙的暗语中有一些意大利语,如 parlar(说话)、formage(形成),以及一些法语,如 aller belitre。

荷兰的暗语有一半来自于希伯来语,有大约 1/4 来自于德语(我在 700 句中发现 156 句)。

在英国暗语中,Ascoli 和 Wagner 也发现一些希伯来语的痕迹,例如:cocum(狡猾)。在意大利的暗语中,sacagn(刀子)和 catoffia(监牢)均来源于希伯来语。

但是,暗语中最独特的成分来自于一些古老的并且已经完全在现代词法中消失了的词句。例如 arton(面包)、lenza(水)、strocca(妓女)、marcone(拉皮条者)、cubi(床)、crea 和 criolfa(肉)、gianicchio(冷)、benna(酒馆)、bolda(制奶酪的模子)、pivella(姑娘)、nicolo(不)、ruffo(火)、zera(手)、archetto(枪)、bietta(斧子)。在法国暗语中有:etre chaud(不信任,来自于 cautum)、juste(邻居)、cambriole(房间,根据 Ascoli 的观点,这是来自于古老普罗旺斯语)。在西班牙语中有 milanes(古老的米兰工厂制造的手枪)、joyos(刀剑,来自于一种剑的名字)。

英国的盗窃犯非常顽固地保持英国自己的说法,他们还在使用 frow 来指"姑娘",使用 muns 指"嘴"。

有些远古的残余甚至使我们回想起象形文字时期,例如,在意大利的暗语中,serpente(蛇)是指年;mamma(妈妈)是指土地和乳房。

第十一章 暗语

这些古老的说法也非常特别,它们在暗语的表述中极不稳定并且变化无常。在短短的几年时间中,我在帕维亚和都灵发现这类暗语的含义发生了许许多多的变化;例如,gra 指小偷;michino 指小伙子;pila 指钱;guffi 指警察;spiga 指道路;stec 指刀子;gian 指士兵;piota 指酒馆;scuro 指律师;caviglia 指 100 里拉;gamba 指 1 000 里拉;busca 指 50 里拉;vecia 指强奸。

暗语还有一个很特别的地方,这就是它们传播广泛。意大利的每一个大区都有自己的方言,卡拉布里亚人可能理解不了伦巴第人的方言,然而,卡拉布里亚的盗窃犯与伦巴第的盗窃犯却使用着一模一样的暗语。例如,他们都称葡萄酒为 chiaro;称面包为 arton;称口袋为 berta;称无关紧要的事情为 taschi;称衬衣为 lima;称水为 lenza;称肉为 crea。Marsiglia 的暗语与巴黎的暗语相互一致。

这种情况,如果说对于德国和法国来说还比较容易理解的话,对于意大利则颇为费解,尤其是几年前被政治藩篱和关税藩篱加以分割的意大利,这些藩篱本来应使犯罪人遇到更多的困难,但相反,他们似乎丝毫没有放松自己的活动。

更为奇怪的是,这种相似性也出现在一些完全不同的国度(意大利语和德语都称金黄鹂为 tick;前者称雪为 bianchina,后者称之为 blanker)。以致 Borrow 怀疑所有的暗语都同出于一源。但是,对这一现象的解释,至少就许多意识形态上的相似性而言,应当在相同的环境中寻找。实际上,印度 Tug 人的暗语与我们的暗语在观念上是完全相同的,虽然我们这里的流氓与他们显然没有任何联系。至于语音方面的相似,这里也有犯罪人不断流窜的原因,为了躲避司法追究,为了不让被害人认出自己,或者由于天生喜欢游荡(他们为此而背井离乡),他们总是改变自己的住处,并且把一个国家的语言表述带到另一个国家。在 rothwelsch 语中,流浪叫做 strohmer,意思是水波。

所有的人都认为流氓的暗语是为了躲避警方的调查而开始编造的。毫无疑问,这是一个非常重要的原因,尤其是对于那些我们最常见到的话语表述;犯罪人用不同的名词作代词,例如,mamma(妈妈)指"我",otto 的意思是"对"。在撒丁语中,暗语被叫做 cobertanza。当 Latude 与其同伙为逃出巴斯蒂利亚而准备绳索和梯子时,他们约定使用隐晦的名词称呼所有的事情,以对付偷听他们谈话的警察密探。但这不是唯一的原因;为了理解这一点,可以看看诗歌里使用的暗语,对于诗歌来说,没有必要躲避大家的注意,甚至人们极力通过吟唱来引起注意。警察自己也使用暗语;犯罪人在自己家庭内部也说暗语;此外,人们在编造暗语时往往不是完全改变词汇,而是千方百计地打字谜,往词汇里加进一些约定俗成的音节。当然,流氓的暗语很少采用此种方法;这样做的主要是那些游戏中使用的暗语。

除了自发产生外,暗语的某些机制和本质也肯定类似于语言和方言;方言是根据地域、气候、习惯和新的交往而自然形成和改变的。暗语不是一种例外的现象，而是一种很普遍的现象。从某种意义上讲，每个职业都有自己的暗语，即从职业用语发展到其他方面的暗语；例如，医生会对你说：爱是一种心脏缺损；而化学家则告诉你：他的爱是发烧40度。几乎每个家庭都从对其影响最深并且导致特有观念的形成的事件中得出一套暗语。我们同自己的孩子之间也形成了一套特殊的暗语。因而，tata 在一些家庭中意指"阿姨"，在另一些家庭中则意指"姐妹"或"女娃"。

编造自己的暗语，这种倾向在那些从事同一职业的个人当中不断增长，尤其是当所从事的职业并不光明正大时；这种特别存在于那些被迫过着游荡生活或者暂时寄居生活的人，特别是当他们面对整个公众受到一定限制时；他们以特殊的语言确认自己属于某一共同体的成员，或者避免他人的监视。我在同一个大山谷里发现有清扫烟囱者的暗语、葡萄种植者的暗语、招待员的暗语、粉刷工人的暗语；在附近，还有泥瓦工的暗语、制锅工人的暗语；这些暗语都很相似，并且往往与犯罪人的暗语是一样的。Ave-Lallemant 谈到食品商贩的暗语、妓女的暗语、医学院学生的暗语、江湖骗子的暗语，他们的话都很押韵；在维也纳，饭店的伙计们使用着变了味的英语和法语；马车夫、船夫和猎人也都有各自的暗语。

那些有着自己特殊的习惯和本能并且总是提心吊胆和搞欺骗的人们怎么能不强烈地感到需要将自己的思想编进一种特有的语言中呢！

此外，这些人相聚于同样场所、监牢、妓院和酒馆，他们不愿意与志趣不相投的人交往；愿意与那些无须防备、一见如故的人称兄道弟，正如 Vidocq 所说的，他们恰恰把暗语作为识别工具，作为口令。如果没有暗语，他们那种喧哗外露的需求（此乃他们的秉性之一）不但会使他们过早地面临警方的调查，而且也会让他们的被害人提起警觉。

精神和感觉的飘忽不定也必定是暗语产生的原因之一，人们在寻欢作乐中捕捉到一个新词或者一句荒谬奇特，但生动放纵或粗野的话，就把它们传开，并且用来丰富自己的词汇。就像学究们热衷于收集某些14世纪作家的、含有语法错误的句子或者最为乖僻的和最偏离普通用法的表述一样，犯罪人也把流落在他们当中的某些学生的句子视若珍宝（在巴黎的拉丁街区，此种情形并不鲜见），并且愿意将其流传，用来装扮自己。对隐晦和嘲讽的爱好促使他们把这些话语变得更加奇怪、淫秽和乖僻。

人们也可以这样说：歪曲或者编造某些话语，就同接受文身的折磨一样，是追求新奇的结果，在长期的监禁生活中是一种无所事事的消遣。

犯罪活动以及几乎总是四处游荡的职业迫使人们与外国人发生交往，这从一方面解释了为什么在德国、英国等国家的暗语中存在大量的希伯来词和吉普赛词；

第十一章 暗语

另一方面,这也是意大利的暗语能够在繁多的方言包围下保持统一性的原因。

这种情况现在发生得更多,因为,出于安全保障的考虑,犯罪人比士兵更经常地被发送到本乡省份之外。

但是,几百年来流传下来的传统也对此发生着重要的影响,在暗语中出现的那些非常古老的奇怪词汇(如 arton、lenza)就足以证明这一点。带有上述特点的暗语,虽然以现代方式加以表述,但可以追溯到很古老的时代,能够在1350年的德国发现其踪迹。1549年在威尼斯出版的一本关于暗语词汇的书告诉我们:几乎所有当时的语言表述都把上帝称为 maggio(五月)、把灵魂称为 perpetua(永恒)、把蒜称为 conovello、把讲话称为 cuntare、把医生称为 dragon。

那些没有家庭的游荡者怎么能够如此忠实地将他们的传统语言流传下来,这是一个颇难理解的问题。类似的(甚至更突出的)情况也同样涉及文身现象;另外一个与此相类似的现象是被叫做 zink 的信号,人们用点燃的火传递信息,或者指示要打击的目标,此种做法是从非常古老的时代流传下来的,或许先于文字而出现。

士兵、水手也没有家庭,并且常常是没有祖国,我们在他们那里就看不到很古老时期的习惯和传统的流传吗?

但是,这里最重要的可能是返祖现象。人们以不同的方式讲话,因为他们有不同的感觉。人们以野蛮人的方式讲话,是因为他们面对繁花似锦的欧洲文明却生活在野蛮状态;因此,他们同野蛮人一样经常采用拟声法、自由联想法和对抽象事物的拟人化。在这里我想援引 Biondelli 的精彩论述:"被政治的和自然的藩篱相互隔离的人们在自己的秘密集会中找到同样的方式,并且隐秘地创造出其本质完全相同的语言(虽然有着不同的发音和词源),这究竟是什么原因?不遵守任何道德规范并且沉溺于邪恶的放纵之中的人,在编创新的语言方面,同那些最早为结成社会而努力的野蛮人大同小异。原始的语言充满了拟声法;给动物起名字的方法与暗语的做法一样;在吉普赛人的语言中,鸭子被叫做'大嘴'。"我要补充的是(但愿我不太冒昧):根据词源学推导所做的篡改以及对音节的颠倒,这些做法在上述语言中是很自然的,例如,"狼"来自 wolf;tener 和 teren 的关系;inchiostro(墨水)变成了 vinchiostro;有时候,两个词源学含义被相互合并,例如,capello(头发)来自于 caput(头)pilus(毛)。

因此,把土地称为 mammella(乳房),把年称为 serpe(蛇),这些暗语表述反映着 Cibelica 神话,或者是对埃及象形文字的翻新,对于它们,我宁愿用向古老时代的心理回归来加以解释,而不愿将其解释为猎奇。

Chapter 12 第十二章

犯罪人的笔迹

我们往往对一些常见事物的意义和价值熟视无睹,因而,在许多人看来,从一个人的笔迹可以发现其心理状态的某些蛛丝马迹,这种观点是肤浅的和离奇的。大家都承认:一个人的动作、声音、语调、步履,一方面是某些肌体活动的产物,同时也经常反映着该人的心理状态。虽然这些活动是瞬间发生的,稍纵即逝,但某一活动在表现后可以把它的影响保留下来,几百年保持不变。

的确,有关这方面的一些研究过去主要是为了满足幼稚的好奇心,而缺乏明确的科学目标,即使是在那些严肃学者的著作中,正确的观点也同一些轻佻的观点以及颅相学、手相学的奇谈怪论掺和在一起,以致削弱了那部分由他们严肃提出的见解的可信性。

至于犯罪人的笔迹,奇怪的是,那些希望通过犯罪人的笔迹对其进行诊断的人,只拿出一两件笔迹样本;虽然得到尊敬的 Gorresio 和一些笔迹专家的帮助,我也只得到 3 份出名的犯罪人的签名笔迹。

我知道,对于这种研究议题来说,不可能有太多的文件材料,因此,我找到尊敬的朋友、法国档案馆馆长 Alfredo Maury,他像以往那样热心助人,给我寄来了一些在法国很有名的犯罪人的签名笔迹。Beltrami Scalia 先生善于把监狱管理变成一种真正的科学,他也以可贵的关心向我提供了几百份费拉约港、安科纳、奇维塔韦基亚监狱中关押的犯罪人的亲笔供词。帕维亚的国王检察官、尊敬的 Lucini 骑士、都灵监狱的监狱长、尊敬的 Costa 骑士赠送给我许多其他的材料。另一些朋友也主动地向我提供了珍贵的帮助,如书商 Drucker 和 Tedeschi,我应当向他们表示万分的谢意。

对上述总共 407 份笔迹进行归纳研究后,我认为可以把它们划分为两大组;但这里不包含半文盲者(意大利一些最有名的土匪也在此列)的笔迹,这些笔迹仍保留着初习期的特点。

第一组的笔迹来自于杀人犯、抢劫犯和土匪。这一组大部分笔迹的特点是字

第十二章 犯罪人的笔迹

母写得很宽,很容易被专业人员认定为宽体字,也就是说,字体的弧度较大,字母的上下都明显地较宽。在许多笔迹中,t 的那一横颇为突出或者很宽,这种情况特别出现在军人和精力充沛者的笔迹中;在少数人的笔迹中,字母的尖拐角被划出了弯线。在所有的签名中都出现特殊的花纹线或阿拉伯式弯线,使它们截然不同于其他的签名。

在 90 名抢劫犯和杀人犯中,有 48 人的笔迹表现出这样的特点,所有的土匪笔迹都非常一致地具有这样的特点。少数人的笔迹在每一个词结束时都划出一个钩。*

另一部分笔迹来自于包括 Lacenaire 和 Cosimi 在内的杀人犯,这些笔迹中的字母除最后一个外并不明显发宽,并且这最后一个字母经常带一条纵削道,但是,这条道也有不同的形式,有的比较扁,有的比较圆;有些由年轻人(30 到 36 岁)写的字看起来像是由老年人颤抖的手写下的,这或许是酗酒或神经过敏的表现,这些人确实经常有这样的情况。我在第一组中发现 5 例颤抖的字迹,在第二组中发现 6 例。

在接受考察的 90 份笔迹中,只有 36 份没有上述特点,书写完全正常。Boggia 的字如果不是因为 t 和 B 写得有劲,本来也应当归入正常字之列。

第二组笔迹主要是盗窃犯的,这些笔迹与抢劫犯的笔迹不同,并不显得宽,字母带有喇叭状,写得柔软,不那么鲜明,签名几乎一点都不潦草,总之,很像是女人写的字,并且比较接近正常字。

这种笔迹中最为典型的是 Honeymann 的签名,此人竟有胆量连续 7 个夜晚潜入一家英国银行内部,每天夜里采集一把锁的模子,直到最后得以打开装有 245 000 美元的保险箱,将这些钱款据为己有为止!

---

* 原书附有一些笔迹的复制件,由于复印和出版技术上的问题,难以纳入中译本内。因此,本章中一些对上述复制件进行比较的文字只好割爱。——译者注

在盗窃犯中，Cartonche 的笔迹很典型，除了具有上述特点和颤笔之外，几乎每个字都带有钩或者拐弯，这使人联想到他手指的特殊形状；此种情况也出现在一名抢劫、盗窃犯和另一名盗窃犯的笔迹之中。

在 106 名盗窃犯中，有 12 人完全没有表现出这样的特点。

此外，上述特点也不时地出现在那些不仅是盗窃犯、而且同时也是抢劫犯和强奸犯的笔迹中，例如 Cibolla，此人只是签名表现为宽体；而一些普通盗窃犯的笔迹则具有某些杀人犯笔迹的特点。

至于强奸犯、诈骗犯和作假犯，我没有能够收集到足以使我作出有关判断的材料。然而，他们中许多人的笔迹似乎以其宽字体、结尾的削道或者签名的极端潦草而与抢劫犯的笔迹相似。笔迹专家认为（我也发现了两个例证）：诈骗犯写的字特别小，好像在竭力加以隐藏，是在逃避调查。

女杀人犯的笔迹很接近男杀人犯的笔迹，她们都很像男人，然而，正直的、但精力充沛的妇女也同样如此。Raffaella Amata 因杀人罪而被判刑，她是个变性的男人，被认为是女人，并且接受的是做女人的教育，此人的笔迹具有男性的特点。

与精神病人的对比

如果对比一下精神病人的笔迹，上述材料的意义就显得更为突出。精神病人的笔迹特别不同于抢劫犯的笔迹。一般来说，那些不是偏执症患者的精神病人写字不大分明，像是在胡乱涂写，书写不匀称，大小写颠倒，字体有时过分地大，有时过分地小；有些人还习惯在每个字母之上或者字母之间加点。许多患有偏执症的人和所有所谓的"文字疯子"都到处乱写，他们喜欢拓写或者书写不同规格的词句，很有耐心地描这些词的边，把它们搞得像是印刷体。瘫痪者和许多处于抑郁状态的抑郁症患者在写每个词开始几个字母时很清晰，结尾的字母则无法辨认，到处是颤笔和顿笔，经常带有胡乱写的符号，表现出书写时的犹豫不决。患有慢性精神错乱或躁狂症的人经常用 l 代替 R 或 t，或者删掉这两个字母。患有急性精神错乱或躁狂症的人有时把字母写得相互重叠，有的用大写，有的用小写，同样的字母有时重复写 8 次或 10 次。Raggi 指出：很多偏执躁狂症患者不仅横着书写，而且还竖着书写，用词组成一种图，就像是地图。我曾经发现一个人有一种特殊的书写法，类似于某些东方的书写法，没有元音字母，同非常古老的语言一样，掺杂着一些象形文字，一些想加以表述的对象的图。Marce 谈到过一名宗教偏执狂，他在每个字母上都加 3 个点和 1 个十字架标志。

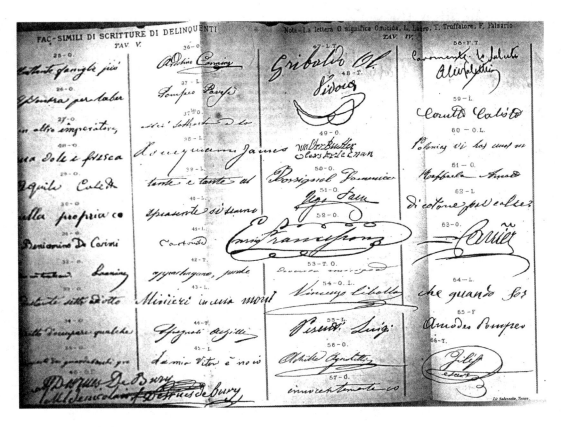

犯罪人的笔迹

Chapter 13 第十三章

犯罪人的文学

犯罪人有自己的暗语,同样,也有真正属于他们自己的文学。Ovidio、Petronio、Aretino 的淫秽书籍大概就是这样的古老文学模式。但是,这种文学的形式不讲究词藻华丽,它朴实并且隐晦,像是民间的文学纪事和一直保存、但不为学者所知的编年史。这样的作品有 1509 年的《Liber vagatorum》,它被翻译成所有的欧洲语言;还有 1647 年 Lyon Didier 的《Histoire Des Larrons》和 1645 年的《Legende ofte hystorire van de snode practjique, ende de behendige listichden der Dieve》;以及英国的大量犯罪歌曲,Mayhew 开列了整整一页它们的歌名。

盗窃犯如饥似渴地阅读这类作品,遗憾的是,这类作品也造就了盗窃犯。

我们有一本 1600 年的《论 Bianti》,它好像是在乌尔比诺出版的。此书介绍了意大利中部的 38 种诈骗犯和二流子,其中最为奇特的叫做 testatori(遗嘱人),他们假装死亡,让他人继承自己的遗产;还有一种诈骗犯叫 affarfanti,他们假装因重大罪过而被送去接受痛苦的处罚;formigoti 是假装去巴勒斯坦作战的士兵;sbrisci 赤裸着身体,假装遭受到土耳其人的谋杀并被其捉住;ruffiti 假装从自己被焚毁的家中逃出。这本书的 1860 年意大利 Didot 版还附有 6 首用托斯卡纳暗语撰写的诗。其中一首完全属于暗语,它的开头一句是:

> 狡猾的龙进行对照,
> 纯粹是为了相互沟通。

Biondelli 出版过一本用米兰暗语写成的、很活泼的诗集。出版粗糙的关于犯罪人的故事有成千上万,能构成一所匿名的书库;这类故事被印成书后,对民众没有什么教益,相反常常对他们是有害的。

每一次审判,甚至每一个重大的犯罪,都会产生些故事。我这里有关于 Verzeni、Martinati、Agnoletti、Norcino、Gnicche、Chiavone、Nuttoni、Mastrilli、Porcia、Marziale 的故事书。

第十三章　犯罪人的文学

我在广场上买到 92 本已经出版的或者零散传阅的歌曲集或故事集，它们大部分是用方言撰写的，其中 20 本讲的是杀人案或盗窃案，14 部采取的是散文和诗歌的形式。

但是，除了这种由民众创作的犯罪文学外，还有另一种更有意思的文学形式，它们直接从监狱中传出，是漫长闲散和情感扭曲的产物。这类歌曲在西班牙有很多，在俄罗斯更多，民众也在监狱外面传唱它们。Hepworth Dixon 听到的大概就是这样的歌曲。例如：

> 1.
> 靠铁锹能赚取什么？
> 如果手中空空，
> 心将会生病，
> 刀！刀！
> 朋友(指土匪)就在树林中。

> 2.
> 我要洗劫商人的店铺，
> 我要杀死城堡中的贵族，
> 我要掳得烧酒和姑娘，
> 世界将尊奉我为君主。

《欧洲监狱》一书的作者在一所俄罗斯监狱中听到这样一首歌曲：

> 在这种植耻辱的地方，
> 两个天使默不作声，
> 十字架在手，长夜不明，
> 哨兵在警戒巡逻，
> 步伐低沉，慢而又慢。

> 墙内有的是凄惨和恐惧。
> 墙外是生活、金钱和自由……
> 步伐慢又慢,这里真阴暗,
> 这告诉我:你就蹲下去吧!

一名极其凶残地杀死了自己的妻子的罪犯,用甜美的声音唱着这首歌。

在意大利内陆上,很少能发现这样的歌;流传得比较广泛的地方是岛屿,如:撒丁、科西嘉,特别是西西里。

实际上,在 Pietre 和 Bernoni 的帮助下,我在威尼斯歌曲中只发现 3 首这样的歌曲;一首名叫《囚徒》,埋怨没有任何人来看望自己;另一首名叫《被判无期徒刑者》,诉说自己的无辜,并且向司法机关表示抗议(我们在随后将读的一名帕维亚人的作品中能看到同样词句),它唱道:

> 他们的处罚毫无道理;

还有一首名叫《判处死刑》,人们这样传唱它:

> 如果我去赴死,
> 我将清白而终。
> 对于这种野蛮暴行,
> 整个人类又奈他何?

我手头有一本《维罗纳歌集》,是由 Righi 收集的;我不仅有已经出版的,还有尚未出版的,但是,真正的无耻之作却没发现一篇;在 100 篇作品中,只有 3 篇涉及犯罪。

在 115 首蒙费拉托的民歌中,只有 7 首是完全讲犯罪人的,有 3 首涉及的是杀害长辈的犯罪。

在 Marcoaldi 的民歌选集中我发现:在拿破仑时期,所谓的土匪(实际上多是造反者和逃兵,而很少为真正的犯罪人),无论在皮埃蒙特还是在罗马涅都有一些自己特殊的歌。但是,在上述书中,以及在罗马民歌中,我没有发现任何真正的下流作品;涉及最多的是经常发生的复仇。

在 106 首皮埃蒙特和利古里亚的民歌中,除了关于 3 名窃贼、弑父者和溺婴者的历史歌谣外,我只发现两首包含土匪生活描述的作品。

一首托斯卡纳民歌唱道:

> 我为了个女人而蹲监狱,
> 等待当兵的来把我惩罚。

这是唯一仍残留在那块非常文明土地上的、奇特的痞子作品。

Gian Andrea 教授最近编了一本《马尔凯歌曲集》,在 1 174 首歌中,我只发现 8 首(占 0.67%)涉及犯罪,例如:

> 蜜饯花
> 我愿为你把那恋人杀,
> 我落草来,你守寡。

> 蜡树花
> 我一刀捅得你热血流,
> 用你的生命把你打抽。

> 石榴花
> 穷困的土匪生活,
> 别说我经历过;
> 总是在黑暗中迷茫,
> 总是害怕被人捕捉。
> 我打算把疯狂发作,
> 杀一个神甫就远躲。

Pitre 迷恋地收集了一些西西里民歌,有 27 首被他命名为《囚徒》,还有一些也涉及判刑和罪犯,例如《囚犯情人的歌》、《死刑判决》和《囚徒的母亲》;在《故事传说》中也编进 11 首,它们涉及犯罪,尤其是土匪,比如《Nino Martini》、《跳葡萄架》、《饶舌妇》、《在魔鬼中》,等等。我在 1 000 首民歌中发现 41 首犯罪歌曲,也就是说,它们在西西里所占的比例是 4%。他们大部分是对复仇心理的发泄,抱怨失去自由,诅咒法官或宪兵,例如这首:

> 冷酷的宪兵让我把他看管好,
> 因为全世界只有他最邪恶。

奇怪的是,有一首歌对新法律进行抨击,即使有些法律对犯罪并不怎么严厉,他们也不放过:

> 这些新炮制的法律,
> 捅一刀就判 13 年。

有 3 首民歌特别值得注意,它们揭示了惯犯的心理,其中一首唱道:

> 悔罪和决心遵纪守法,
> 这种人不值得尊敬。
> 真正的汉子不是到处有,
> 只能在监狱的嬉笑声中找到。

面对法庭,应当如何保持克制:

  少说话,眼朝下。

那些认为刑法符合道德标准的人,应当研究一下下面这首诗:

  谁说监狱是受罚地,
  啊,这家伙荒谬至极;
  监狱为你降临幸运,
  教你行窃新术和休息。

另一首诗歌写道:

  我的监狱生活真幸福,
  在这里多么的快乐!
  在此只有兄弟和朋友,
  有钱有吃愉悦无忧;
  出了监狱你又腹背受敌,
  不能干活只有饿死路一条。

  这些诗所表现出的苟且偷生态度与其他一些法国囚犯的诗相同,它们赤裸裸地暴露了惯犯的内心世界,他们把监狱当作休养所。我们在前面分析的累犯情况很好地证明:监狱,如果过分地讲究人道主义,就会演变成舒坦的招待所。

  但是,并不是所有的情感都已在这些犯罪人身上泯灭,除了贪婪和报复之外,他们也常常保留着对朋友和远方母亲的思念,因此,一些诗句富有温馨甜美的爱,读起来会让你感到吃惊:

  她站在教区广场,
  用手向我比划;
  看,那就是我的妈妈,
  两眼清澈明亮;
  妈妈,只有你把我想,
  儿现落入坏教徒之中,
  我们在地狱里受罚,
  妈妈你在外面哭泣……

  这首情真意切的诗足以证明 Thompson 和 Maudsley 是错误的,他们不承认犯罪人也有美感。

  另一首诗也能为此作证:

第十三章 犯罪人的文学

> 啊,妈妈,我怎么老在哭,
> 都是因为你奉献给我母乳!
> 你已在陵墓中安息,
> 却让我独自受苦!

在 30 首民歌中,有 8 首讲的是复仇,或者炫耀犯罪;有 7 首表达的是子女之爱或者纯真的敬慕之情。

下面的诗句也流露出可怕的绝望之情:

> 如果死神来临,
> 我将与它握手拥抱。

另外 11 首是在讲述著名的犯罪案件并对其进行了夸张。例如,《在魔鬼中》有这样的诗句:

> 我们来把例子举,
> 有 14 名果敢者,
> 被叫做"在魔鬼中"。

这些诗句足以证明这种文学缺乏道德标准,它同我们的古人一样,把犯罪人与英雄混为一谈。

但是,如果想细抠的话,西西里犯罪民歌的数量可能还会大大增加,因为像 S. Genovieffa 的宗教歌曲、《神奇的祈祷》以及那 3 首《被砍头者的武器》这样的作品,似乎也应当归入犯罪文学的范畴。与此相接近的还有 Navarra 的那首非常奇特的歌,法官为了让他坦白犯罪情况,曾听任他情不自禁地唱起了几段,但到了最精彩之处又将其制止,因为法官们不愿意听冗长的细节。

我认为在犯罪与卖淫之间存在着许多相似之处,因此,我不能不提及另外 16 首妓女的歌,它们是由 Pitre 收集的,据我所知,在其他一些歌曲集中这类作品不多;这些歌非常幼稚并且惊人的简单,在我看来,这表明妓女的智力水平极为低下。这些歌曲也在监狱中传唱,这为我所说的相似性提供了令人吃惊的新证据。读了这本书,我越来越认为应当把这些歌也纳入犯罪文学的范畴,这样,犯罪作品的数量就增加到 62 篇,占总数的 6%。

Pietre 花了很大气力对这类歌曲的繁荣现象进行解释,这种解释当然自有其道理,但是,我们不能不承认:这种不同寻常的高频率不取决于民众对这些作品的普遍传唱,而是与土匪歌曲在科西嘉走运的原因一样。

显然,这样的原因就是:打家劫舍在那里较为普遍,它在下层民众之中没有引起什么反感情绪。

在撒丁也存在一定数量的犯罪歌曲,在那里,打家劫舍不仅在历史上留有记载,而且也在现实生活中残存。Spano 的《尚未出版的撒丁中部方言民歌》前一部分包含着著名土匪、诗人 Francesco Satta d'Osilo 讲述的故事,这些故事描述了他被捕的经过以及在监狱中忍受的苦难,我们下面将在 Mottino 的作品中看到颇为相似的描述。

有个叫 Pietro Cano 的受到指控,他在法庭面前讽刺那些密探,并且为自己的行为辩解。第二部分是洛古多罗地区的民歌,其中一个叫 Salvatore Cossu 的针对卡莫拉分子大发雷霆;一个叫 Giammaria Piu 的恳求本村的教长设法把被指控犯有杀人罪的孙子从监狱中放出,诗人认为此人是无辜的;一个叫 Paolo Cossu 的曾经受到审判并且被关进监狱,他用令人同情的诗句向人们讲述自己所遭受的刑罚。

这首民歌非常像我们在前面介绍的那首俄罗斯民歌,也很像印度贱民们的歌,这些贱民几乎都是罪犯。

> 告诉我:
> 当饥饿无食时发现了吃的,
> 我可以去拿这属于别人的东西吗?
> 如果你在饥饿时发现了吃的,
> 你不去拿就是白痴。
> 你的劝告是善良的,
> 但我很难予以接受。
> 难道我必须把已经得到的东西退还?
> 不。
> 你为循规蹈矩而忍饥挨饿,
> 愚蠢得不理解何为真正的需要,
> 一切财物均为大家共有。

这首民歌再一次向我们证明:在那些文明程度不高的地方,犯罪人把犯罪视为一种权利或者一种可予谅解的过错,认为可以轻而易举地加以弥补;宗教与其说是对犯罪的约束,不如说是一种诱导。

Tommaseo 收集的科西嘉民歌可以说几乎都是由土匪创作的。它们宣扬的几乎都是为死难的朋友复仇、对要杀的敌人的仇恨或者对杀人犯(例如:Rinaldo、Canino、Gallocchio、Galvano)的敬佩。下列诗句体现着对复仇的最野蛮追求:

> ……报仇
> 我们将永远进行,
> 我们将继承你的遗志,

让头颅永远在寺庙悬挂。

下列诗句是在歌颂犯罪：

> 您(指 Gallocchio)受到何等的尊敬！
> 只要听到 Gallocchio 的名字，
> 有些人就闻风丧胆。

但是，在这样的作品中也流露出妇女、母亲或者情人的亲切笑容。

Tommaseo 手中掌握着大量 Peverone 的诗，此人非常冷酷，他恨不得在被杀死的敌人身上再撒上辣椒面。下面的诗句反映着他的凶残：

> 寄复仇希望于上帝；
> 我的结局已经注定：
> 获胜，被杀，或落草为寇。

就是在这样的作品中也夹杂着某些脉脉的温情，例如：

> 每当见到你并听你谈吐，
> 我的热血就在血管中凝固，
> 激动的心要从胸膛中跳出……
> 你讲的每一句话对我都是
> 吸引、约束、刺激、乃至折磨。

虽然，就这类文学作品的丰富性而言，在岛屿地区与内陆地区之间存在着明显的差别，但我仍然认为：那种奇特的民歌在内陆地区根本没有消失，它的存在理由一直保留在被判刑人的感情和闲情逸致之中。只不过，在内陆地区，正直者和非正直者之间的差距不断加大，因而，前者越来越不欣赏后者的作品，这样，有些这样的作品就没有流传到我们手中。实际上，如果耐心地在帕维亚囚徒中寻找一下，你将能够发现大量由出狱的犯罪人流传下来的歌。

> Ⅰ.
> 噢，乔万尼你干了什么？
> 我偷了一副眼镜；
> 因此被带进班房。
> 噢，眼镜，该死的眼镜！
> 你让我葬身于牢房，
> 葬身于这到处漏雨的牢房。
> 司法当局忒心黑，
> 对我的处罚太冤枉。

Ⅱ.
干活在酒馆,
监禁不曾思,
警察门前过,
致我狱中冤。

Ⅲ.
曾有多少朋友把我簇拥,
但当我现在遭难时,
他们却都不见影踪!
身边有的是无数虱子,
它们吸吮着我的生命,
让我终日不得安宁。

Ⅳ.
如果你讲真话,
我将给你自由。
可怜的大傻瓜,
水落石出之后,
仍被关在监牢。

在都灵,我的学生们从关押在独居牢房中的一名杀人犯那里收集到大量类似的民歌,此人是个没有文化的农民,因害怕被判刑而处于谵妄状态;从其中一首歌中能够看出:此人在谵妄状态中仍然保持着逃避司法审判的清醒意识。

在帕维亚,我也收集到另一首作品(类似于一首西西里民歌),在这首作品中,对母亲和兄弟的亲切感情和无耻的顽固不化交织在一起,并且描述了监狱中的一些疾苦和琐事,这些都是罪犯诗人日常操心的东西:

清晨好时光,
狱卒来到我身旁,
打开我的小窗户,
为我提供早饭忙;
递进一个小面包,
外加清水一小壶,
然后关闭出入口,
我就像被圈的狗。
熬过半天后,

狱卒带我出门走，
上了窄梯下宽梯，
见到那些混蛋球。
"只要你把实话讲，
保证让你获自由。"
"实话就是这一句：
我对情况无所知，
恳求你们一件事，
让我重新得自由。"
"自由就在你面前，
死神陪你同享受。"
我亲爱的妈妈呀，
当初我在摇篮时
本该把我命结果！
让我去死吧，
永别了爸爸和妈妈！
永别了所有的弟兄！
还有我的姐妹们
再度相见已不能！
司法当局忒心黑，
对我处罚太冤枉。

（几乎所有的犯罪歌曲都重复这最后一句）

就像这些歌词所表现的那样，大部分的监狱文学都采用诗歌的形式，创作这些作品的犯罪人酷爱诗歌形式，这或许是因为这种形式能够表达他们感情的激荡，这样，他们可以用第一人称表达自己痛苦的情感，体现那种超常的能量和雄辩才能。Corani 在被绞死之前站在绞刑台上宣读了一首关于自己被处死的诗。土匪 Milana 要求用诗来为自己辩护并且获得许可。下面这首作品可以很好地证明这一点，它的作者是一位以前没有文化的鞋匠，被判处无期徒刑；这首诗值得一读，因为它活生生地再现了牢房的景象：

S. Stefano 的无期徒刑监牢

但丁，不要把你的地狱火坑炫耀，
不要再宣传地狱入口和黑色火焰，
还有什么毒蛇、女妖，
这阴暗的牢房就在流脓。

> 这里能听到微弱的呻吟,
> 来自残忍、邪恶、吝啬的灵魂,
> 这里能听到可怕沙哑的声音,
> 来自在祭坛上的嗫嚅。
>
> 一个怪物在脏窝里沉睡,
> 另一怪物借机把它吞噬,
> 第三个怪物在后面又张血口……
>
> 血流遍地,这里充斥着
> 复仇、屠杀、背叛,生来俱有;
> 随着一个死亡又诞生新的阴谋。

有些诗句证明:犯罪人不仅不乏美感,而且往往具有正常人的美感。

Lacenaire 写的一些诗很受人称赞,主要不是因为它们使人感到惊讶,而是因为它们具有一种内在的价值。值得一提的是,当他还是一名无邪青年时,曾写过一首诗预测自己命运多舛;这里我录下最后几句:

> 献给爱人
> 曾在梦里与你共度幸福时光,
> 最美丽的色彩在你脸上溢漾;
> 梦现化为乌有,我的生活
> 只能随不幸的命运飘荡,
> 我注定要献身冰冷的死亡,
> 亲爱的,等待我吧在天堂。

还有一些诗笼罩着虚假的柏拉图精神。在他特别有名的自传体作品中,我只发现一篇文章写得精彩,值得心理学家注意,它是在描写劳动场的精神生活。

年轻人在监狱里会发生什么变化呢?他将第一次听到 Cartouche 人和 Poulailler 人的野蛮语言,听到一些下流的暗语。如果他不立即使自己与周围歹徒处于同一层次,如果不接受他们的原则和他们的术语,这个年轻人将面临灾难;他将被宣布为不配坐在"朋友"身边!连看守人员也不会理睬他的告状,这些看守人员一贯倾向于保护牢头狱霸;他的告状只能引起狱卒对他的恼火,这些狱卒一般都是些老的劳改犯。面对这样的羞辱,面对苟且偷生的态度和语言,这个不幸的人第一次为自己入狱时还存有的一点自尊和清白感到害臊;他后悔没有像那些哥们儿一样作恶多端;他害怕受到他们的讥讽和贬低;因为在监牢的凳子上也体现着尊卑地位,正是由于这个缘故,有些劳改犯觉得住在这里比进入社会更舒服,他们在社会中受到嘲笑,而没有任何人喜欢生活在歧视当中。就这样,这个年轻人有了好的榜样,他几天之内就开始会讲囚犯的语言,因而他将不再是一个可怜的老实人;"朋友们"将能够毫无顾忌地与他握手。请注意,这里的青年也有一种光荣感,他们对自己过去作为新手时的情形感到惭愧。在这个藏污纳垢的地方呆两三天不可能使一个人完全堕落;但是,一旦迈出了第一步,他们就无法半路停下。

这篇散文很有说服力,因为它是真实的。Lafarge 的那些诗歌则是贫乏的,往往是在抒发感情,总是很朦胧,充斥着流言飞语,抱怨监狱生活中一些小痛苦(它们给犯罪人接连不断地带来一些烦恼)。

Nocito 收集了 Ruscovich 的一些作品(见《一个被判刑人的故事》),这些作品非常精彩地刻画了囚犯们的心理。

噢!人们非常容易忘记这样的事实:谈论和描写囚犯就是在描述社会的某部分肢体。这些时常遭到大家(不仅其周围的看守)厌弃的人并不都是浑浊的,也有的是清澈透明的。那些被踩在脚下的沙子,虽然不起眼,但通过熔炉可以从中提炼出绚丽的水晶。渣滓可以变为有用的,只要人们懂得对它加以开发;如果对社会渣滓不加理会地肆意践踏,它们就可能在社会底层变成炸弹,使人们脚下布满火山。没有钻进洞穴进行考察的人怎么能对山真正有所了解呢?难道地表之下,因为比较深邃、比较阴暗,就没有地表之上重要吗?在我们之间存在着差异,存在着令人战栗的疾病,但是,难道恐惧能够妨碍研究,疾病能够赶走医生吗?

在另一封介绍自己状况的信中,他说道:

噢,对于那些总是习惯于研究和学习的人来说,无所事事是多么地不可忍受;活动和就业的愿望,在使人得到完善的同时,也使人变得有尊严,这种活动和愿望还没有在上述人的身上泯灭。这样懒散地躺着真令人厌倦,这使人渐渐地在苦难中垮掉,使我的精神遭受折磨并且萎靡不振,以致我担心将彻底丧失仅剩的一点智力。一切创造均以运动和工作为基础,整个自然界都憎恶懒散状态,难道囚犯就应当成为这一普遍规律的例外吗?难道只有他应当像一潭死水一样在泥潭中腐烂发臭吗?难道他应当只消费而不生产,应当成为毫无贡献的社会累赘,甚至同时在摧毁自己吗?

根据最近的统计数字,在意大利王国的司法监狱中大约关押着四万囚犯,这意味着:百年的劳动成果一天一天地作为社会公共支出消耗掉。Nonaca 叫喊:我要面包;我则从我寂寞的独居牢房中发出乞求的呼声:我要工作,要就业。

身体需要运动,这样才能够更加惬意地得到休息;头脑需要交流,这样才能够更加富有成果地独自进行深思。如果我们关起门来独自思索,可能会陷于一种傲慢的贫乏。在一个离群索居者的脑子里,思想粗糙而孤僻,它像是一个四处漂流的冒险家,总是为超越一些臆想空间而发愁,并且最终泯灭在荒僻的不毛之地。思想如果太长时间地受情绪的拘束和压抑,将会受到摧残和破坏,就像大包的货物在装进船舱后开始变质,它们也需要透透风、晒晒太阳。

Mottino 听到起诉书后,立即刺破自己的手指,用鲜血写下以下蹩脚的诗歌,讲述自己的故事:

> 一个奇特的案子,
> 我想向你们叙讲:
> 一个当兵的过桥,
> Vercelli 在桥对面,
> 桥正摇摇欲坠,
> 一辆马车驶上,
> 当兵的飞身跃起,
> 跳进马车护栏,
> 紧紧把住马缰,
> 把车拖回桥边,
> 一位先生及其女儿,
> 从死神手中逃亡;
> 啊,高尚的心灵,
> 让生的希望再亮!
> 小姐发出感激的呼喊,
> 先生掏出钱夹,
> 要给当兵的酬赏。
> 金钱没有被接受,
> 荣誉是唯一所想,
> 诚心重于一切,
> 自己果敢的行动,
> 令他感到荣光。
> 他疲于耕种土地,
> 应征入伍打仗,
> 抵御日耳曼人,
> 粉碎扩张妄想,
> 不知自己命运,
> 是否会遇死亡。
> 面对德国人入侵,
> 他作战无所畏惧,
> 抓住一些俘虏,

第十三章 犯罪人的文学

不留情地送进监房。
他应当获得勋章，
对他作战的奖赏，
因为他打仗勇猛，
把生死置于一旁。
勋章却给了上尉，
功劳他一直想抢！
我因此怒火满腔，
后来遭遇祸殃！
如在战斗中身亡，
我将快乐和荣光。
现在身陷囹圄，
命运要我夭亡；
一切到此为止，
Mottino 的故事就是这样。

Vidocq 几乎是个文盲，在他的回忆录中，只有一段关于寻欢作乐的描述比较精彩。人们在那里看到作者的坦诚，强烈的激情使他颇为雄辩。

总而言之，这些人都没什么文化，都是犯罪人，监狱里的痛苦或者受到扼杀的感情取代文学灵感发挥着作用。

的确，正如我们前面提到的，不少艺术家和文学家表现出犯罪的倾向，甚至走上犯罪的道路；但是，他们比一般的罪犯更加具有正直感和正义感，因而在他们的作品中没有流露出特别鲜明的犯罪情感。不过应当注意的是，有些犯罪的画家，例如：Molyn、Cloquemin、Lebrun、Tassi，喜欢描绘一些野蛮的和血腥的场面；由于这样的钟情，画家 Andrea 被叫做"恶棍"，Molyn 曾被称为"风暴"。诗人和盗窃犯 Villon 在自己的作品中刻画了两种截然对立的品质，甚至在一首以窃贼为主角的诗中使用暗语进行描写。

Cellini 在他的《生活》中试图对自己的一些犯罪加以粉饰，并且为另一些犯罪进行开脱，把它们解释为由自己的星座所注定的；他在两段诗句中吐露了底细，在那里，他不仅没有反驳向他当面提出的关于鸡奸的指控，反而加以炫耀，好像这是他讲求品位的证明；他认为自己实施犯罪是正当的，不应当受到指责。"像 Benvenuto 那样出类拔萃的人，不应当受法律的约束"。在这段话中他也是在用祭司作为掩饰。

在 Ceresa、Byron 和 Foscolo 的诗和信中，你能发现他们有内疚之意，他们曾试图努力克制罪恶的冲动。

Ceresa 非常生动地描绘善与恶之间的斗争,埋怨道:为什么大自然给恶披上如此绚丽的外衣。

为什么灵魂诱使我
一意孤行地犯罪,
在生死攸关的斗争中
被顽固不化的力量战胜?

如果上帝为罪过披上
如此迷人的外衣,
我怎么能够克制住
被诱惑的心灵?

肉体已反叛,
上天已不满,
为什么内疚还要来
把我的心撕碎?

一个天使般的面容
把男人们迷惑,
从那温柔的目光中
发出不可抗拒的诱惑。

啊!如果不是上帝,
怎能使面纱如此美丽?
让爱恋之心收敛,
上天怎么可能?

我现在孤独地
与我的犯罪同在,
何惧电闪雷鸣。

Byron 在他的诗歌里歌颂乱伦行为,并且把它与某些英雄人物联系起来;他这样描写自己:

总是那样高傲并且不愿意
败坏自己的名声,
自己的本性和这堆骨肉(指 Lara)
成为罪过的帮凶。

在 Byrong 的《Caino》中,恶的神话代表比善的代表更为可爱,有时候似乎表现

得更讲道理。天使们是这样的:

> ……创造物,
> 可怜、怯懦、无视新知,
> 宁愿鼠目寸光;
> 只爱听言表景慕,
> 根据对自己忠诚与否,
> 来为善恶定框。

反之,魔鬼则被称为:

> ……果敢的精灵,
> 不怕运用我们不朽的本性,
> 也藐视至上权威的压迫,
> 直言"你的恶不是善"。

这些诗句足以证明那些否认犯罪人具有美感的人是何等地错误,但它们是稍纵即逝的闪光,只有借助学究的放大镜才能勉强发现。

Foscolo 在《*Ortis*》、《*Ricciarda*》和《*Tieste*》向我们描述了自己情欲的冲动,他在这些作品中经常流露出对犯罪、强奸和通奸的同情,经常在作品的人物中融进自己高大而卑劣的人格,他自己也承认这是具有犯罪倾向的人格;但是,当看到别人以他为榜样学坏的时候,他第一个勃然大怒。

人们不能因此而断然肯定这些重要人物能够以其心灵的丑恶玷污艺术的纯洁。从那使用暗语的社会底层,从劳改场的沼泽,到文学殿堂的顶尖,在这之间总是有天壤之别的,尤其是在意大利,这个国家比所有欧洲国家都更加珍视文学艺术的纯真性。只是在法国,监狱和妓院(它们如同患难夫妻)的悲惨气息才透过巴尔扎克、雨果、仲马、苏(Sue)、加波里奥(Gaboriau)的作品进入文学领域,后来,这或许也影响到英国。但是,这是一种孤立的、或许例外的现象,它同那个国度连绵不断的革命有关,这些革命使社会下层惶惶不可终日并且不断滋生。我认为它不会持续下去,因为那些丑陋艺术所引起的轻浮逗趣、鲜辣味道最终都将被反感取而代之,即使对于不大严肃的人也同样如此。在任何时候,艺术都喜欢以纯洁和明朗的地区为自己的依托,它们周围的环境越不符合这样的条件,它们就越有这样的要求。

精神病人的文学作品在一些方面与犯罪人的作品很相像,例如:喜欢讲述自己的故事,充满了怨诉,总是拘泥于细节。但是,前者在某些方面胜过后者,例如:往往包含着热烈和激情洋溢的雄辩(这只能在一些大作家的作品中见到),较少有轻佻的痕迹,在形式和思想方面较具首创性,不沉溺于文字或韵脚游戏,善于用同音异义的手法表达自己特殊的情感。

Chapter 14 第十四章

犯罪的病因：气候、种族、文化、饮食、遗传、年龄

同一切疾病一样，人们也可以为犯罪找到病因，而且或许能够更容易地加以诊断。所有的犯罪均起源于多种原因。如果说这些原因往往相互交织并且相互包容的话，这并不妨碍我们遵循学术上的要求并使用其术语，一个一个地对它们进行研究，就像在考察所有人类现象时所做的那样，对于这些现象人们几乎从来不能用单一原因加以解释，否认其他原因影响作用。毫无疑问，霍乱、伤寒、结核病都起源于特定的原因，但是，人们怎能否认：除了这些特定的原因以外，许多涉及气候、健康、个人、心理等方面的环境也对其发生着影响，以致连一些最有经验的医生也会对上述特定原因的作用产生怀疑。

气 候

对于犯罪来说，一个间接的、外部的、很少受到否认的决定性原因是气候，在这方面，热度发挥着首要的作用。

根据 Guerry 的统计数字显示，在英国和法国，强奸犯罪和谋杀犯罪主要发生在炎热的月份；Curcio 发现在意大利也存在同样的情况。

		英国（1834—1856）	法国（1829—1860）	意大利（1869）
在 100 起强奸案中	1 月	5.25%	5.29%	26 件（总数）
— —	2 月	7.39%	5.67%	22 件 —
— —	3 月	7.75%	6.39%	16 件 —
— —	4 月	9.21%	8.98%	28 件 —
— —	5 月	9.24%	10.91%	29 件 —
— —	6 月	10.72%	12.88%	29 件 —
— —	7 月	10.46%	12.95%	37 件 —
— —	8 月	10.52%	11.52%	35 件 —

第十四章 犯罪的病因：气候、种族、文化、饮食、遗传、年龄

（续表）

		英国（1834—1856）	法国（1829—1860）	意大利（1869）
—	—	9月	10.29%	8.77%	29件 —
—	—	10月	8.18%	6.71%	14件 —
—	—	11月	5.91%	5.16%	12件 —
—	—	12月	3.08%	4.97%	15件 —

根据 Guerry 的统计，在英国，谋杀罪的发案率在炎热月份最高。具体数字是：

	英国	意大利（1869年发生的侵犯人身犯罪）
7月	1 043	307
6月	1 071	301
9月	928	343
5月	842	288
2月	701	254
3月	681	273
12月	651	236
1月	605	237

根据 Guerry 的统计，

		英国	法国
侵犯人身犯罪	发生在冬季	17.72%	15.93%
— —	— 春季	26.20%	26.00%
— —	— 夏季	31.70%	37.31%
— —	— 秋季	24,38%	20.60%

根据 Guerry 的统计，投毒犯罪也主要发生在5月份。

关于侵犯财产罪，我们发现冬季的发案率明显最高，例如，盗窃和诈骗在1月份

发生得最多，在其他季节则差别不大。在这里，气候的影响是不一样的；这种影响使需求增加，又使满足这种需求的手段减少。

如果我们看一下Maury的奇特研究，可能会根据对单项犯罪的统计数字归纳出真正的犯罪日历，就像是植物生长日历一样。

Maury写道：在3月份，溺婴罪占第一位，在10 000起犯罪中占1 193起；随后是暴力强奸罪1 115起，谎报和隐匿生育罪1 019起，拐骗未成年人罪1 054起；占第三位的犯罪是以书信进行的威胁罪，997起。

在5月份，我们发现占首位的犯罪是流浪罪，1 257起；随后是强奸罪和侵害性道德罪，1 150起；接下来是投毒罪，1 144起；奸淫未成年人罪，1 106起，由于温度的上升，此种犯罪从3月份的第三十五位猛然上升到第四位，在4月份则处于第十位。

在6月份，奸淫未成年人罪上升到第二位，1 303起；占第一位的是一种颇为相似的犯罪：成年人间的强奸罪，1 313起；占第四位的也是一种性犯罪：堕胎罪，1 080起；杀害长辈罪占第三位，1 151起。

在7月份，强奸少女罪跃至第一位，1 330起，其他发案率较高的犯罪也具有同样的性质，例如，拐骗未成年人罪，1 118起；侵害性道德罪，1 093起；伤害血亲罪上升到第三位，1 100起。

在8月份，淫乱犯罪降至第三位；占第一位的是乡村纵火罪；对于此种犯罪来说，最重要的诱因不是温度，而是机会，收获季节最适宜对财产进行报复。但是，Maury非常正确地注意到，8月份的炎热季节当然不会不对出于激情的暴力倾向产生影响，或许由于这一原因，伪证罪让位于腐蚀未成年人罪。

在9月份，残酷的情感开始降温；侵害少年的犯罪降至第十五位，侵害成年人的犯罪降至第二十五位；相反，盗窃罪、滥用信任的犯罪行为则升至第四位。

在10月份，索贿罪、贪污罪占据首位，因为在这个时期有关出租和财务方面的工作比较集中。隐匿和虚报出生情况的犯罪也很多，因为此时期正是生育高峰时期。

从8月份到1月份，比较常见的是谋杀罪、杀害长辈罪、公路盗窃罪，因为这一时期黑夜较长并且田野上人迹稀少。

在11月份，生意又开始活跃，因此，伪造文书罪、贪污罪比较多。

在1月份，伪造货币罪、教堂盗窃罪占据首位，这肯定与这一时期日子昏暗有关。

在2月份，溺婴罪和隐匿生育罪又卷土重来，因为这一时期怀孕的恰好比较多。

在10月份，淫乱犯罪占第二十八位，对成年人的侵害罪占第二十九位，这两种犯罪在11月份分别占第二十四位和第三十六位。

热度的影响总是特别明显地反映在一时冲动的犯罪或激情犯罪上,对此我已经用另一种方式进行了证明。Cardon 先生热情地向我提供了一份对 5 所意大利监狱的分析材料,Virgilio 也在 Aversa 监狱进行了 5 年的分析研究,这些材料使我信服地得出这样的结论:对监狱中暴力行为的惩罚在炎热季节出现得比较多,例如:

5 月	346	10 月	368
6 月	522	11 月	364
7 月	503	12 月	352
8 月	433	1 月	362
9 月	500	2 月	361

热度的影响是对下列现象的解释,即:在南部地区(至少是在法国和意大利),侵犯人身犯罪的发案率大大高于北部地区和中部地区。关于这个问题,我们在论述卡莫拉和土匪现象时将回过头来进行讨论。

就一般而言,每 400 名意大利居民中有 1 人犯罪,但下列统计数字却反映着另一种情况:

	侵犯人身罪	侵犯财产罪
在北部地区	每 5 179 名居民中发生 1 起	每 1 641 名居民中发生 1 起
在中部地区	每 2 129 名居民中发生 1 起	每 1 275 名居民中发生 1 起
在南部地区	每 849 名居民中发生 1 起	每 950 名居民中发生 1 起
在岛屿地区	每 838 名居民中发生 1 起	每 777 名居民中发生 1 起

同样是在意大利北部,利古里亚的气候比较温暖,相对于其他地区来说,那里发生的侵犯人身罪就较多一些。

在法国,Guerry 证明:在南部发生的侵犯人身罪较多,比例为 4.9,在中部和北部则只为 2.7 和 2.8。相反,在北部发生的侵犯财产罪则较多,比例为 4.9,在南部和中部则为 2.3。

在俄罗斯,溺婴罪和教堂盗窃罪在东南部发生得最多,而杀人罪,尤其是杀害长辈罪则从东北到西南呈增长趋势。

监狱长们都说:在暴风雨前夕,囚犯总是烦躁不安,而且这样的人数大约占 1/4。但是,我没有足够的材料能够证明这一点。

在明显受气候影响方面,精神病人与犯罪人肯定是一样的。众所周知,精神病人的入院率在炎热月份最高,同犯罪人的入狱率完全一样。

如果统计一下精神病人的收容情况,人们可以得出同样的结论:

	（1867）	（1868）
9月份的最高收容数	460	191
6月份的最高收容数	452	207
7月份的最高收容数	451	294
11月份的最低收容数	206	206
2月份的最低收容数	250	121
12月份的最低收容数	245	87
1月份的最低收容数	222	139

种族的影响

我们曾经谈到并且将在后面更好地看到：犯罪的概念对于野蛮人来说是很不分明的。这甚至会使我们产生这样的怀疑：在原始人当中，或许根本不存在犯罪的概念。

但是，很多野蛮的部落都明显地有着一种相对独立的道德标准，一种完全属于自己的道德标准，它们以其自己的方式适用这些标准，因而，在那里，犯罪是从内部开始的。在美洲的 Yuris 人中，财产特别受到尊重，以致人们可以用一条线来划定边界。Coriacchi 人和 Mbaya 人惩罚在自己部落内部实施的杀人行为，虽然这类行为假如实施于其他部落则不被他们视为犯罪。每个人都懂得：没有这样的法律，部落就不会有凝聚力，就可能会走向解体。

然而，也有些部落对这种相对的道德标准表现出明显的反感情绪。在非洲，野蛮的 Bagnous 人依靠耕种水稻过着和平而诚实的生活，而与他们毗邻的 Balanti 人则依靠狩猎和抢劫过活；后者杀死所有到他们村子里行窃的人，但并不因此而影响他们去其他部落中行窃。优秀的窃贼特别受到尊敬，被聘请来教孩子们行窃，并且被选为出征队伍的首领。这些村子只包括少数几间房子，部落由少量的家庭组成。

在摩洛哥，Beni Hassen 人与他们有许多相似之处；拉皮条是他们的主要职业；他们有自己的纪律、自己的头领，某些权利也受到政府的承认，有时候甚至被政府利用来索回被窃取的物品；窃贼之间也有分工，有的偷粮食，有的偷马匹，有的在村子里行窃，有的在道路上行窃；有的人骑马行窃，速度极快，以致不可能追赶他们；有的人赤身裸体，抹着油膏潜入茅草房，或者用树叶将自己伪装起来，以防止使马匹受惊；他们从 8 岁起开始盗窃。

在印度，有个叫 Zacka-Khail 的部落，它以盗窃为职业；当一个男孩子生下时，人们为他举行宗教仪式，让他从在自己家墙上打的洞中钻过，并且向他唱 3 遍：你是一个窃贼。

相反,Kourubar 人则以诚实著称,他们从来不撒谎,宁愿饿死也不偷窃,因而他们常被选来看管物品。

在阿拉伯,有些部落诚实而勤劳,但也有些部落非常懒惰,以喜欢冒险、莽撞、爱好不断流动、不愿意就业和爱偷东西而闻名。

在 Ottentotti 人和 Cafri 人当中有一些人比较野蛮,不能从事任何劳动,依靠他人的劳动生活,喜欢流浪;这种人被 Cafri 人叫做 Fingas,被 Ottentotti 叫做 Sonquas。

从上述材料中可以看出:种族肯定对犯罪产生影响。但是,对于不开化的地方来说,人们缺乏确切的材料来证明这一点。我们知道,伦敦的大部分窃贼是在伦敦定居的爱尔兰人的后代;最精干的英国窃贼是出生在兰开夏郡的人。Anutschin 写道:在俄国,除了首都以外,犯罪最多的地方是比撒拉比亚地区和 Cherson 地区;在那里,同被告人相比,被判刑人的数量甚至更多;犯罪通过家庭代代相传。

在德国,那些有吉普赛人聚居的乡村都以女人喜欢偷窃而闻名。

在意大利,阿尔巴尼亚人的聚居地以出土匪而知名。

在意大利的所有地区,并且在几乎每个省份,都有一些村庄使某些犯罪人层出不穷。例如,在利古里亚,Lerici 以出诈骗犯而闻名;Campofreddo 和 Masson 以出杀人犯而闻名;Pozzolo 以出拦路抢劫犯而闻名;Capannori 以出谋杀犯而闻名。在皮埃蒙特,Carde 以出田间盗窃犯而闻名;Sant' Angelo 以出窃贼而闻名,就像 Guzzola、Ponterra、Este、Cavarzere、S. Giovanni Ilarione 和 Montagnana 曾经一度以出窃贼而闻名一样;同样,Pergola 也以出窃贼而闻名,以致这一地名已经变成了偷窃的同义语;在 Peserese 人中,San Pietro 以出田间盗窃犯臭名昭著;Sant' Andrea 和 Ferreto 的男人爱搞谋杀,女人喜欢小偷小摸。

在意大利南部,Sora、Melfi、S. Fele 在 1660 年前总是出土匪。

在某些乡村爱出某种犯罪,此现象肯定与种族有关,一些地方的历史已经揭示了这一规律。Pergola 曾经是吉普赛人的聚居地;Masson 曾经是葡萄牙谋杀犯的聚居地,Campofreddo 曾经是科西嘉海盗的聚居地,因而当地的方言还混杂着科西嘉语。

种族原因致使上述乡村较易出犯罪,我的这一怀疑也产生于下列事实:在不少这样的乡村(如 S. Angelo、Pozzolo、S. Pietro)中常出现身材高大的人,而这种高大身材在邻近乡村中却见不到。

说到这里还应当指出,这样的乡村往往也有一些特殊的习俗,并且一般带有迷信成分。例如,在 S. Angelo,神甫是乡村的主人,谁要是见了他不脱帽或者不吻他的手,敲钟时不向他下跪,谁就会倒霉。S. Angelo 的人在干坏事之前都要去做弥撒,妇女向圣母祈祷,希望谋杀和盗窃能够不受惩罚。她们相互之间大声地谈论自己丈夫的犯罪,但是,如果丈夫们被关进了监狱,她们会感到吃惊,千里迢迢地怀抱婴儿、披头散发地前来探望,并且喊冤;她们也为小事而动刀子;不过,男人们比她们更糟糕,他们喜欢因非常琐细的原因进行报复,例如,两个旅行者偶然地从村子中路过,没有把一节烟屁给当地的一名村民,这些人就商量着将他们关进一间房子,想把他们饿死。

与此相反,沃尔泰拉的 Larderello 镇 20 年来从未发生过一件杀人案和盗窃案,甚至连违警案也未曾发生过。

西西里的地痞流氓活动几乎都集中在那个著名的 Conca d'Oro 山谷,凶猛的 Berbere 部落和 Semite 部落最初曾在那里定居,并且一直顽强地驻守那里;那里的居民的解剖学特征、习惯、政策和道德标准都保留着阿拉伯烙印,如果注意到这些情况,人们就能很容易地相信:这个凶猛而战无不胜的、好客而残酷的、聪明而讲迷信的、总是到处流动的、不安定的并且不愿意受拘束的民族肯定天生喜欢面对煽动而心血来潮,喜欢从事流氓地痞活动;同最初的阿拉伯人一样,这种流氓地痞活动经常与政治联系在一起,即使在与政治无关的情况下,这些活动也不会在那些不很聪明,但却有较多的雅利安血统的民族中(包括在西西里本地,比如在卡塔尼亚、墨西拿)引起反感和不满。

这些影响还不能用现成的数字加以精确说明,原因之一在于:当我们借助于犯罪统计数字时,会发现一系列复杂的犯罪原因,致使我们无法得出确切的结论。例如,在西班牙、伦巴第、Dalmazia、Voivodina、Gorizia,女人犯罪的极少;而在奥地利的 Slesia、在俄罗斯的波罗地海省份,女人犯罪的则极多。

但是,在这里,除了种族的影响外,可能还有风俗的影响;在那些妇女与男人接受过相同教育(例如在 Slesia 和波罗地海)并且参加男人的斗争的地方,女人犯罪的数字就比较接近男人。

人们发现,在奥匈帝国的日尔曼国家,尤其是在索尔兹伯格(Salisburgo)、奥地利,与斯拉夫人、意大利人、Gorizia 人、Tirolo 人、Garinzia 人相比较,青少年(因而单身汉)犯罪的较多;对于这一情况也适用同样的解释。

Messedaglia 注意到,在奥匈帝国的 Bukowina、Croazia、Boemia、匈牙利(68%~76%)等地,与 Dalmazia、Tirolo 和伦巴第(32%~45%)相比,较多的犯罪是出于贪婪的目的。

重伤害犯罪在 Carniola 和 Tirolo 发生得最多(28%~21%),而在 Slesia 和 Moravia 则发生得最少(1.36%)。

根据 Oettingen 的统计,在 Baviera 北部盗窃犯罪发生得最多(42%),在南部侵害人身犯罪发生得最多(41%);而在 Svevia,主要的犯罪是诈骗,在 Pfalz 是暴动。

在法国,Pelasgica 族(Corsica、Marsiglia)的居民比较多地实施的是侵犯人身犯罪;而日耳曼族(Alsazia)居民较多实施的则是本来在凯尔特人中罕见的各种犯罪。

但是,除了种族因素的影响外,上述差别的存在可能还有赖于不同的生活条件、气候、智力的开发程度。因此,在最后一种情况中,酗酒可能导致 Alsazia 的犯罪增加,南方的气候和落后状态则导致 Corsica 的犯罪增加。

如果研究一下希伯来人和吉普赛人截然相反的犯罪情况,种族对犯罪的影响将跃然纸上。

统计数字表明,在一些国家中,希伯来人的犯罪要比其他民族居民的犯罪少;如果从希伯来人最喜欢从事的职业角度进行比较,这一情况就更为明显,因为那就不应当笼统地在居民间进行比较,而应当把他们同犯罪率较高的商人和小工业者相比。

在巴伐利亚,每 315 名居民中有 1 名希伯来人被判刑,每 265 名居民中有 1 名天主教徒被判刑。

在奥地利统治下的伦巴第,7 年来,每 2 568 名居民中有 1 名希伯来人被判刑。1865 年,在意大利一共只有 7 名希伯来人被监禁,其中 5 男 2 女;这个比例远远低于天主教徒中的犯罪人数。根据 Servi 的最新调查,1869 年,在 17 800 名希伯来人中只有 8 人被判刑。

相反,在普鲁士,Hausner 指出:被指控犯有罪行的希伯来人则稍微增加,每 2 600 名居民中有 1 人,相比之下,每 2 800 名基督教居民中有 1 人被指控犯罪;这一情况部分地得到 Kolb 的证实。

根据 Kolb 的调查,在 1859 年的普鲁士:

> 每 2 793 名居民中　1 名希伯来人受到刑事指控
> 每 2 645 名居民中　1 名天主教徒受到刑事指控
> 每 2 821 名居民中　1 名福音派信徒受到刑事指控

在奥地利,被判刑的男性希伯来人在 1872 年所占的比例是 3.74%;在 1873 年是 4.13%,这个数字稍高于希伯来居民的比例。

同犯罪数量较少这一点相比,更为肯定的事实是:希伯来人的犯罪范围是特定的。同吉普赛人一样,希伯来人的主要犯罪形式都具有传统性,在法国,他们世代相传的是诈骗罪,在 Cerfbeer、Salomon、Levi、Blum、Klei,是盗窃罪;他们很少有人因谋杀罪被判刑;他们往往是一些组织精密的团伙的头目,如 Graft、Cerfbeer、Meyer、Dechamp,他们有真正的推销员和商业账册,表现出惊人的保密能力、忍耐力、坚韧力,并且,因此多年来瞒过了司法机关的调查。他们当中许多人(至少是在法国)实施的是特殊的诈骗行为,例如:诈骗戒指(假装拣拾到珍宝)、借清晨问候之机诈骗(以此为借口,洗劫未锁门睡觉者的房间或者商店)。

在普鲁士,一度有许多希伯来人因作假或诬告行为而被判刑,但更多的人是因帮凶行为而被判刑;这后一种犯罪往往给司法调查造成障碍,并且导致在德国和英国暗语中存在大量希伯来词汇;窃贼把希伯来高参当作自己的老师和向导,因此,他们很自然地珍视有关的希伯来词汇。

著名的 Magonza 帮每次重大活动都是由希伯来高参策划的。在法国,一度几乎所有大犯罪团伙的头子都有希伯来女人作同伙或者情妇。

希伯来人之所以致力于这种犯罪(就像致力于放高利贷一样),原因是多种多样的:对金钱的贪婪,伤感情的绝望,不被允许担任公职并且享受不到任何公共救助,面对武装的种族迫害做出反应(对于这类迫害,他们别无反抗手段);他们经常遇到这样的情况:被一伙地痞流氓驱赶到另一伙地痞流氓的地盘,为了不受欺负,不得不充当帮凶;因而,即使他们的犯罪率稍微高一点,也没有什么可感到惊奇的;一旦在希伯来人面前出现一线从政的希望,这种实施特定犯罪的倾向似乎就将消失。

对于吉普赛人却不能说这种话,他们完全是犯罪种族的活标本,不断产生着犯罪的情欲和恶习。Grelmann 说:他们厌恶所有需要有基本的专注力的事情;他们宁愿忍受饥饿和苦难,也不愿意忍受一件小小的具有连续性的工作;对于他们来说,只要能够维持生存就足够了;他们在自己人之间也相互背弃誓言;他们忘恩负义,胆小怯懦,同时又很残忍,因此,在特兰西瓦尼亚流传着这样一句谚语:一只落汤鸡可以赶跑 50 个吉普赛人。加入到奥地利军队中的吉普赛人已经对此作出证明。他们具有极端的报复性。一个吉普赛人挨了主人的打,为了报仇,这个吉普赛人把主人搞到一个山洞中,用一块皮子把他身子缝起来,给他喂一些最恶心的东西,直到他最后死于坏疽。

当他们怒火冲动时,会像投掷石头一样地把自己的孩子摔向对手;他们同犯罪人一样喜欢虚荣,虽然他们也可能毫无羞耻感。他们把挣来的钱都用来喝酒和买衣服穿;他们光着脚走路,但却穿着镶饰带的衣服或者花衣服;他们不穿袜子,但却穿着高腰皮鞋。

他们同野蛮人和犯罪人一样经常莽撞行事。有这样一个故事:一次,吉普赛人在战壕里击退了帝国的军队,他们在后面大声叫喊:"快跑,快跑,要不是我们没有了子弹,早就把你们都杀了。"这么一喊,敌人醒悟过来,原路返回,把这些吉普赛人都消灭了。

他们爱寻欢作乐,喜欢喧嚣,在市场上总是乱喊乱叫;他们凶残,为了谋取利益而杀人不眨眼；人们曾怀疑他们过去有吃人肉的习俗。吉普赛妇女最善于偷窃，并且训练自己的孩子偷窃；他们用粉末给牲畜下毒，然后再把它们救活以显示自己的能耐，或者是为了获得廉价的肉；在土耳其，她们也卖淫。所有的吉普赛人都擅长某种诈骗活动，例如，用假币换取真币，贩卖有病的马（把它们伪装成健康的）；在西班牙，"吉普赛人"在牲口交易中是诈骗犯的同义语，就像在我们国家，"希伯来人"曾经一度是放高利贷者的同义语一样。

人们不掌握关于精神病在吉普赛人中分布情况的材料。

如果说希伯来人相对于其他民族来说确实犯罪率较低的话，精神病的分布情况则与此不同，一般来说，精神病在他们当中是比较常见的。

但是，在这方面起作用的主要不是种族问题，而是脑力工作问题，这类工作对精神产生各种各样的影响；在闪米特种族（阿拉伯人，贝督因人）中，精神失常的情况是不多见的。

在这里，人们再次意识到，在错综复杂的精神问题上，根据单纯的数字作出结论是何等的困难。

宗教问题也同样如此，或许人们也想根据一些精密的统计数字认定它对犯罪产生影响。在差不多相同的条件下，拿巴伐利亚和普鲁士的天主教徒同耶稣教徒相比较，前者犯罪的数字较高。

但是，人们发现：在 Annover、在瑞士、在荷兰，天主教徒的人数比其他宗教信徒的人数多；而且，就是在普鲁士，上述差别也在逐年缩小，在最近 5 年甚至几乎消失；面对这种情况，谁能相信这里起作用的是宗教，而不是其他多方面的因素呢？

文 明 程 度

在大量的社会问题中，有一个问题特别引起人们的注意，渴望获得肯定的和确切的回答，这就是文明对犯罪和精神病施加着怎样的影响。

如果我们单纯注意数字，可能会认为这个问题已经得到解决，因为这些数字告诉我们犯罪和精神病的数量每年都在不断增加，这种增加同人口的增长不成比例。但是，在这个问题上，Messedaglia 正确地指出：那些试图根据简单的统计数字解决复杂问题（许多因素在这里交织在一起）的人犯错误的或然性很大。实际上，犯罪和精神病数字的增加可能是民事和刑事法律修改的结果，可能是因为在对犯罪控告和对精神病人、流浪者和未成年人收容方面有了更为便利的条件，还可能是因为治安工作在不断加强。

有一件事是肯定的（我们在前面曾经详细论述过），正如 Messedaglia 所说，文明和野蛮都各有其特定的犯罪。野蛮使得道德感变得迟钝，使得人们对杀人麻木不仁，甚至经常视之为英雄行为，把报仇看作是义务，把实力看作是权利，因而导致流血犯罪、团伙犯罪增加，导致宗教偏执狂、魔鬼偏执狂、模仿狂增加。但是，在野蛮状态中，家族纽带比较有力，性刺激和野心不那么强烈，因此，杀害长辈的犯罪、溺婴罪和盗窃罪不很频繁。随着文明程度的提高，人的需求和愿望迅速增加，财富越多越容易激发人的欲望，在精神病院中酗酒和瘫痪的情况越来越多，在监狱中侵犯财产罪和侵犯善良风俗罪的人数也不断增长。统计数字告诉我们，此种性质的犯罪大部分发生在首都城市，是由受过教育的阶层实施的，而且呈增长趋势。

在一定程度上，我们也可以在意大利获得有关的证明。在1869年，我国城市和大城镇的人口不超过550万，小城镇的人口差不多为1100万，但前者的犯罪数量基本上与后者相同；其中，在侵犯公共秩序罪、侵犯善良风俗罪的数量方面，前者超过后者两倍，而在侵犯人身罪的数量方面，前者与后者持平，甚至更少些。研究一下Bodio在《意大利经济》中发表的统计图表，人们会发现侵犯财产罪、人口密度和开化程度这三者是平行发展的。因此，在米兰、里窝那、威尼斯、都灵发生的侵犯财产罪较多，伤害罪较少，这几个城市的人口密度比较高，低文化程度的人比较少。

卡拉布里亚、阿布鲁齐、西西里、罗马都住着许多文盲，那里侵犯人身罪的数量最多。那波利和巴勒莫例外，那里人口稠密并且有大量文盲，但上述两类犯罪都很多；在巴里、莱切、贝内文托，人口也相当稠密，但侵犯财产罪很少；卡坦扎罗和卡尔塔尼塞塔则情况相反。

在意大利存在着大量例外的情况，这并不奇怪，因为在有些地方人们还难以确定野蛮状态结束的标准，因重大的政治变迁而引起的动荡和骚乱还没有停止。

文明不可能产生更多的作用，它只能改变犯罪的特性，甚至能使犯罪增加；这虽然令人遗憾，却不难理解，我们在前面已经谈到：不断进步的文化是多么地不利于社会防卫，多么地有利于犯罪。

除了我们前面已经提到的原因之外，还应当补充其他一些原因。

铁路的发展、官僚和商业机构的集中等因素，使得居民中心随着文明的进步而不断扩大，出现越来越多的首府。众所周知，大部分的惯犯都聚集在这些地方。这种不祥的聚集致使大城市为罪犯提供了越来越多的利益或逍遥法外的机会。但是，这种原因不是孤立存在的。如果说在首都人们的警惕性较低的话，那里的惩治活动则比较集中和积极；如果说那里存在着较大的诱惑的话，也敞开着宽阔的就业之路。我认为还有另一个非常重要的因素起着作用，即聚居，这种聚居本身就足以导致犯罪的发生或道德的沦丧。

如果你对处于社会团体（无论它们是怎样的）中的人进行过研究，你将会发现：

在那里，人往往会变，原先在独处时或者在家时老实、端庄的人会变得放肆，甚至不知廉耻。

不是有许多人在社团或者议会集会（即使是通情达理的会议）时敢于毫无顾忌地谩骂自己的朋友和师长吗？不是有许多人卑鄙地向那些可能在不久前还热情地给予支持的人投掷石块吗！只要在那里更深地介入一步，最诚实的人也会根据伙伴的意见去进行盗窃，去在赌博中坑骗新手，或者从事最肮脏的淫秽活动。

团伙越是人数众多，这种倾向就越是强烈；这种团伙可能是由五六个同学组成，或者是由某一工厂的上千名工人组成（因此，工业区比农业区更容易发生犯罪），甚至是由更大帮的人组成，一个细小的事情会令他们聚集在那波利和巴黎的马路上，他们发出的叫喊能够变成死刑判决。暗语可以说是一个直接证据，我们已经看到它们被日益复杂和坚固的组织所采用，无论是清白的和人数不多的团体，还是最严密的犯罪集团；即使在前一种团体中，它们也使人感觉到一种敌对或者对外人的防备。

Bertillon 说，存在这样一种强烈的和病态的倾向：每个人都想对他人表现一下自己在周围世界体会到的感情和冲动，而且，某些条件对这种倾向施加着很大的影响，例如，年轻、女性，尤其是与其他气味相投者的聚集；Scarcey 注意到：这种聚集特别容易使自然感受和自我感觉在我们身上表现得强烈，占主导地位的舆论影响着氛围，像传染病流行一样产生着作用。据说人们发现：当大量的马聚集在一起时，雄性间的性交倾向也会发展。

当一个人离群索居，尤其是受到教养的约束时，盗窃、杀人、淫乱这些原始的本能就保持在胚胎状态，当他与别人交往时，这些本能就会突然间膨胀起来。

在学校和学院里，最遵守道德规范的学生也会向别人，甚至向老师学习一些奇怪的坏毛病。随着性器官和脑器官的同步发育，随着营养状况的改善，淫乱犯罪大量地增加，这种犯罪是最近几年的一种特有现象，与此相对应的是卖淫的不断增加，这后一活动特别青睐的是大城市。这也是为什么妇女犯罪多集中在比较文明的国家的原因之一；对相对贫穷的难为情，对奢侈生活的渴望，几乎男性化的工作和教育，都进一步促使她们走向犯罪，为她们提供在男人的地盘犯罪的工具和机会，例如实施作假罪、出版罪、诈骗罪。

文明的提高使某些犯罪和精神病现象（瘫痪、酗酒）增加，因为人们更多地使用野蛮人几乎根本不知道的刺激品，在最文明的国家中，这已经变成了真正的需要。在英国和美国，除了滥用酒精和烟草外，我们还看到鸦片和乙醚的滥用；在法国，对烧酒的消费从 1840 年的每年 8 公升提高到 1870 年的每年 30 公升。

文明推动着报纸的创造和发行，报纸总是报道一些关于犯罪的新闻，有时候这些新闻特别容易刺激对犯罪人的模仿。关于 Troppmann 恶行的报道使《小日报》的发行量上升到 500 000 份,使《费加罗报》的发行量上升到 210 000 份;或许正是由于这一原因造成有关的犯罪行为迅速地被 Moustier 在比利时模仿。同样的说法也适用于小说,尤其是那些专门描写犯罪欲望的小说,在今天的法国,这已成为一种嗜好。1866 年,两名年轻人,Brouiller 和 Serreau 勒死了一位女商人,他们被逮捕后宣称:这一犯罪行为是从阅读 Delmons 的小说中得到的启发。La Place 说得好:有些人天生地具有倾向作恶的肌体因素,而行为的实施却是因听人讲述或者看见他人作恶而导致的。几年前,人们发现 10 张被窃的息票被包在一张纸里,窃贼在这张纸上抄写着 Bourrasque 小说中的几行话:"意识是人们为了吓唬糊涂虫而发明的一个词,用它迫使那些糊涂虫安于贫困。有权势者和百万富翁只是依靠暴力和欺诈发财致富。"

在大城市,穷人的廉价寄宿地是犯罪的诱因之一。Mayhew 说:很多人因罢工而被迫住进"寄宿旅店";又从那里学会偷窃。

随着现代文明的闯入,也由于在有些地方引入冒牌的自由权,出现了政治性法律和新形式的人民政府,一些以共同庆贺、从事政治或行政活动、相互援助为名义形成的共同体如鱼得水。巴勒莫、里窝那、拉韦纳、波伦亚的例子,Luciani、Paggi、Crespi 和 Nicotera 的故事都向我们证明:从那些最慷慨激昂的活动到最卑劣的暴力活动,甚至发展到犯罪,只有多么短的距离。在北美的两个最繁华的大城市(纽约和旧金山),一些社团已经发展到以逍遥法外的方式并且以官方的面目实施犯罪活动,使那里的诈骗活动几乎合法化。

在一些政府体制中政治革命层出不穷,这些革命导致某些犯罪增加,这一方面是因为革命使许多人聚集在一起,另一方面,革命也激发了人的暴力欲望。在 1848年前,法国的淫乱犯罪大约有一二百件,后来增加到 280 件,再往后发展到 505 件,随之增加的还有非法分娩。一位著名的西班牙人说:西班牙是一所监狱,在那里可以实施任何犯罪,而不受惩罚,只要高喊支持这个或者那个,或者使罪行具有某种政治色彩。在 5 年的时间中,被恩赦者共计 4 065 人,是法国的 4 倍。考虑到上述因素,如果说西班牙的犯罪率比其他任何地方都高的话,这并不令人惊奇。同革命一样,战争也增加人的交往和聚集,因而导致犯罪数量增加,1866 年的意大利和 1862年的北美,在战争期间和战争之后,都发生了大量的犯罪。

不用再多说什么,也无需补充新的数字,我们完全可以证明:监狱中的聚集也必然使犯罪增加。正如我们从犯罪人自己的供述中所获知的,在监狱里,越是邪恶越是光荣,美德却受到羞辱。随着新的大型监狱中心的兴建,尤其是在它们采取的不是独居制的情况下,随着文明给监狱带来仁慈的和博爱的关心(建立农垦区、学校,实行假释),文明往往更能引诱人犯罪,如果说上述关心能够实际提高诚实人的尊严的话,它们却无助于感化犯罪人僵硬的心灵。随着假释许可证的适用,1861—1862年英国的犯罪人数猛增,就像在1834年开始实行流放后的情况一样。对不良少年和未成年犯实行收容,建立少年教养院,这些措施似乎是受最圣洁的人类怜悯心的启发,但是,仅就让邪恶的人聚集在一起这一点而言,它们所发挥的作用就是非常不健康的,并且几乎总是违反创造该制度的初衷。我认为有必要提及这样一件事:在瑞典,著名的 D'Olivecrona 把大量瑞典累犯的出现归因于监狱制度的弊端,归因于让青少年遵守成年人的纪律的做法。

文明每天都在引进新的犯罪,这些犯罪不如以往的犯罪凶残,但所造成的损失并不次于后者。在伦敦,智力型盗窃取代了暴力型盗窃;巧取式犯罪取代了溜门撬锁;勒索赎金和利用出版物诈骗取代了争权夺利的犯罪。为获取保险权益而杀人代表着一种典型的新犯罪,这种犯罪主要是由医生实施的,它们与新的科学知识的增加有关;霍乱的症状与砒霜中毒的症状很相似,这一发现致使两名医生想出这样一种投毒手段:趁霍乱在马格德堡和摩纳哥流行之机,对许多已经获得了保险的客户投毒。

在维也纳,人们创造了一种新的犯罪,叫做 Kratze,即诱使他人向假想的公司发运货物并将其据为己有。

文明使家庭纽带松弛,不仅导致弃儿的增加(他们是犯罪的苗子),而且还造成大量的成年人之间的遗弃、强奸和溺婴。

但是,我们不能由于这一切而唾骂给我们带来繁荣的文明;即使是这样,也根本不能说文明是有害的。虽然文明的发展可能一时会成为犯罪增加的原因,但毫无疑问,它柔化了犯罪的性质,而且,在文明的辉煌时期,它已经找到了医治由它自己造成的疮疤的办法,它借助刑事精神病院、独居牢房制度、实业之家、依附于邮局和工厂的储蓄所,尤其是保护流浪少年的社团,将犯罪预防在萌芽状态。

饮　食

一个与气候、种族和文明等因素的影响交织在一起并使它们变得错综复杂的要素是饮食。

我们已经说过,随着文明的进步,淫乱犯罪直线上升,例如在法国和普鲁士。

在下面的图表中,我们把德国一年犯罪的数量与必不可缺的食品的市场价进行比较,我们可以发现:饮食,与文明程度一样,甚至更明显地产生着作用,因为,随着小麦变得越来越便宜,侵犯财产罪的数量减少,侵犯人身罪的数量增加,其中特别突出的是强奸罪。

年度	强奸罪	纵火罪	侵犯财产罪	侵犯人身罪	小麦、黑麦、土豆等的市价
1854	2.26	0.43	88.41	8.90	217.1
1855	2.57	0.46	88.93	8.04	252.3
1856	2.65	0.43	87.60	9.32	203.3
1857	4.14	0.53	81.52	13.81	156.3
1858	4.45	0.60	77.92	17.03	149.3
1859	4.68	0.52	78.19	16.63	150.6

在1862年的普鲁士,当土豆等的价格上升得很高时,侵犯财产罪的比例为44.38,侵犯人身罪的比例则为15.8;当上述食物的价格下降时,侵犯财产罪的比例减少为41,侵犯人身罪的比例提高到18。

在法国,1847年的食品涨价使侵犯财产罪的平均数上升了24%,而侵犯人身罪则只上升了1.6。

食不果腹抑制性欲的冲动,丰衣足食则激发性欲的冲动。在食不果腹的情况下,食品的短缺和需求促使人们去盗窃;在丰衣足食的情况下,上述需求则不那么强烈,盗窃犯罪的欲望得到劝阻。

同样的原因也导致工作的减少和报酬的降低。人们注意到:在食品价格上涨时,妇女和佣人比其他人更容易犯罪,这或许是因为她们比其他人更深受其影响,佣人在习惯了某种舒适生活之后,就会丧失了对贫困的抵御能力。

在瑞士,因贫困而导致的犯罪占6.7%。

因食品短缺和真正贫困而导致的犯罪数量要比大多数人所想象的少得多。根据Guerry的统计,偷窃食物的案件只占盗窃总数的3%;而且,在这一比例中,因饥饿而偷窃的情况可能大大少于因贪婪美味而偷窃的情况。在伦敦,在43类被窃物品中,偷窃香肠、鸡、猎物的占第十三位,偷糖、肉、葡萄酒的占第三十位,第四十三位才是偷窃面包。

妓女的情况也同样如此。Locatelli说:如果说饥饿和被遗弃足以把一个姑娘推上卖淫的道路的话,真应当给成千上万恪守贞操的女孩子授奖,因为她们面对最严重的短缺和各种各样的诱惑拒绝出卖自己的肉体。

某些特殊的食品有助于某些犯罪,人们可以比较容易地证明这种影响的存在。

以植物为主的饮食结构能使人心变得温和、顺从,而以肉类为主的饮食结构则会使人心变得残酷、暴烈。或许在一定程度上正是由于这一原因,伦巴第的农民能够顺从地忍受自己主人的虐待,而爱吃猪肉的罗马涅人则使用暴力进行报复。在犯有针对成年人的淫乱罪的人中,屠夫、香肠制作者所占的比例最大,达到6.1%。

相反，在意大利，船夫和水手犯这类罪的极少（他们占人口的 0.7%，但在此类犯罪中占的比例则仅为 0.2%），除了孤单生活这一原因外，常吃鱼大概对此也有影响。但这似乎与 Humboldt 的观点相左，后者指出，常吃鱼的人，由于碱性物对血液有较大刺激，因而比较凶残。

酒　　精

饮食对犯罪的最明显影响来自于酒精，这种影响与大麻和鸦片的相同。所有这些物品都以异常方式对大脑产生刺激作用，造成瘫痪、麻痹等许多几乎不可医治的疾病，甚至经常导致犯罪和自杀。人们注意到这种情况也发生在 Medggidub 人中，他们通过头部的不断侧向运动使自己醉倒。Barbaste 说：这些人很危险，而且有盗窃倾向。吸食鸦片的人经常产生杀人的冲动。在大麻的作用下，Moreau 感到自己被盗窃的欲望所吸引。

葡萄酒起的作用更坏。酒鬼是不讲道德的，生下的孩子有精神病，容易犯罪或者爱搞早熟的淫乱活动，关于这一点早已被 Juke 家族的历史所证明；不仅如此，严重的、孤独的醉酒还容易导致犯罪。Gall 讲述过一名土匪的故事，此人叫 Petri，他一喝酒，就感到自己身上产生了杀人的欲望；柏林有一名妇女，喝醉酒后就变得嗜血成性。

Locatelli 说，有一名 30 岁的工人，喝醉酒后就拿到什么摔打什么，经常对自己店里的同事构成危险；另一名工人醉酒后就产生一种当阔佬进行挥霍的欲望，把所有看着与自己地位不相称的家具都从窗户往外扔，用刀子捅劝阻他的妻子，后来他以为把妻子杀死了，就头朝下地从窗户中往下扎。都灵的 Tomo 是个孝顺的儿子和优秀的工人，但一沉溺于酒中就变得非常残忍。

我认识一位意大利军官，他曾两次在喝醉酒后用刀去刺自己根本不认识的人，其中还有自己指挥部的一名哨兵。

Nyremond 说：这些人早上还很善于交际并且很安详，但喝了几杯葡萄酒后，马上就变得好斗和凶残。

Selopis 在议会中宣称：意大利发生的犯罪十分之九起源于酒馆。

根据波士顿监狱监察官的估计，十分之七的罪犯是因为放纵过度而被判刑的；法官 Albany 甚至估计这个比例应当是十分之九。在比利时，因酗酒而引发的犯罪大约占 25%～27% 的比例。在纽约，在 49 423 名被告人中，有 30 509 人是惯常性醉酒者。

在俄罗斯，86% 的精神病人滥用酒精饮品，这一比例在犯罪人中是 75%；根据

Guthier 的统计,85% 的乞讨和流浪街头的孩子其父母是酗酒者。

根据 Bertrand 的统计,在 100 名英国犯罪人当中大概有 4~6 人是酗酒者。在英国,1857 年,每 100 000 居民中有 403 人因酗酒而被拘捕;1863 年,为 450 人;1865 年,为 503 人;1867—1868 年,因酗酒而发生的犯罪为 111 465 件;1871—1872 年,这类犯罪上升到 151 054 件。在荷兰,五分之四的犯罪是因酗酒而造成的;准确地说,对于斗殴和违警罪来说,占 7/8;对于侵害人身罪来说,占 3/4;对于侵犯财产罪来说,占 1/4。

在爱尔兰,Mathiew 神父的布道致使酒的消费在 1838—1840 年减少了一半。在这 5 年中,犯罪也从 64 000 起减少到 47 000 起,死刑判决从 59 件减少到 21 件。

这种影响也间接地通过对各种职业情况的研究得到证明。酒馆老板在人口中占 3%,鞋匠占 3.8%,前者在犯罪人中占 11.1%,后者占 12.2%,并且占累犯的 6.6%,从事这两种职业的人都比较爱喝酒。

轻瘫、两个瞳孔不对称,尤其是动脉粥样硬化,我们在囚犯中比较经常地发现这些情况,其发生频率不能不使我们把酗酒解释为其原因;根据 Virgilio 对被判刑人亲属进行的调查,发现他们中 20.9% 的人酗酒。

遗　传

根据对 1871—1872 年 2 800 名未成年犯罪人的正式统计,他们中 6.4% 的人父母酗酒;比较多的酗酒者是父亲(5.3%);母亲酗酒的比较少(1.7%)。父母均酗酒的则更少(0.4%)。

这些统计告诉我们,遗传因素对犯罪有着多么大的影响。不仅父母酗酒可促使孩子犯罪,而且父母的犯罪也可能遗传,这像是一种很自然的现象,并且似乎比实际情形更为普遍。

在 314 名囚犯中,我只发现 11 人的父母或者叔叔也是罪犯,6 人的兄弟是罪犯,1 人的表兄弟是罪犯。

在帕维亚的监狱里,我对一名男青年进行了研究,他明显地突颔,头发浓密,眼睛斜视,相貌像女性;他 12 岁时就成了谋杀犯,后来 6 次因盗窃而入狱,他有两个兄弟也偷窃,母亲是他们的帮凶,两个姐妹是妓女。

但是,我的条件比较糟糕,因为我不掌握正式的调查材料,不得不满足于被判刑人自己的讲述。

Virgilio 的条件就好得多,他发现被判刑人亲属犯罪的占 26.8%,而且几乎都是父系亲属犯罪,如酗酒(21.77%),这里还没有算上 6% 的旁系亲属犯罪。

在 Mettray 的 3 580 名未成年犯中,有 707 人是被判刑人的子女,308 人是姘居者所生子女。

根据我们的官方统计,在 1871—1872 年的未成年犯中,3% 的父母被监禁。与母亲的影响(0.5%)相比,父亲给予的影响更坏(2.4%);这被解释为女性犯罪较少的原因之一,至少表面看起来是这样。

上述统计还告诉我们:28% 的未成年被判刑人的家庭名声不好,26% 的家庭名声很坏;Virgilio 的统计材料非常精确,再次反映了这样的比例关系。

人们注意到,在名声不好或者道德沦丧的亲属中,女性多于男性两倍,特别是在岛屿省份。

残暴的 Galetto 是吃人肉的强奸犯 Orsolano 的孙子;Dumollard 是 1 名谋杀犯的儿子;Patetot 的祖父和曾祖父都是谋杀犯;Papa、Crocco、Serravalle 的祖父都曾经蹲过监狱;Cavalante 的祖父和父亲蹲过监狱。Cornu 父子都是谋杀犯;Nathan 一家人中有 14 名成员在同一天被抓进同一所监狱;毒死丈夫的厚颜无耻通奸犯 M 出生于乱伦关系。

Thompson 在 109 名被判刑人中发现 50 人有亲戚关系,其中 8 人属于同一家庭,他们的共同尊亲属是一名累犯;他还发现 3 个盗窃兄弟,两个盗窃姐妹,他们的父亲是谋杀犯,叔叔、姑姑和堂兄弟也都是谋杀犯。

Mayhew 在 175 人中发现有 10 人的父亲、6 人的母亲、53 人的兄弟曾经被判过刑。

同样的影响也出现在妓女当中。Parent 在 5 583 名妓女中发现有 252 人的姐妹、16 人的母亲和女儿、4 人的姑姨和侄女也卖淫。人们可以在 Lacour 那里看到 1 名妓女令人作呕的讲话:"我的父亲关在监狱,我的母亲与诱奸我的那个男人生活在一起,她的 1 个小儿子由我和我的兄弟养活。"

著名的女窃贼 Sans Refus 是已故的盗窃犯 Comtois 的女儿,由此人与女盗窃犯 Lempave 在 1788 年所生。

Thiebert 帮最精练的干将 Marianna,其母亲是 1 名窃贼,父亲是曾经 5 次被判刑的盗窃犯,她本人恰恰出生在公路上的一辆被窃的车上。

Fossay6 人帮因组织土匪团体而被判刑,其中 5 人是兄弟,1 人是内弟;他们的祖父和父亲均被处以绞刑;两个叔叔和一个侄子都关在劳改场。

关于遗传对犯罪的影响,Harvis 和 Hudson 提供了非常独特的证据,他们发现有些犯罪经常发生,而且几乎所有被逮捕的作案者都是同名同姓,因此他们查阅了有关的登记材料,注意到:大部分人都是两个世纪前的 1 名声名狼藉的女人的后裔,在这个女人的 900 名后代中,有 200 人是歹徒,另外 200 人是精神病患者和流浪者。

Despine 提供了另一个证据,他列举了 Lemaire 和 Chretien 的家谱,我把它画在下面,以便让人一目了然。*

1846 年,在法国有两个家庭因 45 起盗窃案而受到审判,在这两个家庭之间存在着亲属关系,而且它们因土匪活动而相互联系在一起:一个家庭的家长 C. Iegl 娶了另一个家庭的家长 Ruch 的女儿为妻,前一个家庭的父亲、母亲、儿子、女婿被判了刑,另一个家庭的父亲和儿子被判了刑。

Locatelli 解释说,这种恶性的交织关系是因一种选择性联姻而产生的,犯罪妇女倾向于选择最爱进行同类犯罪的男人作为自己的情人和配偶。

Virginia P. 是一名屠夫的情妇,后者因杀害了一个女孩子而被逮捕;Virginia 在得知消息后,守在监狱门口一整天,想打探情况,但一无所获。她回到家已经很晚了,心里憋着气,在听到母亲的指责后,像一只受伤的老虎一样暴跳起来,要不是邻居听到呼叫及时赶来解救,她那可怜的母亲肯定会被掐死。

Brinviliers 侯爵夫人和 Camburzano 为我们提供了著名的例子,后者虽然出身于善良家庭,却先是委身于一名窃贼,后来又委身于刺客 Tomo,并且被判处有期徒刑;她为了见到 Tomo 而逃了出来,随后很快成为残暴的杀人案的同伙和教唆犯,她面对谴责嗤之以鼻。

关于犯罪的遗传性以及同精神病、卖淫等的关系,一个最重要的证据来自于 Dugdale 对 Juke 家庭的专题研究,在美国,"Juke 家族"已经变成犯罪人的同义语。

这群孽子孽孙的祖先是猎人和渔民 Max Juke,此人是个酒鬼和好色之徒,后来变成了瞎子,大约出生于 1720 年,他有大量的婚生后裔,约 540 人,并且有 169 名非婚生后裔。我们很难追踪这个家庭的所有分支;他有 5 个女儿,其中 3 人在出嫁前当过妓女;这个家庭还有一些旁系分支,整个分为 7 代。我们把有关情况用下列图表加以归纳:**

从上述图表中可以看出卖淫、犯罪和疾病之间的特殊联系,同样的遗传原因导致出现:

77 名犯罪人和 142 名流浪者

128 名妓女,18 人开妓院,91 人是私生子

131 人患有阳痿症、呆痴症、梅毒症,46 人患有不育症

我们注意到:犯罪呈特有的递增状态,第四代的犯罪人数为 29,第五代增加到 60;具体地说,妓女从 14 人增加到 35 人、80 人,流浪者从 11 人增加到 56 人、74 人;

---

* 因出版物技术原因,略去该图表 ——译者注

** 因出版物技术原因,略去该图表 ——译者注

而且在第六代和第七代数量也没有减少,虽然老天长眼让犯罪和怪胎因妇女的不育症(从第三代的 9 人增加到第五代的 22 人)和婴儿的夭折(在最近几年增加到 300 人)而趋于灭绝。

人们注意到,在所有的或者说几乎所有的分支中,犯罪的倾向(其反面是穷享乐倾向)最突出地体现在长子身上,总是更多地反映在男性当中,而不是女性当中;与此相伴随的是生命力、繁殖力和精力的过剩;这种倾向更多地表现在非婚生子当中,而不是婚生子当中;在其他道德沦丧的表现方面,情况同样如此。

下面我们把 38 名来自于第五代的并且是由 5 个姐妹生下的非婚生子同 85 名婚生子进行一下比较:

在 38 名非婚生子中:4 名醉鬼,11 名乞丐、痴呆症患者或妓女,16 名被判刑人,其中 6 人犯有严重罪行。

在 85 名婚生子中:5 名被判刑人,13 名乞丐或妓女。

这里提到的关于卖淫的数字只不过反映很小一部分现实,其他一些调查结果显示:过分的性欲冲动,与非婚生子的数目一样,是大量存在的;据统计,非婚生子有 91 人,私生子 38 人,总共的人数占男性的 21%,占女性的 13%;梅毒患者 67 人,比较多的是堕落的女性,她们在第一代中占 60%,在第二代中占 37%,到了第三代上升到 69%,在第五代中占 48%,在第六代中占 38%,总共占 52.4%;这是直系亲属的情况,上述比例在旁系亲属中占 42%。

其他数据表明:过度的性欲是穷享乐的最重要原因,这种穷享乐似乎也具有遗传性,特别是在女人当中,子女中排行最小特别容易沾染此种与犯罪相关的习性,有些曾经染过梅毒、肢体畸形或者有犯罪、流浪倾向的人也同样如此。

在有关图表中可以发现:如果在某一家庭中兄弟们从事犯罪活动,姐妹们就从事卖淫活动,她们仅因侵害性道德罪而被捕。这再一次证明了 Dugdale 的话:在女性中,卖淫是与犯罪相对应的职业活动(这些职业有着共同的起源)。

卖淫看起来也因遗传原因而发生,对它不能用贫困或者特殊的事故加以解释,它也不因实行早婚而受到遏制。

私生子的数量在男性中占 21%,在女性中占 13%;这一比例反映出这样一个奇怪的现象:私生子以男性为主,而婚生子的情况恰好相反;在对有关家庭的子女进行的考察中人们发现:已结婚的人主要是女性,属于私生子的主要是男性。

穷享乐的数字向我们展现了犯罪、卖淫与神经系统疾病以及生理怪现象之间的联系。

在对有关调查结果进行归纳时,Dugdale 发现:窃贼和犯罪人有 200 人,穷人和病患者有 280 人,妓女或被某个酒鬼玷污了的女性后代有 90 人;这还不算 300 名早期夭折的孩子、400名梅毒患者、7名被谋杀者;这个臭名昭彰的家族在75年中让国家损失了100多万美元。

精神病的遗传

正如上述凄惨的家谱和Motgare的家谱所证明的,犯罪人相当数量的亲属患有精神失常。我们在对314名犯罪人的情况进行调查时发现,7人的父亲精神失常,2人的父亲患有癫痫症,3人的兄弟精神失常,4人的母亲精神失常,4人的叔叔精神失常,1人的堂兄弟精神失常,2人的父亲和叔叔呆痴,1人的兄弟和1人的父亲患有惊厥症,2人的兄弟和父亲是酒鬼。我在帕维亚整理的一份家谱反映出相似的情况,这个家庭的成员一代一代地轮番成为精神病人、犯罪人和妓女。

Virgilio医生对266名患有慢性疾病的被判刑人进行过研究,其中10人精神失常,13人患有癫痫症,他发现:在这些人中,父母患有精神病的占12%,其中多数为父亲(8.8%)。他发现的癫痫症情况更多,其比例为14.1%,还不算旁系亲属中的0.8%,不算1名又聋又哑者(他是1名强奸犯的父亲)、6名患有古怪症的父亲和1名半呆痴的父亲。

Cottin曾放火焚烧自己救助者的房子,他的爷爷是精神病人;Mio的爷爷和爸爸是精神病人;Giovanni di Agordo犯有杀害长辈罪,他的兄弟都患有精神病;Costa和Militello的叔叔和爷爷是精神病人;Martinati有个姐姐患有痴呆症;杀害长辈和兄弟的Vizzocaro和谋杀犯Palmerini都有精神失常的叔叔和兄弟;Bussi的父亲和母亲、Alberti的祖父和父亲、Verger的母亲和兄弟都自杀了。Goudfroy为骗取人寿保险而杀死了妻子、母亲和兄弟,他外祖母和舅舅是精神病人;杀害长辈的Didier有个患精神病的父亲;杀害妻子的Luigia Brienz有个患癫痫症的母亲和患精神病的姐姐;Ceresa、Abbado和Kulmann都有精神失常的亲戚。

就这种关系而言,精神失常者同犯罪人几乎是一样的。父系的遗传因素比母系的遗传因素对精神失常的男性影响更大,虽然在精神失常者中男性所占的比例较小;Golgi、Stewart和Tigges都观察到了这一点。

然而,对于法医来说非常重要的是发现这样的情况:犯罪人父母患精神病的情形并不经常出现。Virgilio发现这样的比例不超过12%,这个统计足以说明这一点;Tigges对3 115名精神失常者进行了调查,发现其父母患精神病的占28%,Stewart发现的比例为49%,Golgi发现的比例为53%。

Zillman发现:在那些流行呆痴症的地方,懒散现象、争吵和凶残犯罪的倾向都比较常见,在妇女中表现得更为突出,数量多出5倍。

如果我们也想考察一下癫痫症和其他神经系统疾病的遗传影响的话,我们发现 Golgi 的统计结果可能达到 78%,而根据 Virgilio 对犯罪人的调查,患有神经系统疾病和癫痫症的人不超过 70%。

在意大利,父母酗酒习性所造成的影响更主要地表现为犯罪,而不是精神失常;根据对精神失常者的调查,这种比率不超过 17%,而根据对阿韦尔萨监狱的被收容人的调查,这一比率可能会超过 20%。

遗传对犯罪的影响在人类历史上也有迹可查;恺撒家族的历史就可引以为据。

Hammer 写道,东方的历史向我们展现了这样的情形:在同一代人中,杀害婴孩的犯罪与杀害长辈的犯罪相互接踵,儿子杀死自己的父亲,为被后者杀害的爷爷报仇雪恨。谋杀父亲的 Kosru 和 Mastantfzer 是被自己的儿子杀死的;哈桑二世是被儿子默海默德杀死的,后者又被自己的儿子毒死。

教皇 giovanni 十一世和十二世以及 Benedetto 九世都是宫女的儿子,他们把渎圣罪、强奸罪和杀人罪带进了圣彼得教堂。淫荡的 Poppa 的母亲是一个更为淫荡的女人。Messalina 的母亲曾经被指控与其兄弟有乱伦行为。

年　龄

所有的统计学家都承认年龄对犯罪的影响,这种影响与精神病的影响截然不同。下面的一览表反映的是对差不多同等数量的精神病人、犯罪人和正常人的情况调查,如果将有关数字加以比较,人们将立即发现,犯罪人的年龄主要都集中在 20—30 岁,在这个年龄段,自由人的数量比较少,精神病人的数量也很少,这两类人一般都在 30—40 岁以上。

意大利人		英国人	奥地利人	年龄
20 011 自由人　20 011 精神病人	26 590 罪犯	23 768 罪犯	12 786 罪犯	
43.55　　　　6.18	12.9	25.10	10.4	从出生到 20 岁
17.01　　　　2.34	45.7	42.4	42.6	从 20—30 岁
14.32　　　　26.21	28.8	16.8	27.07	从 30—40 岁
10.67　　　　22.91	11.6	8.4	12.1	从 40—50 岁
7.89　　　　14.02	3.8	4.2	5.9	从 50—60 岁
6.56　　　　9.34	0.9	2.0	1.24	60 岁以上

在精神失常者中,40 岁以上的占主要部分,超过自由人和罪犯的数量两倍;在罪犯中,40 岁以上的不多。

如果进行更加细致的比较,人们会发现,绝大多数犯罪发生在 15—25 岁的年龄段。在英国,这一年龄段的自由人只占1.9%的比例,而犯罪人则占48%,在伦敦上升到49.6%。

在奥地利,1/6的被判刑人是在14岁到20岁之间,4/6的被判刑人是在21岁到40岁之间;而3/6的正派人刚刚到40岁。

在青春期后期会出现一种本能的犯罪倾向,一些不成熟的观念把这当作男性气概的证明。Manzoni在他的小说中非常形象地对此描写道:"Gervaso掌握了某种与罪犯臭味相投的东西,因而他似乎感觉自己已经变成了一个与其他罪犯一样的男子汉——。"这也被一个在西西里至关紧要的词所证明,即:omerta(互隐),这个词一度曾暗指男子汉气概和参加黑社会。

有时候人们可以证明偷窃的数额是逐渐增长的,一个孩子第一次偷窃4文钱,为了买一个陀螺,第二次偷窃8文,后来偷1法郎,以至3法郎。但是,这种犯罪欲望的阶梯式增长一般来说是想象中的,许多人是从实施杀人和强奸这些最严重的罪行开始走上犯罪道路的,例如:Carpinteri、Moro、Quarteri等;最凶残的犯罪往往是由新手干的。有一天我在米兰遇到一位身上82处受伤的老人,开始人们以为他遭到了残酷的报复,后来有关的审判证明:伤害他的人是5名15~19岁的少年,他们想杀了他以便对他进行洗劫,用赃款去妓院中挥霍;所有这些人都想在这次杀人抢劫中多捅几刀。

Locatelli继续说:

> 偷窃倾向在年龄比较稚嫩时就表现出来,开始是在家里小偷小摸,然后不断发展。相反,杀人犯却是在非常年轻的时候一下子变成的。因此,人们很容易找到尚未成年的杀人犯,却很难发现钻窗入户的偷窃新手。

Vicent在22岁之前一直行为端正。在22岁时看见同伴带着一块手表,他立即引诱他出去散步并且杀死了他,然后又回去赌博。

严重的犯罪人都是在年轻的时候脱颖而出的,尤其是在青春发育期内,有时候甚至是在此之前。Bousegni是在18岁,Boulot是在17岁,Brinvillier是在18岁,Boulot是在12岁;Dombey在7岁半成为小偷,在12岁犯盗窃罪和渎圣罪。Salvatore在向我写的生活经历中坦白说:他在9岁时就企图盗窃和强奸。Crocco3岁时就骗人家的鸟;Lasagna11岁时就割掉牛的舌头并且把它钉在凳子上。Verzeni在17岁时成为杀人犯和强奸犯。Cartouche在11岁时盗窃同学的财物。

在Generala教养院,10%的被收容人平静地向我坦白说:是12岁之前开始进行偷窃的,通常是由于同伴的教唆和示范,而不是出于真正的需求。

这种犯罪的早熟性,毫无疑问,比精神失常的早发性更为常见,它再一次证明:犯罪比精神失常更受先天性因素的影响。

第十四章 犯罪的病因：气候、种族、文化、饮食、遗传、年龄

正如 Quetelet、Guerry、Messedaglia 所证明的，每个年龄段都有自己特定的犯罪。在奥地利，在青少年时期和老年时期发生最多的是猥亵行为，占33%；Guerry 也发现，猥亵在这两个年龄段中发生得极多，即从16岁到25岁，以及从65岁到70岁。在英国，违反本性的犯罪最主要发生在50岁到60岁之间。老年痴呆和瘫痪一般发生在50岁之后，并且往往伴随着强烈的求偶欲，如果了解到这一点，人们就会猜测，在这种情况下经常出现对犯罪的痴迷。

青少年时期的另一个犯罪倾向是纵火；在这方面，我想起一个事实：青少年躁狂症与特有的放火欲望有着联系，同样的说法可能也适用于偷窃。但是，Quetelet 指出，如果说偷窃倾向显露得最早的话，它将以某种方式主宰人的一生，是所有年龄段中共有的。

到了成年时期，杀人、谋杀、堕胎、强奸等倾向占据主导地位，占78%～82%（在奥地利）。

在成熟的年龄，诬陷、诈骗、作假、敲诈勒索、帮助犯罪人和淫乱的倾向不断膨胀。

在老年时期，除了猥亵外，帮助犯罪人、诈骗等倾向也很突出，同时，好像重返青少年时期一样，又喜欢纵火和顺手牵羊。

为了给人以关于犯罪在不同年龄段分布情况的完整概念，我们根据对1826—1840年1000名法国居民中各类被告人和被判刑人的调查，编制了以下一览表：

(%)

年龄	盗窃	强奸	伤害	杀人	谋杀	投毒	诈骗	诬陷	总数
16岁以下	0.4	0.1	0.1	0.2	0.1	0.3	0.1	0.1	0.3
16—21岁	16.0	14.1	10.9	7.3	6.0	3.4	3.8	4.6	12.2
21—25岁	18.4	14.3	13.5	15.3	14.2	9.5	10.1	9.1	15.8
25—30岁	14.7	12.6	20.1	16.6	14.1	13.9	11.8	8.8	14.6
30—35岁	13.7	11.1	16.7	14.0	15.3	12.2	13.4	11.0	13.3
35—40岁	10.7	8.8	11.8	11.1	10.8	11.3	12.8	11.7	10.8
40—45岁	6.6	7.5	6.8	8.3	9.7	13.0	11.5	11.0	8.9
45—50岁	6.4	6.6	6.8	7.3	8.2	9.4	9.7	10.0	7.0
50—55岁	4.5	4.1	4.7	5.8	6.3	6.5	7.6	9.3	5.1
55—60岁	3.1	4.4	3.3	4.5	5.2	4.8	5.5	8.3	3.9
60—65岁	2.6	4.8	2.9	4.0	4.3	4.8	5.4	6.9	3.4
65—70岁	1.8	5.2	1.6	3.0	3.2	5.1	3.9	5.4	2.5
70—80岁	1.2	4.5	0.8	1.7	1.7	3.0	3.0	3.8	1.6
80岁以上	0.4	2.1	0.5	0.9	0.6	2.8	1.4	—	0.6

性　　别

　　所有的统计材料都一致证明：女性犯罪，相对于男性犯罪来说，是比较少的；而且，如果我们把溺婴行为从惯常犯罪中加以排除，女性犯罪可能会变得更少，（我们在前面已经证明了这一点，关于大量女性被无罪释放的统计材料也间接地证明这一点）。

　　在奥地利，女性犯罪人在犯罪人总数中所占的比例不到 14%；在西班牙不到 11%；在意大利不到 8.2%。

　　然而，如果这对于严重的犯罪可以说是千真万确，对于其他犯罪，我却认为上述统计掩盖着一个未知数，因为，即使法律工作者不这样认为，但公共舆论肯定会把妓女列入犯罪人的范畴，因而他们会认为：两性在犯罪数量上势均力敌，或许柔弱的女性还略占上峰。根据 Ryan 和 Talbot 的统计，在伦敦每 7 名妇女当中，在 Amburgo 每 9 名姑娘当中，可能就有 1 名妓女。在意大利，有 9 000 名已知的妓女；在大城市，每 1 000 名居民中有 18 到 33 名妓女。

　　在一些国家，这个不幸的数字会翻一番，甚至增长 10 倍。在柏林，1845 年有 600 名妓女，到了 1863 年增加到 9 653 名。根据 Du Camp 的统计，巴黎在最近几年中只是隐蔽的妓女就有 120 000 人。

　　一位杰出的统计学家写道："对于女人来说，卖淫就像男人中的犯罪。"这种情况我们已经多次提到，Dugdale 通过 Juke 的家谱也对此作出很好的证明。贫困和懒惰也是导致卖淫的原因之一。但是，主要原因还在于酗酒、遗传和肌体的特殊倾向。我们已经论述过并且还将进一步论述这一观点：犯罪人特有的体质和精神特点同样可以适用于妓女，而且犯罪人和妓女之间存在着相互的同情。

　　Locatelli 写道：

　　　　在把这些书里收集的数据与我的考察结果进行对比后，我产生了这样的信念：所有的公法学者都犯了同样一个错误，他们把卖淫的最主要原因归结为许多无产阶级姑娘所蒙受的遗弃和贫困。

　　　　在我看来，卖淫主要是由于某些女性自身的不良倾向（就像男性的偷窃倾向一样）而引发的；因此，它是不可能彻底医治的。缺乏教育、遭受遗弃、贫困状况、坏的榜样，这些充其量可以被看作是次要原因，同样，家庭的关怀以及教育只能发挥抑制不良倾向的作用。

　　　　卖淫倾向反映着性道德的内在缺欠，这种缺欠同时表现为一种性麻木，因此，很多不幸的女人往往都性情冷漠。

这些呆木的人根本无法救药，对一切都无动于衷。在水性杨花的关系中她们证明不了任何喜好。如果说她们也会特别垂青某个情人的话，这样做并不是出于爱慕，而仅仅是出于一种炫耀，并且是在遵从她们自己的习惯做法；她们对好感和鄙视都表现得极为麻木不仁。

的确，我们前面谈到，这种麻木会被一些突然的和瞬间的情绪所改变，但这种情况也与犯罪人非常相似；对于犯罪人来说，麻木不仁、冷漠、突然且瞬间的激情发作、懒散，都是非常普遍的特点。

不过，从法律和统计的角度讲，一部分妓女也应当被归入犯罪人之列。Guerry注意到，在伦敦，30岁以下的妓女成为犯罪人的或然性大约为80%，30岁以上的妓女成为犯罪人的或然性大约为7%。妇女卖淫和犯罪的增长与其文化程度的提高成正比，并且妇女犯罪正趋于与男性犯罪相互匹敌。在伦敦，1834年女犯罪人与男犯罪人的比例为18.8%；1853年则为25.7%；在西班牙这个比例下降为11%；在法国上升为20%；在普鲁士达到22%；在英国达到23%。在奥地利，女性犯罪的总数占14%，在首都达到25%，在Slesia达到26%。

但是，除了这些统计数字之外，还有许多重要的论据能使我们怀疑妇女犯罪的数量可能更多，超过统计数字所显示的情况。

实际上，妇女比较容易从事的犯罪，例如协助犯罪、堕胎、投毒、家内盗窃，等等，都是些不大容易暴露的犯罪，或者人们不大愿意对之提出控告的犯罪。此外，还应注意这样一个众所周知的事实：妇女在犯罪方面更加执着和专注。我们在前面谈到，对于妇女来说，一旦恶念形成，就比男人的更强烈，而且美国的姑娘就表现得比男性更不易矫正。

Messedaglia证明：在奥地利，女性中的多次累犯比简单累犯更为常见，而在男性中，这两种累犯基本上相等。

同样的情况也出现在普鲁士，在那里，第一次被逮捕的女性犯罪人占16%，1次累犯占17%，6次累犯占24%，7次以上的累犯占30%。在萨克森，5次累犯的女性比男性更多，前者的比率为3.14%，后者为2.3%，而且这样的女犯逐年增长；从1840年到1854年发生率只为3%，1857年上升到6%；1858年上升到7%；1859年上升到8%。

当然，妇女有着不同于男性的特殊犯罪形式。在奥地利帝国，妇女最常实施的是堕胎、重婚、诬陷、帮助犯罪人、纵火、盗窃；最少实施的是杀人和伪造文件。在法国，妇女的犯罪主要表现为溺婴、堕胎、投毒、杀害亲属、虐待婴儿、家内盗窃、放火。在英国，伪造货币、伪誓、诬陷开始变为较常见的妇女犯罪，并且妇女杀人的案件有所增长。

Quetelet 非常正确地指出:这种差别的产生主要不是由于女犯的内心邪恶程度较低,而是由于她们的生活比较隐遁,较少有机会去攻击他人或者表现出公共廉耻的丧失;她们力量较小,因而杀人的也较少;她们受教育较少,因而实施出版物犯罪的也较少。

事实上,在家内犯罪方面,女性与男性势均力敌,有时候还超过男性。女性投毒的占91%,家内盗窃的占60%;这还没有讲到堕胎和溺婴,犯这两种罪行的女性与男性之比是 1 250∶260。

至少在心理学家看来,虽然男性因丧失公共廉耻而犯罪的情况比较多,但这种高比例已经因卖淫的增加而改变;在文明程度比较高的国度和时代,妇女犯罪率增加,并且趋于接近男性的犯罪率;如果我们也注意到这些,将会发现:不同性别的犯罪情况要比人们所能想象的更加趋于相似。

在年龄方面也开始出现这样的相似性。过去几乎所有统计学家都认为:女人走上犯罪道路比男性晚。Oettingen 把女性犯罪的高峰期确定在 25 岁到 27 岁;Quetelet 甚至把这一高峰期确定在 30 岁(但他马上又作出自相矛盾的论述),而男性犯罪的高峰期则被确定在 24 岁。

Mayhew 根据 13 年来的大量调查试图证明:男性未成年犯几乎是女性的一倍,比例为 12.6∶7.1;尤其是 12 岁以下的更为突出,比例为 1.3∶0.7。

我们国家的统计和奥地利最近的统计(由于材料有限,很难发现其中的差别)都告诉我们:男性犯罪越来越表现出两极分化的倾向,比较多地发生在 10 岁到 20 岁的未成年人和 50 岁以上的老者当中。反过来说,30 岁到 50 岁的犯罪人在数量上则不那么突出。

这种高比例的情况,尤其是未成年犯的高比例情况,得到下列事实的证实:处于上述年龄段的妓女也大量地存在。根据 Parent-du-Chatelet 的调查,在法国,17 岁以下的占 15%;根据 Guerry 的调查,在伦敦的妓女中,有 24% 的人年龄低于 20 岁。

婚　　否

如果人们了解到大部分犯罪人处于 15 岁到 25 岁之间,并且大部分女性犯罪来自妓女和未成年人,就很容易作出这样的推论:相对于已婚者来说,独身者在犯罪人中所占的比例最大。

事实上,如果扣除未成年的单身者,我们发现的情况是:

在意大利(1869)每 77 名男性成年单身者中有 1 人被判刑,每 1 211 名女性成年单身者中有 1 人被判刑,每 256 名男性已婚者中有 1 人被判刑,每 2 073 名女性已婚者中有 1 人被判刑,每 195 名男性丧偶者中有 1 人被判刑,每 2 034 名女性丧偶者中有 1 人被判刑。

在奥地利,单身者犯罪的人数超过了非犯罪人,两者间的比例为 50∶37,已婚者犯罪的人数比较低,其比例为 45∶52;被判刑的丧偶者与非犯罪人之间的比例大概为 4∶9。

由于类似的原因,颇为相近的分布情况也出现在精神失常者当中;只是单身者数量较少。Verga 的调查披露:在每 474 名 20 岁至 60 岁的单身者中有 1 人是精神病人;在每 1 418 名已婚者中有 1 人是精神病人。

Girard 发现,从 1841 年到 1857 年:在每 2 169 名单身者中有 1 人是精神病人;在每 7 049 名已婚者中有 1 人是精神病人;在每 4 572 名丧偶者中有 1 人是精神病人。

至于性别,Lunier 发现,从 1856 年到 1862 年:在每 2 629 名男人中有 1 人是精神病人;在每 2 931 名女人中有 1 人是精神病人;在每 4 754 名男人中有 1 人是精神病人;在每 5 454 名女人中有 1 人是精神病人;在每 3 421 名男人中有 1 人是精神病人;在每 3 259 名女人中有 1 人是精神病人。

单身精神病人比单身被判刑人更为常见,因为他们进精神病院的时间比后者进监狱的时间要晚得多。

比较新奇的是:女性丧偶者在走上犯罪道路方面和患精神病方面都占有较高的比例,根据 Messedaglia 的解释(在奥地利)和 Lolli 的解释(在意大利),这是因为女性丧偶者在人口中的比例比较高。

人们注意到:在奥地利和意大利,无子女的已婚者和丧偶者比有子女的更容易犯罪;而根据 Guislain 和 Castiglioni 的调查,对于精神失常者来说,情况恰好相反。Verga 对此现象的解释是,沉重的养育子女的负担加重了人们的忧虑和痛苦。

职　　业

职业的影响很难确定,因为有些职业的划分和称谓差别悬殊,它们或许能够为经济学家提供分类的依据,但对于人类学家来说则毫无意义。例如,酒馆老板可以与其他商人算在一起,军人可以与农耕者算在一起,冶金工艺者可以与木匠算在一起,自由职业者可以与艺术家算在一起。然而,在征兵统计或者人口普查中,对他们则采用不同的标准加以划分,从而使人无法进行对比。

根据 Curcio 的深入调查,各类不同职业的人犯罪情况如下:

> 从事自由职业的人,每 345 人中有 1 人被判刑;
> 民事职员和军人,每 428 人中有 1 人被判刑;

神职人员,每1 047人中有1人被判刑;

农民,每419人中有1人被判刑;

临时工、仆人、工人,每183人中有1人被判刑。

上面的统计数字表明:农民逍遥法外的比较多;城市里的工人和自由职业者(神职人员除外)的犯罪率最高,但这并不反映人类学家所关注的各种职业的影响。

为了能够说明问题(至少是部分地说明问题),我尽量把1871年和1872年意大利监狱调查的结果与185 491名20岁应征入伍者的就业资料结合在一起,这后一类资料是由Torre将军在其大作《1870—1871年征募情况汇报》中提供的。

在进行比较后,我们归纳出以下一览表:

(%)

职业	20岁非犯罪人	18岁以上犯罪人
执法官、职员和自由职业者	3.6	2.3
厨子	3.0	11.1
鞋匠	3.8	12.2
农耕者和养牛人	59.0	52.0
金属加工者	2.2	3.7
泥瓦匠	4.0	7.5
船夫	0.7	0.2
仆人	1.3	7.9
木材加工者	3.6	2.9

由此看来,鞋匠、厨子(或开酒馆的)和仆人,相对于其非犯罪者的人数来说,犯罪率最高,几乎是4倍和6倍,至于累犯情况则更糟;犯罪的泥瓦匠将近是正直人的一倍;从事金属加工的人的犯罪人数超过木材加工者的犯罪人数。木材加工者、船夫和农耕者似乎犯罪率最低,自由职业者也是同样,但是,由于20岁的人很难被纳入关于此类人的统计当中,因此不可能进行正确的比较,而且,根据Curcio的研究发现:自由职业者是犯罪率较高的人员之一。

在城市从事的职业,比较容易导致酗酒的职业(厨子、鞋匠、开酒馆的),使穷人经常不断地与富人交往的职业(服务员、仆人),使人更容易使用干坏事的工具的职业(泥瓦匠、铁匠),都使犯罪明显增加,并且造成更多的累犯。

有些职业与人交往较少,例如船夫和农民,它们最少造成犯罪,导致累犯的情况也极少。

除自由职业者外,在法国,最容易对儿童实施猥亵罪的是鞋匠,究其原因,一方面有酗酒,另一方面是人的姿态对生殖器造成刺激,实际上,鞋匠也是最好色的。

以上数字与某些统计学家向我们提供的材料相吻合。在普鲁士，自由职业者占人口的2.2%，占犯罪人的4%。仆人占人口的3%，占犯罪人的12%。

在法国，农耕者构成人口的53%，占犯罪人的32%。在此应当特别指出：农村的仆人只占犯罪人的4%~5%（虽然他们面临更为严重的贫困），而城市的仆人则占7%，这肯定是因为后者更多地接触花花世界；旅店服务员占溺婴犯的1/3，占盗窃犯的1/6，占投毒犯的1/9；这或许也是造成上述情况的原因之一：人的依附地位导致尊严感的丧失，例如在美国的奴隶当中，伤风败俗的事情比在野蛮，但自由的生活中发生得还要多。我坚持这一解释，因为在仆人中很少发生酗酒，导致犯罪的最重要原因之一或许对他们缺乏影响。

Fayet注意到：杀害长辈的犯罪最常发生在农民当中，与总数之比是108∶164。

他还发现：侵犯性道德的犯罪比较多地发生在泥瓦匠和画家当中；强奸罪比较多地发生在车夫当中；溺婴罪比较多地发生在制帽工和洗衣工当中（这一阶层多数为女性）。

在商人当中，侵犯财产罪层出不穷。

但是，这类犯罪更多地发生在自由职业者阶层，更糟糕的是，它们还在不断地上升，尤其是在公证人和律师当中，在财主中则不那么常见。

如果把26岁以上的男性犯罪数量确定为100，那么：

教士犯罪的数量为	10
检察官	52
律师	74
公证人	145
法官	162

公证人和法官犯罪的数量较高，是律师的两倍，检察官的三倍；七分之一的杀人罪，十六分之一的杀害长辈罪，八分之一的暴力强奸不满15岁少女罪，十三分之一的侵犯人身罪，十八分之一的其他犯罪是由这些人实施的；这最好地证明教育的有害影响，同时也证明对犯罪人作恶企图的恐吓是何等徒劳无益；因为律师和法官比其他人更了解刑罚，更知道法律如何惩处犯罪人。

在英国：

产煤区的每10 000名居民中有1名刑事被告人；

产铁区的每10 000名居民中有1名刑事被告人；

产丝区的每10 000名居民中有1名刑事被告人；

产棉区的每10 000名居民中有1名刑事被告人；

农业区的每10 000名居民中有1名刑事被告人；

首都地区每 10 000 名居民中有 2 名刑事被告人。

首都地区和产铁区,由于聚居的居民比较多并且收入最好,丰衣足食,因而淫乱犯罪的倾向比较突出。

至于女犯罪人,从事与家庭有关职业的女犯罪人是男犯罪人的 3 倍,从事室内职业的女犯罪人也同样如此,而乡村女犯大概只有一半。但是,有关数据太缺乏,难以作出确切的结论,不管怎么说,大量存在的妓女给调查工作带来混乱,因为肯定有一部分乡村妇女是通过街头卖淫走上犯罪道路的,她们经常以城市女佣的名义作掩盖。Parent-du-Chatelet 注意到:与大城市的接触对乡村妇女是有害的,统计数字表明,在与大城市直接毗邻的地区妇女容易卖淫。一半的巴黎妓女来自于缝纫女和纺织女;1/3 来自于经营服饰的女性、制帽女、发廊女;1/20 来自于洗衣女和工厂的女工;有少数几个女演员,只有 3 人是富人。

我只想在最后提一下军人犯罪,根据 Hausner 的说法,它超过非军人犯罪 25 倍,这种说法有些夸张,因为他肯定没有从非军人中减去老人、孩子和妇女。在意大利,我们统计的数字完全不同。我们对 1872 年进入监狱和刑罚场的军人进行了统计,并且加上关进禁闭连的人数和被判处军事有期徒刑的人数(虽然被判刑的原因如果在军队之外可能不算犯罪行为,例如:造反、装病、怯懦,也有些行为类似于卡莫拉犯罪、盗窃罪、鸡奸罪),发现每 112 名现役军人中有 1 人被判刑,在 1871 年,则是在每 88 名现役军人中有 1 人被判刑。

如果我们把这个比例与同龄的(21 岁到 31 岁)被判刑人进行比较,情况并不显得那么糟糕,因为这后一类非军人被判刑者是每 172 人中 1 个;但是,这种计算方法把妇女也包括在内(从法律上讲,她们在犯罪人中所占的比例小于 80%),因而差别大大缩小;如果与男性单身汉的数量(每 77 人中有 1 人犯罪)相比较,军人的犯罪率绝对较低。即使实际上仍然存在着明显的差距,这也是可以用以下原因加以解释的:军人比较容易得到有助于犯罪的工具,他们的年龄更容易被引诱犯罪,他们多数属于单身汉,他们比较闲散并且交往较多(因而犯强奸罪、鸡奸罪和卡莫拉犯罪的人数较多),在战时他们对流血习以为常。Holtzendorff 讲述过一名杀人犯的故事,此人过去曾经当过兵,他为自己开脱说:他 1866 年在战场上见到许多人死去,因此,再死个把人对他来说不算一回事。Ribaldi(暴徒)和 briganti(土匪)在中世纪时曾是指一种担任翻越被攻打城市的城墙任务的军人,但在和平时期,他们则实施一些严重的犯罪。

但是,对于在显露犯罪(这是 Messedaglia 的说法)与实际犯罪之间存在的差距来说,以下事实可能产生着最大的影响:军事纪律比较容易发现和惩罚任何犯罪;大家都知道,在非军人当中,被揭发并且受到惩处的犯罪还不到被发现或者被实施的犯罪的一半。

在我们国家,军人犯罪的比例很小,这是我们应当引以为自豪的事实。

职业对犯罪的影响是否也同样发生于精神病人,这还不大清楚,因为不容易找到同时反映被收容在不同机构之中的富人和穷人的统计材料。然而,根据最近在法国进行的统计(它们也许比较全面),我们隐隐约约地发现许多相似之处。城市的精神失常者是乡村的3倍,323∶100,并且男人比妇女更为常见,132∶100。农耕者中患精神失常的最少,自由职业者中最多;在自由职业者中,艺术家和法律工作者患精神病的多于职员和神职人员。

Girad 的研究告诉我们:家佣、铁器劳动者、矿工精神失常的比较常见;根据 Bini 和 Golgi 的调查,鞋匠和厨子的发病率较高,前者占被收容的精神病人的 1.2%~8%,后者占 1.3%。Zani 也发现家佣患精神病的较多,占 2%~5%,自由职业者的发病数字也很高,大约占 5%。

Girard 和 Baroffio 的调查结果显示:军人患精神病的极多,与正常人之比是 1.4∶1 000,并且占精神病人的 4%~8%。Lolli 的工作是我所知的在意大利仅有的大范围比较研究,这一研究结果表明:在财产占有人、富裕者和商人中精神病患者较多,在农民中则较少,农民中的精神病人可能也少于手工艺者中的精神病人。

最后,我还应当指出,那些从事经常目睹流血场面或者经常操刀使枪职业的人,例如屠夫和军人,那些从事经常处于社会孤独或性孤独状态职业的人,例如放牧人、村民、教士,尤其是在强制禁欲的情况下,在犯罪或者精神病发作时,其行为往往表现出畸形的凶残,有时候还掺杂着怪异的淫荡。投毒犯罪比较经常地发生在从事化学或医药职业的人当中。

教　　育

教育也可以成为犯罪的因素,关于这一点,我们已经从反映遗传作用的统计材料中略见一斑。

但是,还应当补充另一项统计数字,它在最文明的国家和最现代的时代同样表现得日益突出,这就是关于非婚生子的数字。

在普鲁士,犯罪的男性非婚生子在 1858 年占总数的 3%,后来上升到 6%,女性占 5%~8%。在法国,1864 年逮捕的 8 006 名未成年犯中 60% 是私生子或孤儿,38% 是妓女或罪犯的子女。在奥地利,1873 年犯罪的非婚生子的比例,男性占 10%,女性占 21%。在 Amburgo,30% 的妓女来自于私生子;在巴黎,城市妓女的 1/5,乡村妓女的 1/8 来自于私生子。在纽约,1 年中被逮捕的私生子为 534 人,被遗弃的子女222人。

此外,36%的累犯来自于私生子和被遗弃的子女。大家都会注意到这样一件事:那波利的大部分卡莫拉成员都被称为Esposito(弃儿),伦巴第和波伦亚的许多抢劫犯被称为Colombo(鸽子),这常常是被遗弃子女的绰号。

在意大利,根据对监狱人口的统计,非婚生子在男性未成年犯中占3%~5%,在女性未成年犯中占7%~9%。

为了理解上述数字的重大意义,需要考虑这一情况:大部分非婚生子在出生后的前几个月或者在18岁之前就夭亡了,其比例至少占60%,经常是89%。Marbeau说:在4个弃儿中,有3个在12岁以前死亡,另外1/4投身于犯罪,这种说法大概并不过分。

为了进一步证实上述比例,我对3 787名伊莫拉、帕多瓦、巴维亚精神病院的被收容人(几乎都是成年人)以及1 059名巴维亚市立医院1871年的被收容人进行了认真的研究,发现在前几所精神病院中的被遗弃子女占1.5%,在后一所医院中的被遗弃子女占2.7%。巴维亚的非婚生子死亡率相对于许多其他地区来说是比较低的。由此看来,在年龄和其他条件相同的情况下,被遗弃子女变成犯罪人的是患精神病的20多倍。

因此,人们完全可以肯定:大部分摆脱了死亡厄运的弃儿都走上了犯罪的道路。对此,遗传的影响或许起着很重要的作用;另一个需要补充的重要原因是:这些弃儿难以找到维生手段;当然,更重要的是他们遭受到遗弃。对于他们来说,没有什么名声可需要保护的,没有什么力量限制他们放纵自己的欲望,没有任何人以细致的照顾、宝贵的关爱和牺牲精神培育其本性中高尚的因素并抑制其中野蛮的因素,在这样的情况下,后一种因素轻而易举地占据了上峰。

一些本来没有邪恶倾向的人或许也因模仿而被拖入犯罪。在这方面,出于慈善目的而在孤儿院实行的收容可能同样会产生有害的影响,我们前面已经举例说明了近墨者黑的道理。在监狱里关押着大量孤儿和再婚父母所生的子女,一些学者认为,这一事实同样可以证明遗弃和缺乏教育对犯罪的重大影响。在意大利,在从1871年到1872年的未成年犯罪人中,再婚父母所生子女占8%~13%。Barce讲述说:在纽约有1 542名孤儿和504名再婚父母所生子女被逮捕;他接着说:55%关押在监狱中的孩子失去了父亲和母亲;60%被逮捕的孩子失去了双亲中的一个或者父母已经离异。根据Marbear的统计,在100名未成年犯中,有15人被自己的母亲所遗弃。然而,我应当指出,这些事实虽然都是不可否认的,但很多经济学家、很多统计学家都夸大了它们的意义,因为他们没有对比非犯罪人的数量,没有考虑这一情况:在平均年龄不超过32岁的情况下,父母都健在的成年犯罪人可能很少。

在意大利,我们发现:在 10 年的犯罪人数中,孤儿平均占 33%~35%;但是,在我的诊所的 580 名精神病患者中,孤儿占 47%,在巴维亚医院的 1 059 名被收容者中,占 78%,因而在意大利,犯罪孤儿的比例是比较低的,可能低于一般水平。

也许更重要的是:人们发现孤儿在未成年犯中所占的比例平均为 8%~12%;孤儿(包括失去了父亲或母亲的孤儿)在非犯罪的未成年人在数量上可能只占很小的比例,这同样是说仅失去了父亲或母亲的未成年人。

失去母亲的孤儿占犯罪人的 23%,但我不能肯定地说,在意大利的统计中,失去父亲的孤儿占犯罪人的 26% 左右;因为,在关于精神病人的统计中,前者占 10%,后者占 21%。

可以肯定的是:在被判刑的孤儿和弃儿中,女性占主要成分,尤其是在弃儿当中。还没有把卖淫这类亚犯罪算进来。Oettingen 作了这样一种计算:男性犯罪人与女性犯罪人之比是 5∶1,而犯罪的女性弃儿与男性弃儿之比则为 3∶1。

女性比男性更加脆弱,更容易感情用事,她更需要家庭的支持和约束,以保障她走正道;她比男人更容易走上邪道;在这方面,遗传因素发挥着重要的影响。走上淫荡歧途的女孩子非常容易被拖入更为严重的罪恶之中。

被遗弃子女在犯罪人中较为常见,这一情况导致未成年犯罪人在城市人口中占有较大的比例。

不良教育所造成的影响肯定比遗弃更致命。当罪恶在孩子们面前呈现出玫瑰色,甚至通过权力灌输下来,并且由亲属或师长身体力行时,这些不幸的孩子们怎能抵御呢?

V 姑娘的几个哥哥是窃贼;她被他们教育得像个男人:穿男性的服装,扮男性的相貌,并且舞刀弄剑;她在街上偷了一件披风,被捕后将一切归咎于她的亲属。

Cornu 的家庭成员中有谋杀犯和盗窃犯,这些人从很幼小的时候起就开始在亲属的熏陶下对犯罪习以为常。在 5 个兄弟姐妹中,只有 1 个妹妹曾经对犯罪表现出深恶痛绝;她最小;但其他人就把 1 名被杀者的人头挂在她的围裙上;没过多久,她的内疚感就丧失殆尽,并且变成那一伙人中最凶残的 1 个,愿意对行人进行最残酷的折磨。Crocco 在 3 岁时就用石头砸同伴并且拔鸟的羽毛,在 19 岁之前,他几乎总是被父亲独自扔在树林中。Fregier 讲述过 1 个男孩子的故事,他是做窃贼的父亲的骄傲,因为他在 3 岁时就会用蜡获取锁的印模。Vidocq 写道:一些谋杀犯的妻子比其丈夫更具危险性。她们使孩子从小就养成犯罪的习惯,教她们实施谋杀犯罪的规则。

在关于遗传部分,我们已经看到道德沦丧的父母和家庭环境大概有怎样的影响,这种遗传因素不可能与教育因素相互脱节。

妇女比较容易走上卖淫的道路并且在犯罪中表现得更为执着,就这一点而言,因缺乏教育和遭受遗弃而误入歧途的女性似乎比男性多得多。

许多人将会发现教育的影响是非常有限的,就像一些统计材料所显示的那样。的确,在犯罪人中有20%以上是被遗弃的子女,还有一部分(我无法提供确切的数字)是孤儿,但还应指出:极多的犯罪有着独立的根源;许多邪恶之徒是天生的并且一直保持原样,虽然家庭试图努力挽救他。

Noel、Vidocq、Donon、Demarsilly、Lacernaire、Abbado、Hessel、Fra Diavolo、Gartouche、Trossarello、Troppmann、Anzalone、Demme 的家庭都非常讲道德。Rosati 告诉我:他刚开始偷东西时,经常挨父亲的打,并且经常看见母亲号啕大哭,他总是向父母保证要把偷来的钱还给人家,但从来没有兑现此诺言。

此外,大家都知道,根据 Parent-du-Chatelet 和 Mayhew 透露的情况,很多已经发财致富的窃贼和妓女都在想方设法教育自己的子女走正道。

据统计,在1871—1872年的未成年犯罪人中,84%的男性和60%的女性出身于良好的家庭。对这种矛盾的解释是:正直的父母最初过于软弱,当他们后来想让子女听从管教时,已经变得无能为力了。一些正式的报告说,不少于20%的富人把自己的子女送进教养院;我们下面将谈到,在这方面,那些儿童间结伴有着多么有害的影响。

佝 偻 病

在造成犯罪的原因中,有一些对于统计学家来说是非常偶然的或者非常罕见的,但它们并不因此而不值得人类学家进行研究。谁能知道淋巴结核、发育障碍、佝偻病究竟在怎样的程度上促进或者改变人的犯罪倾向呢?

我们在832名犯罪人中发现11人驼背,几乎都是盗窃犯或强奸犯。Virgilio 在对266名被判刑人进行考察时发现,其中3人患佝偻病、1人骨骼发育障碍、6人口吃、1人兔唇、5人斜眼、45人患淋巴结核、24人骨疡。他认为,在这266人中有143人带有体质退化的痕迹。

Vidocq 曾经发现:他手中掌握的所有重要杀人犯都是罗圈腿。

Thompson 发现:大量犯罪人有着不一样大的脚、长着兔唇、患佝偻病或淋巴结核。

头 骨

头骨容量降低,在自由人中的比例不超过11%,而我们发现,在18名活着的犯罪人(尤其是盗窃犯和纵火犯)中这一比例为18％,而在已死亡的犯罪人中这一比例甚至达到59％。谁能告诉我们,头骨容量降低在怎样的程度上对犯罪倾向的发展造成影响？头骨畸形(斜头畸形、尖头畸形、圆头畸形)的比例在活着的犯罪人中是8％,在已死亡的犯罪人中是9％,这种畸形难道不可能对犯罪造成重大影响吗？难道我们不应当像研究精神失常病因那样来考虑这些因素对犯罪的影响吗？

生 殖 器 官

有人这样说:肝的肥大对某些复仇性犯罪有着一定的影响;生殖器官的肥大也构成强奸、谋杀和纵火的潜在原因之一,而且 Virgilio 发现的发生率为1.3％。1 名妇女因使用暴力强迫丈夫满足自己的淫欲而被判刑,人们发现这名妇女的阴蒂双倍地肥大。在所有的犯罪人(特别是盗窃犯和谋杀犯)中,生殖器官的发育都比较早,尤其是一些女盗窃犯,在她们当中,我们甚至可以发现从6—8岁就出现了卖淫倾向。

Boggia 在62岁时还排出大量的、极富活力的精子。我注意到:一些严重的女纵火犯都生育力很强或者非常淫荡,一些谋杀犯也是这样,例如 Juke 家族的犯罪人。

Casper 在1名鸡奸惯犯身上发现整个尿道下裂和阴茎弯曲;Hoffmann 在另1名鸡奸犯身上也发现过这后一特征。Tardieu 认为:没有睾丸的人和雌雄同体的人非常容易实施反自然犯罪。显然,对于他们来说,这是一种生理现象。那些被 Westphal 称之为反自然的性欲疯子的人,如果说不是生理上的女性,也是真正的精神上的女性,因而他们感觉到自身反向的性冲动。谁能告诉我们:在这种情况下罪过是从哪里开始的？与小头畸形一样,雌雄同体现象和尿道下裂都是部分发育障碍的结果,非常容易导致神经中心的发育障碍,因而导致缺乏道德感,使得患者比其他男人更容易犯罪。Hoffmann 讲述过一个假雌雄同体者的故事,此人是1名助产士,他在进行产前检查时奸污产妇。我知道有一名假雌雄同体者,她既非常爱她的丈夫,又非常爱她的情妇,由于这种爱所形成的强烈嫉妒使她濒临犯罪。还有1名完全尿道下裂者,名叫 Raffaella Amato,在24岁之前一直被认为是女人,他杀死了1个男人,因为他泄露了此人与女人不纯真的性爱关系以及此人真正的性别。在此,应当提及 Hoffmann 的看法:与上述规律相联系的是另一个现象,即胡子稀少和头发茂密,并且有着女性的相貌,我们在所有真正的犯罪人身上都能发现这样的现象。有时候,监狱中早熟的鸡奸活动频发也同上述规律有关联。

在 Generala 教养院,3％的男孩子承认他们在15岁之前就已经与女人来往。在那里,由于夜间也在进行连续的监视,鸡奸现在已经不那么经常发生,但以前却是非常普遍的;在其他一些教养院现在还仍然是那样,尤其是在 Bosco Marengo 教养院和 Testona 教养院，那里的被收容人住的是集体宿舍，三四十名年轻人凑在一起讲述无耻下流的事情。

Courtelles 说：对于一些囚犯来说，爱往往是一种巨大的力量，它促使他们重新犯罪，以便能重新与自己所钟情的女人相聚；这种事情也同样发生在妓女当中。

创　　伤

Gall 讲述过两名丹麦兄弟的故事，他们两人从楼梯上倒栽葱跌下，1 个变成了伟大的天才，另 1 个从以前彬彬有礼、淳朴正直的人变成了邪恶的罪犯。在我所研究过的 290 人中，不少于 20 人在幼年时受过头骨创伤。Bruck 在 58 名精神失常的罪犯中发现有 21 人有这样的创伤。Spurzheim 对 1 名少年进行过观察，发现他在一次头部受创击后品德大变，从温顺变得易怒和忧郁。Acrell 注意到另 1 名少年，他的颞骨粉碎，因而不得不进行头骨穿孔手术；痊愈后，他从此表现出不可抗拒的偷窃欲望。

妊　　娠

没有人能够确定父母在受孕和怀孕时遇到的一些情况在何等程度上对犯罪人的本性造成影响。据说，Robespierre 出生在 Damiens 被碎尸的那年，当时兵荒马乱；残酷的 Pirtro 和 Militello 是在大屠杀中出世的。

感　　觉

还有一个导致犯罪的原因，它的作用极大，但却难以确定或者证明，它或许随着因某些职业和某些频繁接触而发生的犯罪的增加得以证明，这就是某种感官印象所造成的影响。

有一些窃贼见到金制品就控制不住自己。Troppmann 和 Costa 声称他们是因阅读某一本书而堕入犯罪的；1 个阅读的是 1 本小说，另 1 个阅读的是 1 位希腊作家的书。1 名富裕的理发师名叫 Downer，喝醉酒回到自己的店铺；1 名从前很老实的 16 岁伙计听到他口袋里的钱响，立刻起了夺财害命的念头；后来这名伙计按住他的头，用绳子把他勒死。惊恐万状的伙计立即逃跑了，他在被捕后供认：如果不是听到钱响，他做梦也不会实施这种可怕的犯罪。38 岁的 Maria Frank 特别爱喝酒，还患有精神病，不断地挨丈夫的打；有一天，她看见一场大火，她立刻产生了放火的强烈欲望，后来她烧了 12 间房子。Adele Strohm 目睹了对两名罪犯执行死刑的场面，随

第十四章 犯罪的病因：气候、种族、文化、饮食、遗传、年龄

后他立即起了杀死自己最亲密的女友的念头。

模 仿

在上述情况中，精神错乱也是原因之一，但是，造成最大影响的是模仿，无论对于犯罪还是精神病，这都是最为主要的原因。1868 年和 1872 年，报纸刚开始报道遗弃少年的情况，在 Marsiglia，1 天内就连续发生 8 起这样的事情。谋杀 Sibour 主教的消息促使 1 名教士去伤害 Matera 主教，其实他们之间不存在任何冤仇。Dufresne 仇视 Delauchx，但是并不想加害于他；前者在阅读了关于审判 Verger 的材料后，兴奋起来，叫道："我也要像 Verger 那样"，并且杀死了对手。人们注意到，在对 Verzeni 进行审判之后，很快就又发生了两起掐死妇女的事情。在关于 Philippe、Billoir、Moyaux 的审判之后，同样案件很快也在巴黎发生；在关于 Martinati 的审判之后，同样的事情也出现在佛罗伦萨。在对 Roux 进行审判时，有两名家佣也假装在行窃后受到主人的吊刑；Pritchard 效仿 Pommerais 进行投毒。

1851 年，1 名妇女在纽约杀死了自己的丈夫，几天之后，另外 3 名妇女也干了同样的事情。Corridori 杀害了曾经有失公允地指责自己的中学校长，在这样做之前他曾宣称："我将重演卡坦扎罗的校长事件（在这一事件中，校长因同样的原因而被杀）。"D. James 在铁路未遂的谋杀行为后来又被其他人在同一条铁路线上并且采取同样的方式加以实施。

Holtzendorff 在他那 1875 年出版于柏林的辉煌著作《Das Verbrechen des Mordes und die Todestrafe》中援引了许多令人吃惊的模仿事例。

情 欲

我们在前面已经谈到情欲是如何主宰着犯罪人的。如果想从数据的角度来研究这种影响的差别，可以看看以下一览表：

在法国，在 1 000 起犯罪中
50 起因仇恨和报复而实施
153 起因爱情而实施
53 起因姘居而实施
26 起因妒忌而实施
64 起因通奸而实施
26 起因拒绝结婚而实施
230 起因贪婪而实施

115 起因赌博争吵而实施

根据 Guerry 的统计,在法国和英国,在 10 000 起流血犯罪中,有 2 139 起是因贪婪而实施的,1 477 起是因爱情而实施的。

Descuret 说,在 208 起因爱情而实施的犯罪中,有 91 起的起因是通奸,96 起的起因是姘居,13 起的起因是妒忌。

在 3 287 起发生在意大利的杀人和伤害案中,犯罪起因是:

1 734 起因报复

572 起因贪婪

276 起因性爱欲望(47 起因卖淫)

145 起因赌博

44 起因酗酒

13 起因懒散

在 1869 年的 41 455 名犯罪人中,有 3 003 人为了报复而犯罪,另外,有 4 566 人因酗酒后发怒而犯罪。

在 1872—1874 年的 18 034 名被判刑人中,犯罪原因如下:

8 930 人因贪婪

4 096 人因报复

604 人因贫困

319 人因非婚姻性爱

188 人因酗酒

87 人因婚姻性爱

52 人因家庭不和

184 人因社会主义

54 人因宗教

66 人因政治问题

在妇女犯罪中,原因如下:

54% 因贪婪

6% 因贫穷

3% 因婚姻性爱

6% 因维护名誉

在惯犯当中,贪婪和报复是占主导地位的欲望;随后是爱情、赌博、酗酒。应当指出的很重要一点是:因一时冲动而犯罪的人不是真正的犯罪人,他们的犯罪原因表现为另一种顺序,即居于首位的是爱情和名誉受损,位居最后的是仇恨和贪婪。

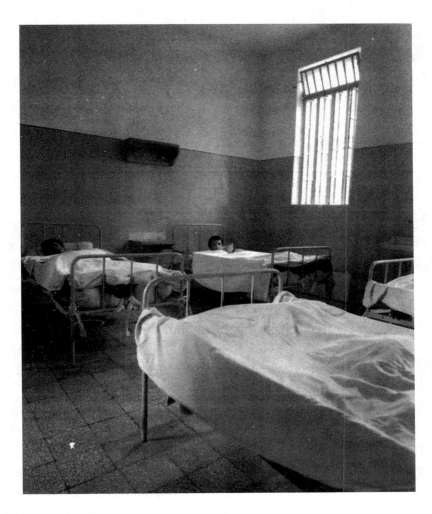

司法精神病院
选自意大利司法部监狱管理局1994年编辑出版的《监狱掠影——意大利监狱的图片档案》一书

Chapter 15 第十五章
原因分析 精神病和犯罪的异同

精 神 病

　　一个争议不大的论点是:脑疾病,尤其是精神病对犯罪产生着影响。许多臭名昭彰的犯罪人,不仅有着精神失常的亲属,而且他们自己也都表现出精神病症状。例如:Verger、Villet、Papavoine、Tortora、Dossena、Alton、Schultz。我在290名犯罪人当中发现:3人患有癫痫、2人痴呆、4人全身轻瘫、1人患有震颤性谵妄(delirium tremens)、3人患有面部抽搐症,4人患有连续头疼症、4人处于真正的精神病状态。总而言之,患有严重神经官能症的占7.2%。但是,这个数字低于实际的数量,以下事实可以证明这一点:已发现的颞颥粉瘤发病率为11%,瞳孔不对称(经常与轻瘫相伴)的比例为3%。尊敬的Virgilio大夫在266名患病的犯罪人中发现,16%的人有严重的神经官能症;其中精神病患者占3.62%,癫痫病患者占4.6%。

　　除了上述疾病外,还有13%的患有先天性神经中枢疾病,其中,又聋又哑占1.3%、口吃占4.1%、半白痴和痴呆占4.8%;这还不算1.45%的运动失调症、1.8%的半身不遂、0.38%的舞蹈病、1.45%的瘫痪。

　　根据意大利王国的官方统计,从1868年到1870年,在每10 000名在劳动场服刑的囚犯中有9.3人患有精神病,在每10 000名关押在刑罚所的人中有25.5人是精神病人。在1873年,第一类人中精神病人增加到14人,第二类人中的精神病人增加到37人,此外,在每10 000名关押在司法监狱中的被判刑人中,有23人患有精神病。然而,这些数字仍低于实际的数量;不仅我的直接观察可以证明这一点,官方统计材料中日益明显的增长趋势以及与一些国家(在这些地方,罪犯中精神病的高发病率已经成为深入人心的观念,以致出现专门的看管机构,出现刑事精神病院)的对比研究都能作出证明。

　　在英国,被收容在有关机构中的犯罪人,从1844年的257人增加到1868年的

第十五章 原因分析 精神病和犯罪的异同

1 244 人；仅仅在一所监狱里，Glower 就在 943 名囚犯中发现 34 名精神病人、218 名傻子和呆痴者；1864 年，Corona 的一位法官，Fitzroi-Kell，宣称有整整 60 名精神失常者已被绞死。1868 年，Wisgrove 被判处死刑，后来在调查中证明此人患有癫痫和精神失常。1873 年，在 15 名被判处极刑的人中，有 3 人曾经被送进精神病院。Winslow 在 49 名被判刑人中，发现 3 人是精神病人、7 人呆痴、3 人有头部创伤。根据 Thompson 的计算，在 100 名犯罪人中有 12 人表现得精神不正常；在 100 人中有 10 人患有癫痫或呆痴症；每 150 人中有 1 人属于真正的精神失常；他发现：被监禁者中的癫痫患者多达 0.94%，而在自由人中，这个比率仅为 0.009%。

Lacour 在 Mazaz、Roquette 和 Sante 发现了 125 名精神病人，其中 39 人患有癫痫或者是酗酒，4 人患有呆痴症。

Gutsch 在关押在 Bruchsal 监狱的 3 056 名囚犯中发现 13 人患癫痫、5 人呆痴、2 人瘫痪、2 人精神失常。

同样的情形也出现在妓女当中。在 3 041 名妓女中，Parent 发现 32 人患有癫痫；在另外 392 人中，有 23 人患有严重的神经病、5 人患有癫痫。仅仅在 4 年的时间中，Esquirol 就发现了 105 名患有精神病的妓女；她们几乎都很年轻；其中，43 人患有躁狂症、36 人患有抑郁症、10 人自杀、18 人精神错乱、13 人酗酒。

相 似 之 处

大量精神病的发生不能仅用监狱或卖淫的苦难和痛苦作解释，因为精神病几乎都集中发生在进入监狱或者妓院的前几年，甚至前几个月。但是，还有一系列事实也能为上述数字提供解释，并且告诉我们精神病与犯罪之间的联系纽带是何等紧密，精神病往往是犯罪的基础并且与之混合在一起。

我们在前面谈到，文化程度的提高、独居生活、炎热气候、男性、在城市居住、某些职业(例如:鞋匠、厨子、家佣以及军人)比较容易使人走向犯罪或者患精神病;许多犯罪人的亲属是精神失常者;在许多情况下,犯罪倾向和精神病倾向一样,都是由于创伤、头脑的反常情况、酗酒等引发的。对于杀人犯和精神病人来说,大气条件的影响是很明显的,在气温较高的日子里最容易发生杀人和精神病。据说,Thomson 发现,在杀人犯和精神病人身上都具有出现同样疾病的倾向,如:脑膜炎、脑软化、梦游症,等等。

根据我的几位好朋友(都灵监狱的 Giordana 和 Piovano 医生)最近的观察,通常与疾病相伴随的发烧,在精神病人身上很少出现,在犯罪人身上也同样如此。

许多精神病人表现出身体上的畸形,这种现象经常出现在犯罪人身上,例如:耳朵位置偏歪、胡子稀少、夜盲症、皮肤色暗、头痛、身体发育障碍。

对于许多犯罪人(如 Preedy、Fremann、Freude、Leger、Benoit)来说,毫无疑问,发生了大脑的病变,在他们死后,人们发现了骨瘤、硬脑膜变厚、脑损伤等现象,而在对不可救药的精神失常者、处于后期精神错乱的人进行解剖时也经常发现这些现象。我也在犯罪人中发现某些病变现象,它们完全是先天的,不仅在犯罪之前,几乎在出生之前就已经存在,例如经常有中枕骨窝、小头畸形、舟状头。

有些犯罪人对身体局部的疼痛没有感觉,这种情况也出现在精神失常者当中。

在犯罪人和精神病人当中,经常表现出感觉的不平衡;他们非常喜爱自己的同伴、男孩子或者情人,但对家庭却缺乏感情;经常发生的是相反的情况。

犯罪人和精神病人往往缺乏爱心,不讲怜悯和仁慈;对自己行为的受害人没有负疚感;他们可以在尸体旁边吃饭、跳舞,并且进行自我炫耀;他们对自己的同伴也缺乏爱心。

犯罪人的举止,无论是在监狱里还是在监狱外,都往往很像精神失常者。我们常能发现一些犯罪人对惩罚表现得无所谓,不能克制自己,经常(特别是妇女)大发雷霆,甚至是定期地并且莫名其妙地爆发,打碎玻璃器皿、窗户、撕碎衣服,有时是出于遭受迫害的臆想,或者由于固执地对他人行为作出错误解释,这些人本应被归类为精神错乱者。

Du Camp 说:那些没有精神病的妓女在举止上也很像精神病人。她们为一只飞翔的苍蝇而哄堂大笑,或者痴呆呆地用脸去蹭火,好像是在第一次欣赏它,她们说话像是无法阻断的流水,总是断定自己受到监察官或者同伴的跟踪。在妓女收容所里,尤其是到了春季,妓女似乎像躁狂症患者一样处于骚动状态。

有一部分犯罪人,在实施犯罪的过程中,其行为完全表现得像是躁狂症的冲动;而有一些精神病人,在进行预谋和掩饰时,则完全采用的是犯罪人的手段。下面我们举几个例子。

在米兰监狱,几个月前,一名食品保管员被杀,此人非常和善,过去没有任何囚犯仇恨他。实施有关杀人行为的人在被问及犯罪动机时回答说:他与被害者无怨无仇,但他觉得必须去杀人,如果不是遇到了被害者,他可能也要去袭击监狱长。他是一名普通的抢劫犯,其父亲是一名土匪。Feliciani 在路上遇见一位素不相识的人,他问此人叫什么名字,后者回答说姓白(Bianchi),Feliciani 听后喊道:"我让你认识一下姓黑的(Neri)。"并且仅仅因为这样一种巧合就杀死了此人。Deham 向 Lauvergne 坦白说他有一种无法抵御的偷窃欲望:"不再偷窃,对于我来说,就意味着不再生活。偷窃的欲望像爱情一样在我心中燃烧,当血液在我头脑和手指里沸腾时,我甚至想对我自己进行偷窃,假如这样做是可能的话。"他在监狱里偷窃船桅杆上的圆环、钉子、铜片;在每次进行这样的活动后,他就为自己判定应当挨多少罚棍,此后,又立即故伎重演。

在关于监狱学的优秀杂志中,我们见到一名叫做 Visconti 的人的自白,该人曾因盗窃而被判刑 20 次:

> 我知道他们把我看作是盗窃专家,但是,我只不过是一名绝望的窃贼,我没有勇气抛弃这种生活。我从 1861 年开始进行诈骗,并且一直继续下去。随着判刑记录的增加,找工作对我来说变得越来越难。我一个劲地喝酒,并且把自己搞得酩酊大醉。在喝酒时,我感到获得解脱,并且不再在意自己所面临的不幸。我在一条冒险的道路上行进,左右环顾,一旦发现什么东西,我就毫不犹豫地将其窃取,因为我希望被逮捕。这就是我。假如我获得自由,我将会继续偷窃。在偷窃时,我感到特别愉悦,但是,这种愉悦很快就会过去,让位于一种忐忑不安。我没有食欲,也睡不着觉;只好再去喝酒,这又促使我去盗窃。我感到自己现在根本克服不了这个该死的毛病。我想,假如我成为了富翁并且哪一天喝多了酒,我同样会去盗窃;然而,在这种情况下,我会把自己窃取的东西还给事主。我觉得,如果司法机关能够把我永远地关在我现在所处的监狱里,让我在这里就业,则是救了我。我不再需要名誉,我在监狱里呆着比在社会上舒服。这里的伙食对我来说虽然有点儿不够,但我吃得香极了;两床被子和一个稻草枕头能让我进入甜蜜的梦乡。我喜欢孤独。我的心不接受爱,我感到需要休息……

这种人也是真正的罪犯,但他的上述心理状态与有着无法克制的本能倾向的精神病人有什么区别呢?

某 P 有个坏嗜好,喜欢偷窃陵墓的所有装饰物,甚至是重量超过其本人力量的墓碑;他把偷来的物品分送给自己的朋友们;让别人发现其偷窃线索的第一人就是他自己。然而,没有任何人认为他精神失常。

D. Vincente d'Aragona 开了一家书店。他出售一些不太珍贵的书;但对珍奇的书却舍不得脱手。在一次司法拍卖中,一个叫 Pastot 的人以高于他的出价竞买到了一本对他来说非常珍奇的书;几天之后,Pastot 和他的家被焚烧了。没过几个月,在那附近,人们发现 8 人陈尸于大街;他们都是些富裕的大学生,身上还带着钱。D. Vincente 被逮捕了,他在让人保证不会让他钟爱的书失散并且将把它们汇集在 Barcellona 图书馆后,坦白了下列事实:他为了拿走那本书而潜入 Pastot 家中,把书带走了,掐死了 Pastot 并放火烧了他的家;又有一天,一个牧师想从他那买一本非常珍贵的古版书,他竭力劝这位牧师不要买,但后者仍然坚持并按照他的要价付了款;"我立即后悔了,跟在他后面求他把书再退给我。他拒绝这样做,我就杀了他。这种事也发生在另外 6 个人身上,但都是出于善良意图。我想为科学积累财富,为她保存那些珍宝。如果我做了坏事,你们怎么处置我都行,但别让我失去我的书。因为我而惩罚这些书是不公平的"。当法庭的审判长问他怎么能够对上帝的创造物下得去手时,他回答说:"人是会死的,书却必须予以保存,它们是上帝的光荣。"他面对死刑判决没有掉泪,但当听说他一直视为孤本的书并非独一无二时,他哭了。

在施特拉斯堡,人们曾经发现两个人被杀,却不知道原因何在。几天之后,神甫 Trenk 被抓,他坦白说:他杀死这两个人只是因为喜欢看人死。他在孩提时就把孩子带进树林,在那里把他们吊死或烧死。此人后来被判了刑。

Patetot 的祖父和曾祖父都犯有杀妻罪;他由于吝啬而经常让妻子和孩子们挨饿,有一天,他企图淹死他们,把他们引诱到河里。一个儿子花了他的 8 毛钱,被他杀死。他在被判处死刑后拒绝提出上诉,因为他不愿意花钱写上诉状和请律师。

女仆 Yegado 毒死了 30 人,有时是为了占点小便宜,有时是出于幼稚的报复心理,有时则没有任何理由;她实施行为时计划精密,很难让人怀疑她是作案者;她甚至得到许多人的同情,好像她是受害者,被倒霉地与死亡事件联系在一起。她是一名真正的罪犯;她也患有连续性头疼症。有一天,人们发现她剪碎了同伴的衣服和书籍,她与这些同伴无仇无冤。

Jeanneret 使用阿托品和吗啡毒死了 9 人,都是她的朋友,她这样做的直接目的是为了保存对这些人的回忆,每一个受害人死亡时她都伤心落泪,还保存一绺头发作为留念,并且计算有多少亲属精神失常和自杀。她患有歇斯底里症;让人毫无必要地用烧热的烙铁烫子宫和脊梁。事实上,她自己才真正需要服那些她以致人死亡的剂量向他人提供的药品。

Fitz-Gerald 是 Peel 勋爵的秘书,他从年轻时起就非常喜爱珍奇的书籍,但尚未达到可笑的程度;后来,由于他妻子给他带来的不快而变成了那样。"我不能解释我所做的事情。那是一种非常强烈的意愿;我想要书,得到之后还想要;一天得到十本二三十本书并不能使我感到满足;这些书有没有价值这无关紧要。我回到家,把书摆好后,只想再去得到其他的书,为买书我花了 12 000 英镑"。他也从伦敦的一家书店里偷窃许多书,并且被判处了两年监禁。

Legier 是一名独居在深山中的牧人,长期压抑着自己的欲望,突然有一天他感到一种冲动,想掏出一个路过树林的男孩子的五脏六腑,强奸他,喝他的血。

Tarchini Bonfanti 给我讲述了一名德国士兵的事,他在强奸 3 名妇女后,用手指扯开她们的会阴,把阴道与直肠穿通。Tardieu 描写过一位 60 岁的妇女,她的反抗使野蛮的强奸犯气急败坏,后者用伸进阴道的手扯出一部分内脏,把它们扔在大街上。前法国元帅 Gille di Ray 以观看人临终时的抽搐为乐趣,为了满足这种无耻的欲望,他杀死了 800 多名年轻人,他为这种疯狂的寻欢作乐涂上奇怪的宗教色彩。

Sade 喜欢把妓女扒光,打得她们鲜血直流,再为她们医治伤口;他把这种与凶残结合在一起的淫秽奉为一种理想,甚至想加以宣传。

Brierre de Boismont 讲述说:有一名船长,每当想与情妇性交时,都要求后者把蚂蟥放在外阴上,直到后来她出现严重贫血,并且被送进精神病院。S. 侯爵让人把一名妓女绑起来,在她身体和外阴上刺割得遍体鳞伤,然后割开她的血管,扑上去强暴她。

Carrara 曾经作过某 H 的辩护人,此人在光天化日之下并且在公共广场上将 3 名从教堂中出来的妇女摔倒在地,进行强奸。他后来被释放,并交由其父亲看管,但一年后,他砍下了一只猫的头,并把它扔进锅里。他被关了一段时间,然后放出。一年后又有过短暂的疯狂;他后来去了科西嘉,并且在一年后因强奸和杀人而被判刑。

谁能告诉我们上述情欲可以在多大的程度上称之为病态情欲或者犯罪情欲? 难道这些人缺乏对其行为严重性的意识吗? 不。很多犯罪人声称他们无法抵御犯罪倾向,同时也有一些精神失常者完全能够意识到自己行为属于犯罪,甚至经常知道自己在法律上所处的特殊地位。我们下面将提到的 Farina,在被问及 Agnoletti 的行为是否属于犯罪时,告诉我:"那个人是有罪过的,因为当时没有任何人促使他犯罪,而且他进行了策划;我的情况不是这样;我的行为因疾病而变得严重。"一名曾试图在精神病院杀人的精神病人对 Brierre 说:"每当我想尝尝杀人的滋味时,我都可以去下手,因为法律认为我是不承担责任的。"另一名企图杀害 Bedlam 的警卫人员的精神错乱者宣称:他不必对自己的行为作出任何解释,因为他是精神病人,精神病人是不承担责任的。

经常可以见到一些犯罪人与精神病人一样行事很不谨慎;在他们看来,自己不可能受到法律的惩罚;他们对打算杀死的人进行威胁;不考虑未来;对自己的罪行不感到内疚;在一种特别感觉的推动下犯罪,并且千篇一律地重复同样的犯罪行为。另一方面,也有一些精神失常者能够保持清醒的先见之明,进行精细的策划,与其他人共同实施犯罪,为自己准备犯罪时不在现场的证据;他们知道可能受到怎样的惩罚,善于在司法机关面前伪装自己并且进行断然的否认;他们知道在干坏事后逃跑;他们甚至能够假装自己没有的精神病,我的一名杀过人的偏执躁狂症患者 Farina 就是这样。我治疗过一名患有抑郁症的教师,他杀过人,利用我给予他的自由偷窃同伴的衣物,为了能把东西偷偷拿走,他把它们剪成小块,藏在另一名同伴的褥垫里,当他受到怀疑时,把我们的注意力转移向这名同伴。

Verzeni 为了满足其色情欲望勒死过几名妇女,他摸她们的脖子,然后剖开她们的尸体,并且吸吮余温尚存的鲜血,就是这样一个人也准备了不在犯罪现场的证据;他知道把自己的犯罪转嫁于他人;并且几年来守口如瓶。然而,他患有脑单侧萎缩症,他的父亲和祖父是糙皮病和痴呆症患者,当然,他是个恋尸偏狂症患者。

Schultz 为了报复房东而杀死了他的孩子,Casper 认定他患有抑郁症;在杀人的好几天前,他就准备了剪刀,编造了一些理由支开了家里的女仆;女仆在离去前看见他很镇定、从容。他被逮捕后,仍很镇定,只抱怨说吃的不够。不久前在都灵也发生了一起类似的案件。

M. Re 一生好色,在 56 岁时,有一次他故意在葡萄酒里兑进水,然后借口酒不好,让一名年轻的女仆喝了一杯加了吗啡的葡萄酒(吗啡是他借口牙疼而从一位药剂师那里搞到的),致使这名女仆处于麻醉状态,目的显然是想借机奸污她。此人在几个月前也患有全身逐渐瘫痪。

有些精神失常者的病态完全表现为真正的犯罪倾向,即缺乏道德观念,这就是道德精神病。他们的父母一般是精神病人或神经官能症患者,他们从小就有神经病或者谵妄症,他们以另一种方式体会情感,经常是与常人相反。他们有时候仇恨、杀害自己的子女、父母,甚至是平白无故或者只因为一点小事;他们实施犯罪后一点不感到内疚;并且对他人的负疚感觉得奇怪;此外,他的才智早熟,而且比常人的更为活跃。

Esquirol 和 Marc 提到过这样一个小姑娘,她面容活泼,长着栗色的头发,塌鼻梁,5 年来一直想杀死她的妈妈,以便能够自由自在地与男孩子在一起。她向因痛苦而病倒的妈妈坦白说:妈妈的死不会使她难过。

—— 您死后,我就可以得到您的东西。
—— 那些衣服穿破了,你怎么办?
—— 我用您的钱再买新的。
—— 钱用完了呢?
—— 我去找男人。
—— 你知道什么是死吗?如果我今天晚上死了,也许明天就会复活。上帝就不死,并且也不会复活。

—— 上帝复活是因为他是上帝;但是,您复活不了;我的姐姐再没有活过来。

—— 你怎么让我死呢?

—— 如果您去森林里,我就躲在树上,等您经过时,跳在您身上,将匕首刺进您的胸膛。

—— 你就没想过:我决不会去树林里让你杀死我吗?

—— 哎!妈妈,对我来说,这是一个极大的遗憾;我还可以在夜里用刀杀了您。

—— 你为什么不在我病倒的时候杀了我?

—— 妈妈,那是因为您身边总是有人守护。

—— 为什么你后来没有动手?

—— 因为我有点困,并且害怕您看见我拿着刀。

—— 但是,如果你杀死了我,你也得不到我的东西,它们都归你爸爸所有。

—— 噢!这太让我遗憾了,爸爸将会把我送进监狱。但是,我也想杀了他……

当一位先生问她话时,她眼睛一直盯着那位先生的胸针。在被询问原因时,她立即回答说:在可能的情况下,她会杀了他,因为她很喜欢他胸针上的钻石。有一天,她在家里听人讲述说:一个女厨师手上沾满鲜血,因为她杀死了一个孩子;她立即表现出忧虑。不久之后,人们听到她说已经找到了杀人又不使自己沾上血的办法,即使用砒霜,她曾见人用此物杀死田地里的鸡。一天,他父亲表现出想把她赶出家门的样子。面对这种威胁,小姑娘平静地回答说:她能在某一条马路上找到一块栖身之地;她可以依靠卖唱和乞讨过活,得到一点钱后就买些火柴等物来卖。她总是坐着,两手交叉在胸前,一发现旁边没人就进行手淫。人们一直在不断地纠正她,从简单的警告到屡次的责打,并且作出各种各样的限制,但均徒劳无益。她总是回答父亲说:即使杀了她,她也不会改变。

对于她来说,不存在任何心理上的影响,她只是听见过长辈关于她母亲的一些坏话。她很聪明,并且犯罪动机明确,有关的预谋非常狡猾。如果不是因为年龄小,谁能不认为她是罪犯呢?如果她的体力再强壮点,那种本能再强烈点,人们将能看到所谓冲动性躁狂的最残酷形式,这种形式总是出现在最清醒的人中。

Rossi 也是这样一个人,他是患有偏执躁狂症的杀人犯,他前额向后退缩,面目温和、细嫩;当他还被认为是正常人时,曾经亲手掐死一名稚嫩的外甥女。为了证明自己的无辜,他援引了大量的理由,同时他在我们面前表现得驯服、勤快、没有危险,因此,过了几个月后,我们以为他已经痊愈,就把他送回了家。两天后,他企图掐死曾经把他送进精神病院的市长,对妻子进行威胁,并且因某些要求遭到拒绝而砍倒当地几户富人的葡萄架。他回到精神病院后,又变成世界上最老实的人;助人为乐,干活比护士还勤快。但是,我们有了前车之鉴,不再相信他,对他监视得更加严密,人们意识到:所有这些温顺的表现都是在作戏,目的在于更充分地满足自己干坏事的欲望,为了能够洗劫老年人和体弱多病者,并唆使有力量的人去作恶。例如有一次,他假装帮助护士运送一名癫痫症患者,他同该患者曾有过宿怨。当没有旁人时,他就狠狠地揍了这名被绑起来的、没有任何抵抗能力的患者一拳,以致把他的肾脏打破。后来他非常害怕,就与同伴,甚至与护士串通,掩盖这一恶劣的事件。没过多久,一个病人痊愈出院,由于不再担心遭受他的报复,才将此事揭露出来。

在 Castelnuovo,我见到一个男人,戴着女人的假发和领结,穿着女式布鞋,姿态和声音都很像女的;他是一名老鸡奸犯,许多年来一直把自己看作是女人,并且千方百计地装得女腔女调;最让他感到恼火的是:人们称他为"路易基(Luigi)",而不叫他"路易嘉(Luigia)"。对于他来说,犯罪倾向肯定已经转变成为真正的精神失常。但是,在精神失常者与具有不正常性欲倾向的健康人之间,距离是很短的。

有一个9岁的独生女孩,父母都是精神病人,有一天她突然感到有一种想割人肉、喝人血的欲望。她说:"我不恨任何人,只想杀死第一个来到我跟前的人,哪怕是圣母,我只想看看他的血并且喝个够;当我见到比较肥大的人时,这种念头就变得更为强烈,因为我觉得这样的人会比别人有更多的血。"

Dagleur 从小就逃学;沉溺于赌博、喝酒、色情,后来又盗窃;对母亲忘恩负义,多次为了得到钱而威胁要伤害她;出于不可思议的纵欲要求,他曾经拦路袭击妇女,并且对少年施暴。被送进精神病院后,多次非常巧妙地脱逃。他干不了任何连续的工作;对所有的东西都加以破坏,特别是在设法逃跑时。出院后,偷母亲和其他人的东西;钱款立即转化为烟酒和衣服;有时候只是为了取乐而盗窃,让被窃取的物品腐烂;他既不懂得什么是刑罚,也不懂得什么是罪过。护士们都害怕他,他辱骂所有人;他试图放火、杀人和投毒;总是策划对曾经惩罚过他的人进行报复;做梦都想成为土匪头子,说到这些,他的眼睛都熠熠发光;他怯懦;睡觉很少;不时地进入亢奋状态,疯狂得手舞足蹈。在对他死后解剖时,人们发现他的头骨极小,枕部萎缩,因而蝶鞍居中。大脑的重量是818克,小脑完全萎缩,重量是20克,左边比右边更小,更扁平;表面的回沟很少,它们不是横向的,而是矢状的。这个人属于真正的小头畸形,属于精神失常者;但是,除了犯罪倾向外,他的精神失常在其他方面没有明显表现。

还有些情况我没有提到,幸运的是这类情况极为罕见,例如,精神病的发作就像晴空中的闪电,只持续几分钟,最多几个小时,伴随着幻觉,常常表现出杀人倾向,随后出现的是浓浓的睡意,并且丧失对任何事情的记忆。这是短暂躁狂症。

我想指出另一个容易导致错误的原因:某些严重的早期精神疾病是在经过长时间潜伏或间歇期才表现出来或发生反复的。Lasegue 对 Chabot 的犯罪作出这样的正确解释,Chabot 在 42 岁时杀死自己的老母亲,为此,他经过长时间的预谋,他在二三岁时就患有严重的精神疾病,后来他身体看起来痊愈了,但一直不合群,唯一的兴趣是进行健身运动,在地窖里独自一呆就是几个小时,练习举重;后来他把自己锁在房间里,身边放着武器,好像怕出现敌人。在 1864 年,有一天喝了母亲做的汤,感到有苦味,就猜测里面下了毒;最后,从非常好动突然变得很懒散,几年后成为了杀人犯。对于他来说,邪恶的所有症状和发展阶段都最终表现为杀人。

有一个男孩子,在两岁时就连续 24—36 小时抽搐;6 岁以后又头疼病发作,经常头晕目眩,并且眼睛斜视;16 岁时患有亚谵妄症,口吃;17 岁时出现头痛症、幻觉和精神失常。

某 B 在 20 岁时患严重的谵妄症,但后来痊愈。1 年后,在过一座桥时想跳下去;说话变得结巴,精神失常。

不过,最容易造成混乱的是这样一种形式:Tardieu 称之为离奇者精神病,Maudsley 更形象地把它叫做疯疯癫癫倾向,还有些人送它一个别称,叫"讲理型精神病"。患有这种形式精神病的人总是在精力充沛和毫无条理地不断活动,行为古怪和自相矛盾,不能抗拒自己欲望的冲动;既折磨自己,又折磨他人;在政治上,在爱情方面,在信仰问题上,表现得过分偏激;特别能写,但都很荒谬;行动疯狂,但随后又变得非常沮丧;好色,喜欢抽烟喝酒;容易无缘无故地产生厌烦和仇恨;爱虚荣,易发怒,在家里情绪低落,在家和办公室以外则较好;个人主义严重;为满足欲望而犯罪,懂得犯罪的意义,但无法自制;他们似乎认为自己有干坏事的特权。一个意外的事件,一个突然产生的念头,都能引发一系列无法遏制的行动,但这些行动也具有周期性,随之而来的是反悔、平静和相反的行为;因此,他们总是不断处于自我矛盾之中;最终的结局是自杀、杀害自己最亲近的亲属或者全身瘫痪。

请看下面这个例子:

Gib 这个人在家排行第八,其父母精神正常并且讲道理,他本人从小就表现得很聪明,举止端庄。只是从 14 岁起开始固执地认为老师和同学们都讨厌他,都把他看作是小偷,以至于连家里给他的钱都不敢花,怕增加他人的怀疑。1 年后,他得了伤寒,或者说是脑膜炎,他讲一些让人听不懂的话,总以为自己是在读用红笔写在书上的批评;3 个月后他痊愈了,但开始沉溺于酗酒和放荡的生活,偷家里的钱和物,而且手段巧妙,两年后才因一件非常偶然的事情被发现。他在偷窃亲属钱物的同时,还对他们进行诽谤,说这些亲属让他挨饿;他采用非常卑鄙的手段打伤了一个兄弟,因为后者曾有一天当场发现他偷窃。进到我的精神病院后,最初表现得非常老实,但后来则拒绝劳动,并且煽动同伴们不干活;他总是不断地告护士的状,从来都认为饭不够吃,从来不遵守为他作出的安排,声称:宁愿让大家都把他看作是小偷,也不愿意被人当作精神病人。"我怎么疯狂了?我难道没和他们讲道理吗?的确,我偷过东西;但偷东西的人是窃贼,而不是疯子;如果说我偷过东西的话,我不应呆在这儿,你们应把我送进监狱。"

这些人的同伴和家属都普遍地认为他们是疯子,不仅在个别情况下是这样,而且在理论上和一般情况下也同样如此,就像一句古老的意大利俗话所说的:

疯子和恶棍难以分辨。

然而,法律没有为类似情况提供明确的中间道路,因而,一些感到为难的法官最后就以不公正的或者不慎重的做法敷衍了事,将被告开释或者在某种程度上减轻处罚,但更经常的做法是予以判刑,甚至判处死刑。类似的错误,不仅法官会犯,而且医生和精神病专家也会犯。首先,我应当第一个承认:在对 Verzeni 的研究中,虽然我最初猜想到犯罪的主导原因,但没能顶住大家的共同看法,只看到他对自己的清醒行为负责,看到他自己制造了犯罪时不在现场的证据并且顽固地否认相反证据,而没有相信也没有确认此人完全是精神失常者;后来,当我能够深入了解他的一切所作所为时,我开始毫不怀疑地相信这属于恋尸躁狂症,早在我之前,Brugnoni 就已经作出了这样的诊断。

在这样的情况下,如果说在犯罪与精神病之间有一条分界线的话,这条线也非常模糊,很难在进行审判前或者在尚能防范恶果发生时分辨清楚。在有些情况下,这种分界线则根本不存在,对犯罪和精神病加以区分的正是我们自己,而不是客观自然。因此,有必要建立刑事精神病院,只有依靠它们才能消除司法公正与社会安全之间的冲突,这种冲突在我们每日对这些人的审判中层出不穷。在是否存在精神病这个问题上,我们只是在根据当时的印象,根据我们的心情,根据犯罪对受害人造成的侵害结果(并且间接地对我们自己造成的侵害结果)作出判断。可以说,没有比这更主观和更困难的判断了。

区　　别

如果说在某些具体情况下,犯罪与精神病之间任何确定的基本区别都会消失的话,在实践中经常能够幸运地发现一些区别,而且这些区别还相当突出。例如,从日常情况来看,短暂躁狂症和离奇者精神病趋向于减少,并且正在与全身瘫痪、酗酒、糙皮病、尤其是癫痫结合在一起。

Buchez-Hilton 曾经是个政治家,自封为上校,与山羊发生过畜生般的行为,并且公开宣布此事,曾把 traitre(背叛)写成 traite(挤母畜奶);Tardieu 认为他患有讲理型躁狂症;此人显然是一名轻瘫患者。Puits-Partes 也被 Calmeil 诊断为讲理型躁狂症患者,这个最初很老实的人,后来沉溺于下流的勾当,自诩建造了一家火柴工厂并且变成了百万富翁,此人也是轻瘫患者。

Korinski 表现出离奇者躁狂症的所有特征,他曾伙同自己的情妇采用狡猾的手段给妻子下毒,他也是轻瘫患者。

很多所谓的"本能精神病"、"道德精神病"或者"行为精神病",也都只不过是癫痫、糙皮病和被掩盖的轻瘫。

Adriani 曾经使全村人感到恐惧,他咬自己的同伴,有一天还吃了自己女儿的肉;他是癫痫症患者。癫痫症患者 Alton 每勒死自己的一个女儿就在本子上登记:"今天我又杀了一个,她还是热的。"癫痫症患者 Feuillet 为了能省几个钱而毒死了妻子和孩子。糙皮病患者 Gilardi 割下自己的同伴的生殖器只是因为喜欢把它拿在手里当铃铛。Agnoletti 表现出早期轻瘫的症状。Verzeni 表现出脑单侧萎缩的特征。

在大多数情况中,对于作为犯罪真正原因的精神疾病,都比较容易区分其体质特征和心理特征。比如,酗酒习惯与早熟性动脉粥样硬化、肝硬化、心脏脂肪浸润、皮炎、肠充血、瞳孔缩小、麻醉、特有的动物幻觉、颤抖、轻瘫、癫痫式抽搐相伴随。至于其他因中毒(例如:吸食鸦片、烟草、汞、颠茄、大麻)而导致的躁狂症,也可以从下列症状中发现蛛丝马迹:特殊形式的谵妄、颠茄引起的愉悦和手舞足蹈、对鸦片和大麻的幻觉、瞳孔扩大(颠茄的作用)、瞳孔缩小(大麻的作用)、消化不良、皮肤充血(颠茄的作用)、视力减弱、便秘、健忘(烟草的作用)、骨痛、皮肤癌(汞的作用)。

癫痫经常伴随着头骨畸形、身体侧部病变、特殊的动作和姿态、斜视;它在炎热的月份以及消化不良后表现得严重,最后表现为痴呆和失语症,并且经常突然表现出奇怪的凶残,例如去杀人。

全身轻瘫往往是在过度学习、纵欲和酗酒过多之后出现,几乎都发生在男性身上,伴随着早熟性动脉粥样硬化、某些部分的肌骨组织轻瘫、瞳孔不对称;先表现为过分的活跃、迷恋情欲、不相称的虚荣,最后又产生出荒谬的野心或抑郁、语言或书写的紊乱。

与糙皮症相伴随的是伸肌的挛缩、脱皮、腹泻、眩晕、想淹死、想受迫害、想绝食;在春季和夏季表现得较为严重,在冬季和秋季稍微好些;此病如果不是因遗传而发生的,则往往同食用变质的玉米有关。

产后躁狂症经常是在最初的妊娠中表现得比较明显,尤其是在产褥期当中,它没有先兆,经常伴随着幻觉,患者都为非婚生女,经常同时出现贫血。

歇斯底里症也与下列症状相伴随：贫血、麻醉、生殖器病变、子宫后倾、脖子变长、动脉血管缩小、肋间和腰间神经痛、感觉过敏，尤其是卵巢感觉过敏、瘫痪、阵挛性萎缩、吃音挛缩、反复发作性舞蹈病（特别是在月经期间）、对金属和磁体产生特殊感觉。

抑郁症经常出现在遭遇严重不幸的人、患有痔疮的人、患有肝病或心脏疾病的人身上，患者的面容往往呈青紫色；行动缓慢、僵硬，脉搏缓滞，而且，与脉搏相比，呼吸更加缓慢；不想吃东西。

偏执躁狂症很少突然产生，即使不与身体上的表面病变相伴随，也有许多心理上的症状能使人在早期加以识别，例如：特殊的幻觉，使用一些特殊的句子，镇定，与患者文化程度不相称的聪明，这种聪明在一些事情上格外突出，而在另一些事情上则减退。

所有这些精神失常病症都表现为感情上的丧失或变态，其发展方向与常规相逆反，比如，有的患者热爱自己的祖国，但痛恨自己的家乡，并且更加痛恨自己的家庭和他自己；在犯杀人罪的情况下，往往针对的是以前与之很亲密的人或者根本不认识的人。

可以说，几乎每组精神病变症状都对罪错行为造成特殊的影响，按照 Messedaglia 的说法，各种罪错行为都表现为特定的犯罪。因而，糙皮病患者、癫痫症患者和酗酒者都经常表现出临时起意杀人的倾向或者毫无理由的自杀；有酗酒习惯的人特别容易盗窃；未成年的躁狂症患者、闭经者、孕妇特别容易去纵火，有时候还同癫痫症患者一样进行血腥的淫乱活动；孕妇最容易盗窃。抑郁症患者和偏执躁狂症患者往往容易犯杀害长辈罪，尤其是在产生幻觉后。老年精神病和轻瘫在不少情况下表现出与年龄不相称的和反自然的性欲激发倾向。患有歇斯底里精神病的人容易实施盗窃、诈骗、欺诈、诽谤、作假和对自己或他人的投毒行为。

所有这些精神病形式，包括冲动型精神病和道德精神病，都非常容易与犯罪相混淆，在犯罪行为发生前几乎总会先出现一些特殊的体质现象，例如：头痛、腹泻、痔疮、绝经、失眠、消化不良、遗精、神经痛、妊娠。

需要指出的是，我们在精神病人中经常能发现长头畸形和比犯罪人更为矮小体轻的情况；在精神病人中亚小头畸形的发生频率是犯罪人的两倍或者更高些（比如达到 21∶7），还经常出现头骨不对称的情况，而且面部棱角突出；动脉粥样硬化的比较少，长白发的较多，是常人的 4 倍，秃头的是常人的 3 倍；颧骨、额窦、下颌骨不那么宽大和突出；虹膜和头发颜色不深。

每个人都有自己独特的相貌和姿态，精神病人经常有些面部和前肢的舞蹈动作，而惯常性谋杀犯则目光和表情呆滞，盗窃犯眼睛极爱转动。

根据测力器显示,精神病人力量很小,对治疗和疼痛不大敏感,对气压和温度的影响则比犯罪人敏感一些。

有些偏执躁狂症患者总爱使用某个词,这个词完全成了他的标志,他的其他同伴则不是这样;在犯罪同伙之间,暗语是为大家所共同理解的。

惯常性犯罪人总是游手好闲,整天泡在酒馆和妓院里;精神失常者决非如此,他们一般很朴素、孤独、勤快、驯服,并且性格温厚。

精神病人,特别是患有瘫痪症的精神病人,以及偏执躁狂症患者有着自己独特的书法习惯和拼写习惯。

精神病人,尤其是患有偏执躁狂症的精神病人,往往有着某种他们无法为之进行辩解的恶习。

犯罪的精神病人在发病之前的生活与临近犯罪时的生活完全不同;生活的转变是由于某一特殊原因、一次分娩、青春期发育或者某一疾病(例如伤寒、脑膜炎、痔疮等)而造成的。他们常常在法官和陪审团面前坦白自己的罪行,不少时候是他们自己将其罪行揭露出来;即使拒绝交待罪行,也不进行特别狡猾的辩解。他们很少事先制造犯罪时不在现场的证据,也很少隐藏犯罪的物证。虽然他们也企图逃跑,但这种情况很罕见,或者由于没有作好准备而很少成功,有时候甚至因试图逃跑而使自己处境更糟。如果问他们是否有精神病,他们会矢口否认,或者只是在律师或同伴的反复劝导下才迟迟予以承认。

精神病犯人也会按照他人的建议假装精神病,但装得很拙劣,他们通常模仿疯子或者完全呆痴。他们同其他犯罪人一样不会感到内疚;他们随后会坦白犯罪,而一般犯罪人则是掩盖犯罪。犯罪人知道他们的行为是受公众谴责的,精神病人几乎根本不能意识到这一点。

犯罪的精神病人经常忘记一些事情,以致没能使犯罪证据消失,或者没能阻止别人发现犯罪;他们把毒药留在被毒害人的房间里;搞明显虚假的签字,携带着被窃物招摇过市;不会与人订立攻守同盟。一般来说,他们的生活很孤单和寂寞;从来不相信其他人;而犯罪人则总是善于搞阴谋,特别是在监狱里。精神病犯罪人与一般犯罪人一样,对犯罪麻木不仁,但他们对随后面临的刑罚也麻木不仁,因此,他们向自己的法官挑衅,而不是去讨好他们。

精神病人从来没有同伙,不设法制造犯罪时不在场的证据,不采取最起码的谨慎措施,以掩盖犯罪,因而,他们在光天化日和大庭广众之下实施犯罪。

在精神失常者和犯罪人中,道德感都同样泯灭,但是,精神失常者很少因个人感情用事而犯罪,而其他犯罪人则比较经常地因感情冲动而犯罪。

在精神病人当中,出现色情冲动的情况不多,在有酗酒习惯的精神病人中,这种情况就更少;而在真正的犯罪人中,如果存在色情冲动倾向,这种倾向经常表现为怪异的早熟形式。

对于犯罪人来说,有时候促使他们犯罪的原因很细小,我们前面介绍过,某个谋杀犯因为自己的同伴没有给他擦鞋而出手杀人,等等;但即使在这样的情况下,犯罪同样与其品质的邪恶性有关,这种邪恶性在犯罪前已通过其他方式表现出来;或者他们是出生在半野蛮民族或家庭的人,不管怎么说,促使他们犯罪的诱因可能很小,但却是先存的。

对于犯罪的精神病人来说,最常见的情况是缺乏任何犯罪的诱因,甚至出现违反常情的情形,被害人是其姻亲、曾被其钟爱的人、给予其恩惠的人;或者从个人教养和习惯的角度分析,有关的诱因是完全不相称的。例如,一位富裕而诚实的贵夫人偷窃几个小钱;一位宽厚的工人冷酷地杀死一个被推测为敌人的陌生人。或者所援引的原因仅仅属于精神失常者的臆测(Fontana 推测某 N. 是自己倒霉的原因;Farina 以为某 G. 是自己的敌人;Papavoine 猜测素不相识的 R. 给自己带来不幸)。

犯罪人从来不杀他所喜爱的人,除非是出于某一特殊的理由。在犯罪人身上也会发生情感的败坏,但其发展方向与发生在精神病人身上的情感败坏背道而驰;情感偏执狂患者首先仇恨自己,其次是他最亲近的亲属,再次是周围的人,国家和一切人;犯罪人可能热爱自己的家庭、国家或酒肉朋友,甚至为了帮助他们而犯罪。

犯罪的精神病人不仅不处心积虑地掩盖自己干的坏事,而且热衷于谈论它们,能够很轻易地写出自己的经历。这并不是因为他们厚颜无耻,而是因为他们深信自己没有罪过,认为自己的行为是出于必要的防卫,有时甚至认为自己完成了一个功绩。

犯罪人则总是掩盖犯罪,但当与其他犯罪人在一起时则不这样;在这后一种情况下,他们愿意谈论犯罪,而且表现得厚颜无耻;他们不仅不为犯罪作辩解,而且还夸大自己的犯罪,同时,承认自己的行为对于社会来说是犯罪。

精神病人有一些夸张的活动,喜欢某些特殊种类的工作,通常是毫无目的的;喜欢写诗,做文字游戏,画荒唐的图画,做剪纸。

相反,犯罪人则喜欢过懒散的生活,无论是在监禁前,还是在监禁期间;在受到迫使的情况下,他们也会从事某些有实际意义的工作;在那些用于消遣时间的无益事情中,他们宁愿干一件精神病人根本不会选择的事情,即文身。

极少发生这样的情况:一个精神正常的人实施非常凶残的行为,不是受潜在的精神病影响,或者不是由于自己的粗野、本民族的野蛮,或者不是受强烈情欲的支配,或者不是因为某些疾病的遗传。Verzeni 的亲属患有糙皮病和痴呆症;Jobard 的父母患有癫痫和躁狂症;Alberti 的父母患有精神病并且自杀。

最后,也存在这样一些情况:精神失常者和犯罪人之间的一切区别似乎从一开始就不存在。

但是,在实践中区分犯罪与精神病的方法并不因此而消失,因为在这些特殊情况中,精神病人除表现出与正常人相同的特点外,也有许多自己的独特之处。

他们假装患有一种精神病,但这是一种他们自己并不患有的精神病,当别人说到他们真正患有的精神病时,他们则表示抗议。他们为了某一特定的目的杀人和偷窃,并且精心地策划犯罪;但就在他们实施疯狂行为不久或者与此同时,也表现出精神失常、癫痫、醉酒、糙皮病、全身瘫痪的一些体质症状;他们出于一时的冲动或者怪异的理由袭击素不相识的人或者最喜爱的人;他们经常在作恶之前或者作恶期间企图自杀,而这种情况在犯罪人当中则是少见的。

对于犯罪人来说,杀人是手段;对于精神病人来说,杀人是目的。精神病人为了同样的理由可以杀人,也可以在对自己毫无益处甚至有害的情况下打碎盘子、撕碎衣服、破坏家具,等等。Casper 提醒我们说,为了进行辨别,可以研究一下犯罪是在什么情况下发生的,如果犯罪对行为人根本没有好处,任何人都本不会在此情况下实施这样的犯罪,那么,行为人就是精神病人。

此外,我们已经谈到:原因分析能够帮助进行这种困难的诊断。一般来说,精神病和神经官能症比较常见于精神病人的父母当中,而在一般犯罪人的父母中则不那么常见,其比例为 14∶28∶43。精神病比较容易出现在 30 岁到 50 岁之间;而犯罪则主要发生在 20 岁到 30 岁之间。犯罪比较多地发生在男性当中,并且比精神病更经常地发生在非婚生子和孤儿当中。

Chapter 16 第十六章

结伙犯罪

结伙犯罪是犯罪世界最重要的现象之一,这不仅因为结伙能壮大干坏事的力量,而且因为邪恶心灵的联合能产生罪恶的激发作用,使那种旧日的野蛮倾向重新萌发,并且通过特有的纪律和我们前面介绍的犯罪虚荣心强化这样的倾向,使人变得更加凶残,大部分孤立的个人都本会厌恶这种凶残。遗憾的是,对于我们来说,这是一个敏感的议题,往往会同政治问题相互混淆。

当然,这种结伙现象较多地出现在为非作歹者丛生的地方,但一个重要的例外是:在那些文明程度很高的国度,团伙的牢固程度和残暴程度有所降低,变成松散的、政治性的或者商业性的结伙。

目前,犯罪结伙的目的几乎总是为了攫取他人财物,为了能够对付他人的合法防卫。然而,在早期,结伙主要是为了堕胎、投毒,而且经常是出于一些难以猜测的目的,例如鸡奸,无任何获利企图、仅为流血取乐的杀人(比如里窝那的刀剑帮)、吃人肉和强奸、宗教狂热,等等。

性别、年龄、职业等

当然,结伙犯罪者的情况与大多数犯罪人的情况差不多。男性占最主要的成分;据说,在一些特殊案件中也有妇女率领的团伙,例如,Luigi Bouviers 曾在 1828 年领导过 40 多名窃贼。妇女仅仅为了盗窃的目的而纠集在一起的情况非常罕见,我知道有些女人聚在一起又盗窃又卖淫,就像当过随军商贩的 Lina Mondor 一样。

我们前面谈到,女人比较倾向于实施家内犯罪,不久前,在罗马和巴黎,女性结伙主要是为了投毒;糟糕的是,女性后来也加入一切流氓团伙,作为帮凶、放哨者或者情人。

结伙犯罪者的年龄几乎都很年轻。在 Basilicata 和 Capitanata 的 900 名土匪中,有 600 人不满 25 岁,几乎都是孤儿,许多人是被遗弃的孩子,例如:Tardugmo、Cop-

第十六章 结伙犯罪

pa、Masini,等等;还有很多文盲、手工艺者、农民、牧民、退伍军人;他们所从事的职业一般来说比较好动手或者好动武。

有教养的人之间的结伙一般只出现在大城市。Coulin 团伙是由服饰用品商贩、画家和看门人组成的。Cartouche、Lacenaire、Teppas 是巴黎团伙的头目,都出生于良好的家庭。在巴黎存在着所谓"黑衣帮",成员衣着讲究,领导人是 Mayliatt,他以前是名军官,还算是半个诗人,该团伙由法官、代理商、中间人和伯爵组成。Mallet 团伙(1845 年)是由国家卫队的一名上尉领导的。Magonza 团伙的头子以前是神学院学生,精通拉丁文和希腊文。Graft 团伙的组成人员是些大商店的老板。在巴勒莫,有许多大财主和神甫是流氓集团的成员。不少犯罪集团是在一些正当社团组织(例如互助会)中形成的,或者是在同一工厂的工人中形成的,这些工人受到某个同伴或集团头子的煽动或者被拖下水,比如,某兵工厂文书 Prout 组织的集团,里窝那鞋匠组成的刀剑帮。

组　织

人们注意到:很多犯罪团伙,尽管是以秩序和社会为敌,却表现为一种特殊的社会组织。几乎所有的团伙都有一个首领,此人拥有独裁的权力,就像野蛮部落头领一样;然而,他更依赖于自己的个人才能,而不是乌合之众的服从。所有的团伙都有自己的外围成员或者危险情况下的保护人。有时候,在一些大的团伙当中还存在着真正的劳动分工;有的人当刽子手,有的人作军师,有的人是文书,有的人管送信,甚至还有人充当教士或外科医生。所有的团伙都遵守自己的法典或者礼仪,这种法典或礼仪是自发形成的;虽然是不成文的,却被大家甚至逐字逐句地奉行。

西西里的一些团伙,例如,Pugliese 的团伙或 Lombardo 的团伙,为了批准"上马"(去社会上偷窃),需要经过许多考验和多数人的同意。当某个人没有遵守流氓团伙的规矩时,他将被杀死,但首先要"对他提出控告",也就是说,团伙中的一个人担任公诉人,团伙的头目作为法官,所谓的罪犯可以自我辩护,尽管如此,对他的判决都同样是致命的。

上述法典中最严重的罪行之一就是为自己盗窃,不让团伙共享被窃物;另一项严重的罪行是:泄露与他人一起实施的犯罪。因而,Pugliese 请求陪审团原谅自己对其他同伙的犯罪一无所知,因为他不能违反规矩透露这样的情况。

在拉韦纳的刀剑帮中,曾经存在过一种等级制度;同卡莫拉组织一样,该团伙成员称首领为"师傅"。在就进行某一凶残活动作出决定之前,他们面对匕首宣誓。在杀人之前,他们通常以象征性的威胁方式向被害人发出警告。波伦亚一些犯罪团伙的头目也习惯于类似的做法。

Magonza 团伙按照自己的活动划分为 5 个小组,所有成员都参加分赃,即使他们远在别的国度。每次行动都由一名同伙进行筹划,事先应得到专门的信号,这种信号是按照团伙头子制定的精确规则发出的;例如,指示在拂晓的前几个小时潜入新婚夫妇的房间,而不要进入睡觉警醒的老人的房间。他们首先搜取的应当是首饰和金制品,只是在没发现这些东西的情况下才窃取其他物品。此外,他们肯定不会在自己居住的城市中进行盗窃,以便使自己能够有保险的住所。在因小问题而入狱后,他们通常设法在墙的裂缝中藏进钉子和锉刀,以便今后被再次逮捕时使用。当他们结伙带着被窃物赶路时,妇女通常走在队伍的前头,背着像是包着婴儿的包袱。

卡 莫 拉

但是,组织得最为严密的是称霸于那波利城内的犯罪团伙,名叫"卡莫拉(Camorra)"。它遍布于一切存在一定数量的囚犯或者曾进过监狱的人的地方,表现为一些相互独立的小组,但这些小组实行同样的等级制度,比如,那波利各监狱的组织隶属于 Castel Capuano 的组织,后者又听命于 Procida 监狱的组织。因此,内部划分为不同的层次。

希望加入团伙的年轻人必须先证明自己的勇气和保密能力,这种证明方式就是:按照团伙的命令去伤害或者杀死某人;在找不到牺牲品的情况下,他必须与一名由团伙指定的同伴进行击剑。再早以前的考验更加残酷。候选人应当在几名卡莫拉成员刺来的刀尖下取一枚钱币;传说还有其他一些残酷的考验,类似于共济会的做法,例如,把装着毒药的杯子贴近嘴唇,放血,等等。但是,如果说曾经有过这样的仪式的话,它们现在肯定已经不再实行了。

第十六章　结伙犯罪

　　新入伙的年轻人有二三年,甚至 8 年的见习期,在此期间,就像是一名卡莫拉成员的奴仆,最辛苦的和最危险的事情都交给他去做,有时候也让他挣点钱。在完成某项重大犯罪之后,或者在以自己的热忱和服从取得首领的赏识之后,后者召集大会进行讨论,让大家推选他为卡莫拉成员。这时,他应当再次在首领和各位成员面前"击剑",并且面对两把交叉的匕首宣誓忠实于自己的同伴,"以当局为敌,不与警方发生任何关系,不揭发小偷,相反,热爱他们胜于其他人,因为他们置自己的生命于危险当中";最后是一顿聚餐。每个人都可以通过向自己的上级挑战击剑并将他刺死或者刺成重伤来争取晋级。卡莫拉分子也区分为低贱者和财主(集团的元老),他们从最勇敢的人或者最有势力的人中挑选一名首领。

　　首领在作出重大决定时不能不听取选举者的意见,这些选举者被召集开会认真讨论一切生死攸关的问题和最细微的安排;出席会议的还有一名会计、一名司库和一名文书,后者是团伙成员中相对来说最有文化的人,他应当指出哪些行为是非法的,应当处理争吵,因此他总是随身携带着或者在壁柜里放着 3 件武器;他应当向大会提出处罚建议(从部分或全部剥夺分赃权利,到损伤面容,直至处死),或者提出赦免建议(高抬贵手),这种恩惠通常是在吉日中慷慨允予的;但是,他的使命中最重要部分是:每个星期日分发被称为"卡莫拉(camorra)"的物品。

　　这是对通过日常勒索活动获取的物品的称呼,这类勒索活动的对象是赌博者、妓院、西瓜贩子、报贩、赶车人、乞丐,此类所得还表现为牲畜的血、皮毛、骨头(从一只羊身上能得到 10 份"卡莫拉"),甚至来自于弥撒;但是,最主要的勒索对象是囚犯。囚犯曾是卡莫拉成员最初的身份,因而是他们最重要的收入来源。一个人刚一进监狱,就必须支付所谓的"圣母油"钱;然后必须将自己财物的 1/10 拿出来;最后,他必须为吃、喝、玩、卖东西、买东西、甚至为找一个不太悲惨的睡觉地方而花钱。那些最贫穷的人将被这一切搞垮;被迫出卖自己伙食的一半或者自己身上穿着的几件仅有的衣服,以便换口烟抽或者参加赌博;他们不想赌还不行,这是必须参加的活动,因为赌博是卡莫拉分子主要的收入来源,他从参加赌博的各方抽头营利。一名卡莫拉分子说:我们善于从虱子身上获取金子。在波旁王朝统治时期,他们通过强迫穷人购买国王的画像而发了财;在 1866 年以后,他们又通过向波旁王朝的追随者以及行政和政治当局的候选人提供保护而敛财。

　　他们的法律既没有法典化,也不是成文的,但并不因此而受到稍微的削弱。卡莫拉分子不得在未经首领许可的情况下杀死自己的同伙;但是,他可以杀死任何其他人,特别是为了报复,不仅不需要获得首领许可,而且还有希望得到晋升和表彰。卡莫拉分子不得与警方发生任何关系;下级可以被终止参加活动 5 至 18 天。在下述情况中将被判处死刑:背叛组织;未经首领同意杀人或者盗窃;窃取分配的物品,除非进行了赔偿并且支付了利息;侵犯首领的妻子;在接到杀人命令后拒绝执行;企图改变集团的规章;表现出怯懦,在这种情况下,集团内的任何小卒子都有权处死他,但应有两名见证人在场。在其他情况下,则需要开会进行审判。当难以确定某一成员是否忠实时,在决定处罚前,先给他端上一盘通心粉,如果拒绝食用(或许是怕里面有毒),就会被认定有罪,并且受到处罚。出发判决以庄严的方式宣告,并且抽签选出一名年轻人充当行刑人。有时候,预先选出两个人,一个应当实施预定的杀人或伤害行为,另一个则应当为前者承担罪过并且接受有关的刑罚,卡莫拉分子就是通过此种方式获得提升并且被尊为大英雄或者烈士的。

有关的判决以不可思议的准确程度得到执行,并且非常奇怪地得到接受。

我从一位那波利朋友那里获得证据材料。一名卡莫拉分子从首领处接到命令,让他杀死自己最亲密的朋友,他感到难过,但还是下了决心;为了给自己的朋友以最后的帮助,他允许其选择死的方式。那一年正在闹霍乱,他的这位朋友没有选择挨刀,而是选择睡在几分钟前刚刚躺过垂死的霍乱患者的床上;葬尸人把他当成了死人,装进口袋,扔进死人堆中,从而使他能够溜走,并且没有染上霍乱,他从此在那波利流浪。但后来,他被首领看到,几天之后,被一名年轻的团伙成员用刀结果了性命,他的那位特别仁义的朋友也落得同样下场。

同伙之间的争吵在某一第三人发布命令后必须停止,这位第三人向首领汇报有关情况,首领充任仲裁人的角色;但是,如果首领作出的裁决不能使对立的双方满意,他们可以重新选择采用武力。

后来,卡莫拉分子成为了当地百姓的自然法官,尤其是在赌博或者打架中;他负责维护妓院和监狱中的秩序,当然,只保护那些向他交过钱的人。反过来说,卡莫拉也像是个储蓄所,它把从囚犯身上勒索的钱积攒成一笔储蓄基金,用来养活已经被剥夺得一无所有的赤贫者,同时,这也可以把这些人拴住,让他们更加俯首贴耳。卡莫拉分子也曾是一些小生意的中间人,有时候是最优秀的警察;他们在从批发商那里扒了一层皮后,就负责去监视零售商贩,要求后者诚实地向主人交纳利润。

年老的卡莫拉分子以及他们的遗孀一般可以获得一笔养老金。患病者和入狱者也分赃有份,尽管他们没有参加有关的社会活动。

黑 手 党

黑手党人(mafiosi)一度曾经被称为 bonachi,几年前,由于 Rizzotto 的一出民间戏剧的影响,也被叫做 sgaraglioni 和 spadaiuoli,他们肯定是早期卡莫拉的变种,这种变种的产生或许应归因于闪米特种族特有的保密能力;或许还应归因于黑社会组织在高等社会阶层(尤其是律师)中的扩张,在巴勒莫就有数千名这样的律师和讼棍;但应特别归因于封建统治。当然,无论是在监狱之内还是之外,黑手党人仍保存着一些原有的习惯以至等级名词,在很多地方还保留着特有的服饰(例如戒指、领带、一绺头发、歪戴的帽子)以及特殊的简洁语言。如果说他们已部分地丧失了自己的封闭组织的话,在一定情况下,他们现在的组织形式就封闭性而言则有过之而无不及。在墨西拿,不久前他们让最高首领着上了装,戴上黄色的手套。位居其次的是"刀剑手";再次是受到过司法审判的窃贼。他们不屑于对零售和赌博活动进行勒索,这或许是因为零售商贩的群体较小并且比较贫穷,没多少油水。但是,他们从承包生意、陪审员的开释决定、走私、非法销售彩票、承接公共工程、排他性竞买教会财物中获取了较为丰厚的暴利,有时候也通过盗窃、敲诈和抢劫获取暴利。

所有的黑手党人都忠实地遵循他们那无名法典的规范,这就是 Tommasi Crudeli 和 Vincenzo Maggiorani 告诉我们的"互隐(omerta)"规则,它们在民间谚语中也经常得到刻画。这部法典的主要条款是:对看到他人实施的犯罪应绝对守口如瓶,在必要时必须提供虚假证言,以掩盖罪迹;在富人给钱后向其提供保护;在任何时候和任何地点都要与公共权力作对,因而,应总是保有被禁止携带的武器;以最轻率的借口进行决斗,以背信弃义的方式进行刺杀;不惜任何代价报复他人的侵犯,即使这种侵犯来自最亲近的人。谁做不到这些就将被宣布为不名誉者,这意味着将在短时间内被杀,即使是在监狱里,在没有武器的情况下,也会被溺死在粪桶里,或者像在古罗马时期一样,接到自杀的命令,并且以斯多葛精神服从这一命令,因为人们知道这种命令是不可抗拒的。在杀死某人前,黑手党人要向其发出通知,在他家门上画个十字,或者向他的房子开一枪。

我见到过一些人死里逃生,但因恐惧而发疯,这种恐惧一直追踪着他们,直到精神错乱,因而他们所要求的恩惠就是进入单身牢房。

许多人想根据对犯罪集团的上述习俗和规矩的观察,来证明正义的永恒存在。

然而,在这里根本不可能有正义观念,起约束作用的是必要性原则。如果不去阻止相互的揭发,不去制止专横者联合所特别容易产生的无政府状态,任何集团都会很快地不复存在。此外,任何一群人,当于一定时期内结合在一起时,都按照特殊的习惯行事,例如教士团体和军人团体。这种司法机制就像是病入膏肓者的假膜,谁也不会说它是健康的标志,即使它保存的时间很长,即使它产生一定的舒适感并与生活相适应。但是,由于坏的本源,这种假膜比真膜更容易导致变质,同样,犯罪人的法律也经常被他们自己所违反,并且保留着他们原本的病态脆弱性。

Coppa、Palmiefi、Andreotto 就是被他们的下属杀死的。尽管人们害怕黑手党的法律,巴勒莫警方还是从黑手党徒中找到自己的合作者。尽管有那些恐怖的禁止规范,Doria 在 1861 年还是揭发了 Forestiero,Virzi 揭露了同伙的盗窃活动。卡莫拉分子将争议提交首领裁决,这也是卡莫拉分子的法律,尽管如此,他们还是在监狱里打得一塌糊涂。Lombardo 多次向他的法官说:"相互偷窃是窃贼的习惯,就像相互残杀是杀人犯的习惯一样。"拉韦纳的刀剑帮杀死了许多自己的人,他们的杀人手段是背信弃义的和极端残酷的。

由于往往缺乏土匪团伙的忠诚,许多人就否认该犯罪集团所特有的称呼,实际上,这恰恰是黑手党的特点之一。

人们可能提出反对意见说:在黑手党中往往并不存在真正的领导等级层次;但是,这抹杀不了集团的概念(至少人类学家这样认为),就像政府和首领的缺乏抹杀不了部落的概念一样(例如在澳大利亚);这只能证明这一组织正在所有阶层中扩展,用医生的话来说,它是一种地方病;它的形成和维持不需要借助这种特殊的推动力,除非是在一些重要的情况之下。

在许多土匪团伙中,就像在野蛮人的部落中一样,首领的更换、废除或者在一定时期内的告缺不会导致集团的解体。我们在所谓的 Poulain 帮中发现了这样的例子,在这个团伙中不存在首领,因为人们不能把发信号的人或者提供帮助的人称为首领。在 Cartouche 时期,数千名窃贼和谋杀者认为自己属于某一团伙,但他们分别进行自己的活动,只是在一些罕见的情况下才相互联系。因此,如果在某个国家存在大量无名称、无首领的犯罪小团伙,在我看来,相对于存在着有一名首领指挥的犯罪团伙的情况,这是一种更为严重的不祥之兆:在后一种情况下,团伙只可能根据一个人的大胆提议而进行犯罪和维系关系,并且由于此人的原因而解体;然而,当团伙也存在于无首领情况之中时,这却预示着危机,说明那个国家患有社会瘟疫。

卡莫拉和黑手党有着特别严格的礼仪和仗义疏财的倾向,有时候还表现出政治的和宗教的色彩,因此,有些人也许会对它们的犯罪本质产生怀疑。的确,有时候它们突然表现得很侠义,比如,在波旁王朝统治时期对政治犯。我们介绍过,它们在对弱者加以利用和勒索后向其提供有效的保护。但是,拉韦纳的刀剑帮、马德里的走私分子以及 Spinetta 的土匪也都有同样的表现,他们装作是零售商的保护人和政治复仇者。说到底,这种慷慨大度往往只不过是对其罪恶行径的一种掩饰,他们打着与政府作对的名义与制止他们犯罪的法律为敌,有时候也许是在自欺欺人。实际上,卡莫拉分子在波旁王朝统治时期装作革命者,而在我们现政府管理时期则充当波旁王朝的拥护者或自治主义者。黑手党在 1820 年也施展过同样的伎俩,他们现在的表现更为恶劣;在 1860 年,装作加里波第的拥护者,1866 年则成为反革命。事实上,他们只想用政治旗帜掩盖犯罪的机会。

一些大的地痞流氓也总是为自己制造某种光环,一方面是因为身强力壮的人往往喜欢表现得慷慨大度,另一方面是因为他们需要获得平民百姓的支持、帮助和保护。

从实质上讲,卡莫拉和黑手党都只不过是民间地痞流氓组织的变种,因此,卡莫拉分子和黑手党人都表现出普通犯罪人的特点,例如:爱在手上戴满戒指,喜欢穿自己特有的服装(比如套在脚上的白袜子,而且我们发现这是窃贼的特征之一)。与犯罪人一样,这些组织的成员有自己的暗语,例如,卡莫拉分子称死亡为"睡着";称巡逻队为"猫"、"黑子"、"老鼠";称宪兵为"芦笋";称保存刀的仓库为"版图";称监察官为"三层饼";称被窃物为"难事";称窝赃者为"括号";称眼睛为"红宝石";称奸细为"杆子";称嘴为"tofa";称刀子为"martino";称胸脯为"柜子";这后面几种表述与全意大利通用的流氓暗语是一致的。组织成员被称为"是"或者"同志",就像法国的窃贼相互间以"朋友"相称一样。

卡莫拉分子和黑手党人都把监狱作为自己的主要基地,在这方面与几乎所有的团伙犯罪分子完全一样。他们特别容易结死仇。据说有一个身体较弱的人,为了报因开玩笑而结下的冤仇,将仇恨隐藏了 15 年,后来,当仇人被判处死刑时,他自告奋勇充当了那波利法院的刽子手。还有一个人,在他生命垂危时听说一个同伴说了自己的坏话,他一下从床上跳起来,跑进此人的小饭馆,将其杀死,后来,他因筋疲力尽而死亡。

还应当补充的是,人们在举行礼仪时所表现出的对窃贼和告密行为的反感只不过是在摆摆样子;卡莫拉分子 Lucianello 自己就是偷珠宝的窃贼;Angtesino 和 Giudice 曾经 7 次因盗窃而被捕入狱,Garofali 5 次因盗窃而入狱;Gallucci 将他人交给自己的金子加以变卖,当事主向他索要时,竟以杀人相威胁,扬言即使是律师或警察局长,也不怕。因此,人们不能说卡莫拉的活动仅以勒索钱财为限。曾经有过一段时间,由于 Liborio 的严重并且难以避免的错误,使得卡莫拉分子成为了那波利的警察,而这些家伙的首要纪律就是避免与警察发生任何关系。在不久前,一位外科医生曾是卡莫拉的负责人之一,此人负责舒展年轻人的骨节,以便能够更好地实施盗窃。

结伙犯罪的原因　传统

相对于其他犯罪团体来说,卡莫拉在自己的礼仪程序和处罚规章方面更加完备和严格,我认为,其首要原因是它的历史悠久;因为,长时间的不断重复将会改变我们习以为常的并且自然而然的行为。历史告诉我们,所有曾经长期存在过的种族现象都很难突然消失。

从1568年起,卡莫拉就存在于那波利,经历了1568年、1572年、1597年和1610年的习俗改造运动,在这些运动中,西班牙总督Miranda伯爵、Alcala公爵等竭力"采用特殊的刑罚、苦役,惩罚赌博者和开设赌场的人,或者更准确地说,惩罚那些通过赌场抽头获取非法利益的人,并且惩罚那些有时打着为神像募捐的旗号、有时借口其他冠冕堂皇的理由向其他人勒索或多或少钱款的囚犯"。

Gueltrini 发现"卡莫拉(camorra)"这个词曾在1712年的一首十四行诗中使用过,其含义与在市场上讨价还价有关。

Monnier敏锐地注意到,"卡莫拉"的词源研究表明:它起源于西班牙,而且或许来自于阿拉伯人。"卡莫拉(amorra)"一词在西班牙文中的意思是:告状、争吵或者争议;"卡莫拉分子"指的是坏人。在阿拉伯文中,"卡莫拉(kumar)"的意思是赌博。Cervantes 的一部小说告诉我们:早在那个时期,在Siviglia 就已经存在一个非常类似于卡莫拉的秘密社团。这个社团的成员从窃贼那里募捐,为自己所供奉的圣像布置灯火;他们也把一部分所得分给警察;他们接受私人委托实施报仇活动,包括用刮脸刀破相。在他们当中也有一些新手,被称为小兄弟,这些新手必须把首次偷窃所得的一半上交,必须去给关在监狱中的大哥们送信,并且必须执行其他下贱的任务。大哥们都有各自的绰号,按照公平的比例瓜分属下上交的钱款。

marocco 的窃贼还从妓女那里搜刮一些财物。

在Don Chisciotte 中有这样一个场面:一些游手好闲的家伙向赢了钱的赌博者索要赏钱,因为他们参与了做手脚。这是现代卡莫拉分子最普通的任务。令人感到奇特的是:这种小费叫做barato,与卡莫拉分子对自己征收的钱财的称呼差不多。

土匪活动也存在于南部的省份,其原因可能也与历史传统有关,从很古老的时代起,这种活动就在意大利中部和南部生了根。

Gabriele Rosa 将原因归结到早期的社会战争,这些战争迫使我们的农耕者转变为游牧者。在1108年,罗马每天都要发生数百起盗窃和杀人事件,在1137年,一些城市完全陷入谋杀者的蹂躏之中。

Giannone 写道:"在那波莱塔诺,总有些土匪跟在希腊入侵者、伦巴第入侵者、撒拉逊入侵者、阿尔巴尼亚入侵者屁股后面,他们互相盗窃,表现得同样残酷、贪婪。"

在1458年,被Giovanna 一世驱逐的雇佣军变成了土匪,他们到处盗劫,一直渗透到Melfi;后来,他们为王国的一些贵族服务,被这些人收编为正规军队。

1528 年,被围困在那波利的王室人员曾经借助谋杀犯 Vesticelli 获取食品。在洛特雷克失守后,许多贵族继续进行战争,但采取的是土匪活动的形式。一些冒牌的正人君子,以及一些大人物,并不在意与土匪混在一起,甚至认为这些土匪是在从事光荣的爱国事业。他们找一些小村子进行洗劫,向一些较大的村子进行敲诈。

1610 年,为剿灭土匪 Sciarra,人们派出一支 4 000 人的部队,但毫无成果,司令官 Spinelli 险些丧生。Sciarra 一直深入到卢切拉,浩浩荡荡地进行洗劫,吹着号角,舞着旗帜。

1559 年,由 Marcone 率领的土匪包围了 Cotrone。神甫切萨雷大胆地靠近那波利。那波利的总督把土匪放进了城,为的是让他们攻击 Masaniello。

从西班牙统治时期开始,西西里的历史上就出现过很多针对土匪的总督令,为了消灭土匪,人们使用了残酷的刑讯手段,但均徒劳无益。在 Napoleonidi 时期,Taccone 曾胜利地进入波坦察,Antonelli 与 Giuseppe Bonaparte 平起平坐地进行谈判。

坏 政 府

有人会提出反驳说:与卡莫拉和土匪完全相似的团伙都存在于文明程度较低的时代,例如在中世纪。在帕尔马监狱中,B. Scalia 发现一些为非作歹的情况与卡莫拉的手法相类似,尤其是在赌博中。人们发现:囚犯的每个牢房都有自己的头目,此人被称为"头儿"或者"长官",与现在卡莫拉分子的有关称呼完全一样。在这些监狱,与在威尼斯监狱中一样,存在着勒索新入狱者的习惯。

在威尼托,拿破仑统治时期之前,所谓的"buli"曾经狂妄一时,对他人意识实行控制,他们所依靠的只是在多数人中存在的恐惧感。

在今天的墨西哥,一些贵族家庭的子女仍然不认为在大街上攻击他人是一种违法行为,在 1400 年的巴黎也存在同样的情形。

有些情况,如果说不完全与卡莫拉相似的话,也肯定类似于黑手党,它们在几个世纪前的 Cartouche 时期就曾存在。窃贼自己组织成帮派,在警察的警戒范围内也建立了活动点。他们有自己的假弓箭手、假法官和自己的奸细;他们在店铺老板、搬运工、钟表匠、裁缝、武器制造者,甚至医生中都有自己的外围成员。

在卡尔洛六世统治下的法国,鼓锤手、勃艮第人、吉普赛人都有着真正的土匪团伙,其成员是早期的雇佣军士兵和流浪汉,随着社会文明程度的提高和巴黎主要中心区域交通的发展,这些人逐渐退缩到 Rouvray 森林和 Estrellere 森林,在那里,他们同躲避内战的人们汇合在一起。

有人可能会问:"如果说在古代这些犯罪团伙曾到处出现的话,为什么它们的活动却只保留在某些地区(如那波利),而在其他地区则销声匿迹?"如果想一想当地民众和政府的欠开化状况,人们就能找到答案;正是那种欠开化状况维持着野蛮习俗并且使其死灰复燃,它是犯罪集团最为首要和最为永久的根源。

Azeglio 非常正确地指出:"只要政府还以帮派形式进行指挥,帮派就会通过政府发号施令。"当皇家邮政对信件实施欺诈活动时,当警察想着逮捕正直的爱国人士,并且与窃贼作交易,听任他们在妓院和监狱内恣意妄为时,客观上人们就要求对卡莫拉分子予以保护,以便通过他们安全地寄送邮包,避免在监狱里挨刀,以适当的价钱赎回被窃走的物品,或者能够在一些小事上得到少许公平的裁判,而这种裁判如果从法院获取,则要付出较为昂贵的代价并且拖延较长的时间。

卡莫拉曾经是对不幸的生存环境自然适应的产物,生活在这种环境中的民众被自己的统治者搞得很粗野。

土匪活动也经常是以野蛮的方式对压迫者伸张正义。在俄罗斯的奴隶时代,由于连续不断地受苦受难并且无人表示关心,叫做"moujik"的匪帮将生命置之度外,随时准备通过杀人进行报仇活动,就像 Dunon 向我们介绍的民歌所表现的那样。这位对欧洲监狱颇有研究的著名学者说:没有一个大的俄罗斯家族在其历史上没有遇到过屠杀。资本流通的缺乏和吝啬致使意大利南部的富人向乡村的穷人放高利贷并搜刮钱财。

Jorioz 写道:在 Fondi,许多人因受到 Amante 市长的欺压而变成土匪。Coppa、Masini、Tortora 就是因为受不了当地人无法无天的虐待而被逼落草为寇的。Govone 向有关的调查委员会说:乡下人习惯于利用土匪向社会报仇伸冤。自称慷慨大度的 Traetto 市长曾经在马路上用棒子追打自己的对手,并且不准他们晚上出门。在富人与穷人之间经常因划分原归早期贵族所有的土地(对这些土地的占有曾存有疑问,所有人,尤其是贫穷的佃农,均可以对其实行占有)而发生争议,意大利南部市镇的少数乡绅遭人痛恨,门客之间经常相互进行报复活动,这些都是造成土匪问题的首要原因。在 Basilicata 的 124 个市镇中,只有 44 个没有土匪;而在这 44 个市镇中,行政管理都是由为人正直的市长主持的。在 Chieti 附近有两个市镇,一个叫 Bomba,一个叫 Montazzoli;在前一个市镇里,穷人受到善待,因此没有土匪;在后一个市镇里,穷人受到虐待,因此出了很多土匪。Villari 敏锐地观察到:在意大利南部的一些小地方,现代文明中夹带着中世纪的残余,只不过在那里横行霸道的不是封建贵族,而是资产阶级。Partinico 是个有 20 000 人的城市,人们完全过着中世纪的生活,乡绅们公开地进行着已经持续了几个世纪的复仇活动。在 San Flavio,两个家族为了维护各自的名誉相互摧残。

Franchetti 写道:

在西西里总是存在着一个类似于农奴的农民阶级,存在着一类自认为超脱于法律的人,这后一类人的数量很多,他们认为法律没有效力,并且遵循着自我伸张正义的习惯。在法律的权威既不被承认也不被尊重的地方,法律的代表怎么能够得到尊重呢?西西里的公职官员受到优待和奉承,因为那些滥用权力和横行霸道的人希望得到他们的默许,至少是让他们袖手旁观。一旦有谁被认为是忠实于自己职责的人,他就会受到陷害,被树立为敌人,遭到攻击,被人竭尽一切手段地置于死地。

在封建制度被废除后,社会关系的实质并未发生变化,只是外部形式有了改变。强权者的势力和他们所借助的手段已经不再具有法律的效力。现在,那些滥用权力的人在许多情况下需要利用政府官员或执法官。为了获得他们的默许,仅仅贿赂是不够的,还应该采用一定的伎俩。对于那些其经济条件已经不再类似于奴隶的人来说,要想取得或者保持对他们的影响,也同样需要采用一定的伎俩。残酷的暴力手段应当部分地让位这种技巧和狡猾。

……但是,在西西里岛的大部分地区,暴力并未因此而销声匿迹。那些古老的传统根本没有因此而断绝,为施加暴力而使用的手段仍然继续保留。

早期贵族的武士们已经赋闲,但依然存在,那些曾经实施过犯罪或者曾经时刻准备犯罪的人依然存在,在一个有着善于实施暴力犯罪传统的地方,这样的人不可能不很多,而且对他们的打击也不可能奏效。所不同的是,现在,无论是前一类人还是后一类人,都各自独立地行使职业,那些需要借助其力量的人应当一次一次地并且相互平等地与他们商谈条件。

宗教、道德、政治

在文明尚未深入人心的地方,也缺乏明确的正义观念和道德观念,因而,在那里,宗教有时候起着引诱和教唆犯罪的作用。

在谈到西西里时,Locatelli 律师写道:那些富有的、有势力的、极为懒惰的教士具有南方人特有的炽热精神和强烈的物欲感受,人们难以想象数千名这样的教士在贫困阶层中传播了怎样的不道德观念。在他们看来,诱奸、通奸、甚至乱伦都是些可予原谅的过错。如果杀人犯向神甫坦白了自己的罪行,并且援引自己所遭受的侵犯、所蒙受的损失、自己的极端贫困来作托词,他不仅将得到解脱,而且将被免予提交世俗司法机关接受审判,因为后者也可能像杀人犯那样错误地打击无辜者。为了避免给自己带来危险或者为了不牵连他人而在法官面前对真相只字不吐的证人,同样可以通过向神甫的忏悔实现与上帝的重新修好。出于嫉妒而总是把自己的女人关起来的富人是受到同情的,如果他毁掉了别人女儿和女人的贞洁和名声,这甚至是可称颂的,因为他毕竟做了些好事,将大把的钱散给了这些女人。

还有更糟的。根据一项早期的敕令,神职人员可以从犯罪中挣钱;人们可以通过向教会支付 127 里拉使杀人的念头得到解脱。因此,与通常发生的情况相反,神甫经常成为犯罪人的同伙。Locatelli 律师痛心地说:在两年中,他见到整整 8 名教士在西西里因杀人罪而被判刑,例如,两名教士杀死了仆人,因为他向主教揭发了他们的淫乱行为。

Pugliese 曾经由一名教士带着去实施洗劫。

在巴里,土匪 Pasquale 自己出钱每天为土匪们举行弥撒。

他们不断地向 Pietre 的一位朋友念叨:我们受到上帝的保佑。在本书第九章、第十四章等部分可以见到其他的事例。

他们的道德依仗着这样的信仰。

在 Basilicata,Pani Rossi 经常听见母亲管自己的儿子叫"小土匪"。

> 在西西里,"土匪"这个词已经失去了它的本意,它不再是一种不名誉的称号,而成了当地人的一种颂词,很多清白正直的人都以此自诩。对于他们来说"我是土匪",实际上是指一个人天不怕地不怕,尤其是不怕司法机关。在他们的观念中,司法机关与政府,或者更准确地说与警察,混淆在一起。

由于缺乏真正的道德观念,由于好人与坏人之间的区分淡漠并且几乎消失,自然而然,地痞土匪就能在他们周围的佃农中以及在财主中找到自己的帮凶,这些佃农和财主都把犯罪看成是一种新的投机活动。按照行政长官们报告中的说法,这是西西里最大的灾难,在那里真正打劫杀人的土匪是少数,但在一定情况下,外围同伙的数字却成百倍地增加,一些大财主甚至利用土匪来敲诈、令人涂改遗嘱、实现对当地居民的控制。

不愿意检举也是因此而造成的,因为,揭发犯罪似乎显得比杀人更不道德;因此,一些人在临死之前都不愿说出伤害自己的人的名字。招人憎恶的不是杀人犯罪而是司法活动。即使在少数情况下,犯罪被人揭发,它们也受不到惩罚:在 150 名被抓获的、身带武器的那波莱塔诺土匪中,有 107 人被法庭无罪释放,只有 7 人被判刑。

在特拉帕尼,人们也抱怨说有 40 名墨西拿罗徒被宣告无罪开释。在 1874 年,刺杀财政监察官 Manfroni 的几名凶手被无罪开释,尽管存在许多证据材料并且犯罪人自己也供认不讳。

Onofio 写道:

> 在 1877 年,一名弃儿在那波利根据一名前卡莫拉首领的命令进行了谋杀活动后,向司法机关投案自首(以便避免让那名首领受到控告),在被送往监狱的途中受到群众

第十六章 结伙犯罪

的鼓掌致意，人们像欢送英雄一样地向他献花。我敢推断：这些鼓掌致意的人，至少那些参加了卡莫拉组织的平民百姓，都被他所感动。

由于司法机关无能为力，被害人必然求助于自己的力量或者同伴的力量，求助于复仇（如果涉及名誉问题的话），或者像中世纪时代那样，求助于自行和解（如果涉及物品被窃）。在西西里，只要付点儿钱就能赎回被盗窃的马或羊，就像人们在 Lombardo 诉讼案件中所见到那样。反过来讲，窃贼也可以为了让被害人感到满意、不进行报复或者不控告自己的盗窃行为而掏些钱。这恰恰是原始正义的做法。

在那些文明程度不高的人群中，促使犯罪团伙发展的一个最为主要的原因是，残酷的暴力在弱者心目中的崇高地位。

如果你见到一名肌肉结实、比军人更横眉怒目、发着双 r 音的真正的卡莫拉分子出现在长着一身囊肉、发音元音化、性情温和的居民当中，你将立刻理解这样的道理：一方面，少数个人精力旺盛并且极为强壮，另一方面，大量平民百姓顺从并且软弱，在这种过分失调的情况下，像卡莫拉这样的痼疾，即使不从外面传染，也肯定会由内而滋生。连卡莫拉自己也不得不屈从于这一规律。Monnier 讲述的一件事极为典型地证明了上述情况。有一个卡拉布里亚教士因风流韵事而被抓进监狱；刚入狱时，卡莫拉分子按照常规向他索取份子钱，他拒绝了，并且面对黑社会的威胁回答说：如果他手里有武器，谁也没胆量采用这种方式威胁他。突然间，他捅了卡莫拉分子两刀。但在捅了几刀之后，他冷静了下来。到了晚上，这个可怜的杀人者害怕黑社会对他进行报复，其惧怕程度大大超过了对波旁王朝司法机关的畏惧，但是，让他感到非常吃惊的是：他相反得到了卡莫拉给的分赃钱物。一名拒绝交份子钱并且用刀威胁卡莫拉分子的卡拉布里亚人也遇到过同样的事情。

Onofifio 写道："在西西里，人们把那些敢作敢为的人称为黑手党人。"

因此，卡莫拉是自然强权的表现，那些在自我感觉软弱的人中自我感觉强大的人拥有这样的自然强权。

但是，使卡莫拉得到维持的不仅是少数人的实力，更重要的是多数人的畏惧。土匪 Lombardo 透露说：他们抢劫活动最热心的帮凶是那些老实的财主，这些财主怕得罪了他们，因而告诉他们哪些邻居家值得一抢。这名土匪接着说："这些财主没有想到其他人也在向我们介绍他们。如果所有这些人都联合起来对付我们，那我们的麻烦可就大了。"Monnier 写道：一名手无寸铁的卡莫拉分子敢于单身到几千人当中，向他们索要份子钱，并且得到温顺的服从，比合法征税人还有权威。Mordini 写道：卡莫拉的精神一直存在于那波利；也就是说，对最厚颜无耻者或最善于钻营者的畏惧一直存在于那里。

Monnier 认为：卡莫拉现象和土匪现象之所以在意大利南部表现得特别顽强就

是因为那里充斥着恐惧。教士们所传导的宗教都只不过是对魔鬼的恐惧;政治只不过是对国王的恐惧,后者利用无赖的威胁来对资产阶级加以控制,并且利用对警察和凶恶的匪兵对上述各种人员造成恐惧并加以控制。恐惧取代了意识和对义务的自觉接受。人们不是通过振奋人来建立秩序,而是通过挫伤人来建立秩序。这会出现什么情况呢?强暴者不厌其烦地利用恐惧。

另一个原因是无耻的野心和贪婪,这一原因也受气候的影响,南方最敏锐和最诚实的统计学家之一,Rocco de Zerbi,以其从事神圣事业所必须具有的勇气,向我们指出这一点。

意大利的软弱是在膝盖上,在腿上,在脚上;痼疾,真正深层的痼疾就在这里。在米兰,两个政党相互争吵,相互攻讦,相互厮杀,因为它们都有自己的信仰;在这里,情况也是一样。在我们当中,信仰被希望所取代,即:老实的人希望少掏钱;不老实的人或者经济拮据的人希望多挣钱。在柑橘到处生长的地方,理想主义没有栖身之地;我们别忘记:在这个柑橘之乡,从来没有诞生过诗人。在这些充斥着虚假的形而上学的省份,理想主义还属于一种世外桃源的东西,每个人刚刚学到一点古老的、深奥的维科主义哲理,就匆忙地跑去拿学位或找职业。理想主义在这里的律师界没有栖身之地,在那里,人们从上学时起就学着掩饰自己的热情并且赋予各种论据和智慧以灵活性,使之能够服务于任何目的。与一般的偏见相反,理想主义是北方强壮民族的伟大财富,随着逐渐接近长满海枣和香蕉的犯罪地盘,这种理想主义也慢慢地消退和萎缩。

我们的遗传倾向已不再是对原则、对计划、对观念、对智力作品的热情;不,不是。我们的遗传倾向是政治唯物主义,不是那种能够恰当地表现设计者实力的伟大、崇高的政治唯物主义,不是美洲式的广泛而急剧的腐败。我们的政治唯物主义是想每年少向征税人缴 10 里拉,是在某个地方找个位置,开一家杂货店,在那波利银行谋个职业,得到意大利王室的一枚骑士勋章,不冒任何危险或者不花任何气力地得到几千里拉;对于那些最值得尊敬的和最精细的人来说,这种政治唯物主义就是不给人找麻烦,受到大家的尊重和尊敬。我们只能赚点儿小钱,只能实现一些微不足道的愿望,只能使一些可笑的虚荣得到满足。我们的腐败是为了 5 里拉或者为了不大值钱的骑士勋章的腐败,实际上,周围的人们都很柔弱,没有人对此给予注意和计算。

这就是令人遗憾的环境:心没有热度,像是蜥蜴的心;人民没有护民官的保护,像是穆斯林民族;贵族阶层没有权威,没有实力,有时候没有钱,像是愚笨的贵族,像是已经熄灭的星球依靠惯性沿轨道运行。

一句话,我们是群氓(oves)。

群氓是一种不好的现象,但不是最坏的现象而且有时候可以变为好事。真正最可怕的事情是:群氓没有驾驭者。

群氓同样可以表现非凡。只要有少量的人就能够推动他们前进,并且进行

第十六章 结伙犯罪

1860年那样的革命。

群众是一大群零;如果没有其他单位,即具有统辖能力的人或者阶级,他们就什么也不是。"在专制统治中依靠的是人,在自由政府中依靠的是阶级"。

这一点能从下列事实中得到证明:犯罪集团的形成往往取决于对某地人的性情或者该地条件的迎合,我们注意到:黑手党和卡莫拉即使是在被摧毁或者其成员被抓捕之后也会自行复活。

从1860年到1861年,在那波利,对很多卡莫拉分子实行强制性监视居住;尽管如此,一度被镇压的卡莫拉现在又东山再起,并且比以前更疯狂,甚至对我们国家的"生命之树"选举机构形成威胁。

黑手党于1860年在巴勒莫被剿灭,但于1866年又重新武装起来并且恢复势力。卡莫拉于1874年被Mordini消灭后,于1877年Nicotera统治时期东山再起,而且在当地最高层的办公室中立命安身。

更有甚者,1866年,卡莫拉在墨西拿被摧毁,它的部下29名成员被杀。但是,在进行屠杀后,杀人者自己变成了强者,也采用卡莫拉的方式行事,并且比先前的更坏,他们把少数死里逃生的原卡莫拉分子搜罗进自己的队伍。

还有很多次要的条件,都与当地居民文明程度不高有关,可能在很大程度上有助于土匪势力的发展,因为它们为埋伏和藏身提供了较大的便利。茂密的森林往往是土匪活动的中心,例如Sora森林、Pizzuto森林、S. Elia森林、Faiola森林、Sila森林、法国的Osgier森林、Rouvray森林,等等。基于颇为相似的原因,一些荒无人烟并且交通不便的地方也有助于土匪活动。在意大利,我们发现:土匪活动在铁路沿线销声匿迹,在那些交通发达的地方和村庄密布的地方也从来不能持续下去。例如,锡拉库萨是西西里交通最发达的省份,那里没有土匪活动;Basilicata是那波莱塔诺交通最糟糕的地方,在124个乡镇中有91个没有道路,1870年,它是最受土匪祸害的地方。

武 器

另一个因素是在携带和操使武器方面的便利。在古罗马时期,角斗士是最可怕的土匪头子;他们甚至能把乌合之众变成真正的武装力量。应当注意Tommasi Crudeli的这一论述:"在整个意大利南部,从罗马农村开始,刀与其说是一种偷袭的武器,不如说是民众的利剑。"实际上,人们在使用刀剑之前几乎总是先正式地提出挑战。这种决斗的习惯是根深蒂固的,即使是在Maniscalco严格地解除西西里居民武装的那个时期,巴勒莫的每一个街区也都设置着藏有刀剑的储存柜,这样的储存柜砌在墙里，街区的所有居民都知道它的位置，在打架发生时人们就去那里取刀。的确，刀剑是不被用于偷袭性伤害活动的，对于这类活动，人们一般使用剃刀和火器。

懒　　惰

在野蛮落后状态中最经常滋生的是懒惰和贫困。大家一致公认：黑手党之所以肆虐于西西里，一个特别重要的原因是修道院的影响，这些修道院施舍粥饭，鼓励着懒惰的蔓延。在施舍停止后，那些懒汉变成了黑手党徒。所有的行政长官都认为：黑手党是懒惰的产物；哪里有好吃懒做的人，哪里就有黑手党。在巴勒莫，除了 Orotea 铸造厂和烟草厂外，不存在任何其他的工厂。富人不用他们的资产进行投资；百姓找不到就业的地方，有时候得到一个小职位，还担心会有人来揩他的油。

肯定是由于懒惰的缘故，总有神甫和教士参加土匪活动或者造成这类活动。在 18 世纪，那波莱塔诺总共有 400 万居民，其中 115 000 人是神职人员，这里几乎一半是教士。在每个有 3 000 居民的村子里，至少有 50 名神甫。我注意到：在卡莫拉的暗语中，秩序叫做"听话(ubbidienza)"，与修道院中的行话很相似。神甫曾经把乞讨当作一种职业，经常乐此不疲。

Monnier 说得好，导致土匪活动和卡莫拉现象的重要原因之一是：那波利人习惯于让自己的孩子在 3 岁前混饭于街头，让他们以所有圣人的名义发誓说自己是孤儿并且饿得要死；这些乞讨的孩子很快变成扒手；在被抓进监狱后，如果懦弱，就成了牺牲品；如果强壮，就成了卡莫拉的成员。

与懒惰相伴随的是那波利和巴勒莫的有利于作物生长的温暖气候，这种气候使人停歇并且夜宿于街头，向人们提供廉价的食物（现在，在巴勒莫只花几分钱就能买到大量的印度无花果，够一个成年人充饥的），因而，不感到有劳动的需要和必要。

就是由于这样的原因，在这些大城市，尤其是南方的大城市，我们能够比较经常地发现犯罪集团，且不说，在这些地方，最为强烈的欲望使得某些类型的犯罪较易发生，关于这一点我们在前面已经提到。

贫　　困

关于贫困的影响，我们已经谈得很多了。Villari 向我们描述的南方居民的贫困景象确实让我们感到吃惊。他写道：

第十六章　结伙犯罪

在西西里，农民和其主人的关系，只不过是放高利贷和受盘剥的关系，压迫和被压迫的关系。如果收成不好，农民就哭着从打谷场回家，穷得只剩肩上扛着的铁锹。如果收成好，放高利贷者就出来代替冰雹、蝗虫、风暴、飓风。在西西里岛的心脏地区，农民是一支野蛮人的队伍，他们起义并不主要是针对政府，而主要是针对他们所遭受的欺压和高利贷盘剥，他们之所以痛恨所有政权，正是因为：在他们看来，这些政府都在支持他们的压迫者。

在 Abruzzi，实行的是分益耕种制，但是，在收成不好时，农民就得接受 12％的高利贷。S. Jorioz 讲述过一名妇女，她每向地主借一个银币就要还 5 个 grani（货币单位——译注），也就是说 240％的高利贷。

在 Puglie，农民几乎全年都在地里劳作，每 15 天或者每 20 天回一次城看望妻子。在乡村，他们住在低矮的房子里，睡在凹入墙中的壁龛内，用麦秸作铺垫。指挥他们的工头每天发给每人一个黑面包，大约一公斤重，被叫做 panrozzo。农民从日出到日落整天地劳动；上午十点休息半个小时时，吃一点自己的面包。到晚上，干完活儿后，工头在房子里支起一口大锅，点上火，煮上开水，稍微地放一点儿盐。农民们在屋里排队，把面包切成片，放在汤盘里，工头往盘子里倒一点儿漂着一星半点油花的咸水。这就是他们整年喝的汤，他们管这叫做"盐水"。再没有其他的食物，只是在收割时，另加一到两升半用果渣酿造的淡酒，使他们能够承担最艰苦的劳动。这些农民每天都留一些自己的干粮，将其卖掉或者带回家，以便养活家里人。他们每年的工资大约是 132 里拉，此外，根据收成情况，再分一些麦子和豆子。这些农民特别容易从事盗窃和拦路抢劫活动。

然而，如果想一想巴勒莫和蒙雷阿莱并不是西西里最贫穷的地区，人们就会立即意识到：贫困的影响不像 Villari 说的那样至关紧要。最为恶劣的黑手党徒经常出现在富人当中。那波利是卡莫拉独占的地盘，那里的条件并不比卡拉布里亚和卡皮塔那达更糟糕。在伦巴第极为不幸的农村不是也充斥着贫困吗？那里乡下人的面包不仅酸糙，而且已经腐坏，包含着比患麦角病黑麦更可怕的毒素；就是这样的面包，也往往是农民唯一的报酬，如果生了病，还得不到。此外，正如我们前面谈到的，卡莫拉更多地是把那波利穷人变成牺牲品，而不是自己的同伙。有些人虽然同样处于贫困状况，但还有衣服穿并且还滋润着阳光，而另一些人则不仅需要得到食物，同时还需要得到遮风避雨的陋室和衣裳，与后者相比，前者的贫困程度轻得多。

社会的良莠不齐

与某地的文明程度低下相比，愚昧和过分文明的混杂，这两者间的尖锐矛盾，可能会造成更加有害的影响。例如，在意大利的一些地区和美国的许多地区，没有完全开化的居民却接受着一种从最文明的国度借用来的管理模式。

这是一种荒谬的混杂，就像甜水与泥泉相混合一样，由此将产生非常严重的损害，尤其是在犯罪问题上，因为，同上述例子一样，这种混杂会使两者的优点消失，同时使它们的缺点相加。因此，众多人的聚居、日益增加的财富、最为丰富的营养使得流浪犯罪、强奸犯罪和盗窃犯罪增加，并且使得这些犯罪不容易被揭露。陪审团制度、对个人自由的尊重、减刑的便利，往往使得犯罪人几乎逍遥法外。在美国，选举的规则甚至扩展适用于司法组织，这为犯罪提供着一种强大的、获取非法利益的新手段。因此，人们现在看到，卡莫拉的势力已经扩展到报界，影响到对省议员、以至众议院议员的选举，在美国，影响到对法官的选举。那些坏家伙由此获得双重好处，先是直接牟取利益，然后是确保自己不受处罚。

战　争

严重的政治动乱、战争和叛乱也是原因之一。在这样的情况下，人们更多地聚集，情欲被不断激发，容易接触武器，政府的监管或者力量减弱，这一切都很自然地导致结伙犯罪的现象，犯罪团伙不断壮大或者变得胆大妄为，甚至造成真正的政治事件；例如：Alcolea 的屠杀、巴黎公社的屠杀、墨西哥现在进行的屠杀、新奥尔良的屠杀、S. Miguel 的屠杀、发生在意大利的 Pontelandolfo 屠杀和巴勒莫屠杀。这些屠杀现在看来属于非常事件，而在古代则是最为普通的事情。

在中世纪，封建贵族们的压迫使得土匪活动带有社会制度的色彩，成为属民们进行自卫或者对主人进行复仇的方式，实际上，封建所有主也把抢掠视为一种高贵的技艺。

苏拉复辟后的 10 年期间，在意大利，曾经是窃贼和海盗的黄金时代。

1793 年，由于在巴黎曾实行免费面包分发，大量的流浪汉和罪犯聚集在那里，以致人们不得不向外地人发布告示，让他们夜晚不要出门，以免遭受抢劫。窃贼们胆大得发展到敢用绳子在主要街道上设置路障。Carlo di Rouge 在领导着一个团伙对一些大的牛奶场进行洗劫时，自称是警察局长并且穿着制服。

在拿破仑战争期间，靠近被入侵的国家，活动着一支土匪武装，叫做"月亮军"，成员都装扮成军人和官员，他们既抢劫战败者，也抢劫胜利者。在意大利，这样的事情也同样发生在匈奴人、哥特人和汪达尔人入侵时期。在近代，当波旁政权退却到罗马时，土匪活动曾经肆虐于阿布鲁齐；而当它退缩在西西里时，1806 年，土匪活动曾猖狂于卡拉布里亚。在 Murat 统治时期，由于土匪活动变得特别危险，波旁政权就把大量的西西里囚犯送到卡拉布里亚。谁盗窃得越多，谁就越得到国王的赏识。

Colletta 写道:"就这样,罪恶的行径改变了性质,犯罪成为了生产来源,它泛滥于整个王国。"在意大利北部,许多匪帮也产生于拿破仑统治时期,部分原因与征兵有关。

再后来,在西西里,波旁反动势力曾经利用过黑手党,就像革命者曾经试图利用卡莫拉一样。

Tommasi-Crudeli 写道:

> 在所有的巴勒莫革命中,那些喜欢大打出手并且凶恶残暴的人往往扮演着重要角色,这些人的行动主要是出于对统治者的痛恨,但更多地是受其无法无天的本能的影响,对于他们来说,自由就意味着终止法律统治。
>
> 正直的人不拒绝与这些人共处,更何况普遍的革命热情抑制着这些人的邪恶本能并且激发着其高尚本能,就是在凶猛的西西里人中,这种高尚本能也从来没有泯灭。但是,后来兽性暴露。他们打开监狱,用囚犯充实自己的队伍,利用他们实行统治,让一种曾为波旁政权所利用过的、野蛮的无政府状态多少占据了上峰,就像 1820 年和 1849 年发生的情形那样。在 1860 年也出现过同样的情况,黑手党随着加里波第一起造反,它拉起了队伍,打开监狱,携带武器招摇过市,并且在巴勒莫市内进行凶残的报复活动。但是,加里波第的威望比黑手党更为强大,因而黑手党被溶解。不久之后,黑手党试图投靠行动党,但遭到拒绝。在 1866 年又出现了他们的武装,并且借着取缔宗教组织的机会,作为反动力量在巴勒莫实行了 7 天的统治。

1860 年,卡莫拉分子曾经使那波利免遭洗劫;当他们被 Liborio 当作警察使用之后,阻止过一些小的犯罪活动,比早期波旁王朝的警察还能干。但是,他们后来又逐渐变成只干坏事的家伙。他们在专门首领的领导下组织从陆地、从海上进行走私。车夫们在向卡莫拉分子上贡后,就再不向征税官交任何钱款。终于有一天,那波利海关的征税办公室只能向市政府提供 25 个铜钱。当卡莫拉分子受到 Spaventa 的排斥和杀戮后,他们开始从事反抗活动,威胁要在那波利进行革命,开始(1862 年)在城里进行极为放肆的挑衅和造反活动。

移　民

移民也产生着不小的消极影响。移民是一种最容易导致和引发团伙犯罪的人员聚集,它使需求增加,使监管削弱,使羞耻感降低,使人更容易逍遥法外,并且导致暗语的使用。窃贼几乎都是流窜活动。在纽约犯罪中相当大的一部分是因移民而导致的,在这方面意大利的形象不佳。Mancini 团伙中的大部分成员属于移民。Fiordispine 团伙最初是由流动的白铁工人、骗子、收割者、服饰用品商贩构成的,这些人也爱实施一些分散的犯罪。

有些迁移者本应反感犯罪,例如那些仅因宗教原因而外出朝觐的人,但他们当中也有许多人参与团伙犯罪。"mariuolo(无赖)"这个词肯定起源于那些总是集体呼喊"玛利亚(Maria)万岁"的 Loreto 和 Assisi 朝觐者,这些家伙在朝觐的同时还进行强奸和盗窃,他们认为通过朝觐可以赎罪,在他们看来,朝觐是一种便利的犯罪手段,并且还可以更便利地用来赎罪,是一种能够造成伤害但又立即医治创伤的长矛。法国国王曾于 1732 年 9 月颁布过一道敕令,其中提到另外两项于 1671 年和 1686 年为制止朝觐活动而发布的敕令,这些朝觐活动被宣布为经常导致严重犯罪的原因。

或许正是由于这一原因,那些著名圣地的所在地国一般都很声名狼藉,D'Azeglio 在他的《回忆》一书中提出这样的观点。

首　　领

在某一特定的时期和某一存在大量犯罪要素的地方,一名天才的、果敢的或者社会地位显赫的犯罪人的出现,最有助于犯罪结伙。Lacenaire 团伙、Lombardo 团伙、Strattmatter 团伙、Hessel 团伙、Maino 团伙、La Gala 团伙和 Tweed 团伙就是因其首脑的特别机智而产生的,并且因此而长期逍遥法外。Cavalcanti 曾是一名非常天才的土匪,几乎他的所有下属都比将军们更幸运,变成了令人毛骨悚然的土匪头子,例如:Canosa、Egidione,等等。

Longepierre 的杀人和放火团伙成功地摆脱了所有的调查,因为它得到当地市长 Gallemand 的帮助和保护,此人通过放火来对自己的行政对手实行报复,或者采用此种手段压低他想购买的物品的价格。

监　　狱

另一个极为重要的原因是:在那些没有实行独居制的监狱中坐过班房。Maino、Lombardo、La Gala、Lacenaire、Souffard、Harduin 都是从苦役营中逃出来的,他们从那些表现出胆大或凶残的同伴中挑选自己的同伙。

卡莫拉最初起源于监狱。开始时它只在那里称王称霸。但后来,在 Ferdinando 国王统治时期,1830 年,许多囚犯因国王的赦免而获得自由,这些人开始考虑把他们的赢利和已习以为常的习俗也带到狱外生活之中。不久前,卡莫拉在 Vicaria 的囚徒中选出自己的首领,狱外的卡莫拉分子只有在与监狱中的这些首领协商一致后才能作出重大决定。那波利的卡莫拉虽然被 Mordini 的铁拳所粉碎,但在它最初的摇篮——监狱中依然继续存在。"黑手党"这个词本身就是监狱的产物之一。在巴勒莫,一位敏锐的观察家写道:那些重要的罪犯都坐镇于监狱,利用一些新手去干具体的事情,除非必须由他们进行某些特定的活动。参加抢劫巴勒莫当铺的犯罪团伙的大部分成员都来自于监狱。早期的巴勒莫土匪在被国王赦免的囚犯中招募了许多成员,年龄都在 19 岁至 30 岁。拉韦纳的刀剑帮与卡莫拉分子在习惯和等级称谓方面有一些特别相似的地方,这使我相信:前者的礼仪是从后者那里学到的,而且肯定是在监狱中学会的;同样,西西里地痞流氓的某些礼仪是由 Lombardo 引进的,模仿的对象是卡拉布里亚监狱中的卡莫拉。

所有这一切都使人自然而然地回想起巴勒莫罪犯们的那些悲哀诗句:

  入狱是上天赐予的幸运,
  你由此知道去哪儿行窃,
  并且找到你的知己。

当我们认为正在用监狱保卫社会并为其复仇时,我们恰恰也在为犯罪人相互结识、相互学习和相互勾结提供工具。

种族的影响

在前面我们已经谈到种族对犯罪的重大影响;这一因素也自然而然地对犯罪团伙产生影响。

同贝督因人一样,吉普赛人是一个喜欢结伙犯罪的民族。美国的黑人、意大利南部的阿尔巴尼亚人和希腊人似乎具有类似的倾向;有时候一些本地人也同样如此。例如,St. Jorioz 在谈到 Sora 时写道:"这个美丽的村镇聚集着窃贼,其数量与当地的居民一样多",由于这一原因,一些土匪被推选为市镇议员。Castelforte 和 Spigno 的居民保护窃贼,与他们约定只在村镇之外偷窃。巴勒莫郊区云集着许多黑手党徒,这些地区的居民都出身于早期贵族的打手;如果再往上溯源,则与凶悍的阿拉伯征服者、贝督因人有关。D'Azeglio 在谈到罗马人时写道:在早期的中世纪封地中保留着相互仇恨、相互争斗和不断结帮的生活痕迹,在几百年的历史中这完全是一种正常的生活。年轻人一般都具有典型的打手特征。

遗 传

不难理解,上述种族问题涉及遗传问题。

在现代的南方土匪中,有一些人是可怕的 Fra Diavolo 的后代。许多著名的卡莫拉分子是兄弟,例如 Borelli 兄弟、臭名昭著的 Mazzardi 七兄弟、Manzi 兄弟、Vadarelli 兄弟、La Gala 兄弟,以及北美的 Youngas 兄弟(他们甚至在光天化日之下抢劫 Minnesote 的公共银行)。Cuccito 团伙、Nathan 团伙都是由亲属、兄弟、大伯子、小叔子组成的。人们可以从犯罪技艺中具体地发现遗传的影响,这种影响还涉及传统和教育,除此之外,人数也是一个重要因素。一个犯罪家庭就是一个很有规模的团伙,它通过亲属关系得以壮大并且代代相传。

在 1821 年,Vrely 和 Rosieres 市镇受到盗窃和谋杀的困扰,犯罪人显然对当地很熟悉并且非常大胆。恐惧使人不敢报案;最后,司法机关惩处了犯罪分子,这些人都属于同一家庭。在 1832 年那里再次不断出现盗窃活动;犯罪人都是先前被逮捕者的孙子。从 1852 年到 1855 年,在这两个市镇中又连续发生谋杀事件,犯罪人是先前老犯罪分子的重孙子,都与 Chretien、Lemaire 和 Tanre 有关,我们在前面介绍过他们特有的血统渊源。

这清楚地向我们解释为什么某个村子中的犯罪比其他村子中的多。在数个犯罪家庭中只要有一个存活下来(这里也进行着精神上的自然选择),就足以在短时间内毁掉整个地区。这在某种意义上也是对古人和野蛮人一些做法的解释:他们在惩罚犯罪人的同时,也惩罚犯罪人的无辜亲属。

其他原因

犯罪人结伙也常常是为了能够对付武装力量,为了躲避警察的调查,或者为了能找个偏僻的地方藏身,虽然大家都注意到,几乎所有结伙犯罪的人都喜欢在自己家乡的地盘上为非作歹。

有时候人们结伙也是为了实现各自秉性的互补,例如 Lacenaire 胆小怯懦,他就同凶狠残忍的 Avril 结伙;Maino 和 La Gala 都很勇敢,但愚昧无知,他们就同颇有文化的 Ferraris 和 Davanzo 结伙。大部分胆小的人都从同伴那里寻找他们所天生缺乏的勇气。

此外,对于许多人来说,犯罪是一场娱乐,单个人是不能很好享受的。

帮派精神,虽然以非常单纯的意图为灵魂,也经常把团体变成干坏事的核心。这种情况我们已经在教士中看到,在拉韦纳和那波莱塔诺也出现了同样的情形,在那里,卡莫拉之所以能够站住脚也是因为烧炭党人和白铁党人的秘密组织在本世纪初曾非常普遍,几乎所有的有教养阶层均被卷入其中。这些组织直接的做法是为了政治目的直接对普通刺客加以利用,间接的做法是制造秘密结伙的风气。

第十六章　结伙犯罪

有时候,结伙仅仅产生于某一偶然事件。例如,Teppas 出狱后对一名醉汉实行抢劫,刚开始行动就听见 Faurier 叫他,后者想与他一起分赃,由此产生了 Teppas 团伙。

Mayhew 说:在伦敦,一些非常细小的偶然因素可能导致盗窃团伙的形成;例如:住在同一个居民区、同一条街道,有相同的名字,相互邂逅,一起出狱,等等。

Spagliardi 神甫指出:伦巴第流氓活动的最主要原因是调皮捣蛋的年轻人在某地相聚;例如:在米兰的 Castello 广场,在 Incoronata,警察能够容忍人们在不造成侵害的情况下随便聚会。也正是由于这个原因,卡莫拉只称霸于那波利,而离开了自己的地盘就完了。

Chapter 17 第十七章

犯罪的返祖现象 刑罚

如果你浏览了这本书,你就能获得这样的信念:就像野蛮人、有色种族具有许多独特之处一样,惯常性犯罪人也经常表现出许多特点。这些特点可以归纳为:毛发稀少、缺乏力量、体重轻、头骨容积小、前额后缩、额窦发展明显、经常出现中前额骨缝和沃姆氏骨、早熟性骨结(特别是在前额)、颧颞弓突出、骨缝简单、颅骨较厚、下颌骨和颧骨突出、突颌,眼眶歪斜、皮肤颜色较暗、毛发茂密、长着把柄状耳或者大耳、具有两种性别的特点。女性表现得不易矫正,对痛苦麻木,在道德上完全麻木不仁、懒散、缺乏任何负疚感,没有任何远见,有时似乎很勇敢,但这种勇敢与怯懦交替出现,爱虚荣,喜欢赌博,嗜酒或者酒的替代物,情感强烈,但稍纵即逝,特别讲迷信,对自我极端敏感,有着自己的关于神和道德的观念。

这些相似性有时候通过一些很小的细节体现出来,人们对之可能难以预测,例如,在语言中使用大量的隐喻和象声词,在团伙中订立一些临时的法律,首脑发挥着重要的个人影响,有文身的习惯,有自己特殊的文学(这使人联想到维科所称的英雄时代,在那个时代,犯罪受到称颂,思想喜欢以合辙押韵的形式加以表现)。

这种返祖现象是对某些犯罪的性质和其蔓延的解释。在古罗马时代、古希腊时代、中华帝国时代、塔希提人时代,鸡奸和溺婴不仅不被看作是犯罪,甚至有时被视为民族习俗,如果不回想这些时代,就很难对盛行于某些团体之内的这类行为作出正确的解释;或许从这里也能找到对鸡奸者的审美情趣经常相投的解释,古希腊人也恰恰如此。

如果超越种族的范围进一步对返祖相似性进行深入研究,我们还可以解释犯罪世界的其他一些现象,即使是对于精神病专家来说,这些现象很难孤立地加以解释;例如寰椎与枕部的连接、犬齿的外伸、腭的扁平、基础骨突的凹陷、中枕窝的经常出现及其超常发展、食人肉的倾向(包括在没有复仇愿望的情况下)、血腥与淫欲相掺合的凶残行为;Gille、Verzeni、Legier、Bertrand、Artusio、Sade 侯爵都表现出这样的特点,Brierre 所研究的另一些对象也同样如此,在这些人身上,上述返祖现象也受

第十七章 犯罪的返祖现象 刑罚

到癫痫、痴呆或者普遍轻瘫的影响；这些现象使人回忆起早先的时代，那时，人和其他动物一样在交尾前以及在交尾过程中要进行凶狠而血腥的争斗，无论是为了制服雌性的抗拒，还是为了战胜性爱的敌手。在澳大利亚的许多部落中，流行着这样的习俗：新郎埋伏在篱笆后面，等新娘走近后，一棒将她打倒在地，然后将昏倒的新娘抱进洞房。这样的习俗也残留在我们国家许多山谷村镇的婚娶礼仪中，残存在可怕的 Jagraate 节和罗马人的酒神节中，在这些节日中，谁（包括男性）抗拒强奸，谁就会被砍成碎块，甚至连尸首都不能复原。这种习俗的遗迹现在仍隐藏在我们当中。

Lucrezio 是一位非常伟大的描写自然的作家，他注意到：即使是在一些很普通的交媾情况下，人们也能惊奇地发现残暴对待女性的萌芽，对男人的欲望进行反抗的妇女将会受到伤害。我认识一位举止文雅的诗人，他一看见小牛被开膛或者悬挂着的鲜血淋漓的肉，就浑身淫欲激荡；还有一个人，只要一掐住一只鸡或者一只鸽子，就会射精。Mantegazza 见到自己的一位朋友杀死了许多鸡，并且听他向自己坦白说：他在第一次杀鸡时，感到一种野性的愉悦，他贪婪地摸着还冒着热气的鸡内脏，一种极度的淫欲使他处于疯狂状态。

这些事实向我们清楚地证明：那些最恐怖的、最不人道的犯罪也有着生理上的、返祖的缘由，也起因于某些兽性的本能；教育、环境和对刑罚的惧怕，使这种本能在人身上减退，但是，当受到一定的环境影响时，它们就会突然萌发；这样的环境影响包括疾病、气候、因过分禁欲而发生的精液醉。人们发现这些情形总是出现在青春期，出现在轻瘫症患者、野人、被迫过独身生活或索居生活的人、教士、牧民、士兵身上。

某些疾病状况，例如：脑创伤、脑膜炎、醉酒、其他形式的慢性中毒，或者某些生理条件，例如，处于产褥期、衰老，都可能引起神经中枢的发育障碍和返祖退化现象，懂得这一点，我们就能理解这些状况和条件肯定会有助于犯罪倾向。

在犯罪人、未受过教育的俗人和野人之间没有很大的距离,有时候距离完全消失,如果懂得这一点,我们就会理解为什么普通百姓,包括那些并非不讲道德的百姓都常常对罪犯报有真正的景仰之情,他们把罪犯奉为一种英雄,甚至在死后还崇拜他,为什么囚犯很容易同野人混在一起,接受野人的所有习俗,包括吃人肉的习俗,就像在澳大利亚和圭亚那出现的情形一样。

孩子们在接受教育之前不知道怎样区分善与恶,毫无顾忌地偷东西、打架、说谎话;如果注意到这一情况,我们将能够理解为什么大量被遗弃的孩子和孤儿会学坏,将能够理解大量的早熟犯罪。

返祖现象还能帮助我们理解刑罚的无效性;理解一定数量的犯罪总是周而复始地发生这一特有情形;侵犯人身犯罪数量的变化最多不超过 1/25 的范围,而侵犯财产犯罪数量的变化则最多不超过 1/50 的范围。Maury 颇为正确地指出:我们受着无声法律的支配,这样的法律从来没有被弃置不用,它比法典中的成文规范对我们更起作用。

总而言之,无论从统计学的角度看,还是从人类学的角度看,犯罪都是一种自然现象;用某些哲学家的话说,同出生、死亡、妊娠一样,是一种必然的现象。

这种关于犯罪必然性的观点,虽然看起来可能有些大胆,但并不像很多人可能认为的那样,是什么新观点,或者是背道离经的观点。在很多世纪之前,就有一些人谈论过它。Casaubono 写道:"人本身没有罪过,但他们受着不同程度的控制。"柏拉图把犯罪人的邪恶归咎于他们的组织和所受的教育,因而认为应当让他们的老师和家长承担责任。S. Bernardo 指出:"尽管我们都是专家,但我们谁也不能区分哪些冲动是受躯体疾病的影响,哪些冲动是受精神疾病的影响。"他还说:"我们内心的邪恶是比较轻微的,不能断定是应当把这种邪恶归咎于我们自己还是我们的敌人;很难知道有多少邪恶是由内心造成的,有多少邪恶是被迫实施的。"S. Agostino 更明确地表述了这一观点,写道:连神仙也不能让一个希望作恶的人去想行善。这一理论最勇敢和最热忱的支持者是一位热情的天主教信徒,蒂罗尔僧侣 G. Ruf。

这一观点后来得到所有学者的确认,包括一些相互对立的学者,虽然这些人针对一些与事实有关的问题和某些概念的伸缩性各持己见,并且没有能够得出任何结论。

如果把一些法典的各种各样尝试加以比较,人们将发现,立法者从来没能确立关于责任的理论,没能找到一个准确的定义。Mittermayer 写道:"在什么是恶行和善行这个问题上,大家能够达成一致,但是,很难而且也不可能甄别在实施邪恶行为时是否完全知晓自己在作恶。"May 写道:"对于责任,人们还没有一种科学的认识。"Mahring 写道:"免除责任这个问题,刑事司法在所有特殊案件中都不能准确地加以解决。"实际上,有些人可能刚开始受精神病的煎熬,某些人的自制力可能会因最细小的原因而丧失,还有些人受遗传的影响而实施古怪行为和堕落行为。Delbruk 说:对事实进行调查,对犯罪发生前后的身体和精神情况进行考察,都不足以解决责任问题;人们必须对犯罪人的生活进行调查,从其婴儿时起,直到生理解剖的情形。然而,当犯罪人还活着时是不能加以解剖的。

卡拉拉承认:"当对于实施犯罪行为具有理解力和意志时,就是绝对可归责的。"但他又立即补充说:"这种绝对的可归责性总是由于身体的、智力的和道德的原因的介入而被削弱。"现在我们已经看到:没有哪个犯罪缺少这样的原因。

Pessina 说:"希望并且实施了犯罪的人应当受到法律的追究,对于根据意愿实施的行为,不考虑内心的程度差别。"但他也随后补充说:"只有当由于年龄、性别、不知、精神病、感情激动、事实错误等原因使人能够或多或少地进行自由抉择时,内心的程度差别才可以予以考虑。"所有这些因素也都经常存在于各种各样的犯罪之中。

Buccellati 写道:"就科学的现有水平而言,这种说法并不过分:严格地说,完全的归责在实践中是不可能的。"

惩 罚 权

人们会说:"如果你们否认可归责性,那么,你们有什么权利对人进行惩罚呢?你们说某人是不负责任的,接着你们又惩罚他,这不是前后矛盾吗!"我忘不了一位令人尊敬的思想家,在阅读这本书时摇着头对我说:"根据这些论据您想得出什么结论?难道就因为难以确定他们是否知晓自己在作恶,我们就得听任那些恶棍们去抢掠、去杀人?"我回答说:过分地讲求逻辑,就最可能偏离逻辑;如果谁想从哪怕是最可靠的理论中推导出可能造成社会混乱(哪怕是最微小的混乱)的结论,他就是最缺乏谨慎的人。医生在病人床边,即使他相信某一体系,但当这可能意味着严重的危险时,他就应当对该体系提出疑问,同样,慈善家也应如此;否则,即便他试着进行某种革新,也只能表现出科学的徒劳和无能。

幸运的是,科学的探讨并不引发战争,而只为实践和社会秩序提供帮助和支持。

存在着犯罪的必然性,但是,也存在着防卫和处罚的必要性。因此,刑罚将获得一种不那么凶狠、也不那么矛盾的特点,当然也会变得更为有效。

惩罚权应当以自然必要性和自我防卫权为基础,脱离了这样的基础,我不相信有哪种关于刑罚权的理论能够稳固地站住脚;意大利早期的理论都是以此为基础的,例如,贝卡里亚的理论、罗马尼奥西(Romagnosi)的理论、卡尔米尼亚尼(Carmignani)的理论、罗斯米尼(Rosmini)的部分理论、曼奇尼(Mancini)的理论和埃莱罗(Ellero)的理论,最近在意大利又有了两位这一理论强有力的捍卫者,即国际法方面的菲奥雷(Fiore)和波莱蒂(Poletti),后者早在我们这些研究成果发表前就提出惩罚权已经变成了刑事保护。

在德国,我们看到这一理论得到霍麦尔(Hommel)、费尔巴哈、格罗尔门(Grollmann)、霍尔泽道夫(Holtzendorf)的捍卫;在英国,得到霍布斯和边沁的捍卫;在法国,得到奥尔托兰(Ortolan)和梯索特(Tissot)的捍卫。

梯索特说:不可能找到犯罪与刑罚之间的道德关系。

在法国,一位皇家检察官说:"人没有惩罚权,为此必须掌握科学和绝对的正义。如果不是出于绝对的必要性,人怎能僭取审判自己同类的权利呢?但是,不科处刑罚,人就不能保卫自己,由此可以得出这样的结论:他享有科处刑罚的权力;自身软弱的证明也可以用来证明自己的能力。但是,他并不是真地享有这样的权利,显然,这种自称享有的权利一旦偏离事实,就将丧失任何意义。"

此外,我们没有被赋予宽免权,这一点由此得到最好的证明。人们通常说,当司法活动过于严峻时,为了使其变得宽和而行使这样的权力;但是,在这样做时,怎么能说司法活动会变得更公正呢?有一位妇女,在怀孕后被自己的情人抛弃,她孤独一人,忍饥挨饿,异想天开地去伪造假币,但做得拙劣,马上就被识别出来;她因此而被判刑5年;由于认为她可能是个疯子,君主对她实行了赦免。现在我想说的是:如果她是个疯子,就不应当被判刑;如果她不是疯子,就不应当被赦免。

的确,惩罚权完全建立在事实的基础之上,它本身根本不具有绝对性,我们看到,不同的法官根据不同喜好和习性会对它有不同的用法。Breton注意到:如果一位法官习惯于在上诉法院审理严重的犯罪案件,他在审判轻微犯罪时可能也会比别人判得重;至少他会按月而不是按日处刑。同一个地区的法官也不会在定罪量刑时完全一致,即使是在审理同样的犯罪之时。

总而言之,谁不把这种防卫的权利看作是一种可行使于生活的任何时刻的权利呢?

可能有人会提出这样的问题:野兽吞噬人是出于邪恶的本性,还是受自己生理机制的驱使?但是,毫无疑问,不会有人拒绝杀死这只野兽,也不会有人心安理得地让野兽把自己撕成碎块;会有少数人想到:上帝的其他创造物(如:已经驯化的动物)也享有生活和自由的权利,因而拒绝关禁或者为了食用的目的而杀死它们。

如果不是依据防卫的权利,我们有什么其他权利对精神病人,对被怀疑患有传染病的人进行隔离呢?

我们有什么其他权利不允许(至少是在法律上不允许)士兵享有最神圣、最高贵的权利,即成家的权利呢?有什么其他权利命令士兵在没有任何过错并且往往是在其不情愿的情况下去赴死呢?

恰恰因为是以事实为基础,以防卫必要性为依据的刑法理论,才使自己较少地陷于矛盾之中。

刑罚最初起源于犯罪,从犯罪那里获得特色,它本身也是返祖现象,曾经毫不掩饰地表现为赔偿或者复仇;在12世纪之前,法官甚至毫不害羞地自己去充当刽子手,在12世纪之后,也有些审判组织的成员继续这样做。犯罪不仅被视为一种恶,而且被视为恶中之最,只有死刑能足以惩罚它。如果犯罪人不坦白,就通过刑讯逼他招供;讯问也可以省掉,只要有证人就行。后来只要有嫌疑就行。有时候连嫌疑也不需要。罪犯不仅要杀掉,而且应当让他尝受死的滋味。然而,这样做丝毫没有使犯罪减少;但是,这样做虽然残酷,却仍然有它自己的逻辑。理论与实践并不矛盾;出发点是这样一种观念:坏人是不可救药的,甚至他们所生的儿子也同样坏;法官们杀掉罪犯,并且通过死刑防止犯罪的重新发生。老实说,他们这样做也很真诚。他们遵从那种促使我们采用一种侵犯报复另一种侵犯的本能,遵从那种反射运动的规律,他们不背弃自己的这一逻辑。但是,在刑事问题上,我们的逻辑、我们的真诚是怎样的?现在,我们尚未丧失那种原始的本能;当我们审判犯罪人时,仍然总是喜欢根据犯罪引起的厌恶和愤恨情绪量刑;但是,我们对那些坦白犯罪的人却愤怒地大喊大叫;显然,那些法律的代表忘记了抽象的理论,他们高声地要求实行社会报复,相反,在撰写刑法著作或者立法时,则否定这一主张。刑罚应当以矫正为基础,现在这种理论又时兴起来;然而,大家都非常清楚:悔改从来都是或者几乎从来都是破例的情况,重新犯罪是普遍的,那些不实行单独关押制度(这在经济上是难以广泛推行的)的监狱不仅不能使罪犯改好,而且会让他变得更坏,在这种情况下,上述理论所依据的是怎样的逻辑呢?用这种理论又怎样解决对政治犯罪和出于冲动或激情的犯罪(这类犯罪人随后几乎总是立即后悔不已)的处罚问题呢?怎样适用于某些出于慷慨动机的犯罪(例如某人偷窃自己姑姑的财物,为了偿还后者欠一位穷人的债务)呢?

Oppenheim写道:对于所有的犯罪均应当科处与之相对应的刑罚,刑罚不仅应当是一种恶,而且应当表现为是一种恶;然后,他又附和着Mohl和Thur说:"刑罚只应当表现为对罪犯的改造和管制。"但这不是明显地矛盾吗?人们怎么能够把以刑罚羞辱罪犯的理论同以刑罚改造罪犯的理论相互协调呢?怎么能够一边用烙铁在罪犯脸上刺字,又一边让他好好改造呢?

赫尔巴特的理论、康德的理论、阿尔托米德(Altomid)的理论、黑格尔的理论、德艾科勒(De Ercole)的理论(刑罚报应论)不是对早期报复观念和同态复仇观念的镀金又是什么呢？根据阿尔托米德的观点，罪犯对他人做了多少恶，国家就应当对该罪犯做多少恶。这是同态复仇的旧公式。但是，按照这种观点，国家不用操心以后的事情；它把罪犯关起来，加以惩罚，然后再把他释放，让社会不断重新地陷入危险，更糟糕的是，这是一种越来越严重的危险，因为罪犯在与囚犯们的接触中变得越来越坏；服完刑后，他更有本事，更穷凶极恶地侵害我们。人们无法根据这种理论加重对累犯的刑罚，也无法为预防性措施的实施提供依据。

有些立法者曾经说：罪犯应当赎罪。但是，赎罪的观念来自于宗教，它依赖于一种自愿的行为。罪犯是被用武力剥夺生命或者自由的，这种情况能被称为自愿的吗？现在已不再有任何人把违法犯罪和宗教罪过混为一谈了；实际上现在没有任何人把未遂的犯罪等同于既遂的犯罪；人们也不再把反宗教的行为和伪誓规定为犯罪。

有些刑法学家(如 Seiferteld)认为，犯罪取决于邪恶的和自由的意志，这些人又回到了关于堕落的早期理论；但尽管如此，他们还承认一些减轻情节，这是自我矛盾的，是对一种半自由标准的维护。

威吓的理论或者树榜样的理论也表现出许多矛盾。我们的前人曾经竖立过耻辱柱，割去犯人的鼻子和耳朵，搞四马分尸，把人扔进油里或滚水中，把灼热的铅液滴在罪犯的脖子上，从活人身上割去腰肌。但是，结果怎么样？出现了更多、更残酷的犯罪。因为，刑罚的频繁和严峻使人变得麻木；在罗伯斯比尔时期，孩子们都做上断头台的游戏。

如果说古人采用大量的酷刑只落得这样的结果，那么，在人们已不再以酷刑示众并且监狱已变成某些人舒适的旅馆的今天，采用一些半拉子措施又能得到什么结果呢？

此外，正义是主要表现为因某人已实施的行为而处罚，还是主要表现为因其他人可能随后实施的行为而处罚呢？

我们看到：在有限的时间和空间中存在着这样大的差别；重婚罪和诱奸罪在英国和德国受到完全不同的处罚；在几年前，与天主教妓女发生关系的希伯来人和无意中冒出几句亵渎神明的话语的天主教徒被判处死刑，而在其他地方，溺婴行为和乱伦行为则是被允许的或者得到容忍的；赦免权和关于时效的规定至今仍得到承认，好像他人的恩惠或者时间能够消除或者减轻罪过的邪恶性质；面对这一切，我们怎么能够相信在人类存在着绝对的、永恒的正义原则呢。

某些意大利学者把刑罚看作是社会权力的合法行使，根据这样的权力，人们按照重建法律秩序的需要来对自由加以限制，对于这些人的理论，我不懂得那些高尚的法律抽象概念,我坦白地承认:不能把它看作一种清晰的观念,它与康德的理论全然不同。如果真像 Mittermayer 和 Lucas 所解释的那样,这种定义能使人把刑罚看作是为维护"秩序的安全"而向作恶之人科处的合法恶果,我完全赞同。这大概可以被称为防卫理论。一种定义,无论它多么地高尚和完善,如果想从它的细微脉络中推导出决定千万人性命的整个刑罚体系,我认为这种愿望是奇怪的和冒昧的。如果首先关注的是才智的一时迸发,而忽略对事实的耐心观察,无论这种才智多么伟大,都可能导致对人类才智的过分推测。

关于这个问题,Poletti 将以其精深的学问和专业能力进行论述。

Chapter 18 第十八章
对犯罪的防治

如果说存在着一种犯罪的必然性,如果说犯罪在很大程度上取决于某种机制、教育或者外部环境,如果说犯罪一旦发展起来就难以医治,就难以遏止,那种认为监狱和教育是救治犯罪的灵丹妙药的观点就的确属于幻想。相反,我们所更接近的现实告诉我们,不管采用怎样的监狱制度,累犯现象都是恒常不变的;更重要的是,所有的监狱制度都在为新的犯罪提供窝点。

对于那些已经成熟的犯罪,我们更应当注意加以预防,而不是医治;如果说不能将其消除(这大概是不可能的),则应当减少我们前面研究的那些原因的影响。

气　候

当然,我们不可能阻止炎热气候和种族的有害作用,但是,我们应当尽可能地调整我们的法律,使之能够缓解其影响;例如,尽量规范卖淫活动,降低性放荡的危害;使刑事司法活动更加显赫,更容易给人留下深刻印象;不要刻板地把那些适合北方气候的法律也扩大到南部地区施行,尤其是关于侵犯人身犯罪的法律。

野蛮残余

人们不可能使野蛮残余一下子销声匿迹,但是,完全可以采用一些措施减少产生于野蛮状态的损害,这样的措施有:控制歹徒出没的森林和要塞;建设新的道路;在那些最声名狼藉的地方修建城市和村庄,就像 Liutprando 在 734 年为根除在荒僻的 Modenese 农村肆虐的土匪活动而做的那样;彻底解除武装;采用迅速和有力的镇压手段防止或打击强者和富人的横行霸道,同时也防止和打击弱者对前者实施的报复行为,这种报复活动是造成我国土匪现象的最重要原因;通过良好的教育消除迷信和偏见,或者像加里波第和拿破仑所尝试的那样,利用迷信和偏见来反对犯

罪;废除某些制度,例如:陪审团、国家卫队、对法官的民众推选、所有表现出秘密活动倾向的社团,尤其是教士团体(这些团体很容易把人引向懒惰和作恶),事实上,这些制度对于一些开化的民族来说也没有表现出什么益处;控制和调整移民活动;打击和摧毁那些还处于萌芽状态的犯罪团伙,用奖励的办法鼓励其成员相互揭发,我们在前面已经谈到,犯罪团伙的成员是很容易这样做的;借助精干的警察力量打击罪犯的帮凶以及把人引上歧途的父母和家庭成员;对那些正直但胆小的公民给以鼓励,或者在不得已的情况下给以恐吓,迫使他们在惧怕土匪和惧怕法律这两者之间选择后者而不是前者,Manhes 采用这种办法,在不到 4 个月的时间里消灭了 4 000 名土匪。

应当不让普通犯罪人尤其是曾参加犯罪团伙的犯罪人获得国王的赦免,千方百计地让他们难以返回自己的家乡,因为那是他们实施犯罪活动的故土;采用单独关押的制度使犯罪人难以在监狱中集会。

文 明

因大规模的集中和特别繁荣的文明而带来的损害,可以通过建立针对新犯罪手段的防卫体系加以预防。英国是最注意保障人身自由的国家,来自于这个国家的学者 Hill 建议:在大城市,对那些用于隐藏惯常性犯罪人的场所加以监视和控制,在必要时加以取缔,从而让这些犯罪人不但不能结成团伙,而且也难以独自生存。他还建议采用严厉的刑罚打击那些几乎总是逍遥法外的、靠犯罪发财的人,这种人,如果在善良社会中,是比较惧怕或者本应比较惧怕法律的。

美国人的一些制度非常讲求实效,他们组建了一些对付犯罪的保安公司,这些公司安装了报警电器设备,通过设置在床头的调输器发出歹徒到来的信号,机关的另一端与某一电报局相联系,后者立即发出救援警报。

在奥地利和英国,人们建立了一些侦探公司,它们是真正的与犯罪做斗争的尖兵。这种公司的雇员有些在假名字和假职业的掩护下单独地执行自己的任务,有些则相互结成小组开展工作,他们都能够根据捕罪犯的成绩得到很丰厚的报酬;他们开展着一场对犯罪人的真正围剿,经常将他们当场抓获;他们借助铁路、电报,开展搜捕工作,仔细在监狱里研究犯罪人的面容和难以改变的目光,收集大量的囚犯照片,按字母顺序分发并附有简历,这些做法我们很少采用,但在实践中极为有用。

Guillar 建议所有的国家为捕罪犯而结成同盟:普遍缔结引渡条约,建立一种国际警察组织,相互转递犯罪人的照片,通报他们在外国实施的犯罪活动以及在刑满后迁居邻国的动态,使犯罪人难以转移,除非他们已经学会从事可以赚钱的职业。还应当建立国际司法档案,成立一个向各国普遍提供信息的机构。

照相和电报技术(尤其是当它在列车上和铁路上使用时)能够抵消因文明而给犯罪带来的新手段。现在,德国开始在发行量最大的报纸的第四版刊登关于被通缉的犯罪人的情况,他们的身材和照片。报纸,特别是报纸的第四版,过去经常被用来进行敲诈勒索、诈骗、诽谤等犯罪,现在变成了社会防卫的工具。

另一个针对犯罪的预防性手段是由 Despine 建议采用的,即当那些惯常性犯罪人在外面吹嘘自己实施了某一犯罪时,将他们拘捕;因为人们知道他们在这种情况下会非常坚定地恪守所言。

正如我们已经指出的,酒的饮用在大城市是诱发犯罪的主要原因之一,因此,有必要对此加以限制,提高对酒的税收,这种税比盐税和磨面税更为道德和有益于健康;同时,应当减少为狂饮和斗殴提供机会的节日。

在瑞士,某些州的警察局把一些酒的名字贴在所有酒馆中,以禁止销售。

在瑞典,酗酒曾经成为地方病,在 1855 年、1856 年和 1864 年,瑞典相继颁布法律提高对烧酒酿造的税收,从每百升 2 里拉增加到 27 里拉和 32 里拉,将酿酒限制在每天 2 610 升,并且每年只允许在两个月进行这种生产;后来,将此生产时间扩展到 7 个月,但仅允许一些大的酒厂,从而挤垮一些被认为对民众危害较大的小酒厂,使它们从 35 100 家减少到 4 091 家;酒的生产在 10 年中减少了 2/3,价格从每升 0.50 提高到 1.30。现在人们明显地发现:从 1851 年到 1857 年,严重犯罪减少了 40%,轻微的刑事案件减少了 30%,即从 1865 年的 40 621 件减少到 1868 年的 25 277 件,并且这种减少的趋势仍在继续。在美国,在经过激烈争论之后,曾经颁布了一项法律,限制对烧酒的大批量生产,但是,没有什么收效,因为这项法律不能阻止人们在自己家里酿酒。在英国,类似的法案被多次提出,向未成年人卖酒是被严格禁止的。在荷兰,卖酒的商贩被课以重税,以便对其加以限制,一些小酒贩子受到打击,因为他们往往缺乏道德观念和资金,因此比较容易与犯罪发生联系。在这方面,一项比较实际的和比较简单的措施是英国法律和苏格兰法律规定的罚金,对任何在公共场所被发现处于醉酒状态的人处以40先令到7先令1天的监禁。

间接地说,为了上述目的,不仅应当减少某些节日,而且应当减少一些没有什么商业意义的展销活动和市场,就像英国采用专门的法律所做的那样。在那些不可取消的节日里,通过开展体育活动、举行音乐会、开办能容纳3 000~4 000人的茶座(只花几分钱就能参加),从道德上和文化上争取民众;英国正在尝试这些做法。

除了采用高税收限制对葡萄酒和酒精饮料的饮用外,更应当注意教育、至少是限制卖酒的商贩(这也许是非常困难的工作),由于各种原因,这些商贩可能成为犯罪的中心,他们越是分散,就越是具有危险性。

不仅需要用枯燥的字母教育群众,而且应当用高尚的感情教育他们,特别应通过设立某些奖励(例如,在布雷西亚设立的Carini奖和Monthyon奖)鼓励他们参加劳动,鼓励他们慷慨的性格和举动;普遍设立一些新的机构,例如,邮政储蓄所、合作商店,以此鼓励他们勤俭节约,激发他们对闲散和懒惰(犯罪的基础)的厌恶。

仅仅取消向公众表演死刑的做法是不够的,还必须取消某些更危险的做法,即让那些无耻之徒在法院和重罪法院中作关于犯罪的介绍;只允许公认正直的家长旁听庭审,用高税费限制司法报告的出版发行,这些不健康的出版物总是容易造成对虚荣心的刺激,并且促使人们模仿犯罪。

国家应当在远离大型居民区的地方建立劳动场所,尤其是在不太先进并且比较需要劳力的省份,在一定的时候将因闲散和流浪而被判刑的人送到那里,对其实行严格的治安监管,就像现在对判处监视居住刑的人所作的那样;从劳动产品中,可以扣除用于他们的膳食和住宿的费用以及交通费。懒惰只能通过强制劳动去战胜,就像在生理方面,某一肢体在长时间处于强制歇息状态后会出现肌肉收缩无力,对于这种症状只能通过连续的、强烈的、往往还是痛苦的肢体运动加以消除。

要特别注意监控所有的教学场所和团体,严防它们变成犯罪传授中心;应当把政治和道德截然区分开来。

儿 童 团 伙

有些团伙看起来并不那么可怕,对它们不宜取缔,反而应予以保护,这当中包括大城市中的儿童团伙。Spagliardi认为:造成大部分少年流浪和懒惰的原因不是因为缺乏教育,不是因为他们本性邪恶,也不是因为贫困,而是因为他们被团伙的漩涡夹卷到这个地步。Spagliardi继续说道,我们经常在一些善良的家庭中听到这种令人心碎的介绍:"我们的儿子在离开原籍前,一直是个温顺的和有出息的孩子;但由于我们在米兰定居,他就丧失了对我们的爱和尊敬,并且多次离家出走。"有一名儿童,出身于善良和殷实的家庭,在 8 岁时曾离家出走很多天,躲避着大家辛苦的寻找;后来他终于被找到,在藏身的地点,他保持着刚毅的沉默。是谁使这些良家子女产生这种奇怪的变化?是谁教会他们脱离家庭而独立生活,向他们提供独立生活的手段?是那些窝点,是那些活动于 Castello 广场、Arena 大街、Magenta 门一带的团伙。这些儿童,在回到家后,自己也表情天真地说:只要我们在外面,我们就不能管住自己,在同伴中我们身不由己;你们把我们拉出来,我们才明白过来。我请你们自己想象一下:如果遭受这种困扰的受害儿童属于孤儿、不道德家庭或者无教育能力家庭的子女,那么,上述团伙的危险性将会何等地严重。

我说:

> 如果孩子在刚离家展翅时把这种流浪看作是理想的生活,当他遇到饥饿、孤独、烦恼、管束以及所谓"出于慈爱的迫害"时,怎么能优先选择家庭呢?在这种情况下,家庭怎么能发挥自己的权威呢?现在我们有极为严格的条例,以维护公共卫生、保障交通秩序、预防传染病……,我们还需要制定有关的条例,限制这些对社会构成潜在威胁的团伙。当这些团伙的成员还是孩子时,只要设置一名市政府监督员就足以让他们缩回去;放任他们,总有一天他们将能抵抗骑士团的进攻。

我们必须很好地照顾未成年人、孤儿、被遗弃的孩子以及被作恶的父母抛弃的子女,这些少年经常云集于大城市的街头,正如我们前面介绍的,构成犯罪分子的雏形;要阻止他们被人挟带着犯罪,他们一旦陷进去,在蹲监狱后会越陷越深;要改善并且普遍建立育婴堂、孤儿院、被遗弃少年的学校,使这些孩子在青春期结束前受到有针对性的和不间断的管束;这种管束将完全取代他们已在精神上和物质上丧失的家庭。

教 养 院

在这方面,出现关于教养院的设想,即建立看管青少年的场所。在法国,这种教养院收容了 7 685 人;在意大利,收容了 3 770 人;在比利时,收容了 1 473 人;在荷兰,收容了 161 人,在美国,收容了 2 400 人。

然而,以前的研究表明:这种教养院收效甚微,当然,那时候,这类机构主要是为了慈善目的而建立的,不太考虑犯罪人的本性。

相互交往的增加也总是会导致犯罪的泛滥,尤其是当青少年还很稚嫩时,他们不能很好地自我矫正和自我塑造,比较容易去模仿,特别是模仿干坏事,这或许是出于自然的倾向,或者是出于最强烈的欲望、出于缺乏教育和标准低。如果他们再脱离犯罪的防护罩——家庭,情形不是会更糟糕吗?对于教养院来说,当被收容者的数量超过了一百人(从经济角度看,不超过这一数字是困难的)时,效果会越来越差;在这样的情况下,被收容的少年就不再是个人,按照官僚的行话来说,他们变成了一个数字;他们不可能逐个地从最精干的管教人员那里获得监督和教育,以致最恰当的管教规范与实际可能性发生冲突。

的确,有少数的教养机构是由一些具有非凡的仁慈心和教育能力的人领导的,例如,De Metz、Ducci、Rey、Obermayer、Spagliardi、Martelli,这些人以自己的人格弥补了一切。但是,这样的情况属于国家不应当加以计算的例外。事实以及能够体现事实的统计数字证明了这一点。米兰教养院是意大利的模范教养院,据说,那里的累犯率只有10%;然而,这个比率没有计算1/3的出院者,这些人或者转入了其他的场所(107人),或者下落不明(49人),因而使有关的数字含有较大的水分;更何况,从Generala教养院发生的情况来看,转到其他场所的往往不是好人,而是最坏的家伙。而且,有关的调查仅以3年为限。谁能保证累犯不会在3年后发生呢?D'Olivecrona告诉我们:累犯比较经常地发生在获释的第三年之后。我认为:在院长的睿智帮助下,被收容人改掉了懒惰的习性,但并没有克服邪恶的倾向;我认为能够证明这一点的是:除1人外,我所询问的所有被收容人都对已实施的犯罪加以掩饰,都说自己进来只是因为在店铺里干活不勤快。如何评价关于其他教养院的统计数字?这些统计都是由比Spagliardi能力低的人在没有明确意识的情况下进行的。即使它们是真实的,也不能由此得出任何结论,因为私立教养院都倾向于把比较坏的人往外推,把不听话的、懒惰的和软弱的都送到公立教养院;除去这些最可恶的家伙,剩下的看起来相对好一些。

大家都记得对Mettray农垦区的盛赞,根据几年前的统计材料,该农垦区成功地将累犯率从原来的75%减少到3.8%;几年之后,我们从Du Camp那里得知累犯率又上升到33.3%,他对此的解释是:巴黎人厌恶乡村,而在其他地方,乡村则是年轻人的乐园和梦想。不管怎么说,Mettray建立了一个理想的教养院;被收容人划分为16个到17个小组或者家庭,每个人住一间小房子,每个组有自己的正副领导。Roquette的独居制教养院也曾经把累犯率从15%降到9%,但几年后,一个政府的委员会认为必须取消这种制度;法国的统计学家把公立教养院的累犯率确定为17%,把私立教养院的累犯率确定为11%,但在1866—1868年却承认:出院者中的一半记录不佳;面对这样的情况,我们怎么能相信独居制教养院所创造的奇迹。

在新近出版的《国际监狱状况统计》中,人们把收容在教养院的人同被逮捕者或被判刑者加以比较,发现其间没有任何明显的联系。在意大利,被逮捕者的数量较少,远远落后于萨克森;它的教养院里的人是法国的被收容者的一半,被判刑人的数量也较少。比利时的逮捕数量比荷兰的多,但判刑的数量没有荷兰的多;荷兰教养院的收容人数也超过了比利时。

在美国,许多教养院的累犯率甚至到达33%。Tocqueville 曾经称赞教养院是刑事改革的一个理想方案,但后来他宣布:在519名少年中有300人是累犯;几乎所有的人都沉溺于偷窃和喝酒,特别是女性。

在85名出院的女孩子中,只有11人表现得非常好,37人表现良好;在427名男孩子中,41人表现得非常好,85人良好。

在英国,人们曾指望172家教养院能够将犯罪减少26%。但是,我要问:23 000所贫民学校是不是会产生比这大得多的影响呢?这些广泛分布的贫民学校保护和照顾的未成年人不止成百上千,而是达到数百万,而且这些孩子都正处于比较容易,或者说比较可能得到改造的年龄,处在青春期。

即便教养院有助于进行道德方面的帮助,但是,它们巨大的开销、它们与需求的缺口,都总是使教养院显得很不够用。即使真有两三千个位置,相对于至少6倍于此的需求,这又算得了什么;统计学家告诉我们:在青春期,犯罪的可能性最大,在这一时期犯罪的(再加上青年犯罪人)几乎占所有犯罪人的一半。

此外,在孩子调皮时把他们送进教养院,把他们安置得不给自己带来任何麻烦,这种可能性使孩子的父母不再去积极地管教孩子,实际上,这些家长经常对孩子学坏负有责任。我和尊敬的 Frisetti 先生和 Raseri 先生曾一起在 Generala 教养院考察过5个出身于显赫家庭的孩子,其中两个家庭的收入超过10万里拉,贪财的监护人和黑心的父母采用多少有些唬人的借口让人将自己的孩子收容,每天花1里拉将他们养在教养院(这就是教育!!),甚至不给孩子们花钱买一件乐器或一本书,这些东西本来能使孤独的和不光彩的收容生活变得不那么郁闷。

如果你想想以下情况,就会感到问题更加严重:在最近几年中,家长为进行矫正而将未成年人送进教养院的情况增加了6倍,而且有些家长采用罪恶的伎俩促使孩子犯下罪错,以便有借口让人将其收容。也许有人不相信我的这些话,认为这是虚构的指责,那么我们来听听一位官员、老警察局长 Locatelli 是怎么说的:

> 我首要指出:关于处理懒散未成年人的法律规定被我们的民众作了颠倒的理解,立法者认为,制定这些规定是为了更有效地预防犯罪,而民众受利益的驱使却对其作出奇怪的解释,固执地从自己的角度认为这些规定纯粹具有慈善性质;因此,一些多子女的父亲认为自己在法律上有权让国家出钱对其子女进行收容和教育,因为,对于他们来说,看管和教育这些子女的负担比较沉重。正是由于这一可悲的诱因致使最有害的道德疾病多年来折磨着我们的民众,尤其是大城市的居民;由于这一疾病的肆虐,将婚生

子遗弃于育婴堂的情况一度曾可怕地剧增。即使在公共官员进行劝说之后，民众仍执迷不悟；这一情况让最虔诚地渴望我们时代进步的人们感到灰心丧气。提出申请的人觉察到：他们的要求正在被慢慢地接受，因此，他们变本加厉地把孩子们往收容所赶。一些人为起草申请费尽了心机，准备了大量非常具有权威性的证明材料，竭力证明被要求收容的未成年人是屡教不改的；说起来让人感到痛心的是，不少人甚至耍尽各种花招让未成年人变懒并且去流浪，这样就可以不去为当局收集有关的证据；他们不让孩子们吃饱，为的是不让公共官员去对家庭经济情况进行调查；他们不让孩子们夜里休息好；借口任何细小的过错而对孩子百般惩罚；这些都是某些不近人情、对法律的威严有恃无恐的父母所采用的手段，他们自己完全能够逼迫青少年走上流浪的道路并且抛弃自己正常的生活。民众的上述道德误解现在已经达到了引发社会混乱的地步，因此，人们经常能看到一些法庭不得不自作主张地拒绝对某些青少年实行强制性收容，只要这些青少年不是失去父母的孤儿或者不存在其父母住所不明的情况；这种裁决不符合法律第441条的字面规定，该条款将父母对孩子的交送确定为初期措施，因而，它当然也允许对有固定住所的父母送交的青少年实行强制性收容，即使这些父母拥有适当的手段实行家庭管束。人们也不应当说：把强制性收容局限于没有家庭的顽童，这会大大削弱这种防范措施的优越性。有些公民虽然现在固执地要求法律为其自私的和不近人情的目的服务，但当他们意识到自己的做法是毫无意义的、甚至是危险的时，就会想办法自己来教育子女，而且他们毕竟更愿意养活勤劳的和诚实的子女，而不愿意养活冒失鬼。如果大量收容流浪少年和懒惰少年的做法也显现出弊端，我和所有正直的人都会毫不犹豫地在两害中择其轻，也就是说，我们宁愿让国家责备我们没有把少数个人改造好，而不愿意使家庭纽带松弛，因为这种纽带是任何社会都最坚实的基础。

对于城市中被父母遗弃的孩子和孤儿，可能特别适宜收容于教养院；我们注意到：在被收容者中只有8%～13%的人是再婚父母的子女，8%～12%的人是孤儿，因而，这些人肯定不占多数。在少数工作开展得好的地方，教养院最为有益于这些人学习技艺，但是，我不认为它真的有益于建立良好的道德关系。认为教养院可以使他们摆脱与坏人的接触，这是一种幻想。如果说教养院阻断了与流浪生活的联系，阻断了与已在一定程度上堕落并且正在继续堕落的同伴的联系的话，它却使人接触到更坏的人，接触到更加浓缩的恶习，可以说，这些都是从监狱里筛出来的东西，并且是主要产生于最容易倒向犯罪的年龄的东西。没有一个或者几乎没有一个教养院严格实行夜间独居制和沉默管制，这种制度在半工半读的场所是难以实行的；即使实行，也斗不过那些令人失望的被收容者的诡计。那些来自农村的人过去不大可能在农村结伙犯罪，现在他们在教养院里找到现成的犯罪团伙，并且得到从未接受过的犯罪指导。

我现在不是在空谈理论，而是在对发生在教养院内外的情形进行了大量考察之后才讲这些话;我非常热情地赞赏那些由真正善良的慈善家开办的教养院,它们毫无疑问地应当受到称颂。

我注意到,在一些优秀的教养院里,青少年们表现得活泼、愉快,也组织一些劳动以外的活动,人们并不过分地相信纪律约束;但是,对于其他许多教养院来说,情况并非如此,在那里,安宁只不过是表面的,而且,在虚伪的顺从之下掩藏着比以前更坏的恶习。即使是在最好的教养院中,所有的人在被问及入院的原因时都不说实话,甚至当着他们院长的面也不说实话,这说明他们对于自己以前的不良行为还没有真正反悔,还缺乏正确的认识。如果比较确定地追踪考察某些青少年出院后的表现并且向他们提出有关的问题,你所得到的回答和自述会告诉你:在那些优秀的教养院中也泛滥着最龌龊的恶习,例如、鸡奸、盗窃、秘密团体的活动,完全同监狱中的情形一样;这些恶习甚至会让某些毫不讲道德的人自己也感到厌恶,这些人曾向我描述过有关情况,并且后来也以自己的行为证明了他们在教养院中接受的有害影响:他们在极短的时间内就重新犯罪。

有人反驳说:一两个人的供述不能说明什么问题,那都是些例外的情况;但是,新近由 Raseri 博士和 Frisetti-Tancredi 律师在 Generala 教养院共同进行的考察,也使这种反驳意见不攻自破。

我们发现:教养院内的文身比例上升到40%;这是闲散和道德沦丧的最为严重的征兆。但还有另一个更糟糕的征兆,即特殊暗语的使用。被收容人称肉(carne)为"cucurda"或"scoss",称汤(minestra)为"boba"或"galba",称水(acqua)为"lussa",称卷烟(sigari)为"lucertole"或"busche",称烟叶(tabacco)为"moro"、"gangher"或"fanfaer",称警卫人员(guardiano)为"gafu"或"bau",称纪律教师(maestri di disciplina)为"tola",称手淫(manustupro)为"vecia",称律师(avvocato)为"scuro",称1 000里拉为"一腿",称100里拉为"一骨",称10里拉为"一讨",称鸡奸为"神甫的一撮烟叶",等等。

这表明,在那里充斥着团伙的邪恶精神。实际上,大家都知道发生在教养院中的许多骚乱事件,尤其是1875年的骚乱事件,当时被收容人差点集体脱逃;这次事件是由教养院中一群非常强壮而狡猾的青年人组织的,他们自称为"绳子社",因为他们以系在拳头上的一条绳子作为标记。

我在 Generala 教养院询问了一些青年,其中8%的人连口头上都不愿表示对以前所犯错误的反悔,即使是非常严重的错误(例如伤害、屡次实施的盗窃);他们说:如果说他们的其他同龄人有钱开心享乐的话,他们也有权通过在家里或者家外偷窃获取快乐;有人还补充说:"不管我将来犯什么罪,也补偿不了我在教养院中已经遭受的苦难。"3%的人断然否认被归咎的错误;11%的人以毫不在乎的态度承认自己的反悔,使人感到这种反悔只是口头的,而并非发自内心深处。5%的人甚至发展到谩骂自己的父母。其中一人在被问及其父的职业时回答说:"他是法院的一名刽子手,应当把他绞死。"另一人在谈到其母时说:"她想方设法地毁掉自己的子女,以便能够更舒坦地沉湎于自己的罪恶生活之中!"

我注意到:10%的人是在12岁之前开始盗窃的,其中许多人已经是第三次被抓获。

政府采取什么办法去改造他们?

它把其他监管场所不要的最坏的家伙收集起来,把他们同被遗弃的青少年、实施了犯罪行为的精神病人、被羁押的成年犯罪人混合在一起。

一位神甫,在一些年岁较大并且受过较多教育的年轻人的辅助下,致力于道德和智力方面的教育,但是,他的一切努力都在这群人中化为乌有。人们不敢给被收容人看报纸,怕关于犯罪的报道会激发他们已过分宽广的作恶想象力,而且也同样不敢让他们看一些有益的和道德的书籍。

Generala教养院周围有一个很大的花园,用墙围着,青年们在一些园丁的监督下把它开垦成菜园。人们以为这样做是在进行农业教育,但是,这几公顷土地只够几十人参加劳动,并且一年只能干几个月。在教养院里还有一些大房子,专门供那些希望学习各种技艺(制鞋、木匠手艺、编制席子)的人参加劳动。有二十几个人参加音乐学习。

在各方面都缺少器具和材料,尤其是缺乏好的教师,因为没有办法向他们支付报酬。两名成年的杀人犯为这些青少年当艺术教师。这就是他们的道德教师!那个地方刚够容纳三四十名青年的,而且这也只是最近的事情,应当归功于一年多来稳健地领导着这所教养院的Tito Bucci骑士的个人努力。

其他人都有活儿干吗?如果没有的话,他们应当做些什么呢?互相教坏,掩盖或者实施盗窃,几乎是在管教人员的眼皮下进行鸡奸,在夜里去撬已经不结实的锁,发明一些相互串通和密谋的新方法,或者做些不那么坏的事情——相互进行文身。

在许多私立教养院中,情况不会更好,或许更为糟糕。在Testona,文身者的数量是Generala教养院的双倍。所有人在那里都完全无所事事,更糟糕的是,他们在那里都忍受着饥饿、棒打和鸡奸。

1名从Chi……教养院出来的人告诉我:他们平常或者一起赌博,或者想办法进行偷窃,谁干得最好,谁就会得到喝彩。

7名来自Gen……教养院的青年人抱怨在那里受到的虐待;上司因为一些微不足道的小事就用棍子将他们毒打一顿,对于年岁越小的人,这些家伙就越是残酷。

据8名来自Mil……教养院的人说,在那里也很经常地使用棍棒,但要背着院长。3名来自Bos……教养院和Mare……教养院的青年人指责他们的上司不管事,因而被收容人非常容易沉溺于最不道德的活动;他们说:他们经常因无关紧要的错误遭到棒打;他们比较经常遇到的是吃不饱饭。

两名来自Crem……教养院的人说:他们的院长在自己的房间里放着一根很粗的棒子,经常用它发出警告。我自己也能看见留在一名来自该教养院青年身上的、产生于这种残酷体罚的伤疤。

一名来自Cas……教养院的14岁孩子向我们讲述说:为了进行惩罚,那里的人让他在猪食槽里与猪一起喝汤。

的确,这些描述尚有疑问,肯定是被夸大了,但是,有些说法和体罚被多次提到并且相互一致,不能不让我们对许多所谓的模范教养院的领导方式产生严重怀疑。

受到遗弃不是比接受这种矫正更可取吗?

人们经常谈论某些人可能在自己家庭中受到的腐蚀,但却没有想到,一些非常老实的孩子只是由于缺乏生活手段就被收容在那些坏孩子之中并且因此而实际受到腐蚀;没有想到,教养院也在制造新的犯罪,它通过父母引诱和逼迫未成年人走上犯罪道路,使这些父母能为收容找到借口;没有想到,教养院使人丧失了感情纽带,这种纽带是在相互交往中产生和维系的并且构成对犯罪最强有力的遏止。

因此,我仅赞成教养院接纳少量的个人,将他们按照阶层、年龄、习俗、才能、道德状况进行分组,并且至少在夜晚实行独居。我希望被教养院收容的只是那些由于贫苦而不能进入军校的人;如果有钱的父母要求将自己的子女收容,则应当要求他们按照自己的收入水平交纳一大笔补贴;所有人都应当被逐个地加以监管,接受真正称职的领导和老师的指导,这些人应当从事布道者的工作。我认为:与其徒劳无益地制定大量针对恶行的条例,不如去研究一下塑造、发掘和改造这些孩子的办法。

但是,当缺乏这样的办法时,当因人数太多而不能阻止各不同阶层之间的交往,并且也不能制止父母们的欺骗时,当不能为每个被收容人提供单人房间、学习技艺的工厂(意大利就做不到这一点,在那里,政府的财政状况和小气多年来对此造成妨碍)时,我认为,最好还是把需要矫正的孩子交给道德的和有能力的家庭,让他们远离大城市的腐蚀中心。

有人反驳说:费用问题不是一个严重的障碍;的确,从事理论研究的人本不应当为此而忧虑,但是,上帝啊,那我应该怎么办呢!费用问题是国家所有最高尚和最紧迫改革计划的障碍:我们国家的海岸线和边境相当一部分是对外暴露的,舰队由于缺钱已经被裁减了一半;关于费用的困难阻碍着实现关于独居制的必要改革,甚至对于世界上最富裕和自由的国家(美国和英国)也同样如此。按照准确的计算,一间单身牢房的造价不到 4 000 里拉,因而,要建设 4 000 间单身牢房大概需要 1 600 万里拉,此外,还需要有优秀的领导者,需要修建餐厅、工作室,需要建立其容量不应当超过 100 人的专门的监管场所。如果我们的部长们能够依靠他们的热情成功地搞到这么多的钱,关于教养院的计划将是可以实现的和有益的;但如果不能,教养院就仍然会是一所犯罪大学。

在伦敦国际监狱学大会上,有人对海上教养院提出斥责,我认为这种斥责非常正确;在这些海上教养院,青年人从同室那里学到一些伤风败俗的东西,而且比较多的是水手的坏东西。在这类教养院,最好是将青年人单独地托付给船长。

人们会问:有什么其他办法处理大量的犯罪孤儿或被遗弃的未成年人呢?

在这个问题上,布施,或者更准确地说,救济应当采取新的形式,抛弃教会式的慈善做法,抛弃监狱和军营的粗暴管理方式,也抛弃那些不可能被易于犯罪的人所接受的抽象道德说教,不要过分关注那些对心灵没有触动的文化教育。相反,应当采取某些实业的形式、合作的形式;应当掩藏起行善的做法,让人逐渐产生对财产权的喜爱、对劳动的热爱和美感。因此,最好用自愿收容所、实业学校取代监狱和教养院。Barce 已经向我们提出了这种方法。

美国的改革:安置在农村

1853 年,纽约的一些教授、法官、神甫和法学博士组建了一个针对流浪少年的救济协会("少年改造协会")。人们曾决定把流浪少年组织在工厂里,但是,这些工厂在与非慈善工厂的竞争中被挤垮,后来,少数调皮捣蛋的少年也不愿意接受布施,他们喜欢外界的自由,并且逃跑了。因此,人们想到向他们提供住宿,但要收一点钱,比如一个床位 3 角 2 分,洗澡和午餐 2 角。

然而,采取这些做法并不能使他们参加劳动;如果直接要求他们劳动,可能会让新的收容所一下子人员减少。为了不引起反感和怀疑,一天上午,所长通知大家:有一家银行需要一名帮工,每月薪水为 12 美元。有 20 多人举手报名,"好。但是,去的人必须能够写一手好字"。大家都沉默下来。"好吧,如果没人能做到这一点,我们就在晚上教你们";就这样,出现了夜校。

在 1869 年和 1870 年,8 835 名青年来到这种寄宿地点,在 10 年中,寄宿地点接待了 91 326 人,其中 7 788 人开始参加劳动。女青少年曾经怕进可能与有钱的女人混合编班的实业学校;后来人们为这些女青少年建立了专门的学校;甚至在最贫穷的地方建立了一所这样的学校。人们许诺向那些在学校品行端正的人提供膳食和衣物;从那以后,因流浪而被捉捕的女青少年从1861年的3 172人减少到1871年的339人;在2 000名学员中只有5人生活堕落;女窃贼从405人减少到212人。男性青少年的情况也同样如此。人们开办了语文学校、木匠学校,并且提供热饭热菜;举行节日庆祝活动,放幻灯,一共才收费4～6块钱。开始时,青少年们砸玻璃,并且高喊:"打倒学校",但是,来去自由的政策制服了那些最爱捣蛋的人,不抱偏见的管理方式最终吸引着这些青少年。

这种制度通过将青少年安置在偏僻地区的农场而得以完善。在这些地区,青少年可以从劳动中获得较多的利益,因此他们愿意劳动;在那里,不可能有重大的不良影响,也不可能有某些小团体;在那里,老板与工人的距离比较近,因而,青少年比较容易得到监督,甚至像回到自己家里一样;在那里,能吃不算是什么问题,因此,青少年能够得到更好的营养。

不断与认真的管家接触能够使青少年成为优秀的服务员,不断与农场主人接触能够使他们变成优秀的农民,因为那里的环境善良、讲究同情、重视劳动,青少年在自爱和争取进步的愿望促使下学好,不再想着偷窃,不再有坏伙伴煽惑,在换下肮脏衣服的同时也抛弃了许多自己的恶习。他们在田地和大量的种植劳动中找到自己的用武之地。就这样,他们在那里安家落户。

协会的工作人员一旦得知哪里有大的农场中心并且需要青少年,就立即向其提供能够前往帮助者的名字,通知这些人抵达的日期。孩子们都洗得干干净净,被带到市镇的政府,在那里,一个由当地主要居民组成的临时委员会指定接收家庭,在对这些青少年进行简短的考察后对其加以安置,无须签订书面协议,但接收者承诺在冬季将孩子们送进学校并且给他们以良好的待遇。市镇委员会对青少年进行监管并将有关情况通知协会,后者通过不断派员去当地视察并且与这些青少年以及农场主直接通信确保有关的待遇水平。

当这些孩子身体虚弱时,协会就承担他们的生活费,直到他们完全有能力参加劳动时为止;如果他们的身体强壮不起来,协会就将其接回。

许多青少年已经被自己的主人收养,还有一些通过自己的劳动而在新农场扎根,变成了职业人员或者僧侣;许多女性成为了家庭的贤妻良母。极少数的人回到了纽约,有些人像所有仆人一样变换着自己的岗位,但只有少数人受到司法审判,在15 000人中不超过6人。

在23年中,这个委员会安置了35 000名被遗弃和无家可归的青少年;此外,还将大量的青少年(在1875年超过23 000人)汇集在实业学校(其中21所是日校,14所是夜校),在那里他们有吃有穿;或者将青少年收容在寄宿之家,在那里他们养成守秩序、讲礼貌的习惯,并且上夜校或周日学校,然后再被安置到农村。所有的费用不超过1 000万法郎。

在纽约,随着这些制度的引进,实际上,10年来:

> 流浪者从2 829人减少到994人;
> 窃贼从1 948人减少到245人;
> 扒手从465人减少到313人。

这是很好的取代收容流浪少年和乞讨少年的方法,这些孩子凑在一起,就越变越坏,我们的教养院已经证明了这一点;而上述方法则是用人来改良土地并且用土地来改造人。

这是对犯罪正确的和真正的抑制!它怎么就不能适用于我们的一些地区呢,例如,皮埃蒙特北部、撒丁、瓦尔泰利纳等需要通过年轻人的劳动开发农牧业的地区,在那些地方,现在人们自愿教育一些来自医院的弃儿,因为他们希望在这些孩子长大成人后能够得到其帮助。应当补充的是,较低的食品价格和较丰的劳动收入能使管理费用节俭,因而人们可以向优秀的教育工作者颁发奖金。

仍然有些孩子体弱多病,不能参加农村的劳动,对于这些孩子可以在学校里设置少量的床位,让他们夜晚单独住宿,就像英国的贫民学校所安排的那样。

少儿教养院

在我们国家,人们还不习惯上述自主的、自发的慈善制度,这阻碍或者推迟了这些制度的诞生,在此情况下,可以设想另一种非常容易实行的制度,即:Spagliardi神甫所称的"少儿教养院"。这是一种强制性收容场所,但只对6~12岁的少年实行白日收容,这些少年已不再被一般的幼儿所接纳,并且由于不听话或者父母管教无能或无方而失去一切教育手段,人们也可以把那些经常聚集在公共广场上的顽童强制性地送进上述教养院。那位热情的慈善家说道:所有贫穷的、尤其是最贫困的孩子也都不入幼儿园,他们为自己的贫穷感到害臊。但是不管怎么说,在上幼儿园的时期结束之后,孩子们由于比较懂事了而更容易学坏,对他们再没有任何专门的收容场所,他们开始过流浪生活。从法律上讲,这些孩子不能被收容在教养院中。当他们在12岁后被收容时,已经变得不可救药,并且进去后只会因不良交往而越变越坏。在少儿教养院中,少儿们吃得不多,因而可以供养大群的孩子,而且义务性约束也不那么严格。人们应当更注重的是教育,而不是训练;应当开始让孩子学习一种技艺,同时要求他们不断地参加一些与其体力相适应的体育锻炼。导致犯罪的最主要原因之一是:家长权力受到削弱,缺乏对非理性意愿的抵御;这种抵御能力有助于形成正直和诚实的判断标准,它防止专横、野蛮的个人主义膨胀(个人主义要求的不断膨胀将一直发展到父母想加以阻止也无能为力的程度);少儿教养院将能弥补这一缺欠。这一切将能够在不使孩子脱离自己的家的情况下实现,能够在孩子们正需要较多的空气、活动、尤其是照顾以及与母亲和家庭的联系(这种联系一旦中断,将再难以恢复)的年龄实现。少儿教养院能使顽童获得比较适宜、比较温暖、比较符合其年龄和本性的待遇,使他们摆脱与其年龄不相对称的繁重劳动,同时,又使他们的身体得到发育。能使有关法律得到不那么有失公正的和比较切合实际的应用(这种法律对 8 岁的少儿和 16 岁的青年作出相同的规定),甚至能够消除惩罚的表征(这种表征总会令少年感到自卑并且对他们有害)。能够避免青少年在教养院中所陷入的悲哀情绪,这种情绪有时会致青少年自杀。

普通的教养院由于费用高而不可能大范围推广,因此,它只能给少数个人带来好处,专为少儿建立的教养院,由于费用大大降低(在普通教养院用来维持 600 人生活的花费,在少儿教养院中可用来维持 6 000 人的生活),能够真正地根据需要扩大其作用,这是一个根本性问题;因为,即便普通教养院对于成年人是有益的,它也总不能适应需要,并且与需要相脱节。即使少儿教养院费用较高,不管怎么说,它也能因入狱人数的减少、社会灾祸和耻辱的降低而得到补偿。

关于这类机构的好处,人们可以在米兰发现一个直接的证据,在那里,自 1840 年以来,有 700 名来自卑贱阶层的少年在离开幼儿园后被收容在两家少儿看管所,即 Mylius 和 Falciola 看管所,他们当中没有一人被判刑;相反,被收容在教养院的人曾有一半来自于幼儿园。

为满足目前的需要,可以把一些所谓的"祈祷室"辟为民用,很多青少年星期天聚集在这些场所(在米兰甚至达到 3 000 人),那些无益的祈祷总是被长时间的和邪恶的懒散所中断;为此目的需改变这些场所的宗旨,并且使他们在整个星期都开放。

贫民学校

另一个制度介于 Spagliardi 的强制收容所和 Barce 的自愿收容所之间,这就是"少年之家",在那里,整个村子或者垦区都被用来收容不幸的青少年,并且将这些青少年划分成小组,就像在自己家里一样,学习做鞋匠、服务员、技工、农耕者;这种场所也被叫做"贫民学校(Ragged School)",它向流浪街头的穷孩子和孤儿提供衣物和教育,提供少量的食物,白天将他们收容,对于其中一些人也实行夜晚收容。这种不用政府花任何钱的制度始于 1818 年,最初是用来收容伦敦街头的流浪少年,到了 1869 年,已经有了不下 23 498 个分支机构,使 3 897 000 名青少年从中受益,这些分支机构分布在最贫困的街区,也可以说,是按照不同的实业加以划分。它们在社会上层与下层之间形成一个高尚的连环;英国的一位财政大臣曾经连续34年在每个星期日去那里教课。一部分被收容人是自愿来到这里的,另一部分则是被警察送进来的;不少人靠自己的劳动自食其力;例如,在1860年曾有368人擦皮鞋,他们每人每天向协会报告说收入6块钱。

一项值得效仿的措施是:如果孩子是因家长疏于管教而犯罪的,这些家长就必须从自己工资的每1先令中拿出1便士以保证他们对自己孩子管教,这样,他们也就比较地注意对孩子的看管,而不是依赖于对孩子的收容(就像发生在我们国家的情况那样)。

监外刑罚

有些青少年的犯罪由于超过了一定的限度,因而需要给予比较严厉的惩罚,在这种情况下,我们或许应当避免多次地和短时间地将他们送进监狱,我们已经指出,监狱是犯罪的学校,它教人实施最有害的犯罪和团伙犯罪。Aspirall说得好,多次的和短时间的入狱不利于对入狱者的任何帮教,使他们无法进行连续的劳动,使犯罪人在自己的同类获得声望,有些犯罪人把自己被判刑的次数标注在帽子上。

我们认为,在可能的情况下,在与我们的文明相容的情况下,并且在不影响她的精细内涵的情况下,可以改用一些真正可以渐进的身体刑,例如,禁食,浇冷水(英国和挪威还曾规定对轻微犯罪实行鞭笞;Tissot认为此种刑罚很有效,因为它没有花费,而且是可以累进的),强制劳动,监视居住,管制,流放,罚金;这后一种刑罚在身体刑之后科处可以变得非常与犯罪相对称或者体现出层次,为了加强其感知度,可以根据富裕程度予以提高,同时可能有助于减少庞大的司法开支,并且从最要害的地方打击现代罪犯,即:最容易为之而学坏的地方,因此,它或许也能够成为真正的预防手段;更何况我们注意到:大量的现代罪犯都是些有钱的人、职业者,并且以牟利为目的。

独居制监狱

如果由于特别严重的罪行而必须将犯罪人送进监狱,我们应当尽量避免他们之间可能发生的任何交往;因此,有必要建立独居制监狱。当然,这种监狱本身并不能改造犯罪人,但可以不使他们在犯罪中越陷越深,至少部分地消除结伙犯罪的可能性;阻止形成这样的公众舆论:大的监狱中心迫使罪犯从同伙那里接受新的恶习;因此,在一些地方,它将使累犯减少,而且不对被收容人的健康造成严重的损害;Lecour 发现在很大范围内存在着下列情况:在同等条件下,独居牢房中的囚犯在自杀、精神失常和死亡方面的数量,与被集体关押的囚犯的同类数字相持平或者稍微少一些,而在通常情况下,独居牢房使囚犯更容易背着人自杀或者精神消沉,尤其是在被长期关押的情况下;不管怎么说,因孤独而产生的厌倦不像监狱团伙的诱惑那样危害严重。实际上,我们知道,在集体关押的监狱里,许多罪犯,为了赌博、为了下流的性爱、为了完全与因女性之爱而引起的嫉妒相同的情感,不仅耗费掉自己的积蓄,而且也消耗掉自己的食物,乃至自己的肌体,因而那里经常发生肺结核;由于囚犯很容易从狱外获知坏消息或者看到自己的同伙逍遥法外,而经常发生谋杀和自杀事件。

但是,独居制监狱的优点被巨额开支所中和,这种巨额开支使得大范围推广这一制度成为幻想,尽管需要进行这种推广;即使在最富裕的国家,也同样如此(在法国的396所省级监狱中,有74 所不实行独居制隔离,166 所实行的是不完全的隔离),而且,不管怎么说,人们只能对此给予否定的回答。独居制监狱能够阻止犯罪人变得更坏,但毫无疑问,它也不可能使犯罪人变好;我们看到:在一些建立了独居制监狱的地方,累犯的数量也很惊人。如果说犯罪人出狱后不得不从孤立生活直接跨越到自由生活的话,可以肯定,这种制度对他的损害可能会超过利益;他或者完全无力适应社会生活,或者陷入极度的放纵之中。真正了解这些情况的人都非常清楚:在独居制监狱中不存在完全的孤立;想通过内部值勤隔绝与任何囚犯的联系,不耗费巨大的开支是不可能实现的;有时候,这些内部值勤变成与其他人联系的媒介,此外,囚犯还通过窗户、通过敲墙、通过在牢房、医务室、会见室、递纸条,尤其是借分发食品、散步和劳动之机进行联系,更何况有些事情要想办好就得在白天并且以集体的形式进行。

应用于监狱管理的心理学

如果想取得更多的收获,如果想把监狱变为治疗场所,我们就不能满足于绝对的隔离,至少是在白天,而且我们也应当不搞那些总是有害的文化教育,因为这种教育使犯罪人更容易学到监狱应当杜绝的联系方法,并且提供新的犯罪武器;文化教育顶多应当同体育锻炼和某些无目的的义务劳动一样,以增强囚犯所缺乏的体力和脑力为宗旨,最好在劳动中灌输关于有用技艺、缝纫、农耕、应用物理方面的知识,像在瑞士所做的那样。与此相结合,还应传授一些关于绘画、着色方面的知识,以开发人的美感,这种美感很容易使人从善。但是,除了精神方面的教育外,我们还应当进行感情方面的教育;在此,应当提及 Sollohub 的名言:美德不是人为制造的。美德的培养最主要的是依据人的兴趣和情感,而不是逻辑;人可以被剥夺生存条件,但不能被剥夺情感。所有的人,包括卑鄙之徒,在生活中都需要有兴趣,需要有目标;他们可以面对威胁、恐惧和身体痛苦麻木不仁,但不能对虚荣、对出人头地的需求麻木不仁,更不可能对自由的诱惑麻木不仁。因此,那些关于道德的抽象说教或课程是徒劳无益的,必须通过实际的利益(例如,逐渐减轻刑罚)使人从善;或者利用人们的虚荣心。因而,人们通过设置某种装饰物,通过在布告栏上提出表扬和批评,取得了一些很好的效果;人们还根据囚犯的成绩使之获得某些优待,例如,允许留胡子或穿便服,允许他们用植物或图画装饰自己的牢房,允许他们接受探视、参加对自己或其家庭有益的劳动,直到给予人们所期盼的暂时自由。

获得自由是一种梦想,囚犯总是为此而思虑。如果他们看到有一条比逃跑更保险和更可及的阳关大道,他们会立即奔向那里;他们做好事仅仅是为了获得自由,但他们毕竟是在做好事。不断重复的运动会变成第二种本性,它可能使人养成习惯。因此,必须废除赦免权,因为这种权利不是鼓励犯罪人通过立功获得自由,而是使他们幻想通过他人的恩赐获得自由。

必须让囚犯提高自己的自信,让他们相信自己能够重新获得外界的尊重,以上述情感激发他们弃旧图新的愿望;如果不对上述情感加以疏导,它们可能会使这些人变得更坏。Despine、Elam、De Metz、Montesinos 都非常重视囚犯荣誉感的影响,让囚犯几乎自由地根据吩咐进行劳动,有些凶恶之徒,20 名看守人员都难以制服,但在进行这样的劳动时,他们并不想逃跑,即使想逃跑,也会被同伴所制止。

Ferrus 讲述过一名盗窃犯因受监狱修女之托,在邮局看管衣帽间而变成正人君子的故事。还有一名很懒惰的被判刑人,因非常凶猛而令人难以忍受,后来,人们指派他看管一组被判刑人,从此他变得比所有人都要温和。

一天,Citeaux 监狱的一名囚犯被罚与同伴一起清扫厕所,他扔掉铁锹,并且谩骂监狱长 Alberto Rey;后者不动声色地捡起铁锹,替他干了起来;这一高尚的行动给那名囚犯上了一堂实际的道德课,他很受感动,接过工具并一直干了下去。

这些例子进一步告诉我们,应当采取怎样的方法关心和教育囚犯,也就是说,身教胜于言教,实际的道德行为胜过理论说教。

当然,对于囚犯来说,强有力的纪律管束是必要的,就像对于人的所有群体都是必要的一样;更何况,过于软弱的惩罚由于收效甚微而不得不重复,因而比少量的、但强有力的惩罚更会带来害处;因此,澳本虽然保留着鞭刑,但其死亡率却比废除了鞭刑的菲拉德尔菲亚低;但是,过分地诉诸强力和管制似乎弊大于利;管制使囚犯屈服,但改造不了他们,甚至会刺激他们,并且使他们变得虚伪。

他们应当被看作是大孩子,看作是有道德的病人,对他们应当刚柔兼施,但更多地使用后者,而不是前者,因为他们好报复并且容易产生逆反心理,因而会把处罚,包括最轻微的处罚,都看作是不正当的折磨,过于严格地要求他们保持沉默也可能会有害于道德观念本身。一名老囚犯对 Despine 说:"如果您对我们的过错睁一只眼闭一只眼,大家会畅所欲言,但几乎不会伤害道德;有时候大家话不多,但却是在骂人并且搞阴谋。"

在丹麦,一度监狱里管制得非常严格,当时的违纪率为30%;而现在,法律变得比较宽和,违纪率下降到6%。

还应当让正义感与虚荣感相伴随,正如我们前面所论述过的,当正义感尚未被情感所扼杀时,它在人们身上是颇为强烈的;这种正义感能够使纪律得到维护,能够产生双倍于教育和劳动的作用;为此,应当使囚犯自己成为同伴违纪行为的裁判者;把囚犯分成小组,在他们自己当中挑选监督员和教师;在他们当中培养相互帮助的善良精神;使每个人都能得到细致入微的个别教育,这是唯一真正有益的教育。在美国,底特律曾培养了大量的人,385 名囚犯被分成 21 个班,配有 28 名教师,其中除 1 人外,这些教师都是被判刑人,而且人们发现:最坏的被判刑人是最好的教师。

Despine 的下列做法很好,在违纪行为发生后隔一段时间才实施处罚,以便不让人感到是在气头上发泄。一旦证实了罪错,囚犯就被带到反省室,教师和监狱长过一个小时之后才进去,告诉他根据条例应当受到怎样的处罚。有时候,对犯错误人所属的整个小组给予惩罚和批评,往往是很见效的。

劳动应当被用来重新激发委顿的精力,被作为对生活的调剂,它是一切监狱机构的目的,以便帮助囚犯在获释放后能够适应谋生的职业;它作为一种监狱管理的手段,同时也是对国家为囚犯开支的费用的补偿。但是,这后一点不应当成为人们所追求的唯一目的,不是所有最赚钱的劳动都可以开展;由于前面所论述过的原因,我们应当避免组织铁匠劳动、铜匠劳动、制版劳动、摄影活动、书法活动,这些活动可能会培养实施新犯罪的技艺。我们应当首先考虑组织农耕劳动,在我们的统计材料中,产生于这种劳动的死亡率最低,并且有利于出狱者的安置;然后,可考虑组织一些使用麦秸、草茎和绳子进行的编制劳动、印刷劳动、缝纫劳动、制陶劳动、加工花岗岩的劳动,只是在最后才考虑组织制鞋、木器加工等需要使用可能产生危险性的工具的劳动。当有些劳动需要使用利器(例如在米兰监狱的木器加工厂中进行的劳动)时,最好采用不可移动的装置将这些利器固定起来;但是,最好首先选择不需要使用可造成伤害的工具的劳动。在这方面,我应当特别赞扬 Costa 先生,他在都灵的独居制监狱中组织加工火柴盒的劳动,每年向国家上缴 36 000 里拉,并且发给工人一定数额的报酬。在 Noto，人们在监狱里组织编草筐的劳动，并且多次受到奖励。

在任何情况下，劳动应当同被判刑人的体力和本性相适应，如果某个被判刑人身体虚弱并且最初什么都不会，只要他付出了最大的努力，就应当给予适当的奖励，如不可能给奖金，也至少应当给予减刑，就像奖励那些最强壮和最精干的人一样。因此，我认为，应当从监狱组织中清除某些令人痛心的企业家习俗，这种企业家自然只注意保护最精干的人，而忽略道德标准，在一些地方，这种企业家甚至受宠于罪犯。

应当在囚犯中普遍培养对劳动的热爱，让他们把劳动当作是对良好行为的奖励，当作是对狱中烦闷的排遣；因此，不应当强令他们参加劳动，而应当让他们主动要求劳动，希望参加劳动，让他们先过一段或长或短的和不确定的独居监禁的生活。为了能使劳动有所收益，为了能树立互助和竞赛的精神并使之成为相当一部分监护工作的基础，在经过一些时间后，独居监管制度应当有所缓和，在白天，按照技术要求和当地的条件把个人分成小组。然而，决不应当让劳动成为一种要求过分利益的借口或理由，如果这种利益只使个别人受益，则更糟；Mareska 认为，很多累犯就是因为让监狱的某些值日生享有特权而导致的；他听到某一值日生对一名新来的说："笨蛋，写潦草点儿，这里比外面舒服。"这些话使人想起西西里监狱中流传的那些诗句，向我们解释着许多监狱长所公认的下列事实：最坏的恶棍是监狱中最驯服的和表面上最反悔的那些人。

累　进　制

现在，每个人都知道爱尔兰监狱制度的优点。这种制度就是：先让罪犯度过一段独居隔离的生活，只给他们素食、很少的衣物，让他们干一些很单调的拆线活，这一时期不超过 9 个月，可缩短为 8 个月；第二阶段是参加集体劳动，夜间严加看管，监管分为四级，一级比一级放松和受到优待，在根据劳动的表现、学习的努力程度、善良行为和克服坏毛病的情况获得一定数量的记功证后，即可向上晋级。这是一种绝妙的方法，它使美德物质化，让它受到那些粗俗的人的珍视。在第一级阶段，牢房的门在白天敞开着，劳动是无偿的，但可以获得 1 便士的奖励；在获得 54 张记功证后开始升级，被监禁人逐渐地取得越来越高的报酬，被允许互教互学，并且可以与公众接触，等等。

在第二阶段经过之后，被收容人开始在田野中完全独立地进行工作；他们穿用自己的薪金购买的衣服，被允许请假外出并且保持与外面人的联系；从这一阶段过渡到暂时自由阶段，但在刑罚结束前仍然受到警方的监视，如果发生违纪事件（例如懒惰和不良结伙），将被送回监狱。在出狱前，他们要进行登记和照相，并且被告知：在发生任何轻微过错的情况下都可能被重新送回监狱；一旦抵达被分配的或者预先选定的地区，他们必须立即向警察局报到，并且每个月都必须报到一次；警察局负责管理他们，帮助他们找到一项活计，帮助他们在新的主人那里得到安置，但是，警察局应将他们的前科告诉新主人，以便让他们受到更好的监管。通过此种方式，罪犯可以获得减刑，国家也节减了开支，其幅度可以从 1/6 到 1/3。任何的违纪行为都可能导致向先前阶段的倒退；最令人害怕的惩罚是：不经中间阶段直接向最初阶段倒退；此外还有其他的纪律惩罚。从表面上看，这种改革的成果至少在爱尔兰是令人惊奇的；从开始实行这一改革的 1854 年起，犯罪似乎出现明显减少，有关的统计数字如下：

	囚犯数	当年入狱数
1857 年	2 614 人	426 人
1860 年	1 631 人	331 人
1869 年	1 325 人	191 人
1870 年	1 236 人	245 人

应当指出，这种改革使得经济学与犯罪心理学相结合，因为它允许逐渐过渡到完全自由，并且把这种永恒的梦想变成管理和改造的手段，有助于消除公众对被释放者的不信任并且增强后者的自信心。

在丹麦，正在接受审判的人白天和夜晚都关在牢房里，并且进行使自己得利的劳动。6 个月后仍屡教不改的被判刑人或者累犯被关在专门的监狱里，过着集体生活，他们唯一能得到的奖赏是：获准在监狱附近的田野里劳动。对于因年轻或者因第一次入狱、犯罪不严重并且只被判处 6 个月到 6 年刑罚的人，将其关押在特殊的独居牢房。这些人根据表现进入不同的阶段；在第一阶段（3 个月到 6 个月），实行严密关押，在牢房里学习，进行无偿劳动，只能在黑板上写字；在第二阶段（6 个月），每天的劳动可挣到 2 先令，在学校接受教育，但与同伴相隔离，在节假日和每隔 15 天，除增加食物外，可以在其收入一半的范围内得到钱，可以购买日历和镜子，可以写信和每两个月接受一次探视；在第三阶段（至少 12 个月），每天挣到 3 先令，每个星期都可以得到书和钱，可以为自己购买其他有用的东西并且给家里寄钱，可以每一个半月接受一次探视并且保有家里的相片；在第四阶段，每天挣 4 先令，除了享受其他越来越宽松的优待外，还可以出牢房，参加露天劳动，养花和养鸟。他们的刑罚可以根据他们的表现被减轻，减刑幅度为 8 个月到 6 个月，2 年到 1 年，甚至 6 年到 3 年半。这样，他们从全日隔离过渡到仅仅夜间隔离，从绝对沉默和视线隔断过渡到参加几乎完全自由的田野劳动。只有 10% 的人呆在牢房里的时间超过 2 年。

我们把这些制度看作是巨大的进步,但是,我们不应当让自己陷入幻想。我们应当想到:许多出现在爱尔兰的所谓收效是因移民而产生的,囚犯出狱后,如果找不到工作,就去美国,在那里,纽约的监狱已经人满为患;应当想到:在丹麦,虽然也实行同样的制度,却仍有大量的累犯,而现在,发生在英国的情况则更糟,那里的获释者似乎并没有改变习性,而只是改变了住所,他们不顾法律的规定跑到一些别人不认识自己的地方,自己不亲自动手,而是教唆和指使其他恶棍代他们实施行动。据说,有一位司法官员负责审判被假释的囚犯,这些囚犯在被第二次判刑后又获得假释,然后,又第三次受到处罚。有一名 36 岁的囚犯,曾经被判处了 40 多年的徒刑,并且获得了释放。在 1856 年,英国被暂时释放者的数量达到 2 892 人,到了 1857 年,正是由于上述原因,被暂时释放者的数字迅速下降到 922 人,1858 年下降到 912 人,1859 年下降到 252 人,并且,在 1861 年、1862 年和 1863 年期间从来没有超过 1 400 人的水平。在德国,被假释者的人数也从 1871 年的 2 141 人减少到 1872 年的 733 人和 1874 年的 421 人。以上的失败记录应当归咎于人们在允许囚犯迁徙和向其发还所有储蓄问题上不够慎重;并且许多保护人更多关注的是利益,而不是慈善目的,只要能够取得一时的利益,他们可以不管囚犯的品行,不去对他们进行监控。但是,当被假释者像军队一样地开来时,他们怎么可能得到积极的和连续的监控呢?

在实行累进制的同时,人们还应当竭力实现所谓的刑罚"个别化";也就是说,针对具体的个人采用特殊的惩处和照管方式,就像医生针对不同的病人开出特殊的禁食配方和治疗处方一样。

这就是在撒克森获得成功的秘诀,在那里,人们为老人、年轻人、重刑犯和轻刑犯分别设立监狱,并且根据每个囚犯的功绩,配给不同伙食、衣物,并且给予减刑。

储 蓄

为了预防出狱者重新犯罪,De Metz 和 Olivecrona 提出另一项具有道德意义的改革建议,涉及的是囚犯的储蓄;如果让囚犯把这些钱花在狱中,容易致使他们搞大吃大喝,如果在出狱时发给他们,可能会成为犯罪的资本。上述两位学者建议:把这些钱寄存在道德机构、市镇当局或者接收囚犯的人手中,作为囚犯的道德保证金,并且作为强制性节约手段;受寄存人只应当向寄存人支付孳息,在累犯的情况下,则将这些钱无限期地扣押。在比利时和荷兰,对于被判处强制劳动的人,其收入的 70% 被扣押;被判处有期徒刑的人,其收入的 60% 被扣押;被判处一般监禁的人,其收入的 50% 被扣押;其余钱款分成两份,一半可以在监狱中使用,另一半在狱外使用。在英国,对于被假释者,在释放后的前几天退还囚犯的储蓄,只要这些钱不超过 5 镑;如果超过了 5 镑,则分期退还,但必须先提交关于良好品行的证明。

监护机构

还有许多人建议成立监护机构,但这也有弊端,即不能根据需要加以大范围推广;那些在实践中而不是书本上研究过此种制度的人都有这样的经验:对于成年犯罪人来说,它根本不起作用;它往往反过来助长天生的懒惰倾向,更糟糕的是,它还可能对这些机构的领导人造成威胁,使他们成为那些刚刚出狱的被监护人的袭击和报复目标。

尤其有害的是一些收容所,它们为出狱者提供了舒适的聚集点,并且诱发他们的犯罪结伙。Spagliardi 写道:

在两年期间,一百多名 20 岁到 40 岁的出狱者被收容在米兰的救济院中,只有少数最为年轻的人对得起为改造他们而付出的巨大牺牲。他们的懒惰和放纵倾向似乎因遭受剥夺自由而变得更加强烈,以致压倒了勤劳对他们的吸引力。他们可以来去随便,可以随心所欲地造反,因而,他们住上两三个月后就离救济院而去,好像他们已经不再需要那些他们曾可以自由要求获得的救济。他们不是把自己的院长看作是为他们的幸福作出自我牺牲的人,而是当作敌人,当作是试图限制他们自由的暴君。在那里,如果坚决地维护秩序和纪律,他们就通过抗拒、蔑视、无礼、甚至威胁,对自己的院长默默地发动一场战争;甚至他们在脱离救济院之后仍然保持着那种敌对情绪,正是这些受到救济的人,在 1847 年的一个夜晚洗劫了救济院,并且在 1848 年抢掠了由克罗地亚人刚开始建立的收容所。

正是由于这样的原因,关于救济院的统计材料才变得非常寒酸和虚幻。

在法国,出狱者有 16 万人,接受救济的只有 363 人。

在英国,有 48 个社团,监护着 12 000 人,但是,最终的结局我们已经在前面的介绍中看到,由 Glasgow 救济院于 1836 年设立的那些实业收容所也能说明问题。在 60 名入院者中,有 25 人重新犯罪、4 人外迁、10 人参军、5 人丧生、8 人表现良好、7 人仍留在救济院中;人们为所有这一切一共花费了 431 镑。人们曾经想把他们送到农村,但是,在 60 名入院者中有 46 人重新犯罪(1 人因违反纪律而被送回)、5 人外迁、4 人表现良好、5 人被救济院所雇佣。

人们当时曾想:在进行挑选后,针对具体情况进行特殊处置,但是,在两年来被这样处理过的 363 人中,有 37 人重新犯罪、5 人外迁、47 人被交还给其父母、110 人分散在王国的各个地区；人们为他们花费了385镑。

一般来说，倡导建立救济院的人也不赞成建立实行非临时性收容的监护场所，不赞成给予钱款救济，而只主张发给能在饭馆和面包房使用的餐票，这种餐票应当是对劳动报酬的预付。监护团体应当将那些不参加劳动、不到达为其指定的地点的人排除在外，应当向接待被监护者的人介绍被监护者以前的生活，因此，必须设立专人对这些人的品行进行调查并且负责适当地安置他们。

Spagliardi 肯定是这个问题上的权威，他在自己的报告中宣称：国家应当给予监护团体以帮助，作为条件并且为了实现一定的目的，救济院应当由国家建立，使之成为刑事法律的后续的或附属的机构。他写道：

> 在我看来，这种观念更加与救济院的管制性质相符合，并且更有助于它的发展。当局颁布法律，确定法律规范，保障法律的实施，并且在必要时可以采用强制措施；慈善机构设法使当局的措施得到贯彻，它所关心的只是使有关制度的慈善作用得到发挥……实际上，对于那些在监狱中变得更加邪恶的被判刑人，无论是严厉还是慈爱都没能使其折服；他们根本不打算接受旨在对其进行改造的、甚至明显对社会具有危险性的仁慈照顾，对于这些人来说，救济院并不比放逐更有效。有些被判刑人所犯的罪行并不给其带来羞辱，也没有毁掉良好教育的影响，或者说，不光彩的刑罚使他们受到触动，这些人完全意识到自己所犯的罪恶，并且真诚地悔悟，对于他们，除了在需要获得某些帮助时给予贫困者某种照顾或扶助外，大概没有必要进行一般的监护。
>
> 还有第三类即将出狱者，他们的数量较大，这些人因贫困和愚昧而没有能力自立，因而使人难以根据充足的标准对他们的改过情况作出确切的判断，相反，还可能会使人怀疑他们并没有被完全医治好。正是对于这些人，有关机构的负责人应当根据监狱中主管人员的意见，向司法机关提出采取强制性监护措施的建议，这种措施能够比较有效地替代现行的警方监视处分。毫无疑问，这种处置不应当先验地适用，而应当根据即将出狱者的表现决定适用与否，因而，它也会对监狱管理的改善产生影响。为了更好地保护出狱者，我希望他也能在自己家乡之外得到监护，并且在接受监护期间不让他掌握自己的储蓄或在监狱中积攒的财物。自己掌管钱财和能够返回曾为进行犯罪活动而盘踞的地方，通常容易导致重蹈覆辙。但在这方面，恰恰需要政府采取行动。
>
> 应当要求监护团体负责为出狱者在为其指定的居住地提供住宿、劳动、根据各自的储蓄而提供的补贴以及特殊的救济，就其职责而言，我还想补充一条，即监护团体有权根据具体情况建议缩短或者延长主管当局为出狱者规定的考验期。

流 放

在意大利学术界有一批人，幻想能够使流放成为根除犯罪的灵丹妙药，这些人当中包括著名的统计学者 Garelli、Cerutti 和 Deforesta，他们掌握着大量的统计材料，并且最后还有用诗人 Dossi 在《幸福的殖民地》中的诗句作为点缀。没有必要反驳诗人，他们是在根据想象力抒发内心世界；对其他人也没有必要反驳，被用来支持那种理论的历史材料和统计材料本身就是自相矛盾的。据说，大部分比较繁荣的美洲殖民地以及古罗马的殖民地都起源于一种特殊形式的移民，或者起源于刑事垦区。这是一个历史性错误。关于罗马，我们可以援引 Virgilio 不朽的论著；至于美洲，应当指出，如果说哥伦布第三次远征的队伍中包含犯罪人（实际上许多人是异教徒和冒险者）的话，参加第一次远征和第二次远征的则是正人君子，而且在卡尔洛二世和贾科莫二世统治时期，任何流放都是被禁止的。应当记住：许多北美国家是由非常正直的公民建立的，例如，彭西尔瓦尼亚是由 Quaccheri di Fox 和 Penn 建立的；美国的第一家大工厂——Jamestown 工厂是由绅士 Fonwick 建立的。至于澳大利亚，人们应当将维多利亚、南澳大利亚、新西兰排除在外；如果说新加勒斯（Nuova Galles）和塔斯马尼亚是因流放而建立的话，人们决不应当把它们的繁荣也归功于流放。的确，在这些殖民地刚刚建立之后，伟大的慈善家霍华德和边沁就立即对其发出谴责，以至在 41 年后，即 1828 年，众议院决定废除这些殖民地。澳大利亚的繁荣应当归功于肥沃的牧场和羊毛贸易带来的收益，这一切吸引了大量的自由人。墨尔本和悉尼的富饶恰恰是随着罪犯流放的减少而开端的。

最近，塔斯马尼亚的主教与 260 余名名人就罪犯的流放提出抗议，宣布：如果不让罪犯离开，殖民地就将迁移。同样，维多利亚也进行了同样的立法，它声称因流放而支出的警察和监狱费用已经超过每人两镑（如果这样的费用要让英国支付，它将超过 13.9 亿英镑）。

1857 年南澳大利亚立法机关颁布了一项法律，规定：所有曾经蹲过监狱的人，即便已经服刑完毕，均应再蹲监狱 3 年。

从 1810 年到 1830 年，新加勒斯是流放犯最多的地方，在此期间，那里的人口每年只增加 2 000 人；从 1839 年到 1848 年，羊毛出口额从 700 万元增长到 2 300 万元，人口从 11.4 万增加到 22 万；但是，从 1840 年开始，那里便不再接纳流放犯，而且在接待流放犯期间，那里的土匪活动曾泛滥成灾。被流放者不参加劳动，成千上万从事道路铺设工程的人生活在牛马不如的条件下，监管他们的警卫和士兵使用凶犬驱赶他们，残酷地使用锁链和马鞭让这些人屈服；被释放者经常与自己以前的同伙聚集在一起，从事流氓活动和犯罪，他们用政府分配的土地进行交易，而政府分配土地的目的是为了诱导他们勤劳过活。因此，人们不必对下列情况感到惊奇：被监禁者的死亡率曾经达到 40%，而自由人的死亡率则只有 5%；在英国，每 850 名居民中出现 1 名犯罪人，而在新加勒斯，每 104 名居民中出现 1 名犯罪人，在范迪门，每

84 名居民中出现 1 名犯罪人;在英国,暴力犯罪与其他犯罪的比例是 1 比 8,而在新加勒斯则为 50 比 100。

这一切向我们证明:流放的道德益处是很贫乏的,或者说是丝毫没有的;由于被判刑人不参加劳动,为了生活就必定会求助于犯罪,因此,犯罪数量倍增,而流放犯出发地的犯罪也未减少,因为流放在罪犯同伙中引起的不是恐惧,而是嫉妒。

在 1852 年,法国有 3 000 名被强制劳动的人要求对自己实行流放,而且,为了获得流放,很多人又重新犯罪。

在 1805—1806 年,英国平均每年流放 360 人,发生的定罪案件为 2 649 件;在 1853—1856 年,平均每年流放 4 108 人,而被判处刑罚的人也上升到 15 049 人。

在英国,维持一名犯罪人生活的费用为 10.13 英镑,在有关的殖民地,这种费用则上升到 26.14、35 或 40 英镑。

新加勒斯监狱的费用达到了 2 亿元,这还不算 1 500 万元年度开支。

在圭亚那,据说依靠流放犯获得了 1 510.83 里拉的赢利,但是,如果把这笔赢利按照劳动日分摊,1865 年每人才赢利 54 分,1866 年赢利 48 分。那里的囚犯有 5% 逃跑,40% 死亡。每个囚犯每年要花费 1 100 法郎,是关押在独居牢房中囚犯费用的 3 倍;其运输费达到 400 元。

在喀里多尼亚,逃跑的囚犯只占 1%,死亡的占 6%,但是,耗费在运输上的费用非常庞大,达到每人 900 里拉。

为了说明刑事殖民地在经济上的巨大损耗,还应指出下列事实:非农村的犯罪人超过囚犯数量的一半,而且这些人不是在 25—30 岁的年龄学习新技艺;缺少活动、厌恶劳动,这是犯罪人的特点之一,炎热的气候当然不可能改造他们的这一特点,只能使他们更容易实施某些犯罪,而且在某些流放地,犯罪人与野蛮民族为邻,他们之间有着更为相同的犯罪本性。因此,累犯有增无减,这是很自然的事情,我们现在可以把它看作是规律,而不是犯罪的例外。

关押屡教不改者的场所

因而,再好的监狱制度也防止不了累犯的发生。我们前面谈到,累进制的那些令人振奋的统计数字,在英国,部分是因出狱的犯罪人迁移到美国而产生的,这些迁居美国的出狱者使那里的犯罪数字大大增加。

对于丹麦的行刑累进制,如果不去看那些概括的数字,而去研究更为准确的细微差别,人们也会发现它的悲惨结果。

我们前面甚至说到,集体制监狱往往是导致累犯和团伙犯罪的原因。正如 Breton 和 Aspirall 所描述的,有些人一年进监狱 50—60 次,显然,他们觉得那里比外面更舒服,对于这些人来说,入狱不是一种惩罚,而是一种奖励,是一种走向腐化的推动力。

累犯是在所有刑事制度下不断发生的永恒现象,对这种现象应当采取措施。

在没有其他更有效方法的情况下,在犯罪人抗拒对他的监护并且 10 次 20 次地重新犯罪的情况下,社会不应期盼罪犯会通过再蹲一次监狱而自我悔改,而应当将其扣留起来,直到能够确认他已经悔改,或者说已经无力造成侵害之时。

我认为,应当建立一些专门的场所,并组建一个由监狱长、狱医、法官和公民参加的评判团,由该评判团决定将所有从幼儿时期就表现出犯罪倾向的人、屡次犯罪的人(特别是在他们无家可归,或者家庭环境恶劣的情况下)和表现出我们前面介绍过的惯常性犯罪人所特有的心理和体质特点的人(如果他们自己也提出此要求)收容于上述场所。

对于这些人,应当实行不像普通监狱那样严厉的管制,在可能的情况下,将他们关押在岛上,让他们在那里参加乡村劳动,我们前面曾谈到,这种劳动无论是对于他们的健康还是对于国家都是有利的;也可以像在瑞士常见的那样,把他们集中编队,采用军事纪律加以约束,参加修路或整治沼泽地的劳动。他们可以接受亲属的来信,可以每天有几个小时自由活动,但是,在获得关于悔改的特殊证明之前,他们将不被释放。

对于这些人来说,人们不能指望独居制监狱产生改造作用,因而,不宜对之再度适用此制度,除非他们在监狱内犯罪,在这后一种情况下,它是替代死刑的唯一手段(公众舆论,无论是真正的还是装腔作势的,与现代人类学观点相一致,倾向于从法典中废除死刑)。这样,将更容易留出足够数量的牢房关押那些犯有轻微罪行的人;这是施行独居制的唯一条件,这种制度至今仍只像是一种假设;这样,我们将通过减少经常发生在集体监狱获释者当中的犯罪使社会变得更加安全;将从监狱中涤除那些恶势力核心,这种势力崇尚罪恶,使得任何改造的试图都难以实现;最后,这将有助于消除那部分为数不少的产生于遗传、模仿和亲属诱使的犯罪;将使自然选择进程重新适用于社会,这种自然选择进程不仅决定了我们种族的存在,而且正义本身或许也基于这一进程逐渐淘汰最残暴者而占上风。无论养活这些人的开支有多大,都将小于社会为处理新犯罪和进行花费浩繁的新诉讼而付出的代价。根据 Thompson 的计算,为 458 名苏格兰累犯支出的费用达到 132 000 英镑,其中仅审判费就达 86 000 英镑。这简直相当于亲王的俸禄!

这些人,无论是否患有疾病,都对他们自己和他们可能养育的后代是有害的;对他们的扣留,同对精神病人的扣留一样,不是不公正的,或许还是比较有益的。

社会因他们的犯罪而受到侵扰,为他们的服刑而操心和开销,现在再不应当因他们的获释而遭受苦难;这完全符合那条几乎没有任何人相信的理论原则,即监狱应当是一种荡涤任何罪过的洗浴中心。

我的建议也不是什么新创造,从1864年起,英国上议院就提出建议,要求法官对于第二次犯罪的罪犯应当判处刑事劳役(在实际应用方面,我们发现英国总是走在前头)。在意大利,一些杰出的政治家和司法官员,例如:Doria、Barini、Manfredi,都建议设立关押屡教不改者的监狱。E. Labatiste建议:对于被判处的总刑期超过5年并且犯罪次数超过10次的人,在服刑期满后实行永久性流放。Bonneville和Tissot把对屡教不改者的永久性关押比喻为在某一机制正在酝酿期间采用的权宜之计,但它难以战胜某些抗拒活动。从效果上看,这种措施与龙格巴尔多(Longorbardo)法和1600年Landesordnungen法中某些古老的、残酷的、但符合逻辑的规定相吻合(但方式没有那么悲惨),这些规定要求对那些多次犯罪的不可救药者和"4次或者4次以上被发现盗窃的人"处以死刑。

刑事精神病院

我们认为,还有一项制度也有助于更好地协调人道与社会安全的关系,这就是建立刑事精神病院。

关于刑罚理论问题,人们可以长时间地从这方面或者那方面进行争论,但大家在一点上是一致的,即在犯罪人和那些被认为犯了罪的人当中,有许多人是精神失常者,对于这些人,监禁是不正当的,释放又是危险的,我们现在采取的一些有损于道德和安全的中间措施都不能很好地解决他们的问题。

对于英国人来说,真正自由的实践使得他们不像我们这样吹毛求疵和主观臆想,他们采用比较实际的和简捷的方式进行改革,他们从一个世纪前就开始试图从最棘手的方面通过建立刑事精神病院来填补这一社会空白,并且几乎已经在66年前就获得成功。或许英国特殊的治理结构也使英国人很容易迈出这一步。这个国家实行的是君主和寡头的制度,它把自己的国王奉为一种象征,它同古罗马一样把上议院作为国王真正的元老院,在这个国家中,自由产生着无边无际的影响,而预先的正义却颇受限制。由于人们不采取相应的防范措施,使得那些精神失常的杀人犯特别有机可乘,这些受宗教或野心刺激的杀人犯总是瞄准着声望最高的人。当不仅国王,而且几乎所有对民众的命运和想象力产生着较大影响的人被精神病人杀害或者受到其攻击时,这个国家认识到:让这些异想天开的敌人自由自在或者仅仅把他们关在精神病院,将使自己面临很大的危险,当这些人摆脱开政治的或杀人的狂念时，便会被认定他们理智清醒，因而他们将能够很容易地离开精神病院。因此，最初之时(1786)，作为权宜之计，人们将这些人关在一个专设的区域，没有司法大臣的同意，不允许他们出来。后来，这种措施已显不够，在1844年，国家决定将235人关在Fisherton-House的一所私人机构当中。

但是，随着那些不幸者的队伍日益壮大，终于开始建立专门的精神病院，1850年在邓德拉姆为爱尔兰建立了这样的精神病院，1858年在珀斯为苏格兰，1863年在布罗德莫尔为英格兰，都建立了这样的精神病院。有关的收容活动被新的法令合法化，人们不仅可以收容那些在精神病状态中实施了犯罪的人或在诉讼期间患精神病的人，而且还可以收容一切因精神失常或者智力低下而不能遵守监狱纪律的人；这后一类人与其他人隔离关押，如果恢复正常，将被送回监狱，其他人则一直呆到有谕令下达之时。所有这些精神病院的看守人员都是非常可靠的人，薪水很高，受军事纪律的约束。除了为防止逃跑实行比较严格的看管外，这些人在精神病院中享有英国人向精神失常者慷慨允予的几乎所有照顾，可以在田野和花园中劳动，可以去图书馆，可以打台球。这些危险的犯罪疯子的数量越来越多；我们前面讲到，在1868年已经上升到1244人。英国的慈善家并不认为已经取得了相当不错的成功，并且抱怨说：许多本应送进精神病院的人现在还躺在监狱中。

在美国，相同的种族和文化，对实际改革的同样注重，使得类似制度在短短几年中就发展起来；一个庞大的刑事精神病院与著名的Auburn监狱建立了联系，另一个刑事精神病院建立在马萨诸塞，还有一个在宾夕法尼亚。

这项在最专制的国家和最民主的国家都同样有效的制度，一旦建立，就逐渐扩展，在24年中发展了6倍，即使这样，似乎还不足以完全填补那不幸的空缺；有时候，我自己问自己：难道这项制度可能纯粹是铺张的做法，是盎格鲁-撒克逊人的一种别出心裁，不适合社会的需要，并且不值得我们考虑对其加以移植和传播吗？我认为，对这一问题的回答是不能吞吞吐吐的。

如果说根据官方统计材料的显示在意大利犯罪的精神病人似乎比较少的话，这是完全可以理解的。在公众中，这样的观念尚未深入人心：大部分犯罪行为是受病变因素的刺激而启动的，许多犯罪的精神病人被看作是懒汉、好斗者、邪恶者，而不被看作是精神病人；如果精神病被确认为犯罪的原因并且会使一切诉讼活动停止，当局就不再操心，以至在王国最完善和最新近的刑事司法统计材料中也缺少这方面的数据。有些这样的不幸者表现为精神失常和思维正常的混合形式，他们就被认为是在假装。不少人虽然也被认为是精神病人，但却因幻想他们在短期内会痊愈而没有受到指控。许多精神病院拒绝接受他们，或者要求支付3倍于监狱机构的食宿费。实际上，我只考察了6所监狱，就发现大量的精神病人，并且Capelli博士、Monti 博士、Tamassia 博士、Biffi 博士、Bergonzoli 博士、Tamburini 博士、Virgilio 博士最近的研究工作也提到许多这样的情况。在安科纳精神病院的 120 名患者中有 5 人是犯罪的精神病人；在帕维亚精神病院的 250 人中有 15 人。在帕尔马，9 年中收容了 25 人。前几年的官方统计材料仅仅记录了 55 人，现在逐渐增加到 108—151 人；妇女从 0 增加到 11 人；其中还不包括不少已经自杀的罪犯（他们当中许多人是精神失常者），这种人的数量很大；许多已经开始的诉讼因确认被告人患有精神病而中途停止，我们不掌握这方面的统计数字，被收容于 Broadmoor 精神病院的人似乎有一半属于这类情况。

让这些不幸者住在监狱里将有损于他们的道德感，撇开这一点不谈，上述做法对于监狱的纪律和安全也不是无害的。这些人不可能在监狱中得到很好的医治，因为那里缺乏适宜的场所和专门的规范；与其他坏家伙在一起，这些由于精神失常而丧失廉耻的人在实施暴力行为和流氓行为时将变得更加危险，因为他们往往因一些鸡毛蒜皮的小事而突然发作，就像某 A 因一名同伴不愿意为他擦皮鞋而将其杀死一样。他们总是非常顽固地抗拒监狱纪律，对惩罚表现得麻木不仁，对所有人都不满意，不信任监狱职员，认为这些人员是自己的敌人，经常把自己犯下的过错推到他们身上，并且以接二连三的要求和抗议使他们厌烦不已。总之，他们将成为不断闹事的原因。如果像人们通常所做的那样，对他们加以隔离，将他们锁在小牢房里，他们再不会使任何人感到厌烦，但是，由于闲散，由于因不劳动而伙食减量，由于缺少光照，他们将发生水肿和坏血病，或者他们将采用暴力更早地结束其可怜的生命。

另一方面，把这些人送进精神病院后将随之而产生其他灾难。这些出身于道德沦丧阶层的人将把所有恶习都带到精神病院；出于对自己的病态认识，他们将不断地传播谣言，并且吵吵闹闹，总是对收容场所的待遇表示不满，要求作为照顾将自己送回监狱；他们热衷于搞鸡奸、策划逃跑、造反、盗窃精神病院和其他病人的物品；他们经常以自己下流的和野蛮的方式，以先前邪恶的名声使其他患者感到恐惧和厌恶，就像父母知道自己的孩子与他们有联系时会产生恐惧和厌恶一样。当听说自己的儿子与 Boggia 住在同一宿舍时，谁不感到害怕呢？

另一些精神病人现在和过去都不具有前面那些精神病人的惯常性邪恶倾向，他们不是在犯罪中过活，而是一时的犯罪冲动的牺牲品，这种冲动是孤立的，在其生活的某一时期突然爆发；他们虽然不像前面那些精神病人那样遭人厌恶，但仍不乏危险性；他们往往情不自禁地受残酷本性的支配去实施凶残行为；他们伤人，放火；以非常清醒的头脑克服人们为他们设置的一切障碍。还有一些精神病人装着非常镇静，但这仅仅是为了能够说服有关当局将自己释放，或者为了悄悄地策划逃跑和阴谋。犯罪的精神病人不像其他精神失常者那样逃避社会,他们以自己的暴力侵扰社会,而且喜欢相互结伙,因而特别爱搞阴谋。他们保持着在患病前或者犯罪前支配自己的那种焦躁不安和对世不满,因而认为你们总是想虐待他们,凌辱他们;他们把这种虚幻的观念传输给他人,并且逐渐形成逃跑和造反的想法,这些想法是那些像梦游者一样孤立于自我世界的普通精神失常者所不可能产生的。所有的精神病专家(例如 Roller、Boismont、Reich、Solbrig)都完全赞成这一点,而且,我在我的精神病院中也发现了令人心惊肉跳的证据。例如 Er……曾因窝藏罪而被捕入狱,他曾经总是抱怨法院的判决不公正,抱怨我们的待遇不够细致、不令人满意;他通过荒唐的信件向国王和大区行政长官提出抗议;有一天他像变了一个人一样表现得谦虚、和善,原来他正开始同另外3名精神病人策划杀害护士的阴谋;不久,当这些人负责分汤时,他和他的同伴把院子的一部分地面掀起,堆起一座小石山,向四周投掷石块。几年后,一名叫 Mar…… 的患有癫痫症的杀人犯重演了这样的恶行,差点把所有的护士都吓跑。一名患有幻想症的杀人犯是个未受过教育的穷鞋匠,非常聪明,能够撰写自己的自传,他在两年中表现良好;但有一天,人们突然发现他在床底下藏了一根铁棍,是准备用来袭击护士的;还有一天,他用木块做了一把万能钥匙,打开两个门,从窗户跳出逃跑。

另一名犯有盗窃罪和杀人罪的人,他与前面那个家伙共同逃了出去,偷了几十条床单,并让一名痴呆者在精神病院的炉子里焚烧了一些碎片,企图以此转移我们对逃跑真正原因的调查视线。

显然,这种病人扰乱着精神病院的秩序,使其他比较软弱的精神失常者处于更恶劣的条件之下,并且妨碍我们按照现代理论的要求在较广的范围内给予精神病人自由。

那些没有进入精神病院围墙之中的幸运者也许不会蒙受这些痛苦;但是,对于整个社会来说,情况将变得更糟,因为许多有行凶倾向的精神病人,由于缺乏管制他们的法律或制度,完全生活在社会之中,社会等待着他们的侵害,而且没有人对他们的不良意图产生怀疑,即使是隐约的怀疑。

一般来说,偏狂症患者都善于有意识地掩饰的谵妄,以致连他们的家庭都很难对此产生怀疑;一些精神病院的院长经常因精神病人没有实施侵犯人身自由的行为而让他们提前出院;还有一些人在初发谵妄时实施了犯罪行为,被不适当地判处了刑罚并且服了刑,并且在刑满释放后变得比以前更加病重,或者在认定他们患有精神病后,人们解除了对他们的一切指控并将其释放。一旦精神病被证实为被告人犯罪的原因,人们并不必然地随之而将该人送进精神病院;即使在送进精神病院的情况下,也没有任何法律规定应当将他无限期扣留并且为精神病院院长规定特殊的责任；因而，他们轻信精神病人表面上的连续镇定，屈从于患者和其家属（他们总是对患者抱有幻想，对于自己所面临的灾难从来就没有足够的认识）的反复要求，而最终让其出院。

根据《刑事诉讼法典》第 819 条的规定，如果在诉讼期间发现精神病，诉讼将中止，并且将罪犯送往精神病院；但是，一些伪装精神病的人，经常借此机会逃跑，我们在前面已经介绍了许多例子；更经常发生的是，罪犯扰乱有关的程序，想方设法使精神失常状态无限期延续，从而使诉讼毫无结果；因而，正义总是得不到伸张，司法活动总是处于对问题的研究之中，对被告人和犯罪受害人都造成损害，在公众中引起不满，激发那些虚伪者的邪恶本性，这些人大概不会被送往与监狱相平行的刑事精神病院。

最经常的情形是，这些人自由地处在我们当中，并且非常具有危险性，因为，他们表面上非常镇静自若，并且非常聪明，但在这表面现象之后，掩藏着固执的病态冲动，当人们稍微放松警惕，或者稍微使之有机可乘时，这种冲动就会暴露无遗。上述病态倾向容易导致累犯，这类例子在许多学者的论著中都可以看到，例如 Holtzendorf、Brierre、Delbruck、Solbrig，所有这些学者都曾经论述过这个问题。我在前面承认：我曾经被一名精神失常者的表面驯服所欺骗，允许他出院，从而对他人造成极大的危险。有材料说，Gratz 市长就是被一名宗教偏执症患者所害的，此人在几年前还曾经威胁过另一个人。Haltdfield 在谋害 Giorgio 国王二世之前，曾经试图杀死自己的妻子和 3 个孩子；在被关进 Bedlam 后，他杀死了 1 名精神病患者。Booth 杀害了 Lincoln，几年前他曾跳进海里，为了与一位先前自杀的同事谈话。

Vassilidsa 因无缘无故地杀人而被流放到西伯利亚 12 年，她刚到那里，就又因谋杀罪被判处去矿场劳动 22 年和 100 下鞭笞；在矿场，她伤害了 1 名女孩子和 5 名妇女，并且杀死另一名男人。

允许犯罪的精神病人享有无限度的自由是有害的，在一定时候，这种危害最终将扩及整个国家。

这不仅仅是因为那些不幸的精神病人总是向国家的显贵们发泄自己的犯罪念头，而且还因为他们具有清醒的头脑和严重的结伙倾向，当出现有利时机时，他们就会形成帮派核心，由于缺乏正常人的智力控制，他们不能悬崖勒马，并且以其奇特的魅力影响着凡夫俗子的思想，使之盲目地追随他们，因而，这种帮派核心更为可怕。可以说，这种害群之马虽然本身没有大的能量，但是，当他们聚合起来并且在一定条件下和在一定的组织中采取行动时，就会产生可怕的影响。在中世纪，我们曾经有过流行性精神病的历史，这种历史也曾在俄国的虚无主义者、摩门教信徒、美国的卫理公会信徒、1930 年的诺曼底纵火者以及所谓的巴黎公社社员中出现过。

现在已经证实,除了少数狡诈者和极少数空想家的影响以外,巴黎公社是一种传染性谵妄的产物,因失败而引发的激情、对艾酒的滥用助长了这种谵妄,但更重要的是,有一大批过早地离开精神病院的野心勃勃的、试图杀人的,甚至已经瘫痪的精神失常者,这些人在激动的民众中如鱼得水,结成团伙并且将他们邪恶的梦想付诸实施。

Laborde 列举了整整 8 名公社的成员属于众所周知的精神失常者。Eude 将军曾当过药剂师、速记员和店员,因负债和浪费而被宣告禁治产,他父亲是精神病人;某 D 的母亲是精神病人;Ferre 的母亲和兄弟是精神病人;某 P 的兄弟是精神病人,他本人也在 17 岁时患过精神病。Goupil 大夫是一位偏狂症患者,他以尿检查来解释人的一切偶然事件,并为此创办了一份报纸。Lullier 大概曾经精神失常,而且肯定是个嗜酒者。Flourens 从年轻时就出现过幻想症状,他的父亲非常博学,因脑软化而死亡,某 B 以 10 000 票当选,曾患精神病多年,更准确地说,患有野心狂妄症;据说他领导过一个空想分子团体,给自己的署名是"上帝王国的儿子"。Giulio A. 是第八区的区长,从 43 岁起患有瘫痪性精神错乱;他自称是上帝、皇帝、甲虫电报的发明者,3 次被收容于精神病院,多次因借口传播某种体操实施猥亵罪而受到审判;当选区长后,整天吵吵嚷嚷,在墙上写满了关于体操的公告,后来变成了疯子,被送往 Mazas 和 Bicetre,一度他曾间歇性地恢复了理智,问道:"为什么其他人没来这里?"这非常清楚地证明了我们的诊断。

某 C 曾是一名教士,也患有瘫痪性精神错乱,从 Bicetre 逃了出来,与他的兄弟(也是精神失常者)一起领导着污浊的 S. Etienne 市镇政府。1789 年的恐怖还经常与杀人偏狂症患者的谵妄有关,例如:Marat 和 Terroigne;Sade 侯爵曾经是长矛队的领导。

当然,我们意大利人还没有被酒精和傲慢毁掉,我们知道,我们以拉丁人的节制有力地抵御着上述灾难。但是,如果我们想一想对霍乱的惧怕在意大利南部引起的恐怖,想一想磨面税在艾米利亚引起的动乱(根据 Zani 非常认真的研究,7 名精神失常者参加了这些动乱活动),就也应当对自己提出这样的警告:如果继续放任某些精神失常者自由自在,我们令人羡慕的平静也将会受到他们行为的扰乱,可能会出现某一足以激发民众想象力的事件,使得那些犯罪的精神病人成为煽动骚乱的害群之马。

有时候,在审判这些不幸者时,人们不能或者不善于辨别他们是因病态的冲动,还是因其内心的邪恶而走向犯罪的,在这种情况下,我认为只有建立刑事精神病院才能克服上述审判与正义以及与社会安全之间的不断冲突,这种冲突每天都在发生。

法律没有通过设立某种制度或者列举某些条款为法官提供一条中间道路,当这些法官对某些案件发生怀疑时,他们时而放弃对正义的伸张,时而轻率下判:在他们认为被告精神明显错乱时,宣告无罪,或者在一定程度上减轻处罚。他们也经常在只有医生能够清楚地发现被告人患有精神病的情况下,对该人判处刑罚,甚至判处死刑。

我知道许多人会反驳说:如果纠缠于这些疑问,人们最终就处罚不了任何人。但我记得,类似的异议过去也曾向下列人士提出过:这些人站出来反对焚烧那些被称为巫师的精神失常者。我认为,对于提出上述异议的人,仍可以再次援引 Montaigne 的机智回答:"不管怎么讲,人们为疑案付出了太昂贵的代价,甚至为此而烧烤活人。"

此外,这里所谈的不是对他人健康的一种危险的和感情上的怜悯,而是一种更注重防范的措施,因为,如果说有许多精神病人被判了刑的话,也有许多精神病人被开释;人们在这里关心的是,不让这些人重返他们对之造成重大威胁的社会,除非他们完全不再有害。

有人会提出异议说:真正的精神失常者往往同装假者混在一起,实际上,在犯罪人中,装假者的数量非常之大。但是,最近的研究越来越清楚地告诉我们,上述情况的出现,主要起因于人们对精神病与犯罪关系的蒙昧无知,起因于难以作出准确的诊断。许多曾被认为是在装假的人,现在处于精神失常状态,在短时间内真成了精神病人;还有一些地地道道的精神病人,对自己的病情茫然不知,并且假装患有精神病,自然,他们会装得令人叹为观止;更经常出现的情况是:患者表现出全新的或者极为罕见的精神病症状,引起医生对其真实病情的怀疑。Jacobi 承认,他曾 4 次改变对某一精神病患者的诊断,开始时他认为此人是假装的,后来又作出相反的认定。一名窃贼被 Volnner 医生和 Delbruck 医生判定为假精神失常者,后来他因不进食引起的营养不良而死亡,另一人假装右腿有病,但实际上病在左腿上。我发现过一名偏执杀人狂,他在监狱中善于装扮自己所没有的精神病症状,他告诉我说,这是为了逃避审判。在我的都灵监狱诊所,有一名诈骗犯假冒精神错乱、哑巴和食粪癖,他已患有早期瘫痪症。如果说某人真的长期在精神病院中装假的话,他已经接受了足够的惩罚,因为,现代社会不仅想保卫自己,而且也想让这些家伙得到报应。实际上,犯罪的精神失常者总是不愿意住在精神病院中;他们总是吵着闹着要回监狱。不仅许多真正的坏人(如 Verzeni)由于类似的恐惧而假装受到躁狂症刺激,而且也有许多真正的犯罪人(如 Trossarello)禁止律师把自己说成是精神病人,因为他们宁愿死也不愿住进精神病院;如果回想一下我们前面介绍的犯罪人的虚荣心,就可以理解他们的这种愿望。

不管怎么说,社会不是因此而同样免遭他们的侵害吗?我不想去断定 Boggia 是否是在假装精神病;但有一点可以肯定:如果把他永久地关在刑事精神病院里,社会将会减少一些受害者,并且将会减少一次处刑。

在经过许多年毫无结果的搜捕之后,一名非常凶恶的抢劫犯被逮捕了;他表现出精神病症状(不知是真还是假),人们不得不将其送往精神病院,几个月后,他从那里逃跑,恐惧又回到山谷。在维罗纳,一个著名的盗窃犯假装精神病,以便让人将他送进医院,并从那里逃跑;同样的情况也在都灵发生在 Cerato 身上。

如果能够将所有这些人都关在像刑事精神病院那样戒备森严的地方,这些家伙大概就难以逃脱了。

通过在精神病院中的永久监禁,我们可以制止犯罪的遗传、犯罪结伙(这种情况几乎总是出现在监狱中),因而防止匪帮的形成。

以此种方式,我们可以防止累犯,减少诉讼的开支,从而减少那些经常是产生于模仿的新犯罪。

通过刑事精神病院,我们可以使那些想假装精神病人的罪犯打消装假的念头,也不让那些辩护律师有机可乘,如果这些辩护律师试图无中生有地把自己的被告人说成是精神病人,他将因此而延长对该被告人的监禁。同时,我们还将防止陪审团不适当的怜悯感把犯罪人重新推向手无寸铁的民众。

Wiedemeister 提出反对意见说:建立刑事精神病院将会有损于正义,因为这样做可能会使犯罪的精神病人在已经痊愈后仍被不正当地关在那里。但是,这种痊愈的情况很少出现,根据 Broadmoor 的统计,5 年来,在 700 名被收容的精神病人中只有 39 人痊愈。不管怎么说,人们可以通过释放少数经过长期观察确实证明已经痊愈的人。如果说这种人在间歇期中要受些委屈的话,与非常多的可能永远受罪的人相比,与大量本可加以预防的、往往无可挽回的非正义相比,这根本算不上什么。Poli 提出建议说:为了避免使许多精神失常者被定罪处罚,应当对陪审制度进行改革。连一些极为高明的法官,在找不到可适用的特殊制度和有关的法律条文的情况下,也会感到自己无能为力,他们最多是将犯了罪的精神病人开释,从而对社会造成严重威胁,并且使自己也忧心忡忡。

有人说:这些机构没有建立的必要,因为政府负责收容这些危险的精神病人。但是,不要忘记,政府并不负责他们的长期生活,而且往往缺乏收容他们的能力。Locatelli 写道:"我曾经对一名躁狂症患者的临时释放颇为担心,此人曾经杀死过两位正直高尚的人,并且另一次杀人未遂,法院 3 次对他作出临时释放的宣告。更糟糕的是,此人非常危险,虽然是精神病人,却非常清楚他可以随心所欲地杀人而不必担心会被送进监狱;他在公开的和私下的场合都这么说;此人对公共当局的威胁有多大,读者可以由此作出判断。"在法国,也出现过同样的案例,Gallard 和 Demange 曾对此作出证明。

Wiedemeister 还反驳说:英国的刑事精神病院向人展现出非常悲惨的流血场面,而且,为了养活被收容的精神病人,需要花费 3 倍于收容其他人的钱。的确,在一般的精神病院很少发生密谋活动,相反,在刑事精神病院这却是常见的事情;这些人对自己不能出院感到绝望,另一方面,也知晓自己不会受到刑事处罚,因此,他们袭击医院的职员,毁坏各种用具,自伤、自杀。实际上,1868 年在 Broadmoor 有 72 名护士受到伤害,其中 2 人的伤势非常严重,每日的补贴不断增加,尤其是因财物破坏、高额的护士薪金而增加,平均每个精神失常者每天需补贴 5 里拉。但是,这并不令人奇怪,也不能构成反对建立刑事精神病院的理由。当然,大量危险的个人集中在一起,会产生结伙作恶的倾向,造成混乱,并且导致一些意外事件的发生,特别是会让那些可怜的看守人员付出代价,这些人员虽然可以拿到很高的报酬,但还是早早地放弃了那里的工作。不过,如果说这样的事件还在那里不断发生的话,它们却使许许多多的其他人免遭这类事件的侵害;如果没有刑事精神病院,这些不幸将更多地发生在各一般精神病院。

如果不建立刑事精神病院,上述逃跑和伤害事件至少将部分地发生在其他精神病院,在那里实行的"不约束"政策将不可能行得通,我前面的论述已经能够证明这一点;流血场面将不是只发生在一家刑事精神病院,而将发生在 50 家精神病院,这些普通精神病院没有一家为防范逃跑采取了专门的保安措施。

此外,最近 Orange 在 Broadmoor 引进了一种分组制度,大大地改善了那里的条件,消除了一些严重的弊端。犯罪的精神病人被区分为已经被判刑的和没有被判刑的;在没有被判刑的类别中又划分为受到审判的和没有受到审判的。对于没有受到审判的人,由于他们是在诉讼之前或者期间被认定患有精神病的,因而被收容在 Broadmoor 或者某一收容所;对于已经受到审判并且后来因精神病而被开释的人,关禁在 Broadmoor;对于被判处死刑或者刑事劳役的人,则一直关押在那里直到行刑完毕。最后,对于那些因轻微犯罪而被判处短期刑罚的人,在被认定为精神病人后,转送到当地的收容所。政府对这一改革给予配合,革除所有受到批评的弊端,在 Woking 监狱旁边建造了一个配区,用于安置、处理、治疗和看管在监狱中患精神病的囚犯。

有关刑事精神病院的统计研究还发现这样一个值得认真思索的事实:在所有的地方,刑事精神病院中的死亡率比普通精神病院中的死亡率低一半还多,在英国和美国都是这样。这是推动这一制度发展的一个很重要的因素,同时也证明:那些受到人们抱怨的残酷情形并没有导致像有些人所描绘的那么严重的后果。

危险的躁狂症患者与普通精神病人不同,前者需要受到双倍的看管,他们打碎玻璃器皿,破坏用具,总是造成大量额外的花费;如果不与普通精神病人的食宿费用比较,而是与上述躁狂症患者的费用相比较,有关的支出似乎并不那么负担沉重;在这些支出中还应当计算因上述人员经常逃跑而产生的费用以及因对他们非常频繁的审讯而产生的费用。在马萨诸塞,这样的支出每天不少于25美元,这已成为促使州政府建立刑事精神病院的主要原因之一。工作人员的工资并不高,优秀的监狱工作者获得少量的奖金,这样做也能够避免护理人员大量流失,并且能够招来一些比较喜欢面对这类风险并且轻易不会产生畏惧感的人。

对于被收容者的数量也可以大大地加以限制,不接收不具有侵犯性的精神病人,也不接收那些来自于监狱的、尚未度过最危险期的精神失常者(根据在 Bruchsal 的经验,这类人员的痊愈率很高),对于那些被怀疑装假的人,也可以将其留在戒备比较严格的监狱中的专门护理室。

有些言必称法国或普鲁士的人可能提出异议说:在比利时、法国、德国都从来没有见到过这样的机构;实际上,前不久有人还敢说:这类机构没有建立的必要,"因为在欧洲大陆尚不存在"。针对这样的异议,我们可以理直气壮地回答说:对于明显有好效果的东西,即使别人尚未接受,也应当予以采纳。这个问题并不涉及海洋或捕鱼,不需要看是出现在岛屿国还是内陆国。我们还应当补充说:这些人也搞错了,这种改革已经得到欧陆国家的认可!在丹麦,刑事精神病院已经存在,瑞士也已经引入了这一制度。

在法国,警察公署设有(至少曾经设有)一个常任医生委员会,负责甄别那些因扰乱公共秩序而被逮捕并且明显表现得精神失常的人。在 Bicetre,有一个部门(老实说很恐怖,有40间单身牢房和一个小院子)专门负责接收犯罪的精神失常者。尽管这样,我们前面已经介绍过,这样的人还对法国造成很大的危险和灾难。最后,在法国,一所真正的刑事精神病院从1870年开工,1874年竣工,1876年开始使用,它隶属于 Gaillon 中央监狱,能够容纳120~200名患者;它现在收容了75名患者,其中37人患有癫痫症,16人患有躁狂症,19人精神错乱;在这些被收容者中有11人因强奸罪被判刑,7人因纵火罪被判刑,9人曾经被判过4~13次刑,10人在犯罪前就表现出精神失常症状,6人属于遗传性精神病患者。在37名癫痫症患者中,有12人是假装的,并且有1人曾经毫不惊慌地接受过烙铁考验。其他人都是流浪者或伤人者。

上述部门执行监狱的有关规范,较少安排非强制性劳动,未经医生批准不得对关押者实行处罚;那里只接收被判处1年以上刑罚的人,这些人未经司法部长批准

第十八章 对犯罪的防治

不得出狱。

欧洲大陆上的所有其他文明国家,即使没有建立真正的刑事精神病院,也都有起着替代作用的法律和制度。在柏林,法医鉴定不像在我们国家这样受到冷落,它通过真正的医生法庭进行,该法庭的答复使许多精神病人免遭不正当的定罪和处罚;在 Halle、Amburgo、Bruchsal,每个监狱都为精神失常者配有一所专门的护理室,设有警卫人员和安全牢房,采取特殊的管理规范,因而可以像在真正的精神病院一样开始和继续进行有关的治疗活动。

在比利时,一项专门的法律(1850 年 6 月 18 日)规定:

> 在因被告人精神失常而对之停止一切诉讼程序后,将该被告人送往由公诉人指定的某一精神病院。
>
> 该精神病院应当为患有躁狂症的囚犯、被告人或被判刑人设立特别区域,在没有获得司法部长的特别批准的情况下,不得将他们与其他患者混合在一起。主治医生负责防止危险的精神失常者和犯罪人逃跑;在发生逃跑的情况下,他应当采取必要的步骤使其返回。

相反,我们却不拥有任何专门的场所,甚至连一条有关的法律也没有;至今,我们的法典只有一些体现着最奇特矛盾的条款;在一个条款(第 94 条)中,人们承认:在精神错乱的情况下不成立犯罪,等等;而在另一个条款(第 95 条)中,人们则规定:当精神错乱、呆傻、病态的狂暴尚未达到使被告人完全不可归责的程度时,只在一定程度上减轻刑罚,但仍然应当处罚!这样的句子,如果说还算不上荒谬的话,至少在精神病专家看来,在实际应用中将是极为危险的,就像所有因其伸缩性和含混性而不能为人提供确切标准的抽象概念一样。同样的错误重新出现在《新刑法典草案》的第 59 条和第 60 条之中,虽然其形式不显得那么荒谬。(上述草案第 59 条规定:"在实施犯罪时处于精神错乱状态或者因任何原因而不具有犯罪意识的人,以及因不可抗拒的力量而被迫实施行为的人,对于犯罪是不可归责的。"第 60 条规定:"如果前条列举的原因大大地降低但并未完全排除可归责性,刑罚减轻 1 至 3 个等级。")

我认为:为了人类的进步,应当要求对那些可能带来问题的条款加以修改,以适应《刑法典》第 65 条第 3 款的规定(这后一个几乎总是一纸空文的条款要求对不满 14 岁的未成年罪犯和缺乏辨别能力的罪犯实行看管),因为犯罪的精神病人与第 65 条第 3 款列举的人员一样缺乏责任能力;应当规定:"对于那些在精神错乱状态或其他可能降低推理和意志能力的疾病状态实施犯罪的人,由专门保健机构实行看管,直至痊愈;同样,对于那些在监禁期间发生精神失常并且经监狱专门护理室的 3 个月治疗仍未能痊愈的被判刑人,也应采取同样措施。"为了避免让那些缺乏专业能力的人或者过分注意行为可怖性的人审理这类案件,为了不去搞那种法律报复,我建议:"当出现精神失常的嫌疑时,陪审团应当由公民、法官和精神病医生共同组成。"

应当根据法律尽快建立两个至少能容纳300个床位的刑事精神病院,并且在我国主要地区的监狱中设立7个关押精神病人的区域。在上述场所应当收容下列人员:

(1)所有具有纵火、杀人或淫乱等危险倾向并且患有精神病的囚犯,对他们的收容应当在病症高峰期过后实行。

(2)所有具有杀人、纵火、鸡奸等倾向并且应被确认患有精神病而暂缓接受司法审判的精神失常者。

(3)所有被指控犯有怪异的、凶残的或无明确动机的罪行并且被怀疑(经至少6名精神病医生鉴定确认)患有精神病或严重脑疾病的被告人。

(4)曾被公认行为端正,并且因一种惯常性的和明显的疾病而被激发犯罪的人,上述疾病包括糙皮病、慢性酒精中毒、歇斯底里、产褥期后遗症、癫痫,尤其是在他们与精神失常者或癫痫症患者有亲属关系并且表现出不良颅骨构造的情况下。

(5)来自于监狱并且公认在作恶和犯罪中度过其部分生涯的精神失常者,对这些人应当在专门的场所或者监狱的护理室(但应采用特殊的规范)隔离关押。对于其他精神失常者,则按照他们的阶层和习惯分成小组;每个人在单人间中睡觉;纪律管束应当严格,实行比普通精神病院更为严密的、类似于监狱中的监控,但是,应当根据他们的体力安排适当的露天劳动,穿插着安排长时间的休息和娱乐活动。

(6)上述场所应当由医生担任领导,并配有监狱管理人员。

(7)被确认具有惯常性危险并且曾受过多次审判的人将不能获得释放;对于患有暂时性精神错乱或者间歇性精神病的人,在痊愈后,经过一两年的观察,可以允许出院,但是,在出院后,应当在随后的数年中每月对其进行医疗检查。

但是,意大利对所有这些改革措施接受得很缓慢,报纸对此表现得漠不关心,生怕牵涉个人问题或党派问题,我们国家捉襟见肘的财政状况也严重阻碍着建立专门的刑事精神病院,实现这样的计划肯定要比建立其他类型的精神病院花更多的钱。我只想提出这样的要求:有朝一日,人们能够在大的监狱里建立或者开辟关押患精神病的囚犯的场所,那里的外部监管保持不变,改变的只是内部管理以及膳食、居住和劳动的方式;在大城市(至少是地区的大城市)的精神病院中开辟专门区域,收容那些介于精神病人和罪犯之间的人员,对这些人员由专人实行监管,只有在采取特别警戒措施之后才能允许其出院。

后面这些建议颇易实现,而且,在任何情况下都是有益的(即使建立刑事精神病院),因为它们有助于避免被收容人聚合在一起,有助于仅仅根据需要控制这种聚合,有助于避免将诚实的和无害的人与恶习很深的人危险地混淆在一起。但是,仅依靠这些措施却很难达到刑事精神病院所追求的最高目标,即:悄声地为改革奠定基础,通过这种改革,刑罚将不再是报复的体现,而成为防卫的手段。

上述一些措施看起来可能违反刑法观念中某些崇高的,但不太实际的准则,在一些目光短浅的人眼中,这些准则已成为不可触犯的公理。有些人被启动之初的花费所吓倒,没有想到这些措施将大大减少许多因形式错误而引起的、费用昂贵且不大必要的法律程序(至少对于累犯),从而能够在将来让我们省很多钱,因此,这些人认为上述措施是难以推行的。但是,无论如何,人们不能责备这些措施有损于所有制度均应共同维护的社会安全,不能责备这些措施违反它们自己的前提。

我们在这本书里太深地刻画了犯罪的轨迹,我们不能奢望杜绝犯罪活动,但是,如果说像物种淘汰这样的规律是颠扑不破的话,我们却可以希望通过上述措施控制犯罪的影响并且防止犯罪的进一步蔓延。

都灵,1878年1月1日

译后记

大概在两年前,我曾经默默发誓不再翻译外国学者的大部头著作,以便能使自己有更多的时间和精力搞点自由研究,梳理一下自己的思想,或者说发泄一下创作的欲望(我真不知道,长期翻译他人的作品会不会使自己的原创能力萎缩)。但是,我还是没有经住出版社关于龙勃罗梭《犯罪人论》选题的诱惑。因为,对这部书的兴趣我已经憋了 15 年。在我眼里,龙勃罗梭与贝卡里亚一样,都是以惊世骇俗的"奇谈怪论"为人类刑法学研究开创新纪元的奇才;对于研究意大利法学尤其是刑法学的中国学者来说,能够向本国的读书界介绍此二人的代表作,将使自己的价值也得到最恰当的体现,将是一种无上的荣耀;我已经翻译了贝氏的《论犯罪与刑罚》,我的执著不能不驱使我把龙氏的《犯罪人论》定为下一个追求目标,为此,我甘愿推迟或者搁置个人的研究选题。

我能够了却自己的一大心愿首先应当感谢我的一位挚友——马科斯·皮萨罗(Max Bisaro)先生。十几年前,我们两个都还是穷学生,我靠着 46 元的助学金读研究生,皮萨罗也刚刚结束学业,尚未找到能够有稳定收入的工作,但是,我们凭着友谊和学术兴趣交换了大量的法学资料(皮萨罗也曾研究过中国法)。在我现有的意大利文刑法学书籍中,有相当一部分是皮萨罗为我购买、复印,并且花费昂贵的国际航空邮费寄来的(那时我当然没有能力向他偿付外汇),其中包括龙勃罗梭、菲利和加罗法洛的主要著作。据说,为了复印这些数千页的著作,皮萨罗干脆把父亲办公室的复印机搬回了家……现在想起那段交往历史,一种最纯真的友情让我回味不尽。从 1989 年后,我就同皮萨罗失去了联系。我想他现在肯定在干大事了。相信他是不会忘记我的,就像我永远铭记着他,铭记着他那慈善的父亲、辛勤的母亲和用挂在胸前的脸谱表达内心喜悲的小妹一样。

我的翻译是根据皮萨罗为我复印的 1878 年版本进行的,这是一个中间版本,比它前面的版本内容丰富和成熟,比随后的版本似乎更为繁简适中。龙勃罗梭每次在对《犯罪人论》进行修订时都增加一些新的统计材料、解剖或临床观察记录以及在论战中的答辩;对于这些繁杂的材料以及正文中的有关注释,译者将其全部略去,这样似乎更能突出全书的精华,增强这本书的可读性。

这本书翻译起来是比较吃力的。首先,它涉及大量的科学术语,其范围涉及人类学、解剖学、医学、精神病学等众多领域,而且有些术语大概只适用于特定的年代,现在似乎已经不那样说了;至于书中的暗语和诗歌民谣,则更费琢磨。其次,龙勃罗梭基本上属于自然科学家,他的写作风格率直而简练,不尚修饰,不讲究用动词,经常表现为大量术语的罗列和堆砌;稍微跟不上作者的思路,译者就可能如坠云雾之中(我想,对于意大利读者也同样如此)。由于译惯了法律文件和学术著作,我本人的翻译风格是比较刻板的,在这部书的翻译中,我竭力改变这一习惯,使译文更加兼顾通俗性;但是,直译仍是我的崇尚。书中涉及大量的人名和地名,在难以选用规范译名的情况下,我宁愿搬用原文,这样也许更利于核查与记忆。顺带说一下:龙勃罗梭这本著作的准确名字是"与人类学、法学和监狱学有关的犯罪人",译者尊重已经约定俗成的叫法,把书名译为《犯罪人论》,把其他相关的表述调整为副标题。

关于龙勃罗梭及其这部代表作的评介,吴宗宪教授已经撰写了专文。宗宪是我读研究生时的同学,十几年来一直辛勤地耕耘在犯罪学、犯罪心理学和监狱学领域;一部洋洋一百五十余万言的《西方犯罪学史》令他在学术界一鸣惊人。吴宗宪教授对龙勃罗梭有着深入的研究,所掌握的材料也很丰富;他的评介肯定会激发读者对这本书的兴趣。

最后我还想提及的是:就在本书翻译工作过半时,我突然发现复印件中缺少几页,这真让人焦急。我立即通过互联网向意大利波伦亚大学图书馆求援,很快,该图书馆的几位热情的朋友来信说已将缺页复印并邮寄给我,遗憾的是,不知邮路上出了什么问题,这些材料没有转到我的手中。多亏了当时正在波伦亚大学从事研究活动的费安玲教授出来救场,为我弥补了遗缺的材料。在此,我向所有给予我帮助的朋友表达最诚挚的感激之情。

1998年底,我作出抉择:离开了工作十余年的司法部,调到了一个很唯物的单位(当然还是从事法律专业)。这本书完成于我作出上述抉择之后。希望它能证明我的准则未变,即,第一是学者,第二是官员(或者任何其他职业身份)。

黄风

2000年6月1日

于民康胡同